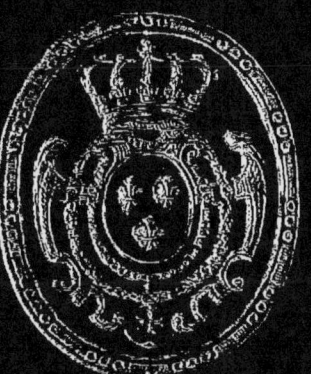

V 2656.
2/4 + C.

à conserver

24960

HISTOIRE

DE L'ART

DU PAYSAGE,

DEPUIS LA RENAISSANCE DES BEAUX ARTS
JUSQU'AU DIX-HUITIÈME SIÈCLE.

IMPRIMERIE LE NORMANT, RUE DE SEINE, N° 8.

HISTOIRE
DE L'ART
DU PAYSAGE,

DEPUIS LA RENAISSANCE DES BEAUX ARTS

JUSQU'AU DIX-HUITIÈME SIÈCLE,

OU

RECHERCHES

SUR L'ORIGINE ET LES PROGRÈS DE CE GENRE DE PEINTURE,
ET SUR LA VIE, LES OUVRAGES ET LE TALENT DISTINCTIF
DES PRINCIPAUX PAYSAGISTES DES DIFFÉRENTES ÉCOLES;

PAR J. B. DEPERTHES,

AUTEUR DE LA THÉORIE DU PAYSAGE.

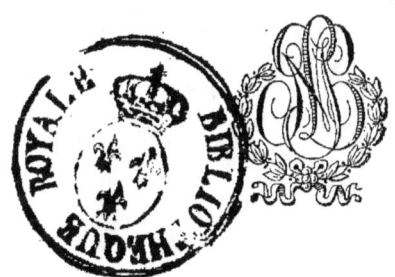

A PARIS,

CHEZ LE NORMANT, IMPRIMEUR-LIBRAIRE,
RUE DE SEINE, N° 8, PRÈS LE PONT DES ARTS.

MDCCCXXII.

AVANT-PROPOS.

L'accueil favorable que la *Théorie du Paysage* a reçu du public, l'approbation d'un grand nombre d'artistes distingués (1), mais principalement le suffrage de l'Académie royale des beaux arts, tout devait m'inviter à donner à cet ouvrage une suite qui, bien que susceptible d'intéresser par son propre fond, pût en même temps lui servir de complément et remplir, dans toute son étendue, le but d'utilité dans lequel il avait été entrepris.

La *Théorie du Paysage* a eu pour unique objet d'exposer dans un ordre

---

(1) Parmi ces artistes renommés dont je m'estime heureux d'avoir reçu les félicitations particulières, je me borne à citer le peintre d'Endymion, des Funérailles d'Atala, d'une scène de Déluge, et celui de Marcus Sextus, de Phèdre et de Didon, qui a bien voulu se charger du rapport fait à l'Académie des beaux arts, sur la *Théorie du Paysage*.

méthodique les règles générales de l'art, et de les présenter aux jeunes artistes comme devant être la base fondamentale de leurs études, et le guide le plus sûr pour diriger leurs pas dans la carrière, et leur aplanir les obstacles qu'ils pourraient y rencontrer; mais ces règles, appuyées de preuves suffisantes pour en démontrer l'importance et la nécessité, pouvaient recevoir une application encore plus spéciale, en considérant l'art sous un point de vue à la fois plus étendu et plus direct; et, si ce nouvel examen m'imposait l'obligation de m'occuper de la même matière sur laquelle je m'étais déjà exercé, je n'avais cependant pas à craindre de la trouver épuisée, et d'être exposé à tomber dans des répétitions superflues.

En effet, ne sait-on pas qu'un des principaux attributs des arts qui ont pour objet l'imitation de la nature, est de participer à l'essence de leur modèle, et de partager avec lui la propriété d'être variés à l'infini dans leurs moyens et dans leurs résultats? Or, de ce principe incontestable, il suit que chacun des genres de la peinture doit offrir au talent de l'historien des branches aussi diversifiées à décrire, qu'il est donné au génie de l'artiste d'en cultiver. Il était donc naturel de penser qu'une histoire de *l'Art du Paysage* pourrait succéder à la *Théorie*, sans présenter avec celle-ci aucune similitude dans la conception du sujet et dans son exécution; il était même permis de juger que les deux ouvrages réunis formeraient en quelque sorte un traité complet, puisque l'*Histoire*, n'étant qu'un exposé fidèle de la conséquence des principes établis dans la *Théorie*, les fortifierait d'autant mieux qu'à l'appui des préceptes viendrait une série nombreuse d'exemples choisis dans toutes les productions de l'art, depuis son origine jusqu'à sa perfection.

A l'égard de cette origine, on ne

manquera point de demander pour quels motifs, d'après le simple titre de l'ouvrage, elle ne semble point remonter au-delà du renouvellement des arts chez les modernes, et s'il est bien certain que les anciens n'aient pas connu le genre du paysage, ou qu'ils aient négligé de le cultiver. Cette question, souvent agitée et jamais décidée d'une manière absolue, ne pouvait être traitée avec plus de sagacité que par l'érudit profondément versé dans la science de l'antiquité, par le docte académicien qui dans un article inséré au *Journal des Savans*, en octobre 1819, sur la *Théorie du Paysage* (1), s'exprime en ces termes sur le sujet qui nous occupe:

« Le paysage traité isolément comme
» un genre de peinture à part ne pa-
» raît pas avoir occupé une place dis-

---

(1) Qu'il me soit permis de saisir ici l'occasion de réitérer à M. Quatremère de Quincy l'expression de ma reconnaissance pour le compte que cet illustre savant a bien voulu rendre de la *Théorie du Paysage*.

» tincte dans l'exercice des arts chez les
» anciens, avant le règne d'Auguste,
» époque où Ludius, selon Pline,
» introduisit à Rome l'usage de déco-
» rer les intérieurs par des vues de
» scènes champêtres qui étaient, à la
» rigueur du mot, tel qu'on l'entend
» aujourd'hui, des *paysages*. Les des-
» criptions que Pline fait des peintures
» de Ludius, ne laissent aucun doute
» sur la réalité du genre qu'il cultiva,
» et qui embrassait aussi celui de la
» marine, *maritimas urbes pingere insti-*
» *tuit*. Au reste, il ne faut pas entendre
» par les mots *primus instituit*, que
» Ludius aurait été le premier qui eût
» imaginé de peindre des paysages.
» Ludius, d'après le sens évident de
» la phrase entière de l'écrivain, avait
» seulement été le premier à introduire
» l'usage du paysage à Rome, comme
» objet de décoration, sur les enduits
» des murs, des portiques, des vesti-
» bules et même des parties extérieures
» des bâtimens.

» Beaucoup de peintures antiques,
» qu'on appelle *arabesques*, nous font
» voir le paysage employé dans les
» compartimens de ce genre d'orne-
» ment, et le goût des compositions
» de Ludius, telles que Pline les décrit,
» semble y avoir été reproduit et copié
» en petit.

» Mais les Grecs, dans le bel âge de
» leur peinture, avaient-ils fait un
» genre à part du paysage? C'est une
» question à laquelle on ne peut ré-
» pondre que par conjecture. Qu'ils
» aient pratiqué en détail et imité par-
» tiellement tous les objets dont se
» compose le paysage, on ne saurait
» le révoquer en doute, puisque tous
» ces objets entraient comme parties
» nécessaires des fonds de leurs ta-
» bleaux, ou comme accessoires éga-
» lement indispensables dans leurs
» compositions. Toutefois, dans la
» liste assez étendue qu'il donne des
» grands peintres de la Grèce et de
» leurs ouvrages, Pline ne dit rien

» qui puisse faire soupçonner l'exis-
» tence du genre dont il s'agit; et plus
» d'une raison porte à croire qu'aux
» plus beaux temps de l'art surtout,
» ce genre fut inconnu ou négligé.

» Nous retrouvons, au reste, la
» même négligence dans les deux pre-
» miers siècles du renouvellement des
» arts chez les modernes, etc. »

Une opinion si judicieusement motivée devait, ce semble, déterminer l'historien à ne point se reporter vers des temps où il ne trouverait que nuages et obscurité, sans espoir de parvenir à les dissiper. Il s'est donc arrêté à une époque bien remarquable au moyen âge, à celle où toutes les conjectures disparaissent, où toutes les incertitudes s'évanouissent pour faire place à des faits précis, à des données positives; et en se décidant à partir de la renaissance des arts, dans la vue de découvrir l'origine du paysage, il ne peut douter qu'une autorité aussi respectable que celle sur laquelle il s'est appuyé, ne suffise seule pour justifier complètement le choix qu'il a fait de ce point de départ.

En second lieu, si l'on s'étonne que cet historien ne se soit point occupé des paysagistes nés dans le dix-huitième siècle, ce n'est pas qu'il ne rende entièrement justice aux talens d'un certain nombre d'entre eux; mais il ne peut échapper à la pensée de ceux qui considèrent avec raison le dix-septième siècle comme l'époque de l'apogée du paysage, que l'auteur, sans avoir eu besoin de dépasser ce terme, a considéré son sujet sous le point de vue le plus intéressant et le plus favorable à tous les développemens qu'il pouvait embrasser : d'ailleurs, il est encore à remarquer que la plupart des paysagistes que la seconde moitié du dix-septième siècle a vus naître, ayant prolongé leur existence plus ou moins avant dans le cours du dix-huitième, la mention qui les concerne comprend nécessairement un laps de temps plus considérable que celui que le titre de cet ouvrage semblerait indiquer.

L'histoire de l'art du paysage considéré dans sa marche et ses progrès depuis son origine jusqu'à sa perfection, ne peut être au fond que l'histoire des paysagistes des différentes Ecoles, envisagés non pas seulement selon l'ordre des temps où ils ont paru, mais surtout dans une analyse méthodique et raisonnée du caractère distinctif de leurs talens et du mérite particulier de leurs productions.

C'est dans l'examen des systèmes adoptés par chaque Ecole et dans la comparaison des manières usitées par les principaux paysagistes, que l'on peut apprendre à connaître les différentes modifications que le paysage a éprouvées dans sa culture et dans ses résultats, dès l'instant qu'il a formé un genre à part dans le domaine de la peinture, les efforts successifs qui ont contribué à le perfectionner, enfin les circonstances qui ont influé sur sa décadence. Tel est le plan de cet ouvrage dans lequel, tout en ne laissant échapper aucune occasion de faire remarquer les changemens survenus dans l'état de l'art à un assez grand nombre d'époques différentes, on s'est attaché principalement à réunir dans une même galerie les plus habiles paysagistes des diverses contrées, à présenter sous son véritable jour le talent de chacun d'eux en particulier, quelquefois même à les opposer les uns aux autres dans la vue de mieux faire ressortir leurs traits caractéristiques; enfin, pour ne laisser ignorer rien de ce qui peut les concerner, on a cru devoir faire précéder les remarques sur leurs ouvrages de quelques renseignemens exacts, autant que possible, sur leur vie privée; persuadé que le lecteur aimerait sans doute à faire, en quelque sorte, connaissance avec des artistes célèbres dans la carrière qu'ils ont suivie, avant de découvrir dans leurs chefs-d'œuvre la source et les causes de leur célébrité.

On doit sentir que pour connaître les particularités de la vie de ces paysagistes il a été indispensable de recourir aux traditions : trop heureux, si une multitude de détails insignifians, si de nombreuses omissions, des incertitudes et des contradictions manifestes n'avaient point à chaque instant retardé le cours de recherches multipliées, et opposé des obstacles quelquefois invincibles à l'envie de ne rien laisser à désirer à cet égard. Ainsi, sous ce premier point de vue, des recherches qui ont eu pour objet d'épargner celles du lecteur, en lui offrant la substance abrégée d'une infinité de faits et de renseignemens épars dans un grand nombre d'ouvrages, ont exigé, de la part de l'historien, un travail qui n'était point sans quelques difficultés ; et s'il n'a pas toujours réussi à les surmonter, ce tort est bien moins le sien que celui de ses devanciers.

Mais ce n'est point aux écrits qui ont précédé le sien qu'il a eu recours pour se former une opinion sur les talens qu'il a passés en revue ; c'est dans un examen attentif des productions de l'art, dans une étude approfondie des moyens d'exécution et dans ses propres sensations qu'il a puisé les motifs de ses jugemens. Il n'a pu, à la vérité, qu'exprimer sa manière de voir et de sentir, sans oser se flatter qu'elle soit admise sans restriction ; car, en fait d'opinion sur les ouvrages de l'art, on ne peut douter qu'indépendamment de leur mérite intrinsèque qui doit toujours guider la raison, ce ne sont pas moins les sensations particulières à chaque individu, et le degré respectif de ses connaissances plus ou moins positives ou de ses affections personnelles pour un genre ou une manière, plutôt que pour toute autre qui concourent à déterminer en lui le taux de l'estime et du prix qu'il attache aux objets de cette espèce. Cependant, l'auteur doit s'empresser de déclarer qu'en faisant tous ses efforts pour se tenir en garde contre de fausses impressions que des opinions reçues auraient pu lui faire partager, il ne s'est pas moins défié de ses propres préventions; et, ce qui doit à cet égard garantir sa bonne foi, c'est le soin qu'il a pris de tirer le plus souvent ses preuves des ouvrages exposés dans les collections publiques, afin que le lecteur eût toutes les facilités désirables pour pouvoir prononcer lui-même en connaissance de cause sur la validité des jugemens soumis à sa révision. Ainsi, la galerie du Musée royal, celle d'Apollon, et le cabinet des Estampes de la Bibliothèque du Roi, ces trois dépôts, si riches en tableaux, en dessins et en gravures, sont les principales mines qui ont fourni les matériaux nécessaires pour former l'*Histoire de l'Art du Paysage*.

Si l'historien ajoute que tout en ne voulant renfermer dans son cadre que les paysagistes les plus distingués, le nombre de ceux qu'il est parvenu à y rassembler est très-considérable (1); que malgré l'écueil sans cesse renaissant de transitions embarrassantes et de redites inévitables, quand on passe en revue tant de personnages divers, et que l'on est forcé de tourner dans un cercle de mêmes idées et de mêmes expressions, il ne s'est pas moins efforcé de lier entre elles les différentes parties du sujet qu'il avait à traiter, et d'envisager à la fois l'art en lui-même et les artistes dans leurs productions, il aura donné un léger aperçu de la tâche qu'il s'est imposée.

Quelle que soit, au surplus, l'idée qu'on puisse se former d'un ouvrage, avant de l'avoir examiné dans son ensemble et dans tous ses détails,

---

(1) Il eût été sans doute bien facile de grossir ce nombre d'une foule d'autres peintres dont les ouvrages ne sont pas sans mérite; mais on a dû se borner à n'offrir pour modèles que les maîtres de l'art et ceux qui ont excellé dans quelques unes de ses parties.

l'auteur ne craint pas d'affirmer que malgré la constance de son zèle, il lui aurait été impossible de le terminer, si une continuité d'études et d'observations recueillies dès son extrême jeunesse n'eût suppléé à l'insuffisance de plusieurs années consécutives de peines et de soins. Mais doit-il songer à des peines qui ont eu pour objet l'instruction des jeunes paysagistes et le perfectionnement de l'art, lorsque déjà il a reçu une partie de la récompense qu'il ambitionne, dans l'espoir de contribuer de ses faibles moyens à la célébrité de cet art qui fit toujours ses plus chères délices, dans le plaisir qu'il a éprouvé en se livrant à une étude plus approfondie des chefs-d'œuvre qui si souvent avaient provoqué son admiration, et qu'il n'a pu voir, revoir et méditer attentivement, sans y découvrir chaque fois de nouvelles beautés, sans y puiser de nouvelles jouissances, et, il n'hésite point à le dire, de nouveaux motifs de satisfaction, d'après une conviction encore plus intime de la supériorité que deux artistes français se sont acquise sur tous leurs émules des autres contrées, dans la culture du paysage historique?

TABLE

Des noms des Paysagistes, suivant l'ordre de leurs mentions et des dates de leurs naissances, avec l'indication des Ecoles d'où ils sont sortis.

NOTA. Les noms précédés d'un astérisque sont ceux des artistes dont les dates de naissance sont inconnues, ou ont été interverties à dessein, pour faciliter le cours de la narration.

PREMIÈRE PARTIE.

Noms.	Ecoles.	Nés en
GIORGION, Giorgio Barbarelli (dit le)	Vénitienne.	1477.
TITIEN, Tiziano Vecelli (dit le)	Id.	1477.
BASSAN, Jacques da Ponte (dit le)	Id.	1510.
TINTORET, Jacq. Robusti (dit le)	Id.	1512.
VOS, Martin (de)	Flamande.	1520.
* ORLEY, Bernard (Van)	Id.	
* CAMPAGNOLA, Domenico.	Vénitienne.	
SCHIAVONE, And. Medula (dit)	Id.	1522.
MUTIEN, Jérôme	Romaine.	1528.
BAROCHE, Frédéric	Id.	1528.
ZUCCHERO, Frédéric.	Id.	1543.
BRIL, Mathieu	Flamande.	1550.
TEMPESTE, Antoine	Florentine.	1555.
BRIL, Paul	Flamande.	1556.
CARRACHE, Augustin	Bolonaise.	1558.
CARRACHE, Annibal	Id.	1560.

Noms.	Ecoles.	Nés en
*CARRACHE, Antoine-Martial.	Bolonaise.	1583.
ELSHEYMER, Adam	Allemande.	1574.
RUBENS, Pierre-Paul	Flamande.	1577.
*WILDENS, Jean	Id.	1580.
*UDEN, Lucas (Van)	Id.	1595.
*ARTOIS, Jacques (Van) . . .	Id.	1613.
ALBANE, Franç. Albani (dit l')	Bolonaise.	1578.
*MOLA, Pierre-François . . .	Id.	1612.
DOMINIQUIN, Domenico Zampieri (dit le)	Id.	. . . . 1581.
LANFRANC, Jean	Id.	. . . . 1581.
*GOBBO DES CARRACHE, Pierre-Paul Bonzi (dit le)	Id.	
*VIOLA, Jean-Baptiste	Id.	
*GUERCRIN, Jean-François Barbieri (dit le).	Id.	1590.
*BOLOGNÈSE, Jean-François Grimaldi (dit le)	Id.	1606.
POELENBURG, Corneille	Flamande.	1586.
*KIERINGS, Alexandre	Id.	
*VERTANGHEN, Daniel	Id.	
BREUGHEL, Jean, dit de Velours.	Id.	. . . . 1589.
*FOUQUIÈRES, Jacques	Id.	1580.
*GYZEN, Pierre	Id.	1636.
POUSSIN, Nicolas	Française.	1594.
STELLA, Jacques	Id.	. . . . 1596.
PIETRE DE CORTONE, Berrettini (dit)	Florentine.	1596.

Noms.	Ecoles.	Nés en
* Borzoni, François-Marie . .	Génoise.	1625.
* Puget, Pierre-Paul.	Française.	1622.
* Testa, Pietro.	Florentine.	1617.
* Callot, Jacques	Française.	1592.
* Labelle, Stephano della Bella.	Florentine.	1610.
* Silvestre, Israël	Française.	1621.
* Pérelle, Gabriel	Id.	
* Pérelle fils, Adam et Nicolas.	Id.	
* Clerc, Sébastien (le) . . .	Id.	1637.
Goyen, Jean (Van)	Hollandaise.	1596.
* Zaft Leven, Herman. . . .	Id.	1609.
* Kabel, Adrien (Vander) . .	Id.	1631.
Miel, Jean.	Flamande.	1599.
Collantes, Francesco	Espagnole.	1599.
Claude le Lorrain, Gelée (dit).	Française.	1600.
* Courtois (le).		
Wynants, Jean.	Hollandaise.	1600.
Bauer, Jean-Guillaume. . . .	Allemande.	1600.

DEUXIÈME PARTIE.

Champaigne, Philippe (de). .	Flamande.	1602.
Hire, Laurent (de la)	Française.	1606.
Rembrandt, Van Ryn, Paul. .	Hollandaise.	1606.
Cuyp, Albert.	Id.	. . . . 1606.
Asselyn, Jean	Flamande.	1610.
Both, Jean et André	Hollandaise.	1610.

Noms.	Ecoles.	Nés en
* Verschuuring, Henri	Hollandaise.	1627.
* Heusch, Guillaume (de)	Id.	1638.
Teniers le jeune, David	Flamande.	1610.
* Teniers, Abraham	Id.	
Ostade, Isaac (Van)	Hollandaise.	1612.
Waterloo, Antoine	Id.	1013.
Bamboche, Pierre de Laar (dit)	Id.	1613.
Gaspre Poussin, Gaspard Dughet (dit)	Romaine.	1613.
Salvatore Rosa	Napolitaine.	1615.
Bourdon, Sébastien	Française.	1616.
Benedette, Jean-Benoît Castiglione (dit le)	Génoise.	1616.
Neer, Arnould ou Aart (Vander)	Hollandaise.	1619.
Breemberg, Bartholomé	Id.	1620.
Swanevelt, Herman (dit d'Italie)	Id.	1620.
* Patel, Pierre	Française.	
* Patel fils, Bernard (dit le Tué)	Id.	

TROISIÈME PARTIE.

Wouwermans, Philippe	Hollandaise.	1620.
* Wouwermans, Pierre et Jean.	Id.	
* Falens, Charles (Van)	Flamande.	1682.
Weenix, Jean-Baptiste	Hollandaise.	1621.
* Weenix fils, Jean	Id.	1644.

Noms.	Ecoles.	Nés en
Pynaker, Adam	Hollandaise	1621.
Everdingen, Aldert (Van)	Id.	1621.
*Decker, Jean		
Does, Jacques (Vander)	Id.	1623.
Berchem, Nicolas	Id.	1624.
*Begyn, Abraham	Id.	1650.
*Romeyn, Guillaume (Van)	Id.	
Potter, Paul	Id.	1625.
Lingelback, Jean	Allemande	1625.
Backhuysen, Ludolf	Hollandaise	1631.
*Velde, Guillaume (Van den)	Id.	1610.
Velde le jeune, Guillaume (Van den)	Id.	1633.
Moucheron, Frédéric	Id.	1633.
*Dufresnoy, Ch.-Alphonse	Française	1611.
*Hakkert, Jean	Id.	1636.
*Hagen, Jean (Van)	Id.	1635.
Meulen, Ant.-Franç. (Vander)	Flamande	1634.
*Martin, Bonnart et Boudewins		
Heyden, Jean (Vander)	Hollandaise	1637.
*Berkeyden, Guérard et Job	Id.	1643.
Velde, Adrien (Van den)	Id.	1639.
*Bergen, Thierri (Van)	Id.	
Jardin, Karel ou Carle (du)	Id.	1640.
*Ruisdael, Salomon	Id.	
Ruisdael, Jacques	Id.	1640.
*Hobbema, Minder		

Noms.	Ecoles.	Nés en
Genoels, Abraham	Flamande.	1640.
Milé, Jean-François (dit Francisque)	Id.	1643.
*Allegrain, Etienne	Française.	
Glauber, Jean	Hollandaise.	1646.
Huysmans de Malines, Cornille	Flamande.	1648.
Bloemen, Jean-Franç. (Van), dit Orizzonte.	Id.	1656.
Huysum, Jean (Van)	Hollandaise.	1682.
*Lucatelli, André.	Romaine.	
Pannini, Jean-Paul.	Id.	1691.
*Pannini fils, François	Id.	
Servandoni, Jean-Nicolas	Id.	1695.
Manglard, Adrien	Française.	1696.
Canaletto, Ant. Canal (dit).	Vénitienne.	1697.
*Canaletto, François Guardi (dit).		

Nota. On trouvera, à la fin du volume, une autre Table des noms des Paysagistes dressée dans un ordre alphabétique.

HISTOIRE
DE L'ART
DU PAYSAGE,

DEPUIS LE RENOUVELLEMENT DES BEAUX ARTS
JUSQU'AU DIX-HUITIÈME SIÈCLE.

PREMIÈRE PARTIE.

INTRODUCTION.

DE 1240 A 1477.

Les arts si resplendissans lors des beaux jours de la Grèce, mais dont l'éclat, depuis la fin du siècle d'Alexandre-le-Grand, s'était toujours de plus en plus sensiblement obscurci, parurent se ranimer à Rome où le sort des armes et l'asservissement de leur patrie les avaient contraints de se réfugier, et ce fut sous le règne d'Auguste qu'ils recommencèrent à jeter quelque clarté.

Si l'on considère le point d'élévation que les lettres atteignirent vers cette époque dans la même contrée ; si les majestueux débris des monumens qui embellirent la ville maîtresse du monde attestent à nos yeux quelle fut la perfection de l'architecture au temps des Césars, on devrait s'attendre à voir le génie de la peinture et de la sculpture se développer avec la même puissance, et enfanter des chefs-d'œuvre non moins dignes d'admiration. Mais les temps n'étaient pas encore arrivés où le sol de l'Italie deviendrait pour tous les beaux arts véritablement une seconde terre natale; où, mieux acclimatés sous un ciel nouveau, ils retrouveraient à Florence dans la magnanimité des Médicis, et bientôt après à Rome, l'appui tutélaire et les nobles encouragemens que dans Athènes, près de deux mille années auparavant, Périclès s'était plu à leur accorder. Avant de se régénérer complètement et de reconquérir leur antique illustration, ils devaient végéter, languir et tomber dans l'oubli : aussi leur décadence s'accélérait-elle de jour en jour, lorsque les troubles du Bas-Empire leur portèrent une nouvelle atteinte, et bientôt après l'invasion des Barbares finit par les anéantir entièrement.

Plusieurs siècles d'épaisses ténèbres s'étaient écoulés, lorsque tout à coup la sculpture sortit du chaos. Déjà les dignes précurseurs de Donatello et de Ghiberti (1), les Pisano, en se mode-

---

(1) Une statue de saint Marc, de la main de Donatello,

lant sur l'antique, avaient fait éclore sous leurs ciseaux des bas reliefs et des statues qui excitaient la surprise et l'admiration de toute l'Italie, quand Cimabué de Florence conçut le projet de tirer la peinture du néant. 1240.

L'antiquité n'avait point laissé de modèles qui eussent échappé à la destruction; et, dans l'impossibilité de découvrir la moindre production de cet art divin qui jadis avait immortalisé les Zeuxis, les Parrhasius, les Timante, les Apelle, les Protogène, il ne restait aucun espoir de se diriger sur les pas de ces peintres renommés. On ne pouvait pas même, à défaut de leurs chefs-d'œuvre, avoir recours aux ouvrages des artistes romains qui s'étaient efforcés de marcher sur les traces de leurs illustres devanciers; tout avait disparu : il ne s'agissait donc pas simplement de restaurer la peinture, il fallait la recréer.

Une entreprise de cette importance présentait de grandes difficultés à vaincre : pour les aplanir, il n'était qu'un seul moyen dont les résultats fussent infaillibles. Cimabué qui sut

---

attira plus d'une fois l'attention et les éloges du fameux Michel-Ange Buonarotti.

A l'égard des portes en bronze de l'église de Saint-Jean à Florence, que Ghiberti, jeune encore, avoit sculptées, « Elles sont si belles, disait le même Michel-Ange, qu'elles » devraient être les portes du paradis. »

l'entrevoir ne balança point à y recourir; il s'attacha à l'imitation de la nature. Ses tentatives que le succès devait en partie couronner 1276. furent puissamment secondées par Giotto qui, de simple berger devenu son disciple et bientôt après son émule, mérita de partager sa gloire, sinon comme premier inventeur, du moins en se formant une manière plus vraie et plus agréable que celle que son maître lui avait enseignée, ou que la vue de ses ouvrages avait dû lui faire primitivement adopter.

Dans l'espace des deux premiers siècles qui suivirent l'époque du renouvellement des arts, on vit une foule d'hommes avides de nobles jouissances et de renommée se succéder sans interruption, et rivaliser de zèle et d'efforts pour se frayer divers sentiers dans l'immensité de la carrière que le génie avait ouverte à leur émulation. Mais parmi tous les artistes qui consacrèrent leurs talens à la peinture, et dont les plus célèbres depuis la mort de Giotto qui eut lieu en 1336, jusqu'à la naissance de Léonard de Vinci, dans un intervalle de cent seize années, furent Lippi, Masaccio et Domenico Ghirlandajo (1); on n'en remarque point qui se soient occupés

---

(1) Lippi, ... nés en 1400, morts en ...... 1469.
Masaccio, ... ⸺ 1401, ⸺ ...... 1443.

spécialement du paysage, ou du moins leurs ouvrages, s'ils en ont produit en ce genre, ne devaient être que des essais bien informes, et ne sont point parvenus jusqu'à nous.

Quelques auteurs prétendent, à la vérité, que Giotto peignit des paysages et des animaux, et que Ghirlandajo refusa un jour de prêter à Michel-Ange encore enfant un cahier de dessins où il avait représenté des bergers avec leurs troupeaux et des paysages ornés de bâtimens et de ruines : ces assertions peuvent être conformes à la vérité; mais comme il ne reste aucun fragment des ouvrages qui pourraient en garantir l'exactitude, les récits des historiens ne doivent être admis dans cette circonstance qu'à titre de simples conjectures qui ne suffisent point pour prouver d'une manière incontestable que Giotto, et après lui Ghirlandajo, aient réellement cultivé le genre du paysage.

Nul doute cependant que quelques uns des peintres d'histoire, qui ont paru dans le cours des quatorzième et quinzième siècles, n'aient traité dans leurs compositions le paysage comme accessoire d'un sujet principal, ou qu'ils ne l'aient fait servir de fond à leurs tableaux. Pour se

---

Ghirlandajo, ... nés en 1451, morts en ...... 1495.
Léonard de Vinci, ——— 1452, ——— ...... 1519.

(6)

borner à deux seuls exemples qui se rattachent aux siècles dont on vient de parler, il suffira de citer deux productions des Écoles hollandaise et vénitienne, qui font partie de la belle collection du Musée royal de Paris. La première, reconnue pour être de Jean Van Eyck, surnommé Jean de Bruges, à qui l'on doit l'invention de la peinture à l'huile (1), se recommande, indépendamment du mérite de l'ancienneté, par l'extrême précision des détails et le fini de l'exécution : elle représente le Couronnement de la Vierge, avec un fond d'architecture dont les arcades laissent à découvert un paysage où l'on remarque des plans bien dégradés, et un ton de couleur suave et harmonieux.

1370.

Dans l'autre composition, attribuée à Cima da Conegliano (2), la Vierge, assise sur un trône, tient sur ses genoux l'Enfant Jésus qui

---

(1) Cette opinion, généralement reçue, paraîtrait être démentie par le texte d'un livre de la Bibliothèque du Vatican. Dans cet écrit de Cennino Cennini, élève de Giotto, et intitulé *Istruzioni pittoriche*, on prétend avoir trouvé la preuve que l'Italie connaissait la peinture à l'huile avant Jean de Bruges.

(2) Quoique l'époque de la naissance de Cima ne soit point connue bien positivement, on sait cependant qu'il a eu pour maître Jean Bellin, qui naquit en 1426. Dès lors il est permis de conjecturer que le tableau de l'élève date de la fin du quinzième siècle.

reçoit les hommages de saint Jean-Baptiste et de la Madeleine. Cette scène, intéressante surtout par le caractère d'expression de la figure de la Vierge, se passe au milieu d'un paysage qui, selon toutes les apparences, offre une vue de Conegliano, lieu de la naissance de l'artiste, et dont il se plaisait à retracer l'aspect dans la plupart de ses tableaux. Le site offre une grande vérité d'imitation dans la forme des objets, le coloris est vigoureux, les eaux sont transparentes, et rien de plus pittoresque et d'un meilleur goût que le style d'une fabrique située dans le fond, au pied d'un coteau.

Mais ces deux compositions et toutes celles de la même espèce que les différentes Ecoles de peinture ont pu produire jusque vers le commencement du seizième siècle, ne constituent point le genre du paysage proprement dit. Ces productions, parmi lesquelles on pourrait citer celles d'Andrea Mantegna, de Pietro Vannucci, 1430. dit le Pérugin, qui enseigna le dessin à Raphaël, 1446. de Raibolini, surnommé Francia, même celles 1450. d'André del Sarte, de Jean da Udine, et de Polidore de Caravage, qui ne parurent que dans le siècle suivant, et sont bien supérieures en mérite aux précédentes ; toutes ces peintures sont de véritables conceptions historiques dans lesquelles le paysage ne tient qu'une place secondaire, et dès lors ne peut produire qu'un intérêt subordonné à celui qui dérive essentiellement du sujet principal : aussi se croit-on bien fondé à établir comme un fait incontestable, que depuis le renouvellement des arts, tous les efforts des peintres s'étant dirigés, pour ainsi dire, exclusivement vers l'étude de la figure, le paysage qu'ils n'avaient jamais traité qu'accidentellement et en général d'une manière superficielle, ne formait point encore un genre distinct et absolument indépendant de ceux de l'histoire ou du portrait, à cette époque à jamais mémorable où le génie de Léonard de Vinci, de Michel-Ange Buonarotti, de Raphaël et de Bramante avait déjà porté simultanément la peinture, la sculpture et l'architecture au plus haut degré de splendeur.

Ce ne fut qu'à la suite et par l'effet de l'impulsion donnée par ces grands hommes à toutes les branches des arts, et peut-être aussi par la raison que les idées religieuses qui avaient inspiré les artistes des siècles précédens firent place à des conceptions moins élevées, et surtout moins austères, que les peintres vénitiens commencèrent à envisager le paysage sous un point de vue plus étendu que ne l'avaient fait leurs devanciers, et qu'en le cultivant avec plus d'application et de soins, et dans un meilleur système de coloris et de pratique de la perspective aérienne, ils parvinrent à lui donner une importance bien plus réelle, jusque là qu'ils se hasardèrent à en faire le principal sujet de leurs compositions.

Cette heureuse innovation, dont l'origine peut être assignée au commencement du seizième siècle, n'eut cependant une certaine consistance et des résultats bien positifs que vers la fin de ce même siècle où, dans les autres Écoles, les artistes s'occupèrent exclusivement du paysage. Ce fut alors seulement que, par le concours de leurs études plus spéciales et plus directes, et surtout par leur persévérance à le traiter isolément, ils réussirent à lui imprimer un caractère assez déterminé, pour qu'il pût s'élever, parmi les autres genres de la peinture, au rang dans lequel il devait plus tard accélérer rapidement sa marche, se perfectionner à son tour, et parvenir enfin à briller du plus vif éclat.

DE 1477 A 1550.

Giorgio Barbarelli, surnommé le Giorgion, né à Castel-Franco, dans le Trévisan, et élève de Jean Bellin (1), doit être considéré comme 1477.

---

(1) Jean Bellin, dont on voit au Musée royal le portrait

le premier peintre de l'Ecole vénitienne, qui a imaginé de traiter le paysage dans une manière neuve, et de lui donner une direction plus élevée. Le seul tableau en ce genre que nous ayons de ce maître, représente un Concert champêtre, espèce de pastorale dans laquelle figurent deux hommes revêtus de costumes du temps, et deux femmes nues... Sans vouloir s'arrêter à cette bizarrerie d'imagination de l'artiste, dont l'inconvenance ne peut échapper même aux yeux de la simple raison, il ne sera point hors de propos de faire remarquer que si le Giorgion et quelques uns de ses contemporains, dans la même Ecole, se sont permis fréquemment de représenter des femmes nues dans leurs tableaux, on ne peut guère attribuer cette particularité qu'à l'usage où étaient à cette époque les nobles Vénitiens, de faire peindre leurs maîtresses sous

---

réuni dans un même cadre avec celui de Gentil, son frère, passe pour avoir commencé vers le milieu du quinzième siècle à mettre en pratique, à Venise, le secret de peindre à l'huile, qu'il eut l'adresse de découvrir en faisant faire son portrait par Antoine de Messine, qui tenait ce procédé directement de Jean de Bruges. On doit encore ajouter en faveur de Jean Bellin, qu'ayant enseigné les principes de son art au Giorgion et au Titien, tous deux fondateurs de l'Ecole vénitienne, il peut être considéré comme la souche de cette pépinière de grands coloristes qui sont sortis de la même Ecole.

la forme de Vénus ; mais, en se reportant au concert champêtre, il est aisé de reconnaître qu'indépendamment du beau ton de couleur et de la touche moelleuse qui brillent dans cette composition, le paysage, quoiqu'en partie sacrifié aux figures, sort cependant de la classe d'un simple accessoire, et que le peintre a su le concevoir et l'exécuter de manière à y répandre un charme qui le cède peu à celui que le principal sujet peut comporter.

Le Giorgion était aimable et spirituel. Avant de se livrer à la peinture, il avait appris la musique, et ses talens sur le luth l'avaient déjà fait accueillir dans les sociétés les plus distinguées. Au sortir de l'Ecole de Jean Bellin qu'il n'avait point tardé à surpasser, il s'adonna au genre de l'histoire et aux portraits, et ce fut en étudiant les ouvrages de Léonard de Vinci, qu'il jeta les fondemens de sa grande réputation. On lui reproche l'incorrection du dessin ; mais on ne peut trop admirer le moelleux de sa touche et la fraîcheur de ses teintes qu'il eut l'art de fondre avec une adresse qui ne permet pas de saisir le mécanisme du travail.

Les dessins de cet artiste sont d'une extrême rareté ; ceux qui tiennent au genre du paysage, et que la gravure a reproduits, offrent, entre autres sujets, une Sainte-Famille et l'Enlèvement d'Europe. Peut-être, au premier coup d'œil, serait-il embarrassant de décider quelle est la partie dominante dans la composition, ou du site, ou du trait historique qui s'y trouve en action ; mais il serait impossible de ne pas reconnaître le caractère distinctif du paysage dans une gravure d'après ce peintre, que l'on voit au cabinet des estampes de la Bibliothèque du Roi : c'est le point de vue d'un site composé de rochers, d'arbres, d'un grand nombre de fabriques, avec un lointain ; et, comme si le Giorgion n'eût voulu attacher à cette production que le simple cachet du paysagiste, par une singularité assez étonnante de la part d'un peintre d'histoire, il n'a point jugé à propos de placer une seule figure dans ce paysage dont le style et l'exécution se ressentent d'ailleurs de l'époque à laquelle cet art était encore dans son enfance.

Ces premiers essais dans une carrière absolument nouvelle, que le Giorgion aurait sans doute poussés plus loin, si la mort ne l'eût enlevé à l'âge de trente-trois ans, n'étaient que le prélude d'autres tentatives mieux combinées, plus soutenues, et qui devaient avoir la plus heureuse influence sur les destinées du paysage, dès qu'il allait devenir l'objet des méditations de l'un des plus grands peintres qui se soient distingués parmi les modernes.

Ce n'est pas seulement sous le rapport de la beauté du coloris qu'il faut juger du degré de perfectionnement dont le paysage fut redevable au Titien, que ses talens ont fait surnommer à juste titre le prince de la couleur. Pour faire sentir combien la culture de ce genre dut, sous tous les points de vue, s'améliorer par les soins d'un aussi habile peintre, il ne faut pas laisser ignorer avec quelle scrupuleuse exactitude ce même peintre ne cessa de consulter la nature pendant tout le cours de la carrière la plus longue qu'il ait été donné à aucun artiste de parcourir.

Né à Cadore dans le Frioul, Tiziano Vecelli, plus communément nommé le Titien, avait passé, pour ainsi dire, dès son enfance, de l'Ecole de Jean Bellin dans celle du Giorgion, qui n'était pas plus âgé que lui, et qui, piqué de se voir surpassé par son élève dans un ouvrage qu'ils avaient exécuté en commun, jugea à propos de l'éloigner de lui. Dès ce moment, le Titien commença à jouir d'une réputation qu'il ne cessa de mériter jusqu'à l'âge de quatre-vingt-dix-neuf ans, qu'il mourut de la peste, ayant toujours conservé une parfaite santé, et donnant encore, au terme d'une existence aussi prolongée, des preuves de la vigueur et du feu dont il était animé pendant sa jeunesse.

1477.

Maintenant, il doit être aisé de concevoir que l'habitude contractée par cet artiste dans ses compositions historiques et dans ses innombrables portraits, de s'attacher soigneusement à l'imitation de la nature, ne put que lui être avantageuse dans l'étude du paysage, et lui faciliter en ce genre des succès presque aussi brillans que ceux qu'il était en possession d'obtenir à tant d'autres titres. S'il était permis en ce moment de s'occuper indistinctement des diverses productions du Titien, dont les plus capitales sont en Italie et en Espagne, les sujets des Pèlerins d'Emmaüs, du Christ porté au tombeau, et du Couronnement d'épines, suffiraient pour justifier à nos yeux la grande renommée que leur auteur s'est acquise dans le genre historique : aussi s'accorde-t-on assez généralement à juger qu'il eût obtenu la palme sur les plus grands peintres, sans aucune exception, si, au mérite d'une touche et d'un coloris portés au plus haut point de perfection, si, à la vérité d'imitation de la nature et à la justesse des expressions, il eût réuni au même degré la correction du dessin, la fécondité de l'imagination et l'élévation des pensées. A l'égard de ses portraits, n'est-ce pas à la supériorité de ses talens en cette partie qu'il a dû l'avantage d'avoir été choisi pour peindre la plupart des souverains de son temps ? Nous ne connaissons point, à la vérité, les trois portraits qu'il fit de Charles-Quint, qui le créa chevalier et lui conféra le titre de comte palatin : ceux de Philippe II, roi d'Espagne, de Soliman, empereur des Turcs, des papes Paul III et Clément VII, des cardinaux de Médicis et de Farnèse, des ducs de Mantoue et de Ferrare, de l'Arioste, de l'Arétin et d'une foule d'autres personnages célèbres nous sont également inconnus : mais le beau portrait de François I*er*, ceux d'un homme vêtu de noir, et de cette femme que l'on présume avoir été la maîtresse du Titien, peuvent nous faire apprécier le rare mérite de tous les ouvrages qui ont assigné à cet artiste la première place parmi les plus fameux peintres de portraits.

Si l'on voulait discuter la question de priorité entre les paysages du Giorgion et ceux du Titien, il ne serait pas facile, à raison de la parité d'âge entre le maître et l'élève, de décider affirmativement lequel des deux a pu commencer à retracer des sites champêtres sous un aspect assez attrayant pour appeler, plus particulièrement que par le passé, l'attention du spectateur sur ces sortes d'imitations. Peut-être même, en songeant à la fin prématurée du Giorgion, serait-on bien fondé à juger qu'il ne lui a manqué qu'une existence plus prolongée pour exceller dans le paysage : cependant, si toutes les probabilités, jusqu'à l'incertitude de sa marche, se réunissent en sa faveur pour qu'on doive le considérer comme ayant fait les premiers pas dans la carrière, il ne faut que jeter les yeux sur les deux dessins de la galerie d'Apollon, qui représentent l'Enlèvement d'Europe, et Clytie contemplant le Soleil, pour se convaincre que le Titien, dans ces deux belles productions, n'a pas seulement dépassé de beaucoup son émule, mais même qu'il y a déployé le talent d'un habile paysagiste.

Ces dessins qui, selon toutes les apparences, offrent des vues prises dans les montagnes du Frioul, se distinguent surtout par un choix de sites d'une immense étendue, et par une exécution légère et spirituelle qui exprime avec vérité les différentes espèces d'arbres, de terrasses, de montagnes et de fabriques. Une ingénieuse combinaison des traits de la plume, tantôt plus ferme et plus large, tantôt plus légère et plus déliée, accuse avec sentiment la forme plus ou moins prononcée des corps, suivant les distances, et indique la dégradation des plans avec la même justesse que le ferait le coloris le plus varié dans ses teintes; de telle sorte que l'œil du spectateur parcourt sans embarras ces sites spacieux enrichis d'une infinité d'objets différens; et, sur quelque point qu'il se fixe, partout il reconnaît, dans l'imitation de la nature, la fidélité de ses traits.

Créateur du véritable genre du paysage dans ces dessins et dans une foule d'autres que le Titien a laissés ou qui ont été gravés d'après lui, cet artiste ne paraît point avoir produit de tableaux dans le même genre. Il en est cependant plusieurs dans lesquels l'art du paysagiste rivalise, pour ainsi dire, avec celui du peintre d'histoire. Sans vouloir indiquer ici le sujet de la Vierge au lapin blanc, et celui de sainte Agnès présentant une palme à l'Enfant Jésus, où le site, qui n'est qu'un simple accessoire, ne laisse pas de se faire remarquer avantageusement pour la franchise de la touche et la force du coloris, pourrait-on ne pas être frappé du double mérite de l'invention et de l'exécution des deux fonds de paysage qui semblent partager également l'attention dans le tableau de Jupiter et Antiope que l'on voit au Musée royal, et dans celui du Martyre de saint Pierre Dominicain qui faisait, il y a quelques années, l'ornement de cette riche collection.

La physionomie toute nouvelle que le Titien avait imaginé de donner au paysage, et sans doute aussi la célébrité que le peintre d'histoire et de portraits s'était acquise, principalement par la beauté de son coloris, déterminèrent Jacques da Ponte, communément nommé le Bassan, à 1510. se rendre à Venise pour y étudier les ouvrages de ce grand peintre. S'il eut l'intelligence de puiser dans ses sujets historiques un excellent ton de couleur et une connaissance parfaite du clair-obscur, il ne voulut point cependant, comme paysagiste, s'assujétir à être simplement l'imitateur de celui qu'il avait choisi pour guide : mais, dans la route nouvelle qu'il se fraya, ses compositions s'écartèrent trop essentiellement du système adopté par son modèle, pour qu'en cela il n'ait peut-être contribué à retarder l'essor que ce dernier avait fait prendre au paysage.

En effet, dans la majeure partie des productions du Titien, les figures, comparativement aux sites, sont, par leurs proportions, subordonnées au paysage; et c'est particulièrement sous ce point de vue que cet artiste est reconnu pour avoir le premier assigné au paysage un caractère distinct et indépendant de tous les autres genres qui composent le domaine de la peinture. A l'égard du Bassan que nous ne considérons point ici dans ses tableaux d'histoire, presque toutes ses autres compositions offrent des scènes de la vie champêtre ou des sujets de pastorale empruntés de l'Histoire sainte, surtout de ceux qui, de leur nature, exigent l'intervention d'un grand nombre de personnages et d'animaux. Ainsi, en parcourant les ouvrages de ce peintre, on y remarquera les Voyages de Jacob,

Noé faisant entrer les animaux dans l'Arche, l'Annonce aux bergers, ou bien les quatre Saisons, les travaux de la Moisson, de la Vendange, et beaucoup d'autres sujets de la même espèce ; mais, dans tous ces tableaux, les figures, soit par leur stature, soit par l'action qu'elles expriment, forment réellement la partie dominante de la composition, et ne permettent guère d'envisager le paysage que comme un objet secondaire et en quelque sorte accessoire au sujet principal.

Le coloris du Bassan est d'une grande vigueur, et sa touche heurtée produit un effet surprenant. Fidèle à l'imitation de la nature, il trouva dans le genre de ses conceptions toutes les facilités convenables pour ne la perdre jamais de vue. Sa femme, ses enfans, ses domestiques lui servaient de modèles, et il n'y avait aucun être dans sa maison, jusqu'aux animaux de sa basse-cour, dont il ne pût faire toutes les études qui lui étaient nécessaires, sans que, pour aucune cause, il fût obligé de se déplacer. Le Frappement du rocher et les travaux de la Vendange, que l'on voit au Musée royal, peuvent indiquer le faire et la manière de composer de cet artiste, qui mourut à l'âge de quatre-vingt-douze ans, à Bassano, lieu de sa naissance, et où il résida presque toute sa vie. Parmi ses quatre fils,

François, Léandre, Jean-Baptiste et Jérôme, les deux premiers ont été les plus habiles, mais uniquement comme peintres d'histoire et de portraits; les deux autres se sont bornés à copier les ouvrages de leur père.

Une circonstance assez remarquable à l'égard du Titien, dont la manière de traiter le paysage eut par la suite dans toutes les autres Ecoles un si grand nombre d'imitateurs, c'est que parmi ses élèves les plus distingués, tels que François Vecelli son frère, Horace Vecelli son fils, qui mourut jeune de la peste, Pâris Bordone, Palme-le-Vieux, et Jacques Robusti, dit le Tintoret, né à Vénise, ce dernier, le plus habile d'eux tous, est le seul qui mérite d'être cité comme paysagiste; encore ne connaît-on par la gravure que trois compositions, la Manne dans le désert, la Fuite en Egypte, et des Bergers gardant leurs troupeaux, dans lesquelles cet artiste paraît s'être exercé en ce genre; et, d'après le beau ton de couleur et l'exécution ferme du paysage qui sert de fond à son tableau de Susanne au bain, il est à regretter qu'il se soit aussi peu aventuré dans une carrière où il pouvait compter sur des succès qui eussent encore ajouté à l'éclat de sa réputation. Mais, tout en le blâmant de son insouciance à cultiver par lui-même une nouvelle branche de la peinture que ses grands talens pou-

1512.

vaient faire fructifier, il faut néanmoins lui rendre cette justice, qu'il ne laissa point perdre les traditions qu'il avait reçues de son maître, pendant le peu de temps qu'il resta sous sa direction, puisque plusieurs peintres qui entrèrent par la suite dans son Ecole, entre autres, Francheschi et Martin de Vos, apprirent sous ses yeux à traiter le genre du paysage.

Ce dernier naquit à Anvers, d'un peintre assez habile qui, après lui avoir donné les premières leçons de dessin, le confia aux soins de Franc-Flore, surnommé dans son temps le Raphaël des Flamands ; mais le jeune de Vos voulut par la suite aller en Italie chercher des maîtres qu'il jugeait encore plus capables de seconder ses dispositions. Il étudia quelque temps à Rome, puis il se rendit à Venise, et fut admis parmi les élèves du Tintoret qui le prit en affection, et se fit un devoir de ne lui rien cacher des secrets de son art. Après avoir passé plusieurs années à étudier indistinctement le genre de l'histoire et le paysage, Martin de Vos retourna à Anvers où ses talens lui acquirent une grande réputation et une fortune considérable. Il mourut dans cette ville, âgé de quatre-vingt-quatre ans, ayant formé, entre autres disciples, Guillaume, fils de Pierre de Vos son frère, qui était également peintre, et dont les ouvrages sont inconnus.

1520.

La majeure partie des tableaux d'histoire de Martin de Vos sont à Anvers : on assure que la vigueur du coloris et la correction du dessin s'y trouvent réunies à l'élévation des pensées. A l'égard de ses paysages dont on ne peut juger que d'après les gravures, pour la plupart de la main de Sadeler, les sites en sont pittoresques et enrichis de sujets tirés de la Genèse. On se bornera à indiquer les œuvres de la création, formant plusieurs tableaux, entre autres, le Paradis terrestre, la Chute d'Adam et Eve, le Défrichement de la terre par leurs enfans, la Construction des premières cabanes, et le Déluge universel.

On pourrait présumer que Martin de Vos fut le premier qui introduisit dans la Flandre la culture du paysage, si, à l'époque où il vivait, et peut-être même un peu avant lui, un autre peintre flamand n'était connu pour s'être exercé dans le même genre.

La date de la naissance de Bernard Van Orley, de Bruxelles, est ignorée : on sait seulement que dans sa jeunesse il passa en Italie, et l'on prétend qu'il fut un des élèves du grand Raphaël. Si le fait est vrai, ce que porterait à croire le goût qui règne dans les compositions de ce peintre, l'antériorité de ses ouvrages sur ceux de Martin de Vos ne serait plus problématique, par la raison que Raphaël étant mort en 1520, Van Orley aurait été déjà initié dans la peinture avant la naissance de Martin de Vos; mais ce qui est hors de doute, c'est qu'à son retour dans son pays, Van Orley peignit l'histoire et le paysage : il dirigea la confection des tapisseries qui furent fabriquées à Bruxelles sur les cartons de Raphaël, et il composa lui-même un grand nombre de sujets de chasse, qui servirent de modèles pour une magnifique tenture destinée à décorer le palais du prince d'Orange.

On peut voir dans la galerie d'Apollon, faisant partie du Musée royal, trois dessins de cet artiste, à la plume, lavés et rehaussés de blanc : ce sont des vues de sites de la Flandre, avec des figures d'une assez grande proportion, qui enrichissent les premiers plans.

Si nous revenons aux élèves du Titien, dont nous n'avons indiqué que les plus renommés, il y aurait cependant de l'injustice à ne point faire remarquer parmi eux Domenico Campagnola qui n'a point, à la vérité, la célébrité de quelques uns de ses condisciples dans le genre de l'histoire, mais dont les talens, comme paysagiste, réclament à plus d'un titre une mention distinguée.

On ne connaît aucune particularité de la vie de cet artiste. Il paraîtrait que dans sa jeunesse ses progrès furent rapides, et assez marquans pour inspirer de la jalousie à son maître; mais on ne dit point que ce dernier en ait usé à son égard de la même manière qu'envers le Tintoret qu'un semblable motif l'avait porté à congédier de son atelier. Il est certainement bien flatteur pour ces deux condisciples qu'un peintre tel que le Titien ait pu redouter leur concurrence dans l'avenir : mais comment qualifier la conduite de leur maître ? Comment essayer de le justifier de s'être laissé dominer par un sentiment indigne d'un aussi beau talent, au lieu d'applaudir le premier à des succès dont l'éclat devait naturellement rejaillir sur celui qui les avait fait éclore par ses préceptes et ses exemples ?

Il est fâcheux qu'on ne connaisse aucun tableau de Campagnola, qui puisse faire apprécier ses talens en peinture; mais, dans ses dessins, il est aisé de juger à quel point il s'est attaché à suivre la manière du Titien : même goût dans le choix des sites, même vérité dans l'imitation de la nature, et même facilité dans le maniement de la plume, quoique généralement elle soit moins déliée dans ses traits, et moins diversifiée dans ses effets. Ces dessins de paysage sont assez rares et d'un mérite fort inégal : dans les uns, l'exécution est sèche et peu animée; dans les autres, elle est spirituelle, hardie et pleine de feu, comme celle du Titien; parfois même elle en reproduit les effets avec une telle vérité, que des connaisseurs n'hésitent point à attribuer au maître les ouvrages de son disciple.

On ne voit dans la galerie d'Apollon qu'un seul dessin de paysage de Campagnola, dont le sujet représente Angélique et Médor, accompagnés de deux Amours; mais le cabinet des estampes de la Bibliothèque royale renferme une suite de beaux paysages gravés d'après ses dessins par Pène, Massé et Michel Corneille. Les sites agréables et variés empruntent un nouvel intérêt des sujets que l'artiste y a mis en action. On y distinguera, entre autres, Jésus-Christ sur le mont des Oliviers, une Danse des Nymphes de Vénus, une Chasse au vol, la Pêche en mer, la Fenaison, le Pressoir, la Taille des arbres, le Jeu de la main chaude, et autres divertissemens et occupations champêtres. Outre ces différentes productions, recommandables surtout par la correction et l'élégance des figures, on remarque, dans la même collection, un certain nombre de paysages que Campagnola a gravés d'après les dessins de son maître : aussi ne peut-on lui refuser le double mérite d'avoir coopéré, par ses compositions, à maintenir l'art du paysage dans la direction que le Titien lui avait imprimée, et d'avoir contribué, par ses talens dans la gravure, à donner une publicité plus étendue aux productions de ce savant paysagiste.

On se rappelle combien l'étude des paysages du Titien avait été avantageuse au Bassan, quoiqu'il n'eût point suivi la marche tracée par son modèle. Ce fut aussi pendant leur séjour à Venise que la vue de ces ouvrages dut également inspirer à deux autres peintres, Schiavone et Mutien, l'idée de s'exercer dans le même genre, bien que les sujets historiques aient été habituellement l'objet de leurs compositions.

1522. André Medula, dit Schiavone, né de parens pauvres, à Sebenico en Dalmatie, apprit l'art de la peinture à Venise, en étudiant les ouvrages du Giorgion et ceux du Titien. Dans sa jeunesse, il peignit des façades de maisons pour se procurer des moyens de subsistance; et, quoique la délicatesse de son coloris et les charmes de son style lui eussent, par la suite, mérité les éloges du Tintoret, et même ceux du Titien qui l'employa sous sa direction aux ouvrages de la Bibliothèque de Saint-Marc, il ne parvint jamais, pendant sa vie, à obtenir la considération qui était due à ses talens. Continuellement en butte aux rigueurs de la fortune, il eut le courage de les supporter avec résignation; et, lorsqu'il mourut dans la soixantième année de son âge, sa détresse était si grande que, n'ayant laissé pas même de quoi subvenir aux frais de sa sépulture, ce furent ses amis qui s'empressèrent de pourvoir à cette dépense.

Dessinateur incorrect dans ses sujets historiques, Schiavone doit être regardé comme un des plus grands coloristes de l'Ecole vénitienne, et cette qualité si précieuse, surtout dans la culture du paysage, ne peut que rendre plus sensible la privation de ses ouvrages en ce genre. Un de ses tableaux, représentant saint Jérôme dans un désert, faisait jadis partie de la collection du roi : on ne sait point ce qu'il est devenu ; on ne connaît même aucun de ses dessins de paysage. Cependant il n'est pas permis de révoquer en doute ses talens comme paysagiste, pour peu qu'on se rappelle l'estampe gravée par Aveline, d'après son tableau de Jupiter et Io. Ces amans, assis à l'ombre de grands arbres, paraissent agités d'une vive émotion à la vue de Junon qui les épie du sein d'un nuage dont elle s'est enveloppée. Les personnages, d'une assez forte stature, attirent, à la vérité, la principale attention : néanmoins, comme ils occupent le premier plan du tableau, leurs proportions n'altèrent en rien celles du site où l'on remarque de beaux groupes d'arbres, des fonds spacieux, des terrasses enrichies de plantes, et divers autres objets qui servent à caractériser le véritable genre du paysage tel qu'on doit le concevoir, d'après les observations qui ont eu lieu précédemment au sujet des compositions du Titien.

1528. Plus heureux dans sa destinée que Schiavone, Jérôme Mutien, né à Acqua Fredda dans le Bressan, n'eut qu'à s'applaudir des faveurs de la fortune. Mais, outre qu'il en fut digne par ses talens, il sut les mériter encore mieux en faisant servir à l'avantage de la peinture les richesses dont il était redevable à la pratique de cet art.

Mutien avait appris de Romanini les premiers principes du dessin, avant de se rendre à Venise pour s'y perfectionner par l'étude des ouvrages des grands coloristes que cette ville renfermait dans son sein. En quittant Venise, il s'arrêta successivement à Orviette, à Foligno, enfin à Rome où il fixa son séjour, et où ses talens le firent employer à décorer la galerie du Vatican. Non seulement il sut enrichir de beaux fonds de paysage des sujets purement historiques et des portraits, mais il s'essaya avec succès à composer des tableaux dont le paysage formait la partie dominante, et il en peignit à fresque plusieurs de ce genre pour le cardinal d'Est qui faisait un grand cas de ses talens.

L'importance et le nombre des travaux que

ce peintre fut chargé d'exécuter lui procurèrent les moyens d'acquérir une fortune considérable qu'il employa en partie à fonder l'Académie de Saint-Luc dont il fut le chef. Il mourut à Rome dans sa soixante-deuxième année, également regretté pour l'aménité de son caractère, et pour son habileté dans l'exercice de son art.

Les compositions historiques de Mutien sont peu répandues en France (1), et ses tableaux de paysage y sont entièrement inconnus. Mais, outre qu'on peut voir dans la galerie d'Apollon un beau dessin qu'il a fait en ce genre, la Sainte-Famille en voyage servie par les Anges, le talent du paysagiste ne se fait pas moins remarquer

---

(1) Une des plus importantes se trouve dans la cathédrale de Reims, où elle est exposée depuis un temps immémorial, sans qu'on sache à qui l'on est redevable de la possession d'une aussi précieuse production de l'art. Ce tableau, peint à la détrempe sur toile, et dont les figures sont de proportion naturelle, représente Jésus-Christ lavant les pieds de ses apôtres. Il a été gravé par Desplaces, et il porte quatorze pieds de largeur sur huit pieds dix pouces de hauteur. Selon quelques historiens, le duc d'Orléans, régent du royaume, frappé du mérite de cette peinture qu'il eut occasion de voir en passant à Reims, en avait fait l'acquisition moyennant 60,000 livres, et la promesse d'une belle copie; mais la mort de ce prince ne tarda point à rompre ces engagemens, et le tableau fut renvoyé au Chapitre, qui le fit replacer dans la croisée gauche de l'église, dont il forme un des plus beaux ornemens.

dans une suite d'estampes qui ont été gravées d'après ses dessins par Cornélius Cort. Les sites, pour la plupart, ne sont animés que par un seul personnage emprunté de la Légende ou de l'Histoire sacrée : c'est saint Onuphre, saint Eustache, la Madeleine, saint François recevant les stygmates, et saint Hubert s'agenouillant à la vue d'un cerf crucifère. Si l'on considère la correction du dessin des figures, la justesse d'ensemble de leurs proportions, et l'expression des sentimens qui animent ces pieux solitaires, on reconnaîtra sans peine un talent exercé à traiter le genre historique. Mais, à l'aspect imposant de ces déserts sauvages et pittoresques, à la combinaison des plans, et surtout à la précision des détails dans le feuillage et le tronc des arbres, assez généralement de l'espèce du châtaignier que Mutien paraît avoir étudiée avec une prédilection particulière, il ne sera pas moins facile de remarquer la réunion des qualités indispensables dans la culture du paysage, et qui ne s'acquièrent jamais que par une assiduité constante à l'imitation de la nature.

Ce furent vraisemblablement les tableaux de paysage que Mutien fit à Rome qui introduisirent ce genre de peinture dans cette contrée, et l'y accréditèrent; car, d'une part, rien ne prouve qu'il y ait été connu avant cet artiste; et, d'un autre côté, il paraît constant que, de son temps et après lui, Frédéric Baroche, né à Urbin où il termina sa carrière à l'âge de quatre-vingt-quatre ans, et Frédéric Zucchero, originaire du même duché d'Urbin, et mort à Ancône, âgé de soixante-six ans, tous deux habiles peintres d'histoire de l'Ecole romaine, se distinguèrent en même temps comme paysagistes.

1528.
1543.

Il serait maintenant fort difficile de produire, à l'appui de cette dernière assertion, même un seul dessin de paysage de ces deux artistes; cependant on ne saurait douter qu'ils n'en aient mis au jour l'un et l'autre, puisque le catalogue des objets précieux du cabinet Crozat leur en attribue plusieurs d'une manière positive. Or, il est bien reconnu que le possesseur de ce cabinet a joui de la réputation d'un des plus grands connaisseurs de son temps; qu'il n'avait négligé ni soins ni dépenses pour puiser à des sources authentiques des productions des artistes de différentes contrées, et qu'il était parvenu à réunir un nombre prodigieux de dessins, principalement de tous les peintres italiens, qu'il avait classés distinctement par chaque Ecole (1). Ajou-

---

(1) Le cabinet de M. Crozat, vendu à Paris en 1741, renfermait dix-neuf mille dessins, plus de quatre cents tableaux originaux, un nombre considérable d'estampes

tons à cette première autorité que le catalogue dont nous parlons a été rédigé par Mariette, également connu pour un expert éclairé, et possesseur lui-même d'une riche collection de dessins (1), parmi lesquels se trouvaient différentes études de paysage dessinées par Baroche, au bistre rehaussé de blanc. Il ne peut donc s'élever aucune incertitude sur un fait confirmé par des témoignages aussi recommandables, et sur lequel on insisterait moins, s'il ne concourait, avec les ouvrages de Mutien, à indiquer l'époque à laquelle, selon toutes les apparences, la culture du paysage commença à s'introduire dans l'Ecole romaine.

Si l'on juge de l'importance de l'art du paysage d'après le rang qu'il occupe immédiatement à la

---

anciennes et modernes, et la plus belle collection de pierres gravées en creux et en relief, qu'aucun particulier ait jamais formée. Avant la vente publique, Mgr le duc d'Orléans avait fait l'acquisition de ce dernier article en totalité.

(1) M. Mariette, dont le cabinet a été vendu en 1775, avait réuni, entre autres objets précieux, une infinité de dessins capitaux des trois Ecoles, et une multitude d'œuvres complètes de gravures.

Parmi les dessins exposés dans la galerie d'Apollon au Musée royal, on en remarque un assez grand nombre qui ont appartenu à MM. Crozat et Mariette.

suite de la peinture historique, on aura peine à concevoir qu'un genre aussi distingué et aussi attrayant ait été bientôt entièrement méconnu dans les lieux qui l'avaient vu naître, et que la contrée qui fut le berceau de son origine ait pu abandonner à des soins étrangers la culture d'une plante dont le germe s'était fécondé dans son sein. Il n'est cependant que trop certain que l'Ecole vénitienne, après avoir créé et propagé, soit par ses propres artistes, soit par ceux qu'ils avaient formés, une nouvelle branche d'exploitation dans le domaine des arts, semble avoir renoncé volontairement à perfectionner elle-même sa découverte, et à en recueillir tous les avantages qu'elle pouvait espérer.

Déjà nous savons que cette intéressante découverte a été transmise simultanément à Rome par Mutien, et en Flandre par Van Orley et Martin de Vos : dans peu nous verrons d'autres contrées s'empresser également de l'accueillir, et réussir, par le concours de leurs artistes, à l'améliorer successivement. Mais, quels que puissent être les temps et les lieux où l'art du paysage atteindra la perfection, le siècle et la patrie du Giorgion et du Titien seront toujours fondés à s'attribuer la priorité d'une invention dont la gloire semblerait en quelque sorte appartenir en commun à ces deux grands peintres.

De 1550 a 1578.

C'est donc sans aucune apparence de raison que Mathieu Bril, peintre flamand, passe assez communément pour avoir le premier traité le paysage isolément, c'est-à-dire, en avoir formé un genre distinct et séparé des autres genres de la peinture. On cherche en vain sur quels fondemens cette opinion a pu s'accréditer, lorsque, sans rappeler ici les divers artistes que nous avons déjà cités, le Titien seul, dont la naissance est antérieure de soixante-treize années à celle de Bril, avait incontestablement mis au jour ses dessins de paysage long-temps avant que ce dernier eût commencé à cultiver le même genre. Tout ce qu'il serait permis de remarquer en faveur de Mathieu Bril, c'est qu'aucun peintre avant lui, n'ayant sans doute envisagé le paysage comme devant former un genre à part, ne s'en était occupé d'une manière exclusive, puisqu'il est de fait que tous ceux qui l'avoient précédé dans cette carrière s'exercèrent en même temps dans les genres de l'histoire et du portrait, et que, même sans en excepter le Titien, ce ne fut point à titre de paysagistes qu'ils acquirent leur plus grande célébrité.

Mathieu Bril naquit à Anvers, et partit fort 1550.
jeune pour Rome, où il résida toute sa vie. On
ne sait point si, avant de quitter la Flandre, il
s'était déjà occupé de l'étude du paysage dont les
productions de Martin de Vos, son compatriote,
ou celles de Van Orley, de Bruxelles, auraient
pu lui faire concevoir l'idée, ou bien s'il ne
s'adonna à cette étude qu'après son arrivée en
Italie, où le goût du paysage était plus répandu
que dans les autres contrées ; car, outre que ce
genre de peinture était depuis long-temps pratiqué à Venise, et même qu'il commençait à l'être
à Rome, ce fut à peu près à cette époque qu'il
s'introduisit dans l'Ecole florentine.

On a pu apprécier plus haut les raisons qui
n'avaient pas permis de considérer Giotto ni
même Masaccio comme ayant réellement cultivé
le paysage à Florence, dans le cours des quatorzième et quinzième siècles ; mais ces motifs,
basés sur le défaut absolu de pièces probantes
ou de témoignages authentiques, ne peuvent
point subsister en ce moment à l'égard d'un
peintre qu'une multitude d'ouvrages connus
classent, sans aucune incertitude, dans le nombre
infiniment petit des paysagistes florentins. 1555.

Antoine Tempeste, né à Florence, fut à la
fois peintre, dessinateur et graveur. Il eut pour
maîtres Santi di Tito et Strada, et il peignit

3.

l'histoire, le paysage et les animaux. Ses tableaux ne se trouvent qu'en Italie ; mais le nombre prodigieux de ses dessins répandus dans toutes les contrées, et près de deux mille estampes qu'il a gravées à l'eau forte, attestent la fécondité de son imagination. Parmi ces gravures, on remarque des sujets de batailles, des chasses, et divers paysages animés par des personnages empruntés de l'Histoire sacrée, tels, entre autres, que saint Jean-Baptiste, saint Honoré, la Madeleine et saint François.

Mathieu Bril, que nous avons déjà désigné, et dont les ouvrages ne sont connus en France que par les gravures d'Hondius, exerça son art avec assez de distinction pour mériter d'être employé à décorer les loges du Vatican. Sur le bruit de sa réputation, Paul Bril qui, à l'aide des leçons de Wortelmans, peignait des clavecins à la gouache, partit secrètement d'Anvers à l'âge de vingt ans ; et, après avoir traversé la France, il rejoignit son frère à Rome, et se mit sous sa direction. On rapporte que ses progrès furent lents, mais que, par la suite, la vue des paysages du Titien et de ceux des Carrache contribua à lui faire réformer son goût et à le rendre meilleur coloriste.

1556.

A la mort de Mathieu Bril, qui eut lieu à Rome en 1584, sous le pontificat de Sixte-Quint, les travaux dont il avait été chargé furent confiés à Paul, qui s'en acquitta de manière à acquérir une réputation bien supérieure à celle de son frère, soit dans le coloris qui est plus vrai, plus délicat et plus harmonieux; soit dans le style qui a tout à la fois plus de simplicité et de grandeur. Se plaisant à choisir des sites d'une vaste étendue, et habile à retracer des vues topographiques, il ne réussit pas moins dans les petits tableaux de chevalet que dans les grandes machines. On cite de lui un très-beau paysage de soixante-huit palmes romaines, équivalentes à cinquante-trois pieds environ, peint à fresque dans les appartemens du pape, ainsi qu'une infinité de tableaux de différentes dimensions qui décoraient des monastères, des églises et des palais.

Parmi les paysages de Paul Bril, que l'on voit au Musée royal, on doit distinguer celui qui représente le sujet de Pan et Syrinx, et trois autres d'une plus grande proportion qu'Annibal Carrache a enrichis de figures : dans l'un, il a peint une chasse aux canards; dans les deux autres, Diane suivie de ses Nymphes, et la même déesse découvrant la faiblesse de Calisto. Si l'on blâme avec raison, dans les deux premiers, la sécheresse de la touche et la monotonie du coloris, quoique d'ailleurs l'ensemble de la composition présente un aspect très-imposant, on ne doit que des éloges au dernier, dans lequel on remarque une ordonnance d'un style large, de belles masses de roches d'un ton fin, des arbres groupés avec art et d'un port élégant. Les ouvrages de cet artiste offrent en général une manière de composer qui n'est point dépourvue de grandeur, une exécution nette et soignée, des plans bien contrastés, et des lointains riches et spacieux; mais on peut leur reprocher de l'égalité dans le coloris dont le vert forme la teinte dominante, de l'uniformité dans la touche et de la sécheresse dans les détails qui sont trop apparens sur les plans éloignés.

Quelque fondés que soient ces reproches, il serait cependant difficile de se rendre compte des véritables causes du discrédit dans lequel a pu tomber un artiste dont les ouvrages étaient jadis recherchés avec empressement par les amateurs qui se les disputaient dans les ventes, et n'hésitaient point à les porter à un prix très-élevé. Il est vrai, et on ne le dissimule pas, que Paul Bril a été surpassé par un grand nombre de paysagistes qui, s'ils n'ont point apporté plus d'assiduité que lui dans l'étude la nature, ont mis plus de discernement et de goût dans l'imitation qu'ils en ont faite : mais, d'une part, il n'est pas moins vrai que ces artistes, l'ayant eu pour devancier dans la carrière, ont eu l'avantage de pouvoir se guider sur ses pas, et de se servir de sa manière pour parvenir insensiblement à l'améliorer.

D'un autre côté, en songeant que Paul Bril a su améliorer lui-même celle de ses prédécesseurs ; que c'est lui qui, le premier, a eu l'idée heureuse de placer dans ses tableaux l'horizon à une élévation bien moindre que celle qui était usitée par les autres peintres; que ses paysages de pure invention décèlent en lui une imagination riche et féconde ; enfin, que des beautés incontestables balancent dans ses ouvrages des imperfections qui tiennent moins au talent du peintre qu'au peu de progrès que l'art du paysagiste avait fait au temps où il a vécu, il est sans doute permis de réclamer contre l'excessive sévérité avec laquelle on juge maintenant un artiste qui a joui d'une grande réputation de son vivant, et même pendant plus de cent cinquante années après sa mort (1).

Nous ne nous appesantirons point sur les témoignages d'estime et de bienveillance qu'il reçut de Sixte V, dont il obtint la pension qui avait été accordée à son frère, de Clément VIII

---

(1) Paul Bril mourut à Rome, âgé de soixante-dix ans, ayant eu pour élèves Augustin Tassi, Ricart, Spirinx, Vroom et Nieulant. Ce dernier a gravé un grand nombre de paysages d'après son maître.

qui, non content de le combler de bienfaits, l'affectionna au point de venir souvent auprès de lui se récréer à le voir travailler ; enfin, du cardinal Mattei qui s'empressa de lui confier l'exécution des vues topographiques de ses différentes maisons de plaisance ; mais, puisque Annibal Carrache ne dédaigna point d'associer ses talens à ceux de Paul Bril, et de contribuer à l'embellissement de ses paysages en les enrichissant de figures peintes de sa main, il semble que cette marque de considération devait d'autant mieux garantir ce dernier de l'inconstance de la faveur publique, que l'illustre fondateur de l'Ecole bolonaise, que l'habile peintre d'histoire, cultivant lui-même le paysage avec distinction, était, plus que personne, capable de bien juger du mérite des productions de ce genre, et de les apprécier à leur véritable valeur.

Annibal partage avec Louis Carrache, son cousin et son maître, et avec Augustin son frère, la gloire d'avoir fondé l'Ecole de Bologne, qui servit de modèle à toutes celles qu'on vit s'établir par la suite. Cependant il peut, à juste titre, revendiquer la plus grande partie de cette gloire, non seulement pour avoir puisé à Venise, dans les ouvrages du Titien et de Paul Véronèse, un goût de couleur et un style que Louis et Augustin s'empressèrent d'adopter, mais encore pour avoir formé lui seul un grand nombre d'élèves dont les talens concoururent à perpétuer la célébrité d'une Ecole qui ne fut guère moins féconde en paysagistes distingués qu'en habiles peintres d'histoire.

En effet, parmi les diverses Ecoles d'Italie, ce fut celle de Bologne qu'on vit plus constamment attachée à la culture d'un genre qu'elle n'avait sans doute appris à connaître que par les ouvrages des peintres vénitiens. Cette conjecture paraît d'autant mieux fondée, que, les trois Carrache ayant visité successivement Venise, les paysages du Titien durent également frapper leurs regards, et leur suggérer le désir de s'essayer dans la même carrière.

Peut-être serait-il superflu d'insister sur la probabilité des causes qui portèrent ces artistes à s'occuper de ce genre de peinture au milieu de leurs grandes conceptions historiques. Mais ce qu'il importe d'établir, et ce qui ne peut être contesté, c'est qu'ils contribuèrent tous trois les premiers à faire fleurir le paysage dans la Lombardie; et, s'il fallait recourir à des preuves ostensibles, il serait aisé de produire un grand nombre de paysages dessinés par les Carrache, principalement par les deux frères Augustin et Annibal, qui paraissent avoir cultivé ce genre avec plus d'assiduité que leur cousin.

On voit dans la galerie d'Apollon un dessin de la main d'Augustin, dont les talens, comme graveur, sont peut-être supérieurs à ceux qu'il déploya dans la peinture. Ce dessin, tracé à la plume avec une grande légèreté, et remarquable par la précision des détails, représente le repos de la Sainte-Famille au milieu d'un beau paysage.

La même collection offre, entre autres dessins d'Annibal Carrache, une fuite en Egypte, paysage à la plume. On ne sauroit imaginer une exécution plus nette et plus spirituelle, ni un site d'un aspect plus convenable à la noblesse des personnages qui l'enrichissent; mais ce n'est pas seulement dans ses dessins qu'Annibal s'est distingué comme paysagiste, sous ce point de vue, ses talens ne brillent pas moins dans la plupart des tableaux qu'il a produits.

1560. Cet artiste, né à Bologne, de même que Louis et Augustin, avait été destiné dans son enfance à la profession de son père, qui était tailleur, et ensuite à l'orfèvrerie. De grandes dispositions pour la peinture déterminèrent son cousin Louis à lui enseigner le dessin, et ses progrès furent des plus rapides. Il alla à Parme étudier les ouvrages du Corrège, et de là à Venise où son frère Augustin, qui s'y formait à l'art de la gravure par les conseils de Corneille Cort, lui procura la connaissance du Tintoret et de Paul

Véronèse, dont le style contribua à ennoblir le sien : ensuite il revint dans son pays, et y concourut, avec Louis et Augustin, à l'établissement de l'Académie de Bologne.

Louis avait été appelé à Rome pour y peindre la galerie Farnèse, et, sur son refus, Annibal se chargea de l'exécution : il employa huit années consécutives à terminer cette vaste entreprise (1), qui mit le sceau à sa réputation ; mais il en fut si mal récompensé, que cette injustice, jointe aux contrariétés que lui firent éprouver des peintres jaloux de son mérite, lui occasionnèrent une maladie de langueur : de nouveaux chagrins qu'il essuya à Naples le portèrent à retourner à Rome au milieu des grandes chaleurs, et une fièvre violente, dont il fut atteint à son arrivée dans cette ville, le fit succomber à l'âge de qua-

---

(1) Cette galerie consiste en treize grands tableaux qui représentent le Triomphe de Bacchus et Ariane, Vénus et Anchise, Diane et Endymion, Diane et Pan, Mercure donnant la pomme à Pâris, Hercule et Iole, Jupiter et Junon, Polyphème et Galatée, Polyphème et Acis, le Triomphe de Galatée, l'Aurore et Céphale, Persée et Andromède, Persée et Phinée. De belles figures de Termes en stuc feint soutiennent la voûte dont les compartimens et les ornemens sont variés et de bon goût. La galerie est précédée d'un salon dont le plafond présente trois sujets ovales de l'histoire d'Hercule.

rante-neuf ans (1). Suivant ses intentions, il fut inhumé dans la Rotonde, à côté de Raphaël, dont il avait toujours été un des plus zélés admirateurs.

Annibal Carrache était simple dans ses mœurs et dans ses vêtemens, n'ayant jamais voulu s'assujétir aux moindres convenances de la société, ni s'instruire dans la poétique de son art. Uniquement occupé de la peinture, il l'exerça avec un désintéressement dont il donna des preuves en maintes occasions. Les dispositions les plus heureuses et l'assiduité à l'étude de la nature furent sans doute les premières causes de ses succès; mais il n'en fut peut-être pas moins redevable à l'envie de surpasser Louis et Augustin, dont les talens lui portaient ombrage, et dont

---

(1) Louis, qui était l'aîné des Carrache, étant né en 1555, survécut à ses deux cousins : Augustin mourut en 1603, Annibal en 1609, et Louis en 1619. Aucun d'eux ne s'était marié; cependant Augustin eut à Venise, en 1583, un fils naturel, nommé Antoine-Martial, qu'il recommanda en mourant à son frère Annibal.

On ne connaît d'Antoine-Martial Carrache que son tableau du Déluge, qui est au Musée royal, et qui prouve qu'il eût soutenu dignement la gloire de son nom, si la mort ne l'eût enlevé à l'âge de trente-cinq ans. Il paraîtrait qu'il cultiva le paysage avec succès, puisqu'il se trouvait dans le cabinet Crozat plusieurs de ses dessins en ce genre, que Mariette compare pour la beauté aux plus parfaits de ceux d'Annibal et d'Augustin.

l'esprit cultivé et le savoir lui furent néanmoins d'un grand secours dans la plupart de ses compositions.

Il faudrait être absolument étranger aux arts pour ignorer l'importance des services que ce peintre leur a rendus, moins peut-être par l'éclat que ses chefs-d'œuvre ont répandu sur eux, que par l'ascendant de ses préceptes et de son exemple, dont le résultat fut d'arrêter la peinture dans sa marche vers la décadence, et de la faire rentrer dans la route du vrai et du beau, en la ramenant à l'imitation d'une nature choisie. Mais ce système, dont l'heureuse influence s'étendit des conceptions du maître à celles de ses nombreux disciples, et prépara les succès du Guide, du Dominiquin, de l'Albane, de Schidone, de Lanfranc, et d'une foule d'autres peintres célèbres, ne dut point se restreindre uniquement aux compositions historiques d'Annibal Carrache : on en retrouve l'application et les résultats dans les paysages reproduits sous ses pinceaux.

En comparant entre elles ces différentes productions, et particulièrement celles qu'on voit au Musée royal, on remarque, et dans l'ordonnance et dans l'exécution, deux manières bien distinctes, dont l'une semble se rapporter à celle des peintres d'histoire, qui commencèrent à cultiver le paysage; et il est présumable qu'Annibal, frappé de ce que cette manière, absolument différente de celle de Paul Bril, offrait d'indéterminé dans ses effets, lui en aura substitué une nouvelle qu'il aura jugée plus précise et mieux appropriée au véritable genre du paysage. Ainsi, dans cette hypothèse, les tableaux des plaisirs de la Chasse et de la Pêche seraient d'une date antérieure à celle des sujets de l'Ermite, du Martyre de saint Étienne, de la Prédication de saint Jean-Baptiste dans le désert, d'un Concert sur l'eau, et d'une infinité d'autres compositions qui reçoivent pour la plupart un nouveau lustre des scènes historiques dont le peintre les a enrichies, en donnant aux personnages la stature convenable pour ne point détruire l'effet du paysage, ni altérer en rien les proportions qui servent à le caractériser comme un des genres de la peinture.

Les derniers tableaux qu'on vient de désigner se recommandent par une exécution soignée et par une vérité de détails et de coloris où l'imitation de la nature se fait aisément reconnaître. Ces compositions, remarquables sous bien des rapports, suffiraient seules pour assurer à leur auteur une place honorable parmi les plus anciens paysagistes, surtout celle où l'on voit une rivière avec un pont, et sur le devant une barque contenant trois femmes, et un jeune homme qui fait de la musique. La transparence des eaux, le style des fabriques, la dégradation des plans et la finesse du coloris n'y laissent rien à désirer. Mais, quel que soit le mérite réel de ces productions, il est bien difficile, dans le jugement qu'on en porte et dans le prix qu'on leur assigne, de séparer dans la pensée le paysagiste du peintre d'histoire, et de ne point reporter vers le premier une portion du tribut d'admiration qu'on se plaît à payer à celui que tant de belles conceptions historiques, que sa galerie du palais Farnèse, et même la célébrité des peintres formés sous sa direction, placeront toujours au rang des artistes les plus justement renommés.

Dans le même temps qu'Annibal Carrache se délassait de ses grands travaux en cultivant le paysage, et que Paul Bril, uniquement adonné à ce genre de peinture, contribuait par ses ouvrages à l'embellissement des principaux édifices de Rome, Adam Elsheymer s'attachait à imiter fidèlement les points de vue les plus intéressans de cette ville et de ses environs.

Ce peintre, né à Francfort, après avoir appris 1574. dans son pays les principes de son art, partit pour l'Italie, dans le dessein d'y perfectionner ses talens. Assidûment appliqué à l'étude de la nature, et doué d'une mémoire assez heureuse pour pouvoir retracer avec une grande précision, jusque dans leurs moindres détails, des sites qu'il n'avait plus sous les yeux, il ne tarda point à faire de rapides progrès, et il imagina d'exécuter des tableaux d'une très-petite dimension, qu'il ornait de figurines touchées spirituellement, et remarquables par un fini extrêmement précieux.

Malgré le prix élevé de ses ouvrages, le temps qu'il employait à les terminer ne lui permettant point d'en produire suffisamment pour se procurer un bénéfice bien avantageux, cette circonstance, jointe aux charges d'une famille nombreuse, lui fit contracter des dettes que, malgré tous ses efforts et les secours généreux de ses amis, il ne put jamais acquitter; et la misère à laquelle il se trouva réduit lui occasionna une maladie de langueur qui le conduisit au tombeau, à l'âge de quarante-six ans.

Elsheymer, que ses talens, la régularité de ses mœurs et l'amour du travail auraient dû mettre à l'abri des rigueurs de la fortune, paraît avoir le premier servi de modèle à tous les peintres de l'Ecole flamande et hollandaise qui, après lui, se sont distingués par une exacte vérité et par un extrême fini dans la touche. Assez ordinairement il choisit pour sujets de ses tableaux les ténèbres de la nuit, tempérées par la clarté de la lune dont il imita les effets avec une grande précision. On connaît de lui, en ce genre, une Fuite en Egypte, petit tableau qui réunit à une ordonnance pittoresque un excellent ton de couleur, une exécution soignée, et une harmonie assez soutenue pour maintenir l'unité d'effet au milieu de trois lumières bien distinctes qui éclairent la totalité du site. Au centre, le groupe des personnages traverse à gué une rivière, à la lueur d'une branche de pin allumée que tient saint Joseph : vers la gauche, des bergers se chauffent auprès d'un feu, tandis que leurs troupeaux paissent sur la lisière d'une forêt; à droite, le disque de la lune se lève au-dessus d'un bouquet d'arbres qui borde l'horizon, et répand sur la voûte du ciel une douce clarté qui colore faiblement les eaux dont la surface limpide reproduit fidèlement l'image argentée de l'astre de la nuit.

Cette charmante composition, qui passe pour être le chef-d'œuvre de l'artiste, offre cette particularité singulière, que, non seulement dans le choix du sujet et du moment, mais dans l'aspect général du site, dans l'agencement des plans, et surtout dans le concours et la disposition respective des trois effets de lumière, elle présente une ressemblance frappante avec une autre production d'une bien plus grande dimension, que l'on doit au pinceau de l'illustre chef de l'Ecole flamande. Nommer Rubens, c'est donner une idée de la perfection du coloris qui brille dans cet ouvrage, comme dans tous ceux de l'un des plus grands peintres qui aient paru depuis la restauration des arts, de cet homme étonnant par l'étendue et la variété de ses connaissances : il possédait six langues, et fut un habile négociateur; de ce génie fécond qui réunit à la poésie des conceptions la richesse et la grandeur de l'ordonnance pittoresque, la franchise et l'énergie de la touche, la chaleur et la vérité du coloris ; enfin de ce maître savant dont les leçons formèrent une pépinière d'artistes célèbres, parmi lesquels on distingue Van Dyck, Jordaens, Diepenbeck, Van Mol, Van Thulden, et David Teniers le père.

1577. Pierre-Paul Rubens, issu d'une famille distinguée, naquit à Cologne, où son père, docteur en droit et échevin de la ville d'Anvers, s'était retiré pendant les troubles des Pays-Bas. Les dispositions qu'il annonça dès son enfance pour la peinture déterminèrent sa mère, devenue veuve, à le confier aux soins d'Otto Vœnius, habile peintre d'histoire. A l'âge de vingt-trois ans, il passa en Italie, et fut attaché au service du duc de Mantoue, qui s'empressa de seconder son inclination, jusqu'à l'envoyer à Rome, pour y copier les tableaux des plus grands maîtres. Par la suite, il eut différentes occasions de perfectionner ses talens, pendant le séjour qu'il fit successivement en Espagne, en Angleterre, et dans plusieurs villes de l'Italie.

Nous ne suivrons point cet artiste dans tout le cours d'une carrière où il s'acquit une grande réputation d'habileté, soit par ses talens dans la peinture, soit par ceux qu'il déploya dans la diplomatie. On sait qu'entre autres missions importantes dont il fut chargé à différentes époques, Philippe IV l'envoya à Londres en qualité d'ambassadeur, pour traiter de la paix, qui fut conclue en 1630, entre l'Angleterre et l'Espagne. Cette heureuse issue, dont les deux cours furent redevables à la dextérité du négociateur, lui mérita des présens considérables de Charles Ier, qui le fit chevalier et lui donna son épée, en présence du parlement. Philippe IV, de son côté, le créa également chevalier, et le nomma secrétaire du conseil d'État dans les Pays-Bas. Rubens, sans cesser d'exercer la peinture, remplit les fonctions de cette charge jusqu'à sa mort, qui eut lieu à Anvers, dans la soixante-quatrième année de son âge. Marié deux fois, il eut trois enfans de ses deux femmes, dont la seconde, Hélène Forman, d'une grande beauté, lui servit souvent de modèle dans ses tableaux.

4.

Rubens est du petit nombre de ces êtres privilégiés que la nature et la fortune s'accordent à combler de leurs faveurs ; mais aussi, de son côté, ne négligea-t-il rien pour les seconder de tous ses efforts, et pour concourir à l'accomplissement de leurs vues par tous les moyens qui étoient en son pouvoir. Au milieu des affaires les plus épineuses, au sein des plaisirs et du tourbillon des cours, comblé d'honneurs et de richesses, jamais il ne perdit de vue l'exercice de son art : il lui consacra tous les instans dont ses devoirs lui permirent de disposer ; et, non content de chercher la perfection dans une pratique habituelle, il s'appliqua sérieusement à acquérir les connaissances qui pouvaient être utiles à son instruction.

Entre autres causes qui contribuèrent puissamment à la célébrité de Rubens, on doit envisager au nombre des principales une réunion rare de circonstances favorables à ses desseins et toutes essentielles pour en assurer la réussite ; mais si ce furent les ouvrages du Titien qu'il eut la facilité d'étudier à Madrid, et surtout à Vénise, de même que ceux de Paul Véronèse qui lui révélèrent les mystères du coloris et lui préparèrent les voies pour exceller dans cette partie, il ne dut qu'à lui seul, à une heureuse organisation, à des études multipliées et à une alternative continuelle de méditations et de travaux, l'abondance de son imagination, la noblesse de ses pensées, la verve de son exécution, le charme de ses ingénieuses allégories (1), enfin le secret de vivifier ses œuvres, en les animant du feu divin dont il était pénétré.

Surchargé de grands travaux et ne pouvant suffire à exécuter lui seul dans leur ensemble les vastes entreprises qui convenaient à l'étendue de son génie, il eut souvent recours aux talens de divers artistes pour les employer sous sa direction à peindre les accessoires plus ou moins importans de ses compositions historiques : mais on ne peut révoquer en doute, et il s'est plu dans quelques circonstances à en donner la

---

(1) Où trouver un champ plus fertile en allégories spirituelles et savantes, que cette belle galerie qui décorait autrefois le palais du Luxembourg, et dont la translation a eu lieu depuis quelques années au Musée royal, où elle semble avoir perdu une grande partie des charmes qu'elle empruntait de la disposition de l'ancien local? Rubens n'employa que cinq années à terminer cette vaste machine. Ce fut en 1625 qu'il produisit au jour les vingt-quatre grands tableaux dans lesquels il a retracé si poétiquement les principaux événemens de la vie de Marie de Médicis. On regrette que l'exil de cette princesse ne lui ait point permis de réaliser le projet qu'elle avait formé de confier à d'aussi habiles mains l'exécution d'une seconde galerie destinée à reproduire les faits mémorables du règne de Henri IV.

preuve, qu'il ne lui a manqué que le temps pour traiter lui-même ces différens accessoires qu'il eût rendus avec sa supériorité habituelle, et il n'est pas moins constant qu'il a peint entièrement de sa main plusieurs paysages dans lesquels on retrouve, sinon toutes les qualités les plus marquantes de son talent, du moins la chaleur et la facilité qui caractérisent le faire de ses autres productions.

Parmi ces paysages, on se contentera de citer le sujet de l'Arc-en-ciel et celui du Tournois près des fossés d'un château. Le premier réunit à de beaux effets de clair-obscur et à la vigueur d'un coloris harmonieux, le mérite d'une composition riche et animée par divers groupes de figures et d'animaux. Le second, moins terminé que le précédent, offre l'aspect d'un site éclairé d'une manière piquante par des rayons du soleil qui s'échappent à travers un nuage. Ce n'est guère à la vérité qu'une simple esquisse; mais elle est bien remarquable par la franchise des teintes locales, et surtout par une hardiesse dans la touche qui décèle la prestesse de l'exécution. Sous ces deux points de vue, on ne saurait trop recommander cette production à l'étude des paysagistes qui veulent à la fois se distinguer dans le coloris et réussir à retracer avec exactitude jusqu'aux effets pittoresques les plus fugitifs:

car, outre que des peintures heurtées et évidemment empreintes de l'imitation de la nature indiquent la source et les principes du coloris d'une manière plus intelligible que celles qui sont terminées avec plus de soins (1), elles peuvent apprendre en même temps le secret de saisir les accidens passagers de la lumière et des ombres avec la promptitude et l'adresse convenables, pour réussir à en reproduire les effets sur la toile avec tout le charme de la vérité.

Quoique Rubens, doué d'un génie dont l'étendue pouvait embrasser tous les genres de la peinture, ait eu assez de souplesse dans le talent pour les traiter chacun avec un égal succès, il est cependant de fait, ainsi qu'on vient de le remarquer, que presque toujours il se débarrassa sur divers artistes du soin d'exécuter les accessoires de ses sujets historiques. Or, comme

---

(1) Pourrait-on disconvenir que la franchise des teintes du Bassan et de Rubens, et la fermeté de leur touche ne soient infiniment plus propres à initier dans la science du coloris, que les ouvrages du Giorgion, du Titien et du Corrège, qui, sous la fonte de leurs couleurs et le moelleux de leurs pinceaux, semblent avoir pris à tâche de déguiser leur travail, et de faire un mystère des procédés à l'aide desquels ils sont parvenus à obtenir une grande supériorité sur les plus fameux coloristes.

on sait que Jean Wildens et Lucas Van Uden, nés tous deux à Anvers, l'un en 1580 et l'autre en 1595, furent ceux qu'il employa exclusivement à peindre le paysage qui embellit une infinité de ses tableaux, il semble plus convenable, au risque d'anticiper un peu les dates, de placer immédiatement à la suite de ce grand peintre, la mention des deux artistes qu'il associa constamment à ses travaux.

Les tableaux de Wildens étant inconnus en France, il ne reste pour apprécier le mérite de ses compositions d'autre moyen que de recourir au petit nombre d'estampes gravées d'après ses ouvrages par Hondius, Matham et Stoch. Ces estampes consistent en treize pièces dont un petit paysage et les douze mois de l'année, sujets que le peintre a traités de manière à donner une idée avantageuse de ses talens dans l'ordonnance pittoresque ; chaque mois est caractérisé par le genre d'occupations ou de divertissemens qui lui est en quelque façon exclusivement particulier, de sorte que leur ensemble n'offre pas seulement l'image de la tonte des brebis, de la moisson ou de la récolte des fruits, mais encore le tableau fidèle des plaisirs de la chasse, de la pêche, et ainsi de suite.

Le seul élève de Wildens qui soit connu est Jacques Van Artois, né à Bruxelles, en 1613, et dont l'époque et le lieu de la mort sont également ignorés. On remarque de beaux arbres groupés avec art, des lointains d'une vaste étendue, une grande vigueur de coloris et une étonnante facilité dans les ouvrages de cet artiste, qu'on prétend avoir été intimement lié avec David Teniers le jeune qui se plaisait quelquefois à peindre ou à retoucher les figures et les animaux des paysages de son ami. D'autres peintres ont également contribué à orner de figures les tableaux de cet artiste. Vander Meulen lui-même n'a point dédaigné d'enrichir de groupes de cavaliers plusieurs ouvrages de cet habile paysagiste.

A l'égard de Van Uden, on sait qu'il s'appliqua continuellement à l'étude de la nature; qu'il réussit à en saisir les effets les plus piquans; qu'il dessinait correctement les figures, et que ses paysages qui sont des portraits fidèles des campagnes du Brabant, brillent surtout par la légèreté de la touche, la variété des ciels et l'immense étendue des lointains.

Les tableaux de ce peintre, sans être aussi difficiles à trouver que ceux de Wildens, sont néanmoins assez rares (1); et, si l'on ne perd pas

---

(1) On voit dans la galerie d'Apollon deux petits dessins de Van Uden, qui, à la vente du cabinet de Mariette, ont été portés à la somme de 600 livres.

de vue que le ciel et les fonds de paysage dans les compositions de Rubens sont tous de la main de l'un ou l'autre de ces deux artistes, on doit conjecturer qu'ils n'ont pas eu assez de loisir pour produire un grand nombre de tableaux, et que ceux qu'ils ont exécutés ont bien pu, à raison de leur rareté, ne point se répandre au-delà de leur pays. Mais ce qui ne doit laisser aucun doute sur le mérite de ces peintres, c'est, d'une part, qu'ils aient été jugés par Rubens dignes de concourir à l'exécution de ses chefs-d'œuvre, et de l'autre, qu'ils soient parvenus à identifier si bien leur touche et leur coloris à ceux de ce célèbre artiste, qu'en examinant avec attention les ouvrages de ce dernier auxquels ils ont dû coopérer l'un ou l'autre, tout y est d'un parfait accord, et semble avoir été peint par la même main.

En suivant la marche de l'art du paysage, à partir de son origine jusqu'au temps où parurent les plus anciens élèves de l'Ecole des Carrache, c'est-à-dire dans l'espace d'un siècle entièrement révolu, on voit ce genre de peinture, primitivement pratiqué à Venise, s'introduire peu à peu en Flandre, à Rome, à Florence, et enfin à Bologne. D'un autre côté, en se rappelant le point où le Titien avait porté la culture de cet art, immédiatement aussitôt qu'il l'eut créé, on ne s'aperçoit pas que, depuis cette époque, il ait été amélioré dans ses résultats par aucun des artistes qui se succédèrent dans un intervalle de plus de cinquante années.

Il ne sera point difficile de se rendre compte des véritables raisons qui nuisirent dans les commencemens au progrès de l'art, si l'on se rappelle d'abord que Bassan, le premier qui s'en occupa après le Titien, en ne voulant point suivre la route tracée par son modèle, dut s'éloigner du but que ce dernier avait entrevu; et, en second lieu, que ce nouveau genre de peinture fut entièrement négligé par la plupart des disciples de l'inventeur, qui heureusement vécut assez long-temps pour maintenir sa découverte dans la direction qu'il lui avait donnée. Ce fut donc réellement plus d'un demi-siècle après sa naissance, que le paysage reçut de Paul Bril une première impulsion qui ne tarda point à en amener d'autres dont les effets réitérés durent concourir par degrés au perfectionnement de l'art.

A la vérité, Mathieu Bril, en commençant le premier à traiter exclusivement le genre du paysage, avait semblé donner à cet art plus d'importance que tous ses devanciers, et en outre, il avait fait preuve d'une imagination plus abondante et plus variée que la plupart d'entre eux : mais c'était à son frère Paul qu'il était réservé de porter plus loin qu'eux tous ses pas dans la carrière, et de s'y distinguer par un style plus grandiose, des compositions plus riches et des sites d'une plus vaste étendue : entre autres améliorations qui font honneur à son discernement, on sait qu'il introduisit l'usage de baisser sur la toile l'horizon que les peintres, avant lui, avaient coutume de placer à une trop grande élévation; et ce qui peut démontrer les avantages de cette innovation, c'est qu'elle fut universellement adoptée, et qu'elle dut l'être, puisqu'elle seule procure aux paysagistes les moyens d'espacer davantage le champ de leurs compositions, et de donner à leurs sites, à l'aide d'une application plus facile et mieux raisonnée de la perspective, toutes les apparences de la profondeur qu'ils offrent dans la réalité.

Les progrès dont l'art fut redevable à Paul Bril s'accrurent encore à la même époque par les soins d'Annibal Carrache, dont le coloris plus animé, le pinceau plus facile et l'imagination, sinon plus riche que celle de son émule, du moins plus élevée dans ses conceptions, agrandirent de nouveau le domaine du paysage, et imprimèrent aux productions de l'art un caractère plus noble et plus déterminé.

Sous ces divers points de vue, il a dû être permis d'avancer que les ouvrages de Carrache contribuèrent au perfectionnement de ceux de Paul Bril: mais aussi ne peut-on disconvenir que, de son côté, le peintre bolonais ne réforma vraisemblablement sa première manière, celle qu'on a fait remarquer dans les sujets de la chasse et de la pêche, que d'après les tableaux de l'artiste flamand, qui durent lui paraître plus soignés dans l'imitation des détails, et plus agréables dans leur ensemble, ne fût-ce que par l'effet d'un meilleur choix du point de l'horizon : ainsi, ce furent les efforts mutuels d'Annibal Carrache et de Paul Bril, dont le concours fit faire à l'art du paysage les premiers progrès importans qui méritent d'être remarqués.

On doit à ce sujet faire observer que, sans le hasard qui conduisit Annibal à Rome, où il passa huit années à peindre la galerie Farnèse, tandis que Paul Bril, de son côté, travaillait au Vatican, peut-être ces deux artistes, originaires de différentes contrées, n'auraient-ils jamais eu occasion de se trouver réunis et de pouvoir profiter mutuellement de la vue de leurs ouvrages, pour se former chacun un meilleur système dont le résultat fût doublement avantageux au premier perfectionnement de l'art. Si cette tendance vers une amélioration sensible paraît, sous le rapport du style, s'être ralentie dans les paysages d'Elsheymer et de Rubens, qui ne tardèrent point à se faire connaître, l'un en Italie et l'autre en Flandre, on ne peut cependant nier que le fini de la touche du premier, et l'éclat du coloris du second, n'aient encore contribué à activer les progrès de l'art dans quelques unes de ses parties.

DE 1578 A 1594.

On se rappelle que l'analyse du talent et des ouvrages d'Annibal Carrache a déjà fait pressentir que l'Ecole de Bologne, dont il fut le principal fondateur, avait produit un assez grand nombre d'artistes distingués, parmi lesquels plusieurs, à l'imitation de leur maître, durent partager leurs occupations entre le genre de l'histoire et celui du paysage (1).

Le plus ancien d'entre eux, l'Albane, dont le nom seul retrace à la pensée une suite de compo-

---

(1) Bien que ces artistes aient paru à des époques plus ou moins éloignées, comme ils ne sont pas très-nombreux, on a cru devoir les mentionner immédiatement à la suite les uns des autres, afin de réunir dans un même cadre tous les paysagistes de l'Ecole bolonaise.

sitions ingénieuses, d'aimables fictions, paraît s'être attaché dans ses paysages à créer des sites agréables et fantastiques, comme les scènes qu'il y a représentées : peut-être aura-t-il craint d'affaiblir le charme de ses sujets éminemment gracieux, en partageant l'attention du spectateur entre l'action des personnages et l'attrait qu'eût présenté l'image fidèle des beautés de la nature ; peut-être aussi que, dominé par une imagination poétique et riante, son talent se sera refusé à l'exactitude méthodique de l'imitation, quoique le charmant petit tableau de Salmacis et Hermaphrodite que l'on voit au Musée royal semble indiquer qu'il n'a dépendu que de la volonté du peintre de se distinguer comme paysagiste.

Né à Bologne et élève du Carrache, après 1578. l'avoir été d'abord de Calvart (1), François Albani ou l'Albane se fit connaître avantageusement par divers sujets historiques, dont ses pinceaux embellirent plusieurs églises et les

---

(1) Denis Calvart, né à Anvers en 1555, fixa son séjour à Bologne, où il était venu fort jeune pour se fortifier dans la peinture. Parmi les élèves que ses talens lui attirèrent en grand nombre, on remarque l'Albane, le Dominiquin et le Guide, qui, lassés de son avarice et de la violence de son caractère, ne tardèrent point à quitter son Ecole pour entrer dans celle d'Annibal Carrache.

galeries de souverains et de riches particuliers ; mais, quelque distinguées que fussent ces productions, la réputation que s'acquit l'Albane, et l'aisance dans laquelle il vécut jusqu'à l'âge de près de quatre-vingt-trois ans, il n'en fut pas redevable principalement à ses tableaux d'histoire, dont le style grave s'accordait peu avec la trempe de son caractère et le véritable genre de son talent. La source de sa fortune et de sa renommée réside, pour ainsi dire, uniquement dans une foule de sujets de caprice, d'une exécution d'autant mieux soignée, que leurs dimensions sont plus petites, mais toujours attrayans par la poésie de l'invention et par une réunion d'images qui charment les yeux et n'inspirent que des idées gracieuses et riantes.

Epoux fortuné d'une belle femme qui le rendit père de douze jolis enfans (1), l'Albane dut voir dans leurs grâces naïves, dans les charmes de leur mère, toute la gentillesse des Amours, tous les attraits de Vénus. Doit-on s'étonner

---

(1) Leur beauté était si parfaite, qu'ils servirent souvent de modèles à l'Algarde et à François Flamand, célèbres sculpteurs. Quant à leur père, ils lui furent d'autant plus utiles dans la composition de ses tableaux, que la mère savait les lui présenter dans les attitudes convenables, soit en les suspendant avec des bandelettes, soit en les tenant endormis dans ses bras ou sur ses genoux.

qu'il ait choisi de préférence pour modèles les tableaux aimables qu'il avait continuellement sous les yeux ? En possession de plaire à ceux qui ne cherchent dans la jouissance des arts que des émotions douces, que des sensations agréables, toutes les compositions de l'Albane portent l'empreinte de la félicité qu'il goûtait au sein de sa famille. On l'a surnommé le peintre des Grâces et des Amours ; et qui mieux que lui pourrait mériter ce titre flatteur ? quel autre peintre a su, comme lui, reproduire sous des traits aussi séduisans la déesse de Cythère et son brillant cortége, embellissant par leur présence, animant de leurs jeux folâtres les bosquets de Paphos et d'Idalie ? Mais pourquoi faut-il qu'un pinceau aussi délicat n'ait point retracé avec plus de sentiment et de vérité le ciel, les eaux, les arbres et les bocages ?

Parmi les élèves de l'Albane, on distingue Pierre-François Mola et Jean-Baptiste Mola, paysagistes l'un et l'autre, portant le même nom, sans être parens ni originaires de la même contrée, et dont on a souvent confondu les ouvrages, au point de leur attribuer indistinctement tous ceux qu'ils ont pu mettre au jour. Cependant, au milieu de ces incertitudes, il paraît assez généralement reconnu que le plus habile des deux Mola est Pierre-François, né à

Coldre dans le Milanez, en 1612, selon les uns, et en 1621, suivant les autres. Son père qui l'avait conduit à Rome dans son enfance, le confia d'abord aux soins de Joseph d'Arpin; mais bientôt après il l'emmena à Bologne, et le plaça dans l'Ecole de l'Albane qui l'instruisit pendant plusieurs années, au bout desquelles l'élève se sépara de son maître dont il avait su gagner l'affection, pour aller à Venise étudier les ouvrages du Titien et ceux du Bassan.

Mola, que l'on nomme assez souvent le Mole, revint à Rome fixer son domicile, et plusieurs belles compositions historiques qu'il y produisit, lui concilièrent successivement la bienveillance des papes Innocent X et Alexandre VII, dont il orna le palais de Monte-Cavallo. Ses talens lui méritèrent aussi les bienfaits de Christine, reine de Suède, qui lui accorda une pension et le chargea de divers ouvrages.

Occupé sans cesse à peindre des sujets d'histoire et de paysage pour des souverains et pour tout ce que Rome renfermait de personnages distingués, il semblait que cet artiste, comblé d'honneurs et de richesses, n'eût plus rien à attendre de la fortune; mais en même temps qu'elle lui réservait la plus brillante faveur qu'il pût espérer, par un de ses caprices ordinaires, elle devait faire évanouir en un instant et par un coup funeste, la perspective dont elle allait bercer son amour-propre. Louis XIV, instruit par la renommée des succès de Mola, lui fit proposer de venir à sa cour avec la promesse qu'il y jouirait d'un traitement considérable et de toutes les prérogatives honorifiques qui étaient dues à ses talens. Le Mole, flatté d'avoir attiré sur lui les regards d'un monarque dont la générosité et la munificence n'étaient pas moins connues que son amour éclairé pour les arts, accepta ses offres avec reconnaissance, et, dans son empressement à en profiter, il se hâta de terminer un tableau destiné pour l'église de la Paix; mais comme il était près de le finir, il fut atteint de violentes douleurs à la tête, qui le firent succomber en six heures de temps, à l'âge de cinquante-cinq ans (1).

Des divers tableaux de paysage attribués incontestablement à Pierre-François Mola, celui qui représente le sujet d'Agar et Ismaël, et que l'on voit au Musée royal, suffirait seul pour justifier la grande réputation de cet artiste. A la vérité, par une inadvertance inconcevable, au lieu d'avoir retracé l'image du désert aride de Bersabée où Ismaël alloit périr consumé par

---

(1) Quelques auteurs prétendent qu'il mourut âgé seulement de quarante-cinq ans; mais la première des deux versions paraît la plus vraisemblable.

la soif, si le Ciel n'eût veillé sur ses jours, le peintre semble n'avoir songé qu'à reproduire l'aspect d'un site agréable où l'on remarque une végétation forte, de beaux arbres, des habitations et même un ruisseau qui bouillonne entre des rochers : mais que de beautés réunies concourent à racheter le défaut de jugement de l'artiste par les brillantes qualités de son talent! Le style de la composition a de la noblesse et de la grandeur, et l'exécution ne laisse rien à désirer ni pour le moelleux et la fermeté de la touche, ni pour la vigueur des teintes et l'harmonie du coloris. Les figures, dessinées correctement et drapées avec goût, ont chacune leur expression particulière portée à un degré de vérité qui indique le sujet de la manière la plus claire et la plus naturelle; enfin, par un trait de génie qu'on ne doit point passer sous silence, le peintre, en dirigeant un des bras de l'ange sur la terre et l'autre vers le ciel, semble avoir donné à entendre que l'envoyé du Seigneur ne se borne point à indiquer à une mère éplorée la source d'eau vive qui va rappeler à la vie l'objet de ses affections, mais qu'il lui annonce en même temps que les destinées promises à la postérité de Jacob commencent à recevoir leur accomplissement dans la conservation des jours de son fils Ismaël.

Si, comme on est fondé à le présumer, cette explication que suggèrent la pose et le geste de l'ange, n'est que le développement de la véritable pensée du peintre, il est certain qu'il ne pouvait l'exprimer d'une manière à la fois plus intelligible et plus noble. Il est seulement à regretter qu'un moment d'oubli de sa part, cette inadvertance qui a déjà été relevée, laisse à la raison quelque chose à désirer dans une production de l'art si recommandable à tant d'autres titres.

Emule de l'Albane et son ami, Dominique Zampieri, né à Bologne, est généralement appelé le Dominiquin, du nom de Dominichino, ou petit Dominique, qui lui fut donné à raison de sa grande jeunesse, dans un moment où il avait remporté le prix sur tous ses condisciples. 1581.

Ce digne élève d'Annibal Carrache, que la lenteur de ses progrès et la pesanteur apparente de son esprit avaient encore fait surnommer le *bœuf* par ses camarades, et qui devait par la suite justifier complètement la prédiction de son maître (1), ne cessa jamais de s'attacher si scrupuleusement à l'imitation de la nature, qu'il est peut-être, de tous les grands peintres d'histoire,

---

(1) Ce bœuf, disait Annibal, laboure un champ très-fertile, qui nourrira un jour la peinture.

celui qui a été le plus vrai dans ses compositions. Si quelques uns l'ont surpassé dans l'élévation des pensées, dans la richesse et le feu de l'imagination, il n'en est point qui aient dessiné plus correctement que lui, et aucun d'eux n'a porté aussi loin l'expression sentimentale et cette simplicité touchante qui va droit à l'âme, et qui doit inspirer autant d'affection pour la personne de l'artiste, que d'estime pour son talent.

Non moins recommandable par la délicatesse des sentimens que par ses infortunes, il porte l'amour de la gloire et le désintéressement jusqu'à se contenter de la plus faible rétribution, pourvu qu'il puisse trouver l'occasion d'exercer son art, et il n'hésite point à consacrer à ses études et aux frais de modèles la majeure partie du prix modique qu'il reçoit de ses ouvrages. Partout où son mérite lui procure des travaux, il rencontre des rivaux jaloux qui dénigrent ses talens, qui, par leurs machinations, réussissent à fasciner les yeux de la multitude, qui poussent l'animosité jusqu'à corrompre ses domestiques et son propre neveu pour détériorer ses productions, avant même qu'il les ait terminées. Enfin, persécuté dans tous les lieux où sa réputation l'a précédé et où il se flatte en vain de trouver un refuge, abreuvé d'humiliation et de dégoût, et craignant à chaque instant pour ses jours, le chagrin abat ses esprits, sa santé s'altère, il tombe dans un état de langueur qui le force de discontinuer les peintures de la chapelle du Trésor dans l'église de Saint-Janvier, à Naples, entreprise des plus importantes dont il s'occupait depuis trois années consécutives, et il meurt à l'âge de soixante ans, non sans quelque soupçon d'avoir été empoisonné.

Etrange destinée que celle d'un homme loyal et sincère, simple dans ses mœurs, uniquement occupé de son art, ne disant jamais de mal de personne, et qui se voit continuellement en butte aux attaques d'une multitude d'ennemis dont la haine n'a point d'autre cause que sa supériorité sur eux! Mais faut-il s'étonner que le Dominiquin ait été victime de la jalousie de ses concurrens et de l'aveugle prévention de ses contemporains? il avait du talent, de la modestie, et il n'était pas intrigant.

C'était à la postérité, toujours impartiale dans ses jugemens, qu'il était réservé de prononcer sur le mérite de cet artiste : plus équitable que son siècle, elle l'a pleinement vengé de ses détracteurs, en inscrivant son nom parmi les plus illustres qui honorent la peinture; justice tardive, mais complète et sans appel, et qui devrait, dans tous les temps, consoler les victimes d'une médiocrité haineuse, en leur donnant l'assurance que tôt ou tard elle parviendra à déjouer les manœuvres de l'intrigue, et à faire triompher leur mémoire des noirceurs de l'envie.

Le Dominiquin a peint à Rome et à Naples plusieurs fresques dont quelques unes ont été abattues à l'instigation de ses ennemis, parmi lesquels les plus acharnés furent Lanfranc et Ribera. On assure que ces peintures étaient bien supérieures pour le coloris à celles qu'il a exécutées à l'huile. Dans le nombre de ces dernières, il a été facile d'apprécier le mérite des trois grandes compositions qui se trouvaient, il y a quelques années, réunies au Musée royal. Pourrait-on avoir contemplé et n'avoir plus présens à la pensée le Rosaire où l'on admirait avec quelle naïveté touchante le peintre a su exprimer les sentimens de candeur et de piété qui embellissent les traits d'un groupe de jeunes filles; le Martyre de sainte Agnès, qu'on n'a point envisagé sans être vivement ému des grâces virginales de la victime, du courage sublime qui lui fait braver les angoisses de la douleur et de l'expression ravissante de ses yeux à l'instant où la pâleur de la mort est déjà répandue sur son visage; enfin, le tableau de la Communion de saint Jérôme, que le Poussin considérait, avec celui de la Transfiguration par Raphaël, comme les deux ouvrages les plus parfaits que la régénération des arts eût fait éclore ?

Constamment appliqué à l'étude de la nature, simple et vrai dans ses expressions, le Dominiquin ne pouvait cultiver le paysage sans faire briller éminemment les qualités qui le distinguaient comme peintre d'histoire : aussi aucun paysagiste avant lui n'avait aussi bien saisi le caractère du genre, ne l'avait envisagé sous un point de vue plus convenable, n'avait trouvé le secret d'agrandir un site et d'ajouter à ses charmes sans en altérer la ressemblance. Non content de les embellir par le choix des formes et par l'élégante simplicité du style, il sut encore répandre sur eux un intérêt varié et soutenu, en les enrichissant de sujets empruntés tour à tour de l'Histoire sacrée et de la mythologie : c'est Dieu maudissant la terre en punition de la désobéissance d'Adam et Eve ; c'est la Fuite en Egypte ou la Sainte-Famille assise près d'une source ; c'est encore Apollon relevant Hyacinthe blessé à mort, et Hercule terrassant Acheloüs métamorphosé en taureau, ou tirant par les pieds Cacus hors de sa caverne.

En se bornant à l'examen de ces deux dernières productions qui se trouvent au Musée royal, on y remarquera tous les signes distinctifs du talent du peintre, quelques imperfections rachetées par de grandes beautés, de la pesanteur dans la touche, et un peu de sécheresse dans le coloris; mais une imitation vraie de la nature, un heureux choix de sites animés par des sujets puisés dans les siècles héroïques, un dessin correct, une juste relation entre la stature des personnages et la proportion des objets environnans; enfin ce style large, le seul convenable au paysage historique, et que les artistes jaloux de se distinguer dans ce genre devront toujours se proposer pour modèle, si toutefois un génie transcendant ne parvient incessamment, à l'aide d'un heureux mélange d'idéal et de vrai, à le porter encore à une plus grande perfection.

La manière large et savante dont sont traités les fonds du tableau des derniers Adieux de saint Pierre et saint Paul qu'on voit au Musée royal, ne permet pas de douter que l'auteur de cette composition, Jean Lanfranc, né à Parme, qui a déjà été désigné comme un des plus violens persécuteurs du Dominiquin, ne se soit, à l'imitation de ses deux maîtres, Augustin et Annibal Carrache, appliqué à l'étude du paysage.

1581.

Néanmoins aucuns tableaux ni dessins de ce peintre, pas même une seule estampe gravée d'après ses œuvres, ne semblent prouver évidemment qu'il ait cultivé ce genre isolément; ainsi ce n'est que sur de simples probabilités qu'on le classe parmi les paysagistes, et l'on se bornera à son sujet à cette seule réflexion, que si, dans les grandes machines qu'il exécuta à Rome, à Naples, à Parme et à Plaisance, il déploya un génie abondant et nerveux, soutenu par une exécution large et grandiose, et par une entente parfaite de l'art des raccourcis qui lui acquirent une brillante réputation comme peintre d'histoire, tout l'éclat de cette renommée, en supposant qu'elle fût également méritée par un dessin plus correct et plus expressif, ne sauvera jamais sa mémoire du reproche d'une odieuse rivalité envers un condisciple tel que le Dominiquin, dont il contribua plus que tout autre à empoisonner l'existence et à en abréger la durée.

Formé à la même Ecole que Lanfranc et le Dominiquin, Pierre-Paul Bonzi de Cortone, surnommé le Gobbo des Carrache, parce qu'il était le jouet de leurs élèves, cultiva également le paysage avec succès, ainsi qu'on peut en juger d'après son tableau du Musée royal, dont le sujet est Latone métamorphosant des paysans en grenouilles. Il excella aussi à peindre des fruits, ce qui lui fit encore donner le surnom de *Gobbo dei frutti*. Un autre de ses condisciples fut Jean-Baptiste Viola (1), dont les beaux pay-

---

(1) Les productions de ce peintre sont maintenant

sages qui décorent la Villa Aldobrandini à Frascati, sont enrichis de figures de la main du Dominiquin, et à la suite de ces artistes, l'Ecole de Bologne en produisit deux autres non moins habiles, dont un surtout, en s'adonnant uniquement au paysage, acquit une réputation supérieure à celle de la plupart de ses prédécesseurs.

Le premier de ces artistes est Jean-François Barbieri, surnommé *Guercino*, ou le Guerchin, qui signifie louche, parce qu'il l'était effectivement. Il naquit en 1590 à Cento, bourg situé près de Bologne, et l'on prétend qu'il étudia quelque temps sous les yeux d'Annibal Carrache : mais cette opinion n'est pas généralement reçue : il paraîtrait seulement qu'il médita les ouvrages des Carrache, et surtout ceux du Caravage, dont il emprunta le coloris vigoureux, et l'art de donner un grand relief à ses sujets, au moyen d'ombres fortement exprimées ; par la suite il réforma cette manière en la remplaçant par des teintes claires qui furent plus estimées.

Le Guerchin établit à Cento une Ecole qui fut fréquentée par un grand nombre d'élèves. La plupart des villes d'Italie furent ornées de ses tableaux dont le plus célèbre est celui de

---

inconnues en France. Mariette avait dans sa collection deux de ses dessins de paysage faits à la plume et au bistre.

sainte Pétronille, placé dans l'église de Saint-Pierre à Rome. La régularité de sa conduite, sa modestie et les agrémens d'un esprit cultivé le firent chérir et estimer universellement. Il mourut à Bologne à l'âge de soixante-seize ans, laissant des biens considérables, quoiqu'il en eût employé une grande partie à soulager les pauvres et à aider dans leurs études ses disciples qu'il aimait comme ses enfans.

On ne connaît aucun tableau de paysage de cet artiste; mais ses dessins en ce genre sont très-recherchés pour la vérité des sites et la facilité de l'exécution. MM. Crozat et Mariette en avaient recueilli chacun un grand nombre. Le père du dernier en a gravé plusieurs, dont un, spirituellement exécuté, a été inséré dans le catalogue des objets composant le cabinet de son fils.

Jean-François Grimaldi, surnommé le Bolognèse, du lieu de sa naissance, et le second des deux peintres dont on a parlé plus haut, était parent des Carrache. Quelques auteurs, d'Argenville entr'autres, prétendent qu'il fut leur élève, ce qui est peu vraisemblable, puisque, d'après la date de sa naissance, indiquée en 1606, il aurait eu à peine treize ans à l'époque de la mort de Louis qui, comme on sait, fut le dernier vivant des trois Carrache.

Il est plus probable que ce furent les ouvrages de ces habiles peintres qui dirigèrent le jeune Grimaldi dans ses premières études, et qu'il fut redevable à ces modèles de ses progrès dans le genre du paysage qu'il paraît avoir exclusivement cultivé : néanmoins il quitta Bologne aussitôt qu'il crut pouvoir se reposer sur lui seul du soin de se perfectionner dans son art. Arrivé à Rome, il y continua ses études avec assiduité; et les succès qu'il obtint lui méritèrent d'être employé à décorer le Vatican et la galerie de Monte-Cavallo. Bientôt sa réputation parvint jusqu'à Paris, et le cardinal Mazarin, en l'y appelant, lui accorda une pension, et l'occupa à embellir son palais et celui du Louvre.

Après trois années de séjour en France, le Bolognèse retourna en Italie, et se fixa à Rome où ses talens et sa conduite lui concilièrent la bienveillance des papes Alexandre VII et Clément IX, qui, de même que l'avait fait leur prédécesseur Innocent X, lui confièrent l'exécution de travaux importans. Ce peintre, qui était en même temps architecte et bon graveur, mourut à Rome à l'âge de soixante-quatorze ans, laissant à ses six enfans (1) une fortune

---

(1) L'un de ses fils, Alexandre Grimaldi, a été son élève. Il suivit sa manière avec assez de précision pour que ses

considérable, et emportant avec lui les regrets de tous ceux qui l'avaient connu, et la réputation d'un homme extrêmement charitable envers les infortunés.

Parmi plusieurs traits qui peignent la générosité de son cœur, un seul suffira pour faire voir qu'il sut allier au mérite de la bienfaisance cette délicatesse de sentiment qui double le prix du bienfait, en épargnant à l'amour-propre de celui qui le reçoit jusqu'à l'embarras de la reconnaissance. Un gentilhomme sicilien, pour se dérober aux troubles de son pays, s'était réfugié à Rome avec sa fille, et leur détresse était si grande qu'ils manquaient de pain. Le Bolognèse, qui demeurait dans le voisinage, ne fut pas plus tôt instruit de leur malheureuse position, que, dès le même soir, son premier mouvement fut d'aller heurter à leur porte, et de déposer de l'argent sur le seuil, en se retirant promptement. Le même manége ayant été répété plusieurs fois, le Sicilien, empressé de connaître son bienfaiteur, se mit en embuscade; et à peine l'eut-il surpris, qu'il courut se précipiter à ses genoux. Le Bolognèse, confus d'avoir été découvert, se hâta de l'embrasser, et de lui

---

ouvrages soient quelquefois confondus avec ceux de son père.

★

offrir sa maison. Leur amitié dura jusqu'à la mort.

Le simple récit d'une action semblable, s'il n'ajoute rien au mérite de l'artiste, est le plus bel éloge qu'on puisse faire de ses qualités personnelles : elle est trop honorable à sa mémoire pour qu'elle ait pu être passée sous silence ; et, s'il était du devoir de l'historien d'en perpétuer le souvenir, peut-être aura-t-il à se féliciter d'avoir suggéré à la peinture l'idée de s'emparer d'un sujet assez intéressant pour qu'elle le juge digne d'être reproduit sur la toile.

On remarque dans les paysages du Bolognèse des sites bien choisis, des arbres d'une belle forme, des figures dessinées correctement et drapées avec goût, une touche légère et spirituelle, et un coloris vigoureux, mais qui paraît avoir éprouvé de l'altération dans quelques teintes. Ses compositions portent l'empreinte des souvenirs de la nature, sans offrir cependant le même degré de vérité que celles d'Annibal Carrache, son modèle ; mais on se plaît à reconnaître dans le style des traces de l'idéal et de l'élégante simplicité qui caractérisent la manière du Dominiquin.

On a fait observer, et l'impartialité l'exigeait, qu'au milieu des beautés qui dominent dans ses ouvrages, le paysagiste dont le nom se trouve ici rappelé, laisse néanmoins à désirer une touche plus moelleuse et un coloris plus délicat; et c'est pour s'être distingué dans ces deux parties uniquement, qu'un peintre hollandais dont nous allons parler a obtenu des succès incontestables, à la vérité, mais dont l'éclat eût été plus brillant, s'ils eussent été soutenus par une imagination plus riche, et surtout par une plus grande correction de dessin.

Corneille Poelenburg, né à Utrecht, et élève d'Abraham Bloemaert (1), passa jeune en Italie, où le précieux fini des tableaux d'Elsheymer, qui résidait alors à Rome, le séduisit au point qu'en cherchant à l'imiter, il contracta une manière de peindre extrêmement suave et délicate. S'il est vrai, comme on le prétend, qu'il étudia aussi les ouvrages du grand Raphaël, il faut le plaindre de n'avoir pas su y puiser un meilleur goût de dessin; mais ce qui ne peut être révo-

1586.

---

(1) Bon peintre d'histoire et de genre, né à Gorcum en 1567, fils et petit-fils d'habiles sculpteurs, et père de Corneille Bloemaert, célèbre dans l'art de la gravure. Abraham passe pour avoir peint le paysage avec succès, et pour s'être exercé à dessiner des points de vue dans les environs d'Utrecht. Ses ouvrages en ce genre ne sont point connus en France. Il en est de même de ses compositions historiques, à l'exception de deux dessins exposés dans la galerie d'Apollon, représentant tous deux le Triomphe d'Amphitrite, et provenant de la collection Mariette.

qué en doute, c'est qu'il s'appliqua sérieusement à l'imitation de la nature. Quel autre maître, ou quel modèle aussi parfait aurait pu lui enseigner le secret de la transparence et de la légèreté aérienne de ses ciels, de la dégradation si bien sentie de ses plans, de la finesse et de l'harmonie générale de son coloris!

Ces qualités qui forment le caractère distinctif du talent de cet artiste, et qui séduisent au premier coup d'œil dans tous ses ouvrages, n'empêchent point de reconnaître en même temps, dans l'uniformité des compositions, le peu de fécondité de son génie. La plupart des sites qu'il a retracés n'offrent, pour ainsi dire, aucune espèce de mouvement ni de variété. C'est presque toujours l'aspect d'une vaste plaine entrecoupée seulement de légères éminences, et dont les terrasses les plus proches sont enrichies de ruines ou de petites fabriques choisies dans la campagne de Rome. Sur le premier plan se trouvent placées quelques figures, assez communément de femmes nues, d'un dessin incorrect, mais peintes avec une fraîcheur de carnation et une délicatesse de teintes parfaitement d'accord avec la finesse du ton de couleur de tous les objets qui les environnent.

Les succès que Poelenburg obtint en Italie, et la considération dont il y jouissait, ne furent point capables de le retenir dans cette contrée. En passant par Florence pour retourner dans son pays, le grand-duc de Toscane l'accueillit avec distinction ; et Charles Ier, roi d'Angleterre, qui par la suite s'empressa de l'attirer à sa cour, lui témoigna également toute l'estime qu'il avait pour ses talens, en se plaisant à orner son palais de diverses productions de son pinceau.

La grande application de cet artiste au travail lui facilita les moyens de satisfaire au désir d'un grand nombre d'amateurs, parmi lesquels on ne doit point omettre de citer Rubens, qui fit assez de cas de ses ouvrages pour leur donner place dans la riche collection d'objets d'arts qu'il avoit formée. Ces tableaux, que l'on trouve dans tous les cabinets de curieux, seront toujours recherchés pour le moelleux de l'exécution et la grande finesse du coloris.

Corneille Poelenburg mourut dans sa ville natale, âgé de soixante-quatorze ans. Parmi ses élèves, on distingue Alexandre Kierings et Daniel Verthanghen, tous deux assez bons paysagistes. Ce dernier a imité avec quelque succès la manière de son maître. Quant aux productions de Kierings, qui sont presque toutes enrichies de figures peintes par Poelenburg, elles offrent une exécution, pour ainsi dire, aussi terminée dans les détails que celles d'un autre paysagiste flamand dont nous allons nous occuper.

Ce qu'on a déjà fait remarquer à l'égard de Paul Bril, du discrédit dans lequel on voit tomber certaines productions des arts, après qu'elles ont joui long-temps d'une grande réputation, ne s'applique pas moins aux ouvrages de Jean Breughel de Velours, ainsi dénommé parce qu'il avait coutume d'employer cette étoffe à ses vêtemens, et aussi pour le distinguer de son père, Pierre Breughel dit le Vieux, et de son frère Pierre, qui peignit habituellement des incendies et des sujets de diablerie, ce qui l'a fait désigner sous le nom de Breughel d'Enfer.

1589. Jean Breughel, né à Bruxelles, commença à étudier la peinture sous la direction de Gné-Kindt, possesseur d'un beau cabinet de tableaux, qu'il eut la permission de copier. En quittant ce maître, il se rendit à Cologne, où il s'adonna avec succès à l'imitation des fleurs et des fruits (1), jusqu'à ce qu'il prît la résolution d'aller en Italie et de s'y livrer entièrement au paysage.

Le premier genre qu'il avoit cultivé ne lui fut

---

(1) On peut juger de ses talens en ce genre d'après un tableau du Musée royal, représentant une guirlande de fleurs et de fruits qui entoure un médaillon dans lequel Rubens a peint la Vierge et l'Enfant Jésus.

pas seulement d'un grand secours, par la suite, pour enrichir de plantes et de fleurs les premiers plans de ses compositions; ce fut encore en traitant ce genre dont le principal mérite consiste dans une exécution très-soignée, qu'il parvint à acquérir la touche spirituelle et le grand fini qui rendent ses tableaux de paysage si précieux. On leur reproche avec raison un ton de couleur généralement trop bleu, surtout dans les fonds, de l'uniformité et de la sécheresse dans le feuiller des arbres, et ce sont là sans doute les principales causes de la baisse considérable qu'ils ont éprouvée dans leur valeur vénale. Cependant, si ces imperfections nuisent réellement à l'harmonie et à la vérité du coloris, et si, sous ce point de vue, elles ont pu motiver en partie le refroidissement des amateurs, il semble qu'une critique sage et impartiale, sans dissimuler ce que le talent de Breughel peut présenter de défectueux, devrait mieux apprécier la richesse d'imagination qui règne dans l'ordonnance de ses paysages, et l'intelligence qu'il a mise à les vivifier, en les embellissant de petites figures et d'animaux qui ne laissent rien à désirer pour l'esprit de la touche et la correction du dessin.

Le talent souple et varié de Breughel ne fut point inutile à quelques bons peintres, à Steenwick (1), pour orner de figurines ses intérieurs d'églises, à Van Balen et à Rothenhamer pour embellir de fonds de paysages leurs tableaux d'histoire. Rubens lui-même eut recours à lui dans l'exécution de deux ouvrages capitaux destinés pour Charles Ier, roi d'Angleterre. De ces deux tableaux dont l'un représente Vertumne et Pomone, et l'autre Adam et Eve dans le paradis terrestre, le dernier passe pour être le chef-d'œuvre de l'artiste.

Le grand nombre des productions de Breughel et leur précieux fini qui supposent nécessairement l'emploi d'un temps considérable, ne permettent pas de douter que ce peintre n'ait été très-laborieux. Parmi ses compositions dont les sujets, et par le choix et par la variété, attestent la fécondité de son imagination, on doit distinguer les quatre Elémens (2), ouvrages des plus importans que ses études premières et la grande

---

(1) Deux peintres du nom de Steenwick, le père et le fils, se sont exercés avec distinction à représenter des vues intérieures de monumens gothiques. On voit au Musée royal plusieurs beaux tableaux qui sont tous attribués à Henri Steenwick le fils.

(2) Ces quatre tableaux bien remarquables par le mérite de l'exécution, surtout ceux qui représentent l'Eau et le Feu, se sont trouvés réunis il y a quelques années au Musée royal.

légèreté de son pinceau lui facilitèrent les moyens d'entreprendre et de terminer avec succès. C'est en examinant avec attention ces tableaux remplis d'une multitude infinie de détails dont la plupart seraient imperceptibles sans le secours de la loupe, que l'on peut se convaincre de l'intelligence du peintre, de la finesse étonnante de sa touche et du soin extrême qu'il apportait dans l'exécution de ses ouvrages.

On ne sait ni en quelle année ni dans quel lieu Breughel de Velours termina sa carrière. Parmi ses élèves, on distingue Jacques Fouquières, né en Flandres vers 1580, qui, après avoir exercé la peinture successivement dans son pays, en Allemagne, à Rome et à Venise, vint en 1621 à Paris, où le surintendant des bâtimens l'employa à décorer les maisons royales.

Continuellement appliqué à l'imitation de la nature, ce paysagiste dessinait la figure avec correction, et il peignait également bien en grand et en petit; cependant on lui reproche d'avoir employé dans son coloris des teintes généralement trop vertes. Sa manière expéditive et peu terminée est vraie et en tous points diamétralement opposée à celle de son maître. Ses tableaux sont maintenant fort rares : on en peut voir un peint à la gouache dans la galerie d'Apollon. Il offre la vue d'une route pratiquée dans une montagne : cette production est peu importante en elle-même, mais on ne saurait douter du mérite de l'artiste dès lors que Louis XIII, qui aimait la fraîcheur de son pinceau, daigna lui témoigner combien il était satisfait de ses travaux, en lui accordant des lettres de noblesse.

Une marque de distinction aussi flatteuse, que Fouquières ne pouvait attribuer uniquement qu'à ses talens, et qui aurait dû le porter à redoubler de zèle pour justifier la munificence de son auguste protecteur, fut, par une de ces inconséquences attachées à la faiblesse humaine, précisément la cause qui lui fit dédaigner l'exercice de son art. Dès l'instant qu'il fut anobli, il ne peignit plus que l'épée au côté, et même, pour mieux affecter les manières d'un gentilhomme, il cessa peu à peu de travailler, de sorte qu'il tomba dans une extrême misère ; et lorsqu'il mourut dans sa soixante-dix-neuvième année, ce fut un peintre de ses amis, Montagne, académicien, qui pourvut aux frais de sa sépulture. Vanité déplorable que celle d'un homme qui, au lieu de se livrer à des occupations capables de lui assurer une honnête aisance, aime mieux s'exposer à subir les funestes conséquences d'une molle oisiveté ! Vanité ridicule dans un artiste, qui lui fait oublier que pour se rendre digne de la considération publique, il doit être lui-même bien pénétré de la noblesse de sa profession, et que sur elle seule, par des efforts continus, il peut fonder à jamais sa véritable illustration !

Un autre élève de Breughel de Velours est Pierre Gyzen, né à Anvers en 1636. Les particularités de sa vie et l'époque de sa mort sont également inconnues. Deux petits tableaux de cet artiste, exposés au Musée royal, prouvent qu'il s'est appliqué soigneusement à imiter le fini précieux des ouvrages de son maître. Le style de la composition, la délicatesse de la touche, le dessin spirituel des petites figures, tout, jusqu'à l'imperfection d'harmonie, rappelle si bien la manière de Breughel, qu'on serait tenté d'attribuer à ce dernier ces deux productions de son disciple.

~~~~~~~~~~~~~~~~~~~~

Dès l'instant que la culture du paysage eut été introduite dans la Lombardie, on avait dû prévoir que cette branche particulière de la peinture prendrait un nouvel accroissement dans le sein d'une Ecole aussi spécialement attachée à l'étude de la nature que l'était celle de Bologne, et que les nombreux élèves d'un maître habile réussiraient peut-être, à l'aide de ses leçons, à la faire fructifier encore mieux par la suite. Cependant, quelques uns parmi eux ne songèrent point à s'en occuper ; d'autres, tels que Lanfranc et le Guerchin, sans la négliger absolument, s'appliquèrent avec plus de zèle au genre de l'histoire ; et l'Albane qui paraîtrait l'avoir cultivée avec assiduité, au lieu d'accélérer par luimême les progrès de l'art, les eût fait bientôt rétrograder, si, d'une part, Mola, son élève, n'eût adopté un système plus convenable que le sien, et si, d'un autre côté, Viola et Bonzi, ses condisciples, n'eussent été plus exacts à suivre la route qu'Annibal leur avait tracée.

Parmi ces élèves de Carrache qui, plus dociles à se conformer à la doctrine qu'il leur avait enseignée, conservèrent au paysage son véritable caractère, comme genre distinct dans la peinture, on doit mettre au premier rang le Dominiquin dont les efforts, mieux combinés que ceux de ses émules et de tous ses prédécesseurs, donnèrent à l'art une impulsion assez vive pour accélérer rapidement sa marche et lui préparer les voies qui devaient bientôt le porter à sa perfection. Mais n'anticipons point une époque honorable pour une contrée qu'on n'a point encore vue figurer dans le nombre de celles où la culture du paysage était en pleine vigueur : occupons-nous plutôt de faire remarquer que ce n'est pas seulement dans une imitation de la nature, plus fidèle que celle de son maître et de tous ses condisciples, et dans un choix de sites plus agréables ou plus imposans, que les ouvrages du Dominiquin indiquent l'accroissement des progrès de l'art; c'est encore dans cette grâce naïve, dans cette simplicité ingénue qui rappellent si bien ses plus beaux titres à la célébrité, comme peintre d'histoire; c'est dans son intelligence à mettre en scène des personnages fameux dans les siècles héroïques, et à coordonner dans une juste relation leur stature à la dimension des objets qui les environnent, qu'il trouve le secret de vivifier le paysage, et d'y répandre un charme qu'aucune autre production de ce genre, antérieure aux siennes, n'avait jamais offert à un aussi haut degré d'intérêt.

En retraçant ici les principales qualités du talent d'un artiste, aussi recommandable par ses infortunes que par son mérite, ne laissons pas ignorer que l'année qui suivit celle de sa naissance, l'Ecole vénitienne perdit avec Schiavone le dernier de ses paysagistes, et que l'Ecole de Bologne partagera la même destinée à la mort de Grimaldi, le plus distingué des émules du Dominiquin dans la carrière du paysage.

DE 1594 A 1596.

Pour peu qu'on voulût réfléchir aux succès que les Ecoles d'Italie et de Flandre avaient déjà obtenus dans le genre du paysage vers la fin du seizième siècle, on ne pourrait que s'étonner de ce que l'Ecole française, qui comptait à la même époque parmi ses artistes des Jean Cousin, des Germain Pilon, des Jean Goujon et des Simon Vouet, n'eût pas encore produit un seul paysagiste, égal en mérite aux moins habiles de ceux qui se faisaient remarquer dans les autres contrées. Devancée dans cette branche intéressante de la peinture par des talens dont le nombre et les progrès toujours croissans sembleraient, en accusant son impuissance, devoir susciter en elle quelque sentiment de jalousie, pourrait-elle désormais avoir rien à envier à ses rivales, quand la France touche au moment d'opposer aux paysagistes de tous les siècles et de toutes les contrées, son incomparable Poussin !

1594. Né à Andely, d'une famille noble originaire de Soissons, et appauvrie au service militaire, Nicolas Poussin, que son inclination portait à cultiver la peinture, vint à l'âge de dix-huit ans à Paris, pour y étudier les principes de cet art ;

mais l'incapacité de plusieurs maîtres dont il reçut successivement les leçons, le détermina à dessiner de préférence d'après les œuvres gravées de Raphaël et de Jules Romain.

Après différens voyages dans la province où il commença à exercer ses talens, il partit pour Florence ; mais, forcé de retourner promptement en France, il revint à Paris, et y trouva l'occasion d'exécuter pour les Jésuites six tableaux à la détrempe, qui lui concilièrent les éloges du public et lui méritèrent en même temps les suffrages et l'amitié du cavalier Marini. A la suite de cet ouvrage où il fit entrevoir les premières lueurs de son génie, on le chargea de la composition d'un tableau pour l'église de Notre-Dame de Paris, et quelque temps après il entreprit sur ses épargnes, à l'âge de trente ans, le voyage de Rome, qui avait toujours été l'objet de ses désirs, et que divers contre-temps, joints à la détresse où il s'était trouvé réduit, ne lui avaient pas encore permis de réaliser. Ce fut dans cette ville qu'il rejoignit Marini, dont les lectures et la conversation lui inspirèrent le goût de l'allégorie, et l'instruisirent dans la poétique de la peinture : mais la mort de cet ami, et le départ subit du cardinal Barberin à qui il avait été recommandé, le laissèrent sans appui, sans secours et dans un état de dénûment qui l'obligea, pour pouvoir subvenir à sa subsistance, de se réunir à l'Algarde et à François Flamand, sculpteurs habiles et peu favorisés de la fortune, et à modeler ensemble des antiques, dans la vue de vendre le produit de leur travail dont ils ne pouvaient se défaire qu'à vil prix.

Ces contrariétés, qui auraient pu décourager un homme moins passionné pour son art et moins jaloux de ne négliger aucun moyen d'atteindre à la perfection, ne ralentirent en rien l'ardeur que le Poussin avait toujours montrée pour l'étude : aussi, dans l'intervalle des occupations qui lui procuraient quelques ressources, s'empressa-t-il de méditer avec la plus sérieuse attention les ouvrages de Raphaël, du Titien, et principalement ceux du Dominiquin pour lesquels il conserva toujours une prédilection particulière. Infatigable dans ses travaux, il ne s'appliqua pas moins assidûment à la géométrie, à l'architecture, à la perspective, et l'on doit juger combien ces différentes études lui furent avantageuses, non seulement dans le genre du paysage, mais encore dans ses compositions historiques, en lui facilitant les moyens de les enrichir de monumens d'un style pur et réguliers dans leurs proportions, ainsi qu'on peut le remarquer dans les sujets de la Mort de Saphire, de la Femme adultère, d'Eliezer et

Rébecca, de la Peste des Philistins, de l'Enlèvement des Sabines, et dans plusieurs autres de ses tableaux d'histoire.

Le cardinal Barberin, aussitôt qu'il fut de retour à Rome, et le chevalier del Pozzo, lui demandèrent un assez grand nombre de tableaux, et ce fut à cette occasion qu'il composa les sujets de la Mort de Germanicus, de la Peste des Philistins et les Sept Sacremens. Ces beaux ouvrages accrurent bientôt sa réputation, et l'étendirent au point que, sur la proposition du cardinal de Richelieu, Louis XIII le rappela en France, où il l'accueillit avec de grandes marques de considération, et le nomma sur-le-champ son premier peintre, en lui accordant une pension de trois mille livres et un logement au Louvre.

Jusqu'alors le Poussin s'était vu presque continuellement en butte aux rigueurs de la fortune, et tout en ce moment semblait lui donner l'assurance que le temps des épreuves était passé : déjà même il avait entrepris les peintures de la galerie du Louvre, qui devaient représenter les Travaux d'Hercule, et l'on conçoit avec quel empressement il avait dû saisir une circonstance aussi favorable pour pouvoir justifier aux yeux de ses concitoyens la renommée qu'il s'était acquise chez l'étranger ; mais une âme de sa trempe, naturellement fière, exempte d'intrigues, et n'ayant d'autre ambition que la perfection de son art, était également incapable de pressentir les manœuvres de l'envie, et de se résoudre à lutter contre ses attaques sans cesse répétées : aussi, bientôt lassé des tracasseries de toute espèce que lui suscitèrent Le Mercier, premier architecte du roi, Vonet, peintre d'histoire, et Fouquières, paysagiste, il prétexta le désir d'aller à Rome chercher sa femme pour l'amener en France, et il obtint, en 1642, la permission de retourner en Italie, toutefois à la condition de revenir à Paris, suivant la promesse qu'il en avait faite au roi : mais, dégagé de sa parole l'année suivante, par la mort de Louis XIII, qui avait été précédée de celle du cardinal de Richelieu, il fixa définitivement son séjour à Rome, où il passa vingt-trois années, partageant ses occupations entre l'exercice de son art, la lecture de livres instructifs et la promenade avec quelques amis qui recherchaient avec empressement la société d'un homme dont la conversation était aussi intéressante, que sa personne était estimable pour l'élévation de son caractère et pour sa probité généralement connue et appréciée.

Dans les dernières années de sa vie, le Poussin fut en proie à des infirmités qui ne lui permirent plus de travailler, et qui le conduisirent au tombeau à l'âge de soixante-onze ans, ne laissant ni enfans ni élèves, et ayant conservé jusqu'à ses derniers momens le titre de premier peintre, avec le traitement attaché à cette place, et ses pensions que Louis XIV lui fit payer exactement.

S'il entrait dans le plan de cet ouvrage de considérer le Poussin comme peintre d'histoire, il serait bien facile, d'après une simple analyse de ses compositions, de se convaincre qu'elles étaient dignes d'appeler sur lui les faveurs de deux monarques appréciateurs éclairés et protecteurs magnanimes des talens, de quelque genre qu'ils fussent; mais, par la même raison, on ne devrait point s'étonner que ces faveurs eussent provoqué les cabales des envieux : car, bien que le véritable mérite, ordinairement modeste et paisible, ait parfois le bonheur d'attirer sur lui les regards et la bienveillance d'une auguste protection, il lui arrive presque toujours d'acheter ces avantages au prix de son repos, et de se voir en butte à des manœuvres sourdes et répétées avec trop de persévérance pour que le plus souvent il ne se trouve forcé de céder la place à l'intrigue et à la médiocrité.

Mais en rapportant une circonstance malheureusement trop commune dans tous les temps, et qui ne servit qu'à mettre en évidence la noblesse de caractère du Poussin et son aversion pour tout ce qui pouvait compromettre son repos ou le troubler dans ses occupations, on ne doit point taire son extrême désintéressement qui le portait à refuser, même à renvoyer l'excédant de la valeur qu'il assignait à ses ouvrages; et, pour terminer par un trait caractéristique de sa philosophie et de la simplicité de ses mœurs, le cardinal Massimi qu'il reconduisait un soir, la lampe à la main, le plaignant de ce qu'il n'avait pas un seul valet pour le servir : *Et moi, Monseigneur*, lui répondit-il, *je vous plains bien davantage d'en avoir un aussi grand nombre.*

Ce n'est pas seulement pour avoir mis au jour le Testament d'Eudamidas, la Danse des Saisons, Moïse trouvé sur les eaux ou foulant aux pieds la couronne de Pharaon, le même prenant la défense des filles de Jéthro ou changeant en serpent la verge d'Aaron, la Chute de la manne dans le désert, la Guérison des aveugles de Jéricho, le Jugement de Salomon, le Frappement du Rocher, les Sept Sacremens, sujets qu'il traita deux fois sans les répéter, et une infinité d'autres compositions historiques, que le Poussin a fait connaître la beauté de son génie, et qu'il s'est placé au premier rang des artistes les plus célèbres dont la France puisse se glorifier; il mériterait encore cette place, n'eût-il jamais exercé ses talens que dans le genre du paysage.

En effet, il est généralement reconnu pour l'inventeur d'un style dont on trouve, à la vérité, la première intention dans les paysages du Dominiquin, mais qu'il était réservé au Poussin de s'approprier exclusivement, en lui imprimant un caractère d'idéal jusqu'alors ignoré, et qui lui a révélé le secret d'agrandir la carrière du paysage, et d'élever ce genre, pour ainsi dire, au niveau des compositions historiques.

Ce style idéal, dans lequel le Poussin a eu des imitateurs et jamais de modèle, il ne l'a fait consister ni à composer des paysages suivant les caprices de son imagination, ni à choisir de beaux sites, et à les imiter fidèlement pour les enrichir ensuite de sujets d'invention ou puisés dans les annales de l'histoire ou des temps héroïques; mais, à l'usage qu'il en a fait, et d'après les résultats qu'il a obtenus, on peut juger qu'il s'est arrêté primitivement à cette idée, qu'en se pénétrant bien de tout ce que la nature offre de plus parfait et de plus majestueux dans ses aspects, ses réminiscences et ses études viendroient nécessairement au secours de son imagination, et que dès lors, sans s'écarter de la vérité, il lui serait facile d'établir une parfaite relation entre le lieu de la scène et les personnages qu'il y mettrait en action.

Fidèle à ce plan, qui ne pouvait être conçu

que par un esprit aussi judicieux que le sien, le Poussin qui, dans ses sujets purement historiques, négligeait assez ordinairement de dessiner la figure d'après le modèle, pour s'attacher de préférence à copier l'antique ou à méditer attentivement les ouvrages des grands peintres d'histoire, ne laissait échapper aucune occasion, même dans ses promenades, de saisir, au moyen de légères esquisses, les effets pittoresques de la nature, et de dessiner les arbres de différentes espèces et les fabriques dont la beauté frappait particulièrement ses regards (1). Cette pratique, qu'il conserva jusque dans un âge avancé, et l'habitude qu'il avait contractée de rapporter dans son atelier tous les objets qui lui plaisaient dans la campagne, tels que des cailloux, de la mousse, des plantes et des fleurs qu'il imitait ensuite avec le plus grand soin, lui procurèrent une ample collection d'études bien précieuses à consulter, pour reproduire d'une manière vraie la forme et la couleur de chaque objet en particulier.

C'est bien certainement à cette méthode

---

(1) Parmi une foule de tableaux et de dessins capitaux du Poussin, qui enrichissent le Musée royal, on voit dans la galerie d'Apollon deux charmantes études faites par cet artiste, l'une d'un bel arbre, et l'autre d'une fabrique pittoresque située dans les environs de Rome.

dont la pratique est indispensable à tous les paysagistes, et que le Poussin suivit constamment, qu'il faut attribuer l'extrême vérité qui se fait remarquer dans ses ouvrages : mais ses études et les observations nombreuses qu'il avait recueillies, quelque suffisantes qu'elles eussent été, s'il se fût borné dans ses paysages à une imitation exacte de la nature, n'étaient pour lui simplement qu'un moyen d'arriver plus sûrement aux grandes fins qu'il se proposait.

Doué d'un esprit naturellement observateur et contemplatif, aimant passionnément la solitude où l'âme peut sans contrainte se livrer au recueillement et à la méditation, nourri de la lecture des poëtes et des historiens, et joignant à une instruction solide et à une grande variété de connoissances le sentiment intime des convenances, le Poussin ne pouvait que dédaigner les sentiers fréquentés par la multitude. Déterminé à choisir pour sujets de ses compositions des traits appartenant à des temps anciens et à des contrées lointaines, il avait dû prévoir, dès son entrée dans la carrière du paysage, qu'il chercherait en vain dans les aspects de la nature qui pourraient se présenter à sa vue des modèles convenables pour l'aider à retracer des sites analogues aux climats, aux siècles, aux mœurs, aux actions des personnages qu'il aurait à y représenter. Dès lors il commença par étudier la nature dans ses beautés les plus diversifiées et les plus imposantes; puis, s'abandonnant sans crainte aux impulsions d'une imagination riche et féconde, mais guidée dans son essor par une raison éclairée, par des réminiscences positives, par des études méthodiques et constamment suivies, son âme s'élança par la pensée au-delà des bornes d'un monde visible, pour planer sur des régions imaginaires et pour contempler une nature idéale qu'il eut l'art de retracer sous des formes empreintes d'un double caractère de grandeur et de vérité.

Pourrait-on bien ne pas reconnaître dans ses paysages ces belles inspirations d'un génie créateur et ces réminiscences fidèles d'un observateur réfléchi, s'asservissant les unes aux autres et se prêtant un mutuel secours pour aider l'artiste à satisfaire le goût et la raison du spectateur, en retraçant à ses yeux une nature éminemment idéale par son caractère grandiose, et néanmoins d'une vérité frappante par la forme des objets, par leurs teintes locales et par l'harmonie de leur ensemble, soit qu'on les envisage réunis en masse, soit qu'on les examine séparément jusque dans leurs moindres parties?

Quel exemple plus frappant de cet heureux accord entre les élans d'une imagination active et le résultat de souvenirs positifs, que le tableau de Diogène jetant son écuelle ! Si l'on s'arrête à l'ordonnance générale du paysage, quelle richesse dans la composition, quelle majesté dans son ensemble ! Si l'on examine en détail les diverses parties de cet ensemble, quelle foule de beautés réunies ! La simplicité du sujet et l'expression du principal personnage, la pureté de la lumière du ciel, la limpidité des eaux, la variété et l'élégance des arbres, le style pittoresque des fabriques, le balancement des lignes, la dégradation des plans selon les lois des perspectives linéaire et aérienne, la fraîcheur du coloris, la franchise de l'exécution, en un mot tous les genres de mérite se trouvent rassemblés dans cet ouvrage pour le placer en première ligne dans le nombre des paysages du genre historique.

A l'aspect imposant que présente l'ordonnance de ce paysage et à l'extrême vérité qui se fait remarquer dans tous ses détails, il est aisé de reconnaître que si l'imagination a présidé à la création du site, elle s'est guidée sur des études ou des souvenirs de la nature choisie dans ces momens de calme où aucun accident ne vient altérer la pureté de ses formes et la sérénité de ses traits. On retrouvera de même et le génie créateur de l'artiste et ses heureuses réminiscences dans deux autres compositions qui réunissent à un grand style une imitation vraie des phénomènes de la nature, de ceux dont l'effet est tellement fugitif, que le pinceau ne parviendrait jamais à les retracer avec une certaine exactitude, s'il n'était dirigé par des souvenirs bien précis. Ces deux compositions représentent un Temps d'orage : dans l'une, l'éclair sillonne la nue, la foudre brise un arbre en éclats, et renverse des bœufs attelés à un chariot dont le conducteur saisi d'effroi s'est précipité sur la terre. Dans l'autre, où le sujet de Pyrame et Thisbé occupe le premier plan, l'impétuosité du vent fait ployer les arbres, et des rayons de soleil qui par une échappée de nuages viennent frapper une ville bâtie sur des hauteurs, répandent sur ce plan éloigné une lumière d'autant plus vive qu'elle est en opposition avec la teinte généralement sombre qui règne dans le paysage.

Mieux on est disposé à admirer le beau ton de couleur et l'harmonie parfaite qui brillent dans le tableau de Diogène, plus il est difficile de comprendre comment le peintre a pu encourir le reproche d'avoir négligé dans ses ouvrages la partie du coloris. Quelque motivée que puisse être cette critique, si elle comprend la généralité des productions de ce maître, il y aurait cependant de l'injustice à l'appliquer à ce tableau de Diogène, et surtout à l'admirable scène du Déluge dont l'effet, en ce qui tient à la couleur, n'est point au-dessous de la grandeur du sujet. Peut-être ne serait-on pas moins fondé à classer dans les mêmes exceptions quelques unes de ses compositions purement historiques; mais celles-ci ne faisant point l'objet de cet écrit, on se bornera à cette seule assertion, qu'un peintre reconnu pour coloriste porterait difficilement aussi loin la finesse du ton et l'entente de l'harmonie, que l'a fait le Poussin dans les beaux monumens d'architecture qui servent de fond au sujet de la Femme adultère.

Néanmoins, en admettant comme un point hors de discussion que les ouvrages du Poussin sont en général faibles de coloris, si l'on considère que la peinture comprend un grand nombre de parties distinctes qu'il n'a jamais été donné à aucun artiste de posséder toutes au même degré, faut-il s'étonner qu'un seul homme n'ait pas eu le privilége spécial de les réunir? et, loin que ce soit à son égard un sujet de blâme, ne devrait-on point, au contraire, le féliciter de s'être attaché de préférence aux plus essentielles, et d'avoir omis quelquefois de charmer les yeux, pour ne manquer jamais d'atteindre le véritable but des arts, celui de parler à l'âme, de l'émouvoir et de l'intéresser vivement?

Et quel artiste a possédé comme lui le secret de captiver le spectateur, de le maîtriser au point de l'enlever à ses sensations, à ses habitudes, au pays qu'il habite, au siècle où il existe, pour le transporter au sein de contrées lointaines, de le mettre en présence des personnages les plus célèbres de l'antiquité, de le rendre témoin de leurs actions, et de l'identifier si bien à eux, qu'il devine toutes leurs pensées, et qu'il partage leurs occupations, leurs plaisirs et leurs chagrins?

Quelle imagination a été plus féconde que la sienne, et plus ingénieuse à créer des sites dont l'aspect, toujours coordonné par les formes et les teintes locales aux sujets qui y figurent, aide à en développer l'action, à en faciliter l'intelligence, et offre partout l'image de la nature retracée fidèlement, mais embellie par un choix de ce qu'elle peut produire de plus grand et de plus majestueux?

Quel peintre a su comme lui ennoblir les moindres sujets qu'il a traités, donner à tous ses personnages, jusqu'à de simples pasteurs, une expression à la fois plus intéressante et plus vraie? Enfin, qui mieux que lui est parvenu à approfondir toutes les ressources de son art, à en saisir le **véritable esprit**, à le faire servir à l'instruction des hommes, en retraçant à leurs yeux des faits propres à enflammer leur imagination, à élever leurs pensées, en leur proposant d'illustres exemples de dévouement et de générosité, qui les portent à de grandes actions ?

Mais aussi le Poussin a-t-il acquis à juste titre une grande renommée, parce qu'il réunit en sa personne les principales qualités qui rehaussent le talent de l'artiste, et que, tout à la fois peintre, poëte, historien et philosophe, il sut répandre sur tous les sujets qu'il a traités la chaleur et le sentiment qui donnent la vie aux œuvres de l'art et leur assurent l'immortalité.

Dans quel ouvrage de peinture trouvera-t-on en effet une poésie plus riche et plus animée que celle du sujet de Polyphème assis sur une haute montagne dont il occupe toute la sommité, portant ses regards sur la plaine qui s'étend vers la mer, et faisant retentir les airs des sons d'un chalumeau, dans l'espoir de captiver l'attention de la jeune Galatée, et de la rendre sensible à son amour ? Quel site à la fois plus agreste et plus riant que le paysage entrecoupé de hauteurs, de vallées, de bocages et de ruisseaux ! Ici, un fleuve, personnifié sous les traits d'un vieillard majestueux, tient une urne d'où s'épanche une onde pure qui s'écoule paisiblement entre des roseaux ; là, trois jeunes Nymphes effrayées cherchent à se soustraire aux poursuites de deux Satyres qui se cachent parmi des touffes de feuillage pour épier le moment de les surprendre. Tout est poétique dans cette composition, tout y parle à l'imagination, et la reporte aux siècles de la fable, aux lieux enchanteurs fréquentés par les divinités de la mythologie, et le choix du sujet principal, et le concours des épisodes qui s'y rattachent, et l'originalité piquante du paysage dont l'aspérité pittoresque caractérise les beaux sites de l'antique Sicile.

Dans un autre sujet, le peintre, s'appropriant les droits de l'historien, transmet aux générations futures le souvenir ineffaçable de l'extrême ingratitude du peuple athénien, et de la pitié généreuse d'une simple Mégarienne : ici, à peu de distance d'Athènes, qui s'élève en amphithéâtre et que l'on reconnaît à ses principaux monumens parmi lesquels on distingue l'Acropolis bâti sur une colline, il nous fait voir les restes inanimés de Phocion, transportés ignominieusement hors du territoire d'une ville dont il avait été le défenseur par la vaillance de ses armes, et l'ornement par l'éclat de ses vertus. Là, dans un lieu solitaire, près d'une fontaine ombragée par de beaux arbres, une femme de la ville de Mégare recueille avec respect les cendres de cette illustre victime, pour les conserver religieusement dans ses foyers : exemple bien mémorable des vicissitudes de la fortune et des destinées d'un grand homme qui, d'abord l'idole de ses concitoyens, et bientôt après l'objet de leur haine, reçoit la mort pour prix des services qu'il leur a rendus, et ne trouve, même après son trépas, un asile contre les fureurs de la persécution qu'au sein d'une terre étrangère, et sous le toit hospitalier d'une inconnue.

Jusqu'à présent on a dû reconnaître, dans les conceptions du Poussin, le peintre habile dans son art, le poëte ingénieux dans ses fictions, l'historien fidèle dans les faits qu'il reproduit sous les yeux, et il ne sera pas plus difficile de le juger moraliste d'autant plus profond qu'il semble faire moins d'efforts pour le paraître.

A la simplicité des moyens que parfois il emploie, et dont la puissance ne saurait être méconnue, il n'est pas possible de se méprendre sur la véritable intention de l'artiste, qui, en laissant au spectateur le soin de les développer lui-même et de les fortifier par ses propres réflexions, a pensé que leur action sur lui n'en serait que plus décisive, pour mieux lui faire sentir la moralité qui peut ressortir du sujet qu'il offre à ses yeux : ainsi, dans son paysage d'Arcadie, voulant faire envisager le terme où viennent aboutir les projets de félicité qui bercent le cœur de l'homme, il ne lui présente l'image de la mort ni sous les traits qui la rendent si formidable, ni environnée de cette pompe qui cherche à en déguiser l'horreur : il lui suffit d'un simple tombeau avec cette inscription : *Et in Arcadiâ ego*, qui frappe les regards de jeunes pasteurs, pour les jeter dans une rêverie mélancolique dont l'effet réagit à l'instant sur l'âme du spectateur, et ne lui rappelle sa propre destinée qu'en lui inspirant de sérieuses réflexions sur la fragilité des plaisirs de la vie et le néant des choses d'ici-bas.

Une autre fois, il imagine de placer ses personnages dans des situations tout opposées; et, à l'aide de cet artifice, il réussit à donner à l'action du sujet un plus haut degré d'intérêt : en effet, de même qu'au milieu d'une mélodie expressive un changement de modulation ne frappe subitement l'oreille que pour produire une impression d'autant plus sensible qu'elle est moins attendue; ainsi, dans la peinture, un contraste bien prononcé, agissant à l'improviste sur le sens de la vue, doit nécessairement faire prendre un nouvel essor à l'imagination, et lui imprimer un mouvement plus rapide et plus énergique.

Voyons comment, dans ce système, le peintre a composé le sujet de la Mort d'Eurydice.

Sur le premier plan du tableau, Orphée marie les accords de la lyre aux accens de sa voix; et l'expression qui se peint sur ses traits décèle l'enthousiasme dont il est animé. Près de lui, deux Nymphes assises et un autre personnage debout l'écoutent avec attention, et paraissent plongés dans le ravissement. Jusque-là, le sujet n'offre rien que de gracieux, et il emprunte encore de nouveaux charmes de la beauté d'un site ombragé d'arbres, au milieu duquel on aperçoit une prairie verdoyante, arrosée par un fleuve majestueux qui baigne les murs d'une ville antique, décorée de monumens, et par-delà, de hautes montagnes et des lointains qui se perdent à l'horizon : mais, à quelque distance du principal groupe, Eurydice, à demi renversée sur une pelouse de verdure, a laissé échapper de ses mains une corbeille remplie de fleurs; et, à l'effroi dont elle est saisie, on juge qu'elle vient de recevoir les atteintes mortelles d'un reptile qui fuit sur le gazon.

Ces cris d'angoisse et ces chants d'allégresse qui se manifestent simultanément; cette double image de la terreur d'une épouse sur le point de périr au printemps de ses jours, et du calme de l'époux qui ne connaît pas encore toute son infortune, donnent plus d'intensité aux émotions de l'âme, et l'agitent de mille pensées diverses, en rappelant successivement à la mémoire les regrets d'Orphée au moment où il perd sa chère Eurydice, ses tentatives pour l'arracher du séjour des morts, la joie qu'il éprouve lorsqu'elle lui est rendue, et son désespoir à l'instant où son amoureuse impatience la lui ravit de nouveau sans nul espoir de retour.

Usant toujours du même artifice, mais voulant produire une émotion plus forte, le Poussin représente, sur la première ligne d'une autre composition, un homme renversé dans les eaux d'une fontaine, et dont le corps est enlacé dans les replis d'un serpent monstrueux qui l'étouffe et l'empoisonne de son venin. D'après la disposition des divers plans de son tableau, il trouve le moyen de graduer les sensations que ses personnages doivent éprouver plus ou moins vivement, selon la distance qui les sépare; et, comme s'il craignait que le sujet en soi ne fût point assez effrayant, il en redouble l'horreur en le plaçant dans un site dont l'aspect ne présente rien que d'agréable à la vue, et en opposant à l'effroi des témoins du spectacle tragique l'attitude calme d'autres personnages que leur éloignement du lieu de la scène empêche de l'entrevoir, et même d'en concevoir la plus légère idée.

Que n'aurait-on point à ajouter, si l'on voulait faire remarquer jusqu'où peut s'étendre le pouvoir d'un artiste qui trouve dans son âme mille moyens de sentiment et de convenance, et dans son imagination mille ressources dont il dispose à son gré, pour parvenir, tantôt à plonger les sens dans une douce rêverie ou à leur imprimer de fortes commotions, tantôt à les charmer par les idées riantes qu'inspirent ces fêtes joyeuses à Cérès et à Bacchus, ou à présenter successivement le tableau de chaque saison dans une suite de sujets ingénieusement choisis pour caractériser, ici, le Printemps par cette fleur de jeunesse, et ces beautés virginales qui parent la nature dans le Paradis terrestre; là, l'Eté par cette image naïve de la simplicité des mœurs patriarcales dans la première entrevue de Booz et de Ruth; ailleurs, l'Automne par ces beaux fruits, témoignages irrécusables de la prodigieuse fertilité de la Terre promise (1). Mais serait-il donc nécessaire de pousser plus loin la revue des paysages du Poussin, pour multiplier la preuve des talens qui lui ont acquis une si haute renommée? N'est-il point universellement connu et apprécié, ce sublime génie qui, même au déclin de l'âge et malgré les infirmités corporelles, ne perdit rien de sa profondeur et de

---

(1) On regarde généralement le sujet du Déluge comme indiquant la saison de l'hiver.

son énergie, et qui, à la fin d'une carrière entièrement consacrée à son art, et que tant de chefs-d'œuvre avaient illustrée, parvint à se surpasser lui-même dans la conception du tableau du Déluge?

C'est dans cette composition que, s'élevant à la hauteur du sujet, le peintre a su employer des teintes assez sombres pour reproduire, dans toute son horreur, l'image de la terre en proie à la fureur des élémens déchaînés contre elle, et subissant l'arrêt de mort porté contre ses habitans.

C'est au milieu d'une catastrophe dont le seul récit glace l'âme d'épouvante, dans cet instant fatal où chaque individu, perdant jusqu'au souvenir de ses affections les plus chères, songe uniquement à sa propre conservation, que le moraliste, profondément versé dans la connaissance du cœur humain, n'a point omis de retracer l'expression du sentiment qui devait survivre à tous les autres, la tendresse d'une mère oubliant les dangers qui la menacent, pour ne s'occuper que du soin de sauver son enfant.

C'est encore parmi tant d'images de la mort, frappant impitoyablement ses innombrables victimes, et poursuivant sans relâche celles qui se flattent en vain d'échapper à sa furie, qu'un incident, peu important en apparence, ne laisse point de rembrunir, par de nouvelles nuances, cette scène de désolation. Qui pourrait, dans la fuite précipitée de ce serpent gravissant des hauteurs, ne pas reconnaître la preuve certaine que déjà les eaux couvrent toute la surface de la terre? Qui pourrait, en voyant la forme de ce reptile et sa marche tortueuse, ne point se rappeler à l'instant la ruse infernale dont se servit l'Esprit tentateur pour causer la ruine de nos premiers parens et celle de toute leur postérité? Mais vouloir décrire cette composition dans ses détails, ce serait en affaiblir l'intérêt, en altérer les sublimes beautés. Il n'est point d'artistes qui ne s'empressent de la méditer assidûment, pour y puiser d'utiles leçons; point d'amis des arts qui ne lui paient constamment le tribut de leur admiration; point de nations civilisées qui n'envient à la France la possession de cet immortel chef-d'œuvre.

Monumens impérissables de la gloire du Poussin, le Déluge et tant d'autres productions de son incomparable talent seront dans tous les temps un des plus beaux ornemens de l'Ecole française, et les modèles les plus parfaits que les paysagistes puissent méditer, pour s'instruire dans la poétique de leur art, et pour parvenir à une renommée à jamais durable.

Si l'on a fait entrevoir que le Dominiquin, malgré l'amélioration sensible qu'il avait apportée dans l'art du paysage, n'était que le précurseur d'un autre artiste qui porterait cette amélioration beaucoup plus loin, qui mieux que le Poussin sut réaliser les espérances qu'il était alors permis de former, et même aller au-delà de tout ce qu'il était possible de concevoir ?

Il serait peut-être difficile d'ajouter ici à l'analyse que l'on a faite du talent de ce peintre des preuves plus évidentes de l'élévation du point de vue sous lequel il a envisagé le genre du paysage, de son discernement dans le choix des moyens les plus convenables à l'accomplissement de ses grands desseins, et de son extrême habileté dans l'emploi de ces moyens : mais si de nouvelles observations, en motivant de nouveaux éloges, seraient encore insuffisantes pour faire apprécier dignement un talent que ses œuvres recommandent bien mieux à l'admiration générale, il ne sera point indifférent de détourner dans ce moment les regards de dessus les productions de l'artiste, pour les porter sur l'art ; de le considérer en lui-même, et en comparant son état actuel avec ce qu'il était avant le Poussin, de mesurer l'espace que le génie d'un seul homme lui a fait franchir en un instant.

Dans le cours des trente-quatre années qui

séparent la naissance d'Annibal Carrache de celle du Poussin, les efforts du premier, secondés par ceux de Paul Bril, avaient réussi à faire sortir le paysage de l'espèce d'inertie dans laquelle il était plongé depuis son origine. A ce signal donné simultanément par deux artistes de diverses contrées, l'Ecole de Bologne seule avait répondu à la voix de son chef, et s'était empressée de marcher sur ses pas. On sait que le Dominiquin, plus habile que ses condisciples, les devança tous, et la rapidité de ses progrès dut faire croire que, malgré leur influence réelle sur ceux de l'art, ils produiraient des résultats encore plus positifs; mais il n'entrait pas plus dans les destinées du paysage de se perfectionner entièrement dans la contrée qui l'avait vu naître que dans celles qui l'avaient successivement accueilli. Sans doute quelques unes le verront fleurir par la suite; peut être même n'atteindra-t-il plus tard le dernier terme de son accroissement dans plusieurs de ses branches qu'au sein d'une région où il n'a point encore pénétré; mais en attendant que ces diverses branches soient assez distinctes pour être aisément remarquées, au point où l'art se trouvait au temps du Dominiquin, c'était à la France que l'on voyait entrer pour la première fois en lice avec l'Italie, qu'il était réservé de produire dans le Poussin un paysagiste qui devait, non pas seulement surpasser en talent le plus habile peintre d'une École alors si célèbre dans la culture du paysage, mais même remporter à jamais la palme sur ses rivaux dans toutes les contrées.

De 1596 a 1599.

Parmi les artistes dont les efforts, quoique infructueux, eurent évidemment pour objet d'atteindre à l'élévation de style des sujets historiques traités par le Poussin, on ne doit point 1596. omettre Jacques Stella, né à Lyon, qui, à l'exemple de ce grand peintre dont il cultiva l'amitié pendant les onze années de son séjour à Rome, partagea ses occupations entre le genre de l'histoire, la perspective, l'architecture et les pastorales.

Les compositions historiques de ce peintre, quoique sagement conçues et exécutées avec soin, portent l'empreinte de son caractère froid et de la langueur de sa complexion; mais il s'est plus particulièrement distingué dans la peinture fidèle et expressive des travaux et des plaisirs des habitans de la campagne, durant les quatre saisons et les douze mois de l'année.

De tous les peintres qui se sont exercés sur les mêmes sujets, aucun ne les a envisagés sous un aspect aussi agréable que l'a fait Stella, et n'a réussi à les rendre avec autant de charme et de sentiment. Sans négliger de reproduire l'image des occupations champêtres les plus essentielles, telles que la Fenaison, la Moisson et les Vendanges, il s'est principalement attaché à retracer aux yeux le spectacle des divertissemens des villageois, et les scènes de leur vie privée, où le plaisir règne sans partage, où la gaieté s'épanche sans nulle contrainte : ainsi, aux Jeux de boule, d'escarpolette et de balançoire, il fait succéder la Danse au son de la cornemuse, les Fiançailles, le Cortége qui accompagne les mariés à l'église, et le Festin nuptial.

L'entente de l'ordonnance pittoresque, le choix de sites agréables, la correction du dessin, l'expression naïve des figures, et jusqu'à la vérité des costumes dont la simplicité, analogue à la condition des personnages, n'exclut ni la grâce ni une certaine noblesse, tout se trouve réuni dans ces sujets champêtres pour en former des tableaux gracieux, pour les rendre dignes de fixer le véritable caractère du genre pastoral, et de servir de modèles dans la manière la plus convenable de traiter cette branche intéressante du paysage.

Pourrait-on reconnaître ici les principaux titres de célébrité de Stella, sans rapporter un trait de sa vie que la peinture, à la vérité, a reproduit de nos jours (1) avec un talent digne d'en perpétuer à jamais le souvenir; mais ce trait honorable et pour l'art et pour l'artiste, eut dans ses résultats une influence trop décisive sur la destinée de ce dernier, pour que l'historien ne s'empresse point, de son côté, de le consigner dans ses annales. Sur une fausse accusation, Stella avait été incarcéré à Rome. Dans la vue de charmer les ennuis de sa captivité, il s'amusa à tracer au charbon, sur le mur de sa prison, la figure de la Vierge tenant l'Enfant Jésus, et il rendit ce sujet avec une expression si touchante et si divine, qu'au même instant les prisonniers vinrent se prosterner au pied de cette image sacrée, et que, depuis ce temps, ils ne cessèrent point de l'éclairer d'une lampe et de lui adresser leurs prières. La publicité de cette circonstance eut pour le peintre le double avantage de lui faciliter les moyens d'établir plus promptement les preuves complètes de son innocence, et de mettre en évidence ses talens jusqu'alors peu connus.

A compter de cette époque, Stella n'eut plus qu'à se louer des faveurs de la fortune. Son mérite ne tarda point à le faire rappeler en France, et il

---

(1) On se rappelle l'admiration qu'excita au Salon de 1814 le tableau de M. Granet, représentant Stella, peintre français, dans les prisons de Rome.

était à peine arrivé à Paris, qu'à la recommandation du cardinal de Richelieu, il obtint successivement une pension de 1,000 liv., un logement au Louvre, le cordon de Saint-Michel, et le brevet de premier peintre du roi. L'extrême délicatesse de sa santé, en lui occasionnant de fréquentes indispositions, put bien contribuer à répandre de la froideur sur ses ouvrages; mais elle ne fut point capable de ralentir son ardeur pour le travail : cependant, cette faiblesse de complexion le fit succomber à l'âge de soixante-un ans, ayant eu pour élève son neveu Antoine Bouzonnet Stella, qui suivit sa manière comme peintre d'histoire, et que ses talens firent recevoir à l'Académie royale de peinture. Claudine Bouzonnet Stella eut également son oncle pour maître, et grava avec succès, d'après ses dessins, des sujets de pastorales et de jeux d'enfans (1).

On a vu plus haut que Jacques Stella avait été lié d'amitié avec le Poussin, et l'on ne peut douter que cette liaison ne lui ait été avantageuse dans l'exercice de son art; mais il ne fut pas le seul peintre qui s'empressât de rechercher la société d'un homme d'un talent trop recommandable, pour que les artistes ne dussent point

---

(1) On peut voir dans la galerie d'Apollon des dessins à la plume et lavés par Antoine et Claudine Bouzonnet Stella.

attacher un grand prix à ses lumières et à ses conseils. Parmi ceux qui furent admis à en profiter, on se contentera, dans ce moment, de citer Pietro Testa, né en 1617 à Florence, ou dans les environs de cette ville. Mais, avant de s'occuper de ce peintre, il semble convenable de parler de celui qui lui enseigna les premiers principes de son art, puisque ce maître lui-même ne fut point étranger à la culture du paysage.

1596. Pietro Berrettini, que l'on ne connaît que sous le nom de Pietre de Cortone, parce qu'il était originaire de cette ville, eut pour maîtres Baccio Ciarpi à Florence, et Comodi à Rome. Ses études, comme peintre, ne l'empêchèrent point de s'adonner à l'architecture, et de posséder cet art au point que plusieurs églises et des palais furent construits sur ses dessins. Les productions de son pinceau, dans le genre historique, sont plus recommandables par l'entente de l'ordonnance pittoresque, par la facilité du faire et la fraîcheur du coloris, que par la correction du dessin et la variété des expressions; mais il sut les enrichir pour la plupart de beaux fonds de paysages, ainsi qu'on peut en juger d'après ses deux tableaux du Musée royal, Jacob et Esaü, et Faustulus apportant à Laurentia, sa femme, Rémus et Romulus qu'il avait trouvés sous une louve qui les allaitait.

Il paraît même certain que Pietre de Cortone a des droits encore mieux fondés au titre de paysagiste, puisque l'ancienne galerie d'Orléans à Paris renfermait un beau paysage de sa main, dans lequel on voyait des chariots avec leurs conducteurs, et que d'ailleurs on sait qu'il peignit des tableaux de ce genre dans les compartimens de divers plafonds qu'il eut à décorer de sujets historiques.

Cet artiste mourut à Rome à l'âge de soixante-treize ans, et fut inhumé dans l'église de Sainte-Martine, une de celles dont il avait donné les dessins. François Romanelli, un de ses disciples, né à Viterbe en 1617, fut appelé en France où il se distingua par de belles compositions historiques, d'abord au palais Mazarin, nommé depuis l'hôtel de la Compagnie des Indes, et maintenant affecté au service du Trésor royal : ensuite il enrichit d'autres sujets d'histoire les plafonds de l'appartement du Louvre, qu'on appelait alors les Bains de la Reine, et qui forme aujourd'hui la galerie des Antiques.

La décoration du vestibule de cet appartement fut confiée en même temps à François-Marie Borzoni (1), né à Gênes en 1625, qui y peignit

---

(1) Il ne faut pas confondre ce paysagiste avec trois autres peintres d'histoire du même nom, qui se sont distin-

à l'huile neuf grands paysages. Ces tableaux et divers autres, soit du même genre, soit de celui des marines, exécutés dans les lambris du château de Vincennes, avaient mérité à leur auteur d'être agréé en 1673 à l'Académie royale de peinture; mais des changemens survenus dans ces maisons royales occasionnèrent l'anéantissement de tous les ouvrages que Borzoni avait laissés en France, lorsqu'il retourna à Gênes, où il mourut âgé de cinquante-quatre ans.

On ne connaît d'ailleurs point de tableaux ni même aucuns dessins de cet artiste qui puissent confirmer les éloges que les historiens ont faits de ses talens, comme peintre de paysages et de marines.

Ce fut également dans le genre des marines qu'un second élève de Pietre de Cortone se distingua par des ouvrages dont il suffit de désigner l'auteur, pour rappeler à l'instant qu'il sut, dans une autre carrière, obtenir des succès bien plus glorieux pour lui et pour la contrée qui lui donna le jour.

Pierre-Paul Puget, né à Marseille en 1622, était fils d'un sculpteur qui exerçait en même temps la profession d'architecte. Les disposi-

---

gués dans l'Ecole génoise : l'un, qui était son père, lui enseigna le dessin, et les deux autres étaient ses frères.

tions qu'il annonça dès son enfance pour les arts engagèrent son père à le placer chez Roman, sculpteur et constructeur de galères, et ce furent vraisemblablement les premières études auxquelles il se livra qui le portèrent par la suite à se délasser de travaux plus importans, par une imitation fidèle des vaisseaux et des navires de toute espèce qui voguent sur les mers.

Puget partit fort jeune pour l'Italie, et, après une année de séjour à Florence, il se rendit à Rome où, ayant été admis dans l'Ecole de Pietre de Cortone, il abandonna la sculpture pour étudier la peinture dans laquelle il fit de grands progrès. De retour dans son pays, à l'âge de vingt ans, il s'y distingua par son habileté; mais le désir d'acquérir une instruction plus solide lui fit entreprendre, pour la seconde fois, le voyage de Rome, et il y passa plusieurs années, continuellement occupé à peindre; enfin il revint dans sa patrie, et se fixa définitivement à Marseille, uniquement appliqué à des ouvrages de peinture qui furent admirés pour la correction du dessin et la fraîcheur du coloris.

Ce n'était cependant point dans ce genre qu'il devait acquérir sa plus grande célébrité : une maladie grave, à laquelle il faillit succomber, le contraignit de renoncer à la peinture pour se livrer entièrement à l'art de la sculpture, qu'il exerça sans interruption dans sa ville natale, à l'exception de deux ou trois voyages qu'il fit à Paris et d'une excursion à Gênes, où il séjourna plus long-temps pour y exécuter différens travaux. Les fatigues inséparables de sa profession, et le grand nombre d'ouvrages dont il avait été chargé, avaient depuis quelque temps épuisé ses esprits, lorsqu'il mourut à Marseille, âgé de soixante-douze ans, laissant un fils de la première des deux femmes qu'il avait épousées.

On ne doit point s'attendre que, dans un écrit uniquement destiné à réunir dans un même cadre tous les talens qui ont cultivé le paysage avec distinction, il y ait lieu d'envisager Puget sous aucun point de vue étranger à l'art du paysagiste. Le Michel-Ange français a laissé dans les nombreuses productions de son ciseau des preuves trop éclatantes de sa grande capacité comme statuaire, pour que les historiens ne s'empressent point à l'envi de lui payer un juste tribut d'éloges, et sans doute aussi de mêler à ces louanges quelques remarques sur des imperfections que l'intérêt de l'art ne leur permettra point de dissimuler. C'est à ceux qui sont appelés à perpétuer dans leurs écrits le souvenir des noms qui ont fait fleurir les hautes branches des arts, qu'il appartient d'établir les titres de célébrité de Puget : eux seuls sauront parler dignement de ses deux termes de proportion colossale à la porte d'entrée de l'Hôtel-de-Ville de Toulouse, des saint Sébastien et saint Ambroise, statues en marbre blanc qui décorent l'église de Saint-Pierre à Gênes; des grands bas reliefs de l'Assomption à Mantoue, et de la Peste de Milan à Marseille; de celui d'Alexandre et Diogène, placé à Versailles dans le vestibule de la chapelle; des deux groupes de Persée et Andromède, et de Milon de Crotone, qui embellissaient le parc de ce château, et de divers autres ouvrages également dignes d'une honorable mention.

En faisant ressortir, dans une analyse raisonnée, tout ce que ces productions offrent de remarquable dans la correction du dessin, dans la justesse des expressions et la franchise d'une exécution hardie et nerveuse, ils n'oublieront point de raconter qu'elles méritèrent à l'artiste la protection du grand Colbert, les faveurs et l'estime de Louis XIV, l'unanimité des suffrages des connaisseurs, et de tous ceux qui voyaient pour la France un accroissement de gloire dans les succès de ses artistes; mais aussi ils ne tairont point les cabales de l'envie, les bassesses de l'intrigue qui contraignirent Puget de s'éloigner d'un théâtre où il aurait brillé dans tout son jour; qui lui fermèrent les portes de l'Académie qu'il pouvait honorer, et qui, en abreuvant de dégoûts une âme fière et incapable de ployer, arrêtèrent l'essor de son génie, et privèrent l'Ecole française d'un plus grand nombre de chefs-d'œuvre dont l'excellence eût encore rehaussé l'éclat de sa haute renommée.

Ici, où l'on n'a point à considérer dans Puget le statuaire supérieur à tous ses contemporains, l'habile peintre d'histoire, le savant architecte qui construisit l'hôpital général de Gênes, et le musicien distingué par les charmes de sa voix, et la beauté des sons qu'il tirait du luth, on se bornera à ne point laisser ignorer qu'il sut allier à ces différens genres de mérite, celui de dessiner spirituellement des vues maritimes et d'exprimer, avec une rare précision, tous les détails de la structure des navires et de leurs diverses manœuvres, ainsi qu'on peut le remarquer dans l'un de ses deux dessins qui sont dans la galerie d'Apollon.

A cette esquisse rapide du talent d'un artiste recommandable à tant de titres, on ajoutera qu'il fut doué de toutes les qualités essentielles qui distinguent l'homme droit, sincère, d'une probité à toute épreuve, entièrement dévoué à ses amis, étranger à toute espèce d'intrigue, et que, si parfois il se laissa dominer par des mouvemens d'impatience, de brusquerie et même d'emportement, ces imperfections, qui tenaient à la vivacité d'un caractère bouillant et impétueux, semblent excusables dans une âme qui, avec le sentiment de ses forces et de la puissance de son talent (1), avait de si justes motifs de se plaindre de la méchanceté de ses envieux, et, faut-il le dire, de l'injustice de ses concitoyens.

Puget ne fut pas le seul élève distingué de Pietre de Cortone : on a vu plus haut que Pietro Testa avait été son condisciple. Mais celui-ci, forcé pour son humeur caustique de quitter l'Ecole de ce maître, entra dans celle du Dominiquin, et depuis il eut le bonheur de mériter l'affection du Poussin, et de s'associer à ses études d'après l'antique et les beaux sites des environs de Rome.

Pietre Teste a traité avec distinction les genres de l'histoire et du paysage. Il mourut à l'âge de trente-trois ans, et cette fin prématurée l'empêcha de réaliser toutes les espérances que ses grandes dispositions avaient dû faire concevoir. Deux de ses dessins se trouvent dans la galerie

---

(1) On sait qu'étant interrogé par M. de Louvois sur l'état de ses travaux, Puget répondit au ministre : « Je me » suis nourri aux grands ouvrages, je nage quand j'y » travaille, et le marbre tremble devant moi, pour grosse que » soit la pièce. » Réponse digne de Michel-Ange Buonarotti, dont elle retrace le caractère mâle, l'énergie des pensées, et jusqu'à la tournure originale de ses expressions.

d'Apollon : l'un représente l'Education d'Achille avec un fond de paysage ; l'autre offre la Vue d'un site pittoresque, tracée à la plume et retouchée au lavis. Un beau groupe d'arbres, sur le premier plan, embrasse la majeure partie de la composition, et le dessous des branches laisse entrevoir une rivière et des lointains.

Ce dessin, de même que le précédent, provient de la collection de Mariette : un style large et une exécution légère et spirituelle doivent concourir à justifier la réputation que Pietre Teste s'est acquise dans un genre dont on ne trouverait plus après lui aucune trace de culture dans l'Ecole florentine, si l'un de ses compatriotes, Stephano Della Bella, qui l'avait précédé dans la même carrière, ne lui eût survécu près d'une quinzaine d'années.

Le nom de Labelle, si connu dans les annales de la gravure, en rappelle un autre également célèbre dans le même genre, celui de Callot que nous aurions déjà cité, s'il n'eût paru plus convenable de ne point séparer sa mention de celle de l'artiste florentin qui fut son condisciple, et se modela sur ses ouvrages, sans avoir cependant imité sa manière.

Ce fut à Florence que Jacques Callot, né à Nancy en 1592, alla étudier le dessin, lorsqu'il abandonna, jeune encore, la maison paternelle pour avoir la liberté de se livrer à la culture des arts. Il eut pour maître, dans cette ville, Canta Gallino, ingénieur, dessinateur et graveur à l'eau forte, dont on voit, dans la galerie d'Apollon, un dessin à la plume représentant la Vue du pont et du château Saint-Ange à Rome. Callot se rendit ensuite à Rome, et se mit sous la direction de Thomassin, graveur au burin.

La carrière de cet artiste ne fut point d'une aussi longue durée qu'on serait fondé à le croire d'après le nombre de ses productions; car il mourut qu'à peine il était âgé de quarante-trois ans; mais il vécut assez pour rendre sa mémoire à jamais recommandable aux yeux de ceux qui aiment à voir un grand caractère s'unir à un beau talent. Pressé vivement par un envoyé du cardinal de Richelieu de graver la prise de Nancy : *Je me couperais plutôt le pouce*, répondit Callot, *que de rien faire contre l'honneur de mon prince et de mon pays.*

Original et spirituel dans sa gravure, autant que fécond et varié dans ses conceptions, Callot semble avoir mis encore plus d'esprit et de feu dans ses dessins, où, malgré la petitesse des objets, et sous une apparence souvent grotesque, les formes sont accusées avec fermeté et sentiment. A l'exception de ses sujets de chasse, il a retracé peu de paysages, ce qui ajoute un nouveau prix à celui de la galerie d'Apollon, qui représente un Site enrichi de fabriques pittoresquement groupées au bord d'une rivière sur laquelle on aperçoit quelques bateaux.

Son œuvre de gravure s'élève à près de seize cents pièces, dont plusieurs sont très-recherchées des amateurs. On distingue, entre autres, les Caprices, les Misères de la guerre, les Supplices, le Martyre des Innocens, les Siéges de La Rochelle et de l'Isle-de-Rhé, les Foires de Florence et de Nancy; mais une de ses productions capitales, et qui suffirait seule à sa réputation, est la Tentation de saint Antoine, estampe qu'il n'a amenée à sa perfection qu'après avoir répété différentes fois ce sujet, en faisant subir des changemens successifs à chacun de ses premiers dessins. Mariette, qui regarde comme un des chefs-d'œuvre de cet artiste un dessin de la Tentation qui se trouvait dans le cabinet Crozat, assure qu'il en connaissait trois autres sur le même sujet, que Callot avait tous terminés avec un égal soin.

On ignore ce que sont devenus ces dessins précieux dont l'estampe, quel que soit son mérite, ne peut compenser la privation que d'une manière imparfaite; car, bien qu'en général un dessin perde infiniment moins de son prix, en gravure, lorsque l'auteur le fait revivre lui-même à l'aide du burin, cette sorte de traduction de la pensée première du dessinateur n'est cependant qu'une copie qui, pour être supérieure à toutes celles que produirait une main étrangère, n'offre jamais au même degré la chaleur et la franchise de l'original.

Ces observations, au surplus, n'ont point pour but de porter la moindre atteinte à l'estime qui est légitimement due aux talens de Callot, comme graveur. Il en est de même de celles qu'on ne pourrait que répéter au sujet de la rareté actuelle des productions de la plume d'Etienne Labelle, rareté d'autant plus extraordinaire, que jadis un seul particulier, Mariette dont nous avons parlé souvent, était parvenu à recueillir jusqu'à cinq cent cinquante-six dessins de cet artiste. Heureusement un des plus capitaux, l'Entrée à Rome de l'ambassadeur d'Uladislas VII, roi de Pologne, se trouve maintenant exposé dans la galerie d'Apollon. Labelle en avait fait présent à l'un des ancêtres de Mariette, et il fut porté à 900 liv. lors de la vente du cabinet de ce célèbre amateur.

La possession de ce petit chef-d'œuvre d'esprit et de délicatesse doit faire regretter vivement qu'il soit pour ainsi dire le seul qu'il ait été possible d'offrir à la curiosité publique : néanmoins il peut, jusqu'à un certain point, donner la mesure d'un talent dont le mérite ne consiste pas uniquement à imiter avec une justesse étonnante les plus petits objets dans leurs moindres détails, mais encore à les revêtir de formes élégantes et à les exprimer avec correction. Aussi Labelle, dont les premières études avaient eu la peinture pour objet, ne cessa-t-il jamais, depuis qu'il se fut exclusivement adonné à la gravure, de s'occuper du dessin et de chercher des modèles qui pussent l'aider à se perfectionner.

Né à Florence en 1610, et privé de son père dès sa plus tendre enfance, la détresse à laquelle cette perte le réduisit ne l'empêcha point de se livrer à l'étude avec une ardeur qui ne se ralentit dans aucun temps de sa vie. On croit qu'il eut pour maître Canta Gallino, qui avait été celui de Callot; mais il est certain que ce furent principalement les œuvres de ce dernier qui contribuèrent à son avancement, et il est aisé de voir qu'en se modelant sur elles, il se forma une manière toute différente, dans laquelle il entre peut-être moins de chaleur et de verve, mais autant de facilité et d'intelligence, soutenues par un goût plus noble et plus délicat.

Labelle vint depuis en France, précédé de la réputation qu'il s'était déjà acquise, et il y fut accueilli avec l'empressement dû à son mérite.

Après quelques années de séjour à Paris, où il fut chargé de graver le Siége d'Arras pendant le règne de Louis XIII, et de faire les dessins des Conquêtes de la France sous la minorité de Louis XIV, il retourna dans sa patrie, et y obtint une pension du grand-duc de Toscane. Ses talens, relevés par une extrême modestie; sa probité et une bienveillance sans bornes envers tout le monde, lui avaient concilié l'estime universelle; mais une noire mélancolie à laquelle il fut en proie, et dont la continuité de ses travaux redoubla les accès, abrégea ses jours, et le conduisit au tombeau à l'âge de cinquante-quatre ans.

Au jugement des connaisseurs expérimentés, l'art de la gravure en petit n'a jamais été porté aussi loin que l'a fait Labelle. Personne n'a réuni comme lui, au même degré, la finesse et la légèreté de la pointe à la correction du dessin, et à la noblesse des expressions; personne n'a montré plus de savoir, d'intelligence et de fécondité dans ses compositions, plus de facilité, d'esprit et de goût dans l'exécution. Histoire, paysage, marines, batailles, chasses, animaux et ornemens, tous ces sujets furent du ressort de son talent; il sut les rendre tous avec une perfection qui lui assure le premier rang dans son genre. Entre autres sujets qui se trouvent dans son œuvre, composée de plus de quatorze cent quarante pièces, on remarque une Chasse au cerf, deux Fêtes de campagne, divers paysages et marines, les Siéges d'Arras, de Saint-Omer, de Piombino, le Reposoir, les Carrousels de Florence et de Modène, la Vue du Pont-Neuf, et une infinité d'autres compositions qu'il serait superflu de détailler, et qui font les délices des amateurs.

Pendant son séjour en France, cet artiste cultiva l'amitié d'Israël Silvestre, né en 1621 dans la même ville que Callot, et dont les ouvrages de gravure sont remplis de finesse et de légèreté. Louis XIV le chargea de graver les places qu'il avait conquises, de même que différentes vues des maisons royales; et, pour le récompenser de ses travaux, il lui accorda une pension et un logement au Louvre. Son œuvre, qui monte à sept cents pièces, comprend des paysages, des Vues de Paris et de Rome, celle de Campo Vaccino, et des Fêtes de carrousel. Cet habile graveur mourut à Paris, âgé de soixante-dix ans. Il eut pour élève son fils Louis Silvestre, peintre d'histoire, professeur à l'Académie royale de peinture, et qui, de même que son père, obtint de la munificence du roi Louis XV une pension et un logement aux galeries du Louvre.

Il semble qu'il ne serait pas convenable d'appeler l'attention sur deux artistes français tels que Callot et Israël Silvestre, dont le burin s'est quelquefois exercé dans le genre du paysage, sans parler de deux autres graveurs de la même contrée, qui, comme les précédens, ont laissé des preuves de leur capacité dans le même genre. Bien que ces graveurs soient nés à des époques différentes, il doit suffire qu'ils aient tous paru dans le cours du dix-septième siècle, pour qu'en faisant succéder immédiatement leurs mentions les unes aux autres, on n'ait point à encourir le reproche d'anachronisme dans une réunion d'articles qui d'ailleurs aura pour le lecteur l'avantage de lui épargner quelques recherches.

On présume que le plus ancien des deux graveurs que nous avons en vue dans ce moment est Gabriel Pérelle, dont on ne sait point au juste l'année de la naissance, mais qui bien certainement était originaire de Paris, et vivait en 1640. Il eut deux fils, Adam et Nicolas, qui concoururent avec lui à reproduire à l'eau-forte un grand nombre de sites des environs de Paris, de Versailles, et de différentes maisons royales. Outre ces points de vue, qui forment deux collections intéressantes, ces trois artistes mirent au jour plus de trois cent soixante sujets de paysage, la plupart de leur composition, parmi lesquels on en remarque de très-pittoresques, et d'un effet aussi varié que piquant. Mais on ne doit pas laisser ignorer que le talent du père fut bien supérieur à celui de ses deux fils, et que les sites qu'il a retracés lui seul offrent en général des compositions plus riches et une exécution plus spirituelle, quoique parfois elle ne soit pas exempte d'un peu de sécheresse.

Sébastien Leclerc, l'autre graveur, qui parut vers le même temps que Gabriel Pérelle, et qui le surpassa infiniment par l'étendue des connaissances, la variété et le mérite de ses ouvrages, naquit à Metz, en 1637, et apprit à dessiner de son père qui était orfèvre. Ses progrès furent si rapides, qu'à l'âge de douze ans, il donnait déjà des leçons de dessin. Il étudia en même temps la physique, la géométrie, la perspective, l'architecture civile et militaire; et ses succès dans ces différentes branches le mirent en état de remplir les fonctions d'ingénieur, et de composer par la suite divers bons traités de géométrie et d'architecture, et d'inventer un grand nombre de machines dont les modèles furent exécutés par lui-même, ou sous son inspection.

Cet artiste infatigable dans ses travaux, et dont les talens étaient, pour ainsi dire, universels, vint à Paris en 1665, et s'adonna plus particulièrement à la gravure, sans pourtant négliger de cultiver ses autres connaissances. Dans son œuvre, qui monte à plus de trois mille pièces, on distingue, comme des chefs-d'œuvre d'élégance et d'intelligence du clair-obscur, les sujets de la Multiplication des pains dans le désert, de la Vue de l'Académie des sciences et des arts, enrichie d'une belle architecture, et l'Entrée d'Alexandre dans Babylone. Mais outre ces estampes dont le mérite est généralement connu, nous ne devons pas omettre de citer plusieurs paysages, entre autres, un Site très-pittoresque, où l'on voit le jeune Tobie et l'Ange sur le bord d'un fleuve, l'Enlèvement du prophète Élie dans un char de feu, au-dessus d'une large cataracte, enfin un point de vue d'une vaste étendue, dont les premiers plans sont enrichis de quelques personnages et d'un grand nombre d'animaux. Ce sujet, évidemment allégorique, semble demander une description plus détaillée, qui ne sera pas sans intérêt sous plus d'un rapport. On prétend que l'idée première a été conçue par Fénélon, précepteur des enfans de France, et que c'est d'après le dessin d'Israël Silvestre que Sébastien Leclerc a exécuté la gravure qui a pour titre : *Puer parvulus minabit eos*, un petit enfant les conduira. Isaïe, chap. XXI, vers. 6. Suivant la même version, le jeune pasteur qui, la houlette à la main, conduit un nombreux troupeau composé de moutons, de chèvres, de loups, de lions, de tigres, et d'animaux de toute espèce, errant paisiblement confondus, offre les traits du duc de Bourgogne adolescent. Le duc d'Anjou est cet enfant nu que l'on voit jouer à terre avec des aspics; et le duc de Berry est cet enfant encore plus jeune qui, sur les genoux de sa nourrice, tient un serpent à la main.

Les productions de Sébastien Leclerc offrent en général des idées nobles, une imagination vive, mais tempérée par la raison, un travail net et précis, et une grande facilité d'exécution. Il avait obtenu successivement une pension du roi, qui le nomma son graveur ordinaire, un logement aux Gobelins, et une place à l'Académie royale de peinture, où il remplit pendant trente années les fonctions de professeur de géométrie et de perspective. Il mourut à Paris, âgé de soixante-dix-sept ans, laissant un fils nommé comme lui Sébastien, qui cultiva le genre de l'histoire, et qui, de même que son père, académicien et professant la perspective et la géométrie, prolongea sa carrière jusqu'à l'âge de quatre-vingt-dix-sept ans.

En se reportant à l'année qui vit naître en France Jacques Stella, et en Italie Pietre de Cortone, tous deux peintres d'histoire et paysagistes, on remarquera qu'à la même époque, la Hollande produisit un autre artiste qui s'occupa uniquement de la culture du paysage.

1596. Jean Van Goyen, né à Leyden, et élève de différens maîtres, entre autres, de Willem Gerrits, s'est borné à copier la nature, sans songer à choisir ses plus beaux aspects, sans se permettre, en la retraçant, la plus légère altération dans les traits sous lesquels il l'avait envisagée : aussi ses tableaux, d'ailleurs recommandables par la vérité de l'imitation, intéresseraient-ils davantage, s'ils laissaient moins souvent à désirer des sites plus pittoresques et plus variés : presque toujours ils offrent la vue d'une rivière, avec des bateaux montés par des pêcheurs occupés à jeter leurs filets, ou par des paysans qui transportent leurs denrées; et c'est, pour ainsi dire, invariablement un village ou un hameau qui occupe l'un des côtés du paysage, ou que l'on aperçoit dans le lointain.

La touche de cet artiste est facile et légère : ses figures sont bien dessinées; et si son coloris offre en général une monotonie qui donne à ses tableaux l'apparence d'ébauches ou de simples grisailles, il est présumable que certaines couleurs dont il se sera servi auront éprouvé par la suite de l'altération, ou plutôt qu'elles se seront évaporées.

Van Goyen mourut à La Haye, à l'âge de soixante ans. Ses ouvrages ne sont point sans mérite; mais son plus beau titre à la renommée est d'avoir eu pour élève Berchem, dont les talens réclameront plus tard une mention distinguée.

Herman Zaft Leven, né à Rotterdam, en 1609, et mort dans la même ville, âgé de soixante-seize ans, eut aussi pour maître Van Goyen, dont il commença par suivre la manière; mais, reconnaissant combien elle était bornée dans ses imitations, il alla chercher des sites plus riches et plus étendus dans le pays de Liége, sur les bords du Rhin, et même jusque sous le beau ciel de l'Italie. Il revint ensuite fixer sa demeure à Utrecht, où il se servit des études qu'il avait recueillies dans ses voyages pour la composition de ses tableaux, qui représentent ordinairement des vues du Rhin. On y remarque un bon coloris, une grande harmonie et de très-beaux lointains.

Un autre disciple de Van Goyen, Adrien Vander Kabel, né en 1631, à Ryswick, près de La Haye, s'est exercé à peindre indistinctement le paysage et les marines. Le coloris sombre de ses tableaux leur donne un aspect triste et monotone, qui contribue à en diminuer la valeur. Cependant on ne peut contester à cet artiste une manière de peindre large et facile, et une grande correction dans ses figures et ses animaux, qu'il ne traçait jamais sur la toile sans les avoir dessinés d'après le modèle vivant. Malgré le désir qu'il eut toujours de visiter l'Italie aussitôt que le produit de ses ouvrages lui aurait procuré des fonds suffisans, son inconduite seule l'empêcha d'accomplir un projet dont l'exécution se borna au voyage de Lyon. Ne se trouvant jamais dans la position de passer plus loin, il se vit forcé de séjourner dans cette ville, et il y mourut à l'âge de soixante-quatre ans.

Plus régulier dans sa conduite que Vander Kabel, et dès lors plus sérieusement appliqué à l'exercice de son art, Jean Miel, né dans les environs d'Anvers, eut l'avantage de visiter l'Italie, après avoir étudié dans son pays sous la direction de Guerard Seghers, bon peintre d'histoire. A Rome, il entra dans l'Ecole d'André Sacchi, ancien élève de l'Albane, et depuis il fut chargé d'un grand nombre de travaux dans cette ville, et ensuite à Turin, où il mourut dans sa soixante-cinquième année.

1599.

Les compositions historiques de ce peintre sont peu connues, et en général bien moins estimées que ses tableaux de scènes familières et de sujets qui tiennent au genre du paysage, tels que des Fêtes de village, des Chasses et des

Haltes de voyageurs. On remarque dans ces productions une belle ordonnance, une touche spirituelle, un coloris vigoureux et une entente parfaite du clair-obscur. Plusieurs de ces tableaux ont noirci ; mais il en est d'autres dont les teintes sont claires et argentines : tel est celui du Musée royal qui représente la Dînée des voyageurs. Il peut être considéré, dans toutes ses parties, comme un des plus parfaits de Jean Miel, soit pour la finesse du ton et la délicatesse de l'harmonie, soit pour la belle simplicité de la composition qu'enrichissent des groupes de figures et d'animaux distribués avec goût et spirituellement dessinés.

On ne doit pas laisser ignorer que cet artiste a embelli de figures les ouvrages de divers peintres, entre autres, ceux de Peeter-Neefs (1), de Salviousse et de Bibiena, ces deux derniers appartenant à l'Ecole d'Italie, et dont les tableaux

---

(1) Deux artistes de ce nom ont peint des vues intérieures d'églises gothiques. Peeter-Neefs le père, né à Anvers en 1570, élève de Steenwick, et plus habile que son fils, est celui dont les ouvrages, pour la plupart, sont enrichis de figures par Jean Miel. Franck, Breughel, Teniers et autres ont également contribué à l'ornement des compositions de ce peintre, le plus célèbre de tous ses émules dans le même genre, et dont on voit plusieurs tableaux au Musée royal.

d'architecture ont été jadis plus recherchés qu'ils ne le sont maintenant.

Quelques auteurs prétendent aussi que les figures, dans plusieurs tableaux de Claude le Lorrain, sont de la main de Jean Miel, et cette opinion semble devoir être admise, puisqu'il est constant que ces deux artistes résidèrent à Rome dans le même temps; qu'à l'époque où Miel fut reçu à l'Académie de Saint-Luc, en 1648, Claude était déjà en possession de toute sa renommée, et que d'ailleurs on saura bientôt que ce grand peintre avait recours au pinceau de divers artistes pour vivifier ses compositions.

~~~~~~~~~~~~~~~~~~~~~~~~

Immédiatement après la naissance du plus grand des paysagistes dont la France puisse se glorifier, cette contrée avait donné le jour à un peintre qui découvrit dans le champ du paysage un nouveau sentier qu'il parcourut avec distinction.

L'illustre prédécesseur de Stella avait trouvé le secret d'ennoblir les sujets les plus simples; il avait prouvé que le génie, secondé par le goût, pouvait embellir les traits de personnages vulgaires, et les élever, par un choix de proportions, d'attitudes et de costumes, au-dessus de leurs conditions, sans néanmoins les faire sortir de leur sphère : tels sont les bergers d'Arcadie, qui sous le pinceau du Poussin nous rappellent les pasteurs au temps de l'âge d'or. Stella, dont les pensées n'avaient point la grandeur de celles de son devancier, ne dut point porter ses vues aussi haut. Enclin, par la douceur de son caractère et la simplicité de ses mœurs, à reproduire dans ses tableaux le simulacre des occupations de la campagne et des divertissemens de ses habitans, il répandit sur ces images naïves une grâce attrayante; et l'habitude de traiter le genre historique lui donna les moyens de retracer ses sujets champêtres avec une correction de dessin et un sentiment de convenances qui rehaussent leurs charmes naturels.

Les pastorales de Stella enrichirent l'art d'une nouvelle branche de culture dont la France peut encore attribuer la découverte à l'un de ses artistes, qui eut de plus le mérite de la porter lui-même à toute sa perfection. Vers la même époque, le paysage que Tempeste, Florentin d'origine, avait traité avec quelque succès au temps de Paul Bril et d'Annibal Carrache, fut simplement un objet de délassement pour Pietre de Cortone, peintre distingué de l'Ecole de Florence; mais ce genre de peinture ne devait point s'acclimater dans cette contrée : aussi de Labelle, né quelques années plus tard, fut-il le dernier de ses compatriotes que l'on vit s'en occuper, et qui ne lui consacra même que par intervalles le plus spirituel des burins.

DE 1599 A 1601.

Tandis que la culture du paysage se maintenait en Flandre, et qu'elle commençait à s'introduire à Gênes et en Hollande, mais sans que rien fît encore présager les succès qu'elle ne tarderait pas d'obtenir dans cette dernière contrée, on ne vit s'exercer en ce genre aucun peintre espagnol jusqu'à Francesco Collantes, 1599. né à Madrid, l'avant-dernière année du seizième siècle; ce qui porterait à croire que ce ne fut que dans le courant du dix-septième que l'Ecole d'Espagne s'adonna à l'étude du paysage.

Collantes passe généralement pour être l'auteur du paysage exposé au Musée royal, dont le sujet historique est le Seigneur apparaissant à Moïse sur le mont Horeb, au milieu d'un buisson qui brûle sans se consumer : cependant quelques personnes attribuent cet ouvrage à Domenico Feti, peintre d'histoire de l'Ecole romaine, qui alla puiser à Venise ce coloris vigoureux que l'on remarque dans ses tableaux de la Mélancolie et de la Vie champêtre, sujets qu'il s'est plu à répéter de différentes manières.

Il ne semble pas que la seconde de ces deux opinions doive prévaloir, si l'on considère, en premier lieu, que le tableau du Buisson ardent est évidemment l'ouvrage d'un paysagiste exercé dans son art, et qu'on ne connaît aucune production de Feti, pas même un seul de ses dessins qui puisse être compris au rang des paysages; car on ne voudra sans doute point faire envisager sérieusement comme appartenant à ce genre le tableau de la Vie champêtre, que la proportion des figures, aussi bien que l'indécision et le défaut de vérité dans l'imitation du site, classent sans aucune incertitude parmi les ouvrages dans lesquels le paysage n'est qu'un objet secondaire et simplement accessoire d'un sujet principal.

D'un autre côté, en se bornant à l'examen des arbres qui se trouvent dans l'une et l'autre composition, on ne reconnaîtra aucune similitude dans les deux manières de feuiller; et si l'on fait attention à l'extrême négligence de l'exécution en cette partie, dans le sujet de la Vie champêtre, il restera évident que cette production ne peut être de la main qui a retracé le paysage du Buisson ardent. Mais, n'est-ce pas trop insister sur un point qui serait d'une légère importance au fond, s'il ne s'agissait d'un ouvrage de peinture, le seul de l'Ecole espagnole, dans le genre du paysage, qui fasse partie de la collection du Musée royal ?

Collantes eut pour maître Vincencio Carducho, peintre d'histoire de l'Ecole de Madrid ; et, bien que par la suite le paysage fût spécialement l'objet de ses travaux, il avait étudié la figure avec assez d'application dans sa jeunesse, pour pouvoir enrichir de traits historiques les sites qu'il a retracés. Les historiens se taisent sur les particularités de sa vie ; ils rapportent seulement qu'il mourut dans sa ville natale, à l'âge de cinquante-sept ans, laissant après lui une réputation fondée sur des talens qui ne sauraient être bien appréciés maintenant que par ceux qui ont pu juger du mérite de son tableau de la Vision d'Ezéchiel, dont la présence momentanée au Musée royal parut exciter, il y a quelques années, l'admiration générale.

Le souvenir de cette production singulièrement remarquable, et par l'originalité du sujet, et par la beauté de l'exécution, ne peut se retracer à la pensée, sans la reporter à l'instant vers d'autres ouvrages de la même Ecole, mais dans un genre différent, qui révélèrent à cette époque une multitude de talens jusqu'alors inconnus en France, et dont les chefs-d'œuvre ne se reproduiront jamais réunis sous nos yeux. Tels étaient, entre autres, le sujet de Sainte Elisabeth, reine de Portugal, par Esteban Murillo, et celui de Saint Thomas d'Aquin, par Zurbaran.

A la vérité, le Musée royal renferme plusieurs tableaux du premier de ces deux peintres; de même que de Ribera, dit l'Espagnolet, et un échantillon du talent de Velasquez ; mais les deux compositions qu'on vient de citer sont bien supérieures à celles des peintres espagnols qui se trouvent en France, et elles n'ont point disparu de cette contrée, sans causer de vifs regrets qui s'étendent à tant d'autres belles productions renommées dans les Ecoles de Valence, de Madrid et de Séville. Les Velasquez, les Murillo, les Ribera, les Zurbaran, ne sont point les seuls artistes qui contribuèrent à la célébrité de ces trois Ecoles. Joannes, Coello, Herrera, Pacheco, Cespedes, Moya, Cano, de Vargas, Morales, qui mérita le surnom de Divin, et une infinité d'autres noms fameux dans les fastes de la peinture historique répandirent de concert sur le pays qui leur donna le jour un éclat dont malheureusement il ne nous est point donné de jouir. Mais, pour se renfermer dans les limites du genre dont nous avons exclusivement à nous occuper, quel ne devrait pas être notre espoir, en songeant qu'une foule de paysagistes ont dû rivaliser de zèle et d'efforts pour mettre au jour des ouvrages dignes dans leur genre de se soutenir au niveau des autres productions de leurs compatriotes ! Cependant, au moment où Collantes semble avoir frayé la route dans une carrière où il serait si intéressant de suivre pas à pas ceux qui s'y sont engagés après lui, il ne nous reste que la faculté de désigner nominativement, sans autre garantie de leurs talens que la commune renommée, Iriarte, Martinez del Barco, Antolinez, Esteban, Miranda, Vicente, Zamora, Pignatelli, Ponce, Figueroa, Henrique de las Marinas (1), qui firent fleurir le paysage en Espagne, à différentes époques, pendant la durée du dix-septième siècle.

Ce siècle, si fécond en paysagistes habiles, ne pouvait, au moment de commencer son cours, s'annoncer avec plus d'éclat que par la naissance d'un peintre qui devait partager avec le Poussin la double gloire de s'être frayé dans la carrière du paysage une route inconnue jusqu'à lui, et de n'y avoir jamais rencontré de rivaux dignes de lui disputer la palme.

Claude Gelée, que sa naissance à Chamagne, 1600.

---

(1) On voit dans la galerie d'Apollon un dessin à la plume de cet artiste, représentant une étendue de mer couverte de vaisseaux de différentes espèces.

près de Mirecourt, a fait surnommer le Lorrain, est du petit nombre de ces artistes qui ne doivent qu'à la persévérance de leurs efforts et à leur application continuelle à l'étude de la nature, d'avoir franchi des obstacles en apparence insurmontables, et d'être parvenus, par leurs talens, à la plus grande célébrité.

Issu de parens pauvres, et ne réussissant à rien apprendre dans l'Ecole où il avait été placé, Claude le Lorrain fut mis, dès son enfance, en apprentissage chez un pâtissier. Orphelin à l'âge de douze ans, il entreprend à pied le voyage de Fribourg, pour aller trouver son frère aîné, Jean Gelée, graveur en bois, qui lui enseigne le dessin. Un de ses parens l'emmène à Rome, et ne tarde point à l'y laisser sans maître, sans protecteur et pour ainsi dire sans argent. La détresse où il se trouve bientôt réduit le force d'entrer chez Augustin Tassi (1), ancien élève de Paul Bril, et ses occupations se bornent à préparer les alimens et à broyer les couleurs : cependant il reçoit de Tassi quelques leçons sur la peinture, et depuis un an il dessinait des grotesques et

---

(1) Le seul paysage que nous connaissions de cet artiste approche beaucoup de ceux de Claude le Lorrain pour le style et le coloris, et surtout pour la perfection de l'harmonie. Au premier coup d'œil le tableau du maître paraît être de la main de son illustre disciple.

des arabesques, lorsque, frappé vivement de la beauté de plusieurs paysages exposés dans une fête, et que Goffredi Wals, élève de Tassi, avait envoyés de Naples, il se décide à partir pour cette ville ; et, au bout de deux années employées à étudier sous Goffredi, il revient à Rome retrouver son ancien maître, près duquel il continue ses études.

Claude avait atteint l'âge de vingt-cinq ans, lorsqu'il commença à retirer quelque produit de ses ouvrages. Déjà sa manière de peindre attirait l'attention des amateurs, et lui procurait de l'occupation ; mais, ennuyé de la vie sédentaire qu'il menait, il résolut de visiter l'Italie. Après avoir parcouru cette contrée, il traverse l'Allemagne, dans l'intention de retourner en Lorraine : une maladie le retient à Munich ; et, lorsqu'il a quitté cette ville, il est volé dans la route. Arrivé à Nancy, il aide un de ses parens à peindre la voûte d'une église, et, au bout d'une année, il reprend le chemin de l'Italie. Une nouvelle maladie l'arrête long-temps à Marseille, puis il s'embarque, et il essuie une tempête qui le met en danger de périr sur les côtes de Civita-Vecchia ; enfin, il arrive à Rome à l'âge de trente ans, et il y fixe sa résidence pour le reste de ses jours.

Sa première éducation avait été, comme on

a pu le voir, entièrement négligée : à peine savait-il écrire son nom d'une manière lisible; et son intelligence était bornée au point qu'en avançant en âge, il n'avait pu acquérir de lui-même aucune espèce d'instruction. Quant à son art, il y était fort peu versé, quoiqu'il eût reçu des leçons de différens maîtres : tout ce que ceux-ci lui avaient enseigné n'ayant à peine servi qu'à débrouiller son imagination, quelle réussite pouvait-il espérer dans une ville où les talens et le savoir étaient appréciés avec discernement, où les artistes accouraient de toutes les contrées pour achever de s'y perfectionner, pour y recevoir les encouragemens dus à leurs efforts, ou les récompenses méritées par leurs succès? Sans moyens d'existence et sans talens réels, tout accès à la fortune et à la considération publique semblait lui être interdit, et cependant il était sur le point d'acquérir, avec une grande aisance, la renommée la plus brillante; et ce double avantage, il allait le devoir uniquement à ses pinceaux, ou, pour mieux dire, il allait obtenir le prix de son assiduité à observer la nature et à épier la marche et les effets pittoresques de ses phénomènes les plus imposans.

On se rappelle l'impression subite qu'avaient faite sur Claude Gelée les paysages de Goffredi :

cet instant avait suffi pour lui révéler sa véritable vocation, pour lui indiquer d'une manière positive le genre de peinture qu'il était appelé à traiter exclusivement. A la vérité, il s'était écoulé un assez grand nombre d'années sans qu'il eût fait pressentir par des progrès marquans l'éclat des succès qu'il obtiendrait un jour dans la carrière qu'il avait entrepris de parcourir. Différentes causes, soit fortuites, soit dépendantes de sa position ou de son organisation physique et morale, telles que les maladies qu'il avait essuyées, la multiplicité de ses déplacemens, son indigence, et plus particulièrement son peu de capacité, avaient sans doute concouru à l'empêcher d'apporter dans ses études la suite, et surtout la méthode convenables pour en obtenir des résultats bien satisfaisans; mais l'habitude de contempler la nature, une sorte d'instinct à la bien choisir, et sa persévérance à comparer attentivement les divers effets de la lumière selon les différentes heures du jour, dessillèrent insensiblement ses yeux; et une fois que, familiarisé avec les phénomènes périodiques qui frappaient sans cesse ses regards, il parvint à s'initier aux secrets de leur magie pittoresque, son intelligence se développa tout à coup, son imagination s'agrandit, et ses premiers ouvrages, en captivant l'admiration générale, le placèrent à l'instant même au premier rang des plus fameux paysagistes.

Fêté partout, et recherché pour son talent, accueilli avec distinction par des princes romains et des cardinaux, honoré de l'estime et de la bienveillance particulière des deux papes Urbain VIII et Clément IX, intimement lié avec le Poussin, qui aimait sa personne et qui faisait un cas infini de ses ouvrages, Claude le Lorrain, malgré le prix élevé que dès ses premiers succès il ne balança point à mettre à ses tableaux, pouvait à peine suffire à l'empressement des amateurs, de sorte qu'en peu de temps il amassa une fortune considérable dont il se plut, n'étant point marié, à faire un emploi digne de son cœur, naturellement bon et généreux, en la faisant servir au soutien de toute sa famille.

Ce grand paysagiste, que l'étendue de sa renommée, la simplicité de ses mœurs et l'aménité de son caractère faisaient universellement chérir et estimer, termina sa carrière par suite d'une attaque de goutte, à l'âge de quatre-vingt-deux ans, laissant à ses héritiers un nombre prodigieux de beaux dessins, et de grandes richesses, quoiqu'il eût toujours employé une bonne partie de son revenu à soulager l'infortune : aussi est-ce de lui qu'on a pu dire, sans crainte d'être démenti : Sa vie fut riche de bonnes actions, et pleine de gloire.

Ses élèves les plus connus sont Herman Swanevelt et le Courtois (1). Le nombre des artistes qui ont cherché à imiter sa manière est assez considérable, mais aucun d'eux n'a réussi à l'égaler.

Il suffit de jeter un coup d'œil sur les compositions de Claude le Lorrain pour juger du degré de son application à l'étude de la nature, pour apprécier son intelligence à en observer les phénomènes pittoresques, et la précision avec laquelle il a su les imiter. Ce n'est point cependant que sa coutume ait été de peindre dans la campagne : il se contentait d'y passer des journées entières à remarquer les différens effets de la lumière qui se manifestent sous la voûte du ciel et sur la terre, dès le commencement de

---

(1) Suivant quelques historiens, le Courtois n'a été qu'imitateur de Claude le Lorrain, sans avoir été son élève. On voit de lui au Musée royal deux petits tableaux d'un ton très-fin, représentant le Siége de La Rochelle, et le Pas de Suse forcé par Louis XIII. Les figures sont de la main de Callot. On ne connaît aucune particularité sur cet artiste qu'il ne faut pas confondre avec les deux frères Courtois : l'un nommé Guillaume, élève de Pietre de Cortone, et peintre d'histoire, et l'autre plus connu sous le nom du Bourguignon, qui s'est distingué dans le genre des batailles, et dont nous aurons occasion de parler par la suite.

l'aurore jusqu'à la fin du crépuscule. Lorsqu'il s'était bien pénétré des diverses modifications que les principales divisions du jour apportent à la physionomie de la nature, il retournait à son atelier, et, sans autre secours que celui de la mémoire la plus heureuse, par cela sans doute qu'elle était mieux exercée, il retraçait sur la toile, avec une extrême fidélité, tous les objets qui avaient captivé son attention, sans omettre aucune des circonstances nécessaires pour caractériser le moment qu'il avait en vue d'exprimer : ainsi, quand il peint le lever du soleil, la pureté de l'azur qui colore la voûte du ciel, les teintes argentines mélangées d'incarnat qui se déploient à l'orient, le brouillard qui se résout en particules scintillantes sur le feuillage des arbres, les gouttes de rosée qui étincellent sur la tige des plantes, tout annonce le retour de l'astre radieux dont la présence vient ranimer la nature.

Veut-il reproduire l'image du soleil à son couchant ? La pourpre, l'orangé, le ponceau étalent à l'envi sur un fond d'or leurs teintes éblouissantes. L'astre du jour, incliné vers l'horizon, se plonge dans un océan de vapeurs sulfureuses, qu'il embrase de ses feux; de son disque étincelant s'échappent des torrens de lumière qui traversent une atmosphère ardente, et ses rayons projetés sur la terre y répandent un éclat qui, rejaillissant sur tous les objets, rehausse la vivacité de leurs couleurs, et, par une multitude de reflets combinés dans tous les sens, varie leurs nuances et les subdivise à l'infini.

Plus souvent encore, il retrace au-dessus de la surface des mers ces accidens lumineux toujours diversifiés entre eux, et toujours pittoresques, au commencement d'un beau jour et à son déclin. Alors la pompe du spectacle que le ciel offre dans ces instans prend un caractère de magnificence qui surpasse tout ce que les mêmes effets apparens sur les campagnes peuvent avoir de majestueux et d'éblouissant. L'image du soleil glissant sur les flots glace d'or et d'argent leur teinte azurée, et se brise en des milliers de lames étincelantes dont l'éclat, répercuté de toutes parts, resplendit au milieu de l'atmosphère, et semble réunir dans un même foyer de lumière, et le ciel, et les airs, et les ondes.

Mais quelle description pourrait donner seulement un faible aperçu des talens d'un peintre qui, choisissant habituellement pour sujets de ses compositions ces momens où la nature se montre avec tant d'éclat, n'a pas craint de lutter contre les plus grandes difficultés de l'art, et cependant est parvenu, sans prestige, sans moyens factices, sans recourir à de fortes oppositions, à s'approcher, dans ses imitations, de la perfection des traits de son modèle, et à lui emprunter une partie de ses sublimes beautés ?

On ne voit pas néanmoins que, parmi ces beautés, il se soit attaché à exprimer celles que font naître des mouvemens extraordinaires, des contrastes fortement prononcés, de ces accidens qui étonnent et qui remuent vivement. Uniquement épris des scènes paisibles de la nature, et de la marche uniforme de ses beaux phénomènes, il n'a point cherché à imiter les tempêtes, les orages, les inondations, et, en général, aucun de ces désordres qui ne surviennent dans les élémens que pour répandre l'effroi et la consternation. Ses pinceaux reproduisent toujours l'image de la nature choisie dans les momens de calme où rien n'altère la régularité de ses traits, ou la vue de ses charmes, n'occasionne d'autres sensations que des émotions douces, des plaisirs purs, et une admiration mêlée d'attendrissement.

En suivant constamment ce système fondé sur sa manière de sentir et de voir, Claude Gelée, que l'amour de son art retenait des journées entières dans la campagne, pour ne laisser échapper rien de ce qui pouvait contribuer à ses succès, devait infailliblement observer avec plus d'attention les effets de la lumière, toujours mieux déterminés et plus piquans aux deux extrémités du jour : dès lors l'habitude de remarquer particulièrement ces effets, et de distinguer les changemens qu'ils éprouvent selon la différence des instans et des saisons, n'a pu que l'aider à exprimer dans toute leur perfection le doux éclat et la fraîcheur des riantes matinées du printemps, aussi bien que la vive splendeur des soirées brûlantes de l'été. Supérieur à tous ses émules dans cette partie, la plus difficile à traiter pour les paysagistes, aucun n'a porté aussi loin que lui l'entente de la perspective aérienne, n'a fait sentir avec la même justesse la dégradation des plans, n'a rendu avec autant de magie la vapeur des lointains qui se perdent à l'horizon.

Inimitable dans ces sujets du matin et du soir, où son coloris rivalise avec l'éclat du soleil, il n'est pas moins admirable dans le choix et l'ordonnance des sites reproduits sous ses pinceaux. Dans ses marines, il se borne à représenter des ports dont les constructions resserrent sur le devant le lit de la mer ; mais les premiers plans sont enrichis de palais d'une architecture svelte, et ornés de portiques et de colonnades qui dominent la plaine liquide, et dont les entablemens se dessinent majestueusement sur la voûte du ciel. Quelquefois de beaux arbres ombragent ces édifices, et opposent à l'uniformité du ton et à l'immobilité de ces masses, les teintes douces et variées de leur feuillage de verdure, et le balancement continuel de leurs flexibles rameaux.

Dans ses paysages, de quelque côté que se porte la vue, elle embrasse une étendue immense, elle s'enfonce dans les profondeurs de l'espace, elle s'y promène et s'y égare au milieu d'une multitude infinie d'objets confondus à l'horizon, mais plus distincts à mesure qu'ils se rapprochent, et qui, envisagés dans le choix des formes, dans la diversité des teintes locales, et dans le parfait accord de leur harmonie, présentent un ensemble dont l'aspect enchante et séduit les yeux.

A ne considérer que le caractère de vérité qui règne dans ces paysages, et la variété des détails qu'ils comportent, ils sembleraient n'être que des imitations fidèles de la nature ; mais à la beauté des formes, à la grandeur des masses et à l'unité d'effet que l'on remarque dans chacune de ces compositions, il est aisé de reconnaître que les réminiscences du peintre ont été puissamment secondées par la richesse de son imagination ; et, si l'on juge qu'il a dû être redevable de ses inspirations aux charmes de la contrée qu'il habitait, il a du moins le mérite d'avoir su tirer de ses souvenirs le parti le plus avantageux, et d'avoir réussi, dans la contemplation de la nature, à épurer son goût, en ne s'attachant à reproduire que ses œuvres les plus accomplies.

Au milieu de tant de rares qualités qui brillent éminemment dans le talent de Claude le Lorrain, on ne peut cependant se dissimuler qu'il lui en manque une bien essentielle, et dont il sentait lui-même toute l'importance, puisque, malgré l'inutilité de ses tentatives pour l'acquérir, elle ne fut pas moins constamment l'objet de ses efforts. Ce grand paysagiste, quoique très-assidu à fréquenter l'Académie de Rome, pour y étudier d'après le modèle, ne sut jamais bien dessiner les figures : quelques unes de celles qu'on voit dans ses tableaux sont attribuées à Jean Miel ; mais il est reconnu qu'elles sont pour la plupart de la main de Jacques Courtois, ou de celle de Philippe Lauri, peintre d'histoire, qui paraît avoir également cultivé le paysage.

A l'égard des figures que Claude a peintes lui-même, il est aisé de les distinguer à leur incorrection ; et, loin qu'il se fît illusion sur son incapacité dans cette partie, il disait en plaisantant qu'il vendait le paysage et qu'il donnait les figures. Cette saillie, dont la naïveté peint si bien la franchise et la modestie d'un artiste justement célèbre à tant d'autres titres, suffirait seule pour désarmer la critique, quand bien même il n'y aurait point déjà une sorte d'inconvenance à blâmer dans le talent d'un homme une imperfection qu'il n'a pas dépendu de tous ses soins de parvenir à réformer. Cependant, dès lors qu'il était le premier à reconnaître son peu d'aptitude à dessiner la figure, et que différentes fois il a eu recours à des mains plus habiles pour animer ses compositions par des scènes vivantes, on doit regretter qu'il ne se soit pas toujours servi d'un expédient qui eût ajouté un nouveau prix à ses inestimables chefs-d'œuvre. Peut-être même, en songeant aux relations d'intimité qui existaient entre lui et le Poussin, devrait-on s'étonner que ce dernier n'eût point quelquefois prêté son assistance à un artiste pour lequel il avait conçu de l'estime et de l'amitié ; et il n'est personne qui ne se figure l'intérêt qu'eût inspiré l'association de deux talens incomparables, chacun dans son genre.

Ce rapprochement que l'on fait ici, dans la pensée, de deux paysagistes, la gloire et l'ornement de l'Ecole française, semble offrir une occasion favorable de retracer succinctement la marche de leurs travaux, pour pouvoir comparer entre elles les qualités respectives de leurs talens. Ce parallèle entre des artistes aussi distingués aura pour avantage, d'une part, d'établir de nouveau leurs titres à la suprématie du rang qu'ils ont obtenu, et de l'autre, de démontrer par leur exemple que deux routes absolument distinctes, dans la même carrière, peuvent également conduire au but. Cependant, tout en reconnaissant la diversité des systèmes que ces deux peintres ont adoptés, on pourra aisément apercevoir entre eux plusieurs points de contact, tels que leur application à l'étude de la nature, et la persévérance de leurs efforts, malgré les obstacles qu'ils ont éprouvés : il sera même utile, dans l'intérêt de l'art, de remarquer que si, sous ces deux points de vue, ils devaient compter sur des succès, c'est pour n'avoir point imité servilement leur modèle qu'ils ont acquis l'un et l'autre une aussi brillante renommée.

Déjà on a pu se convaincre de l'extrême différence de l'organisation du Poussin avec celle de Claude le Lorrain. Le premier est doué des plus heureuses dispositions, qui se manifestent dès sa jeunesse, et qu'il ne néglige dans aucun temps de sa vie de cultiver et de fortifier par la lecture, par la fréquentation d'hommes instruits, et plus souvent encore par le calme de la solitude et le charme de la contemplation.

Le second n'annonce dans son enfance rien qui présage en lui aucune espèce de capacité. Son intelligence est bornée au point qu'il ne peut apprendre à lire, et que, dans tout le cours de sa vie, il saura à peine signer son nom. Toutefois l'un et l'autre se déterminent à embrasser la même profession ; ils se consacrent tous deux au culte de la peinture : celui-ci, n'ayant pour vocation qu'une sorte d'instinct, se sent entraîner, pour ainsi dire, sans savoir où le conduira la route dans laquelle il se trouve engagé; celui-là, maîtrisé par une inspiration secrète, franchit de son propre mouvement l'entrée de la carrière avec tous les avantages d'un esprit cultivé et d'un jugement solide qui lui font apercevoir du même coup d'œil l'éloignement du but qu'il se propose d'atteindre, les difficultés de l'entreprise et les moyens de les surmonter.

Tous deux en butte aux rigueurs de la fortune, sans que la détresse où ils se trouvent ralentisse en rien leur ardeur pour l'étude, ils se mettent d'abord sous la direction de divers maîtres, dont l'enseignement leur est infructueux ; puis ils s'attachent avec confiance et pour toujours au seul maître capable d'initier ses élèves dans les mystères les plus secrets de l'art, et de les conduire à la perfection par la route la plus courte et la plus sûre.

Ce n'est qu'à l'aide des leçons de la nature, à l'aspect de ses beautés majestueuses, que les yeux de Claude le Lorrain s'ouvrent soudainement à des clartés que ceux du Poussin avaient déjà entrevues. Sous les auspices du guide qu'ils ont choisi, leurs pas s'affermissent ; et dans l'essor qu'il leur fait prendre, ils s'élancent d'un vol rapide au-delà des limites qu'il ne sera donné à aucuns de leurs rivaux de dépasser; mais c'est alors que, cédant aux sentimens qui les animent chacun diversement, l'un n'est touché que des merveilles de la nature; il les contemple, il les médite, il les grave si bien dans sa pensée, qu'au moment où ses pinceaux les retracent, sa mémoire les lui rappelle aussi fidèlement que si elles étaient encore présentes à ses regards, et son imagination seconde si heureusement ses souvenirs, que dans l'imitation des sites les plus beaux et les plus vastes qu'il a pu choisir, il trouve le secret de leur donner sur la toile encore plus de charmes et d'étendue qu'ils n'en ont dans la réalité. Ce n'est pas assez pour lui de reproduire avec une grande vérité le cristal limpide des eaux, la légèreté aérienne des nuages et la profondeur de l'horizon; il n'hésite point, et il réussit à exprimer l'humidité de la rosée, les vapeurs ardentes d'une atmosphère embrasée par les feux du soleil, la splendeur éblouissante de cet astre, et les torrens de sa lumière inondant l'immensité des campagnes.

L'autre, dans ses conceptions plus sublimes, ne se borne point à choisir les plus beaux sites et à les retracer dans des proportions encore plus grandes et plus majestueuses; il crée des paysages où l'art rivalise de vérité avec la nature; mais il les dispose uniquement pour l'homme; il les vivifie par sa présence; il les anime de ses occupations, de ses divertissemens, de ses passions; il les transforme, selon qu'il lui plaît, en des lieux de délices ou de désolation; il y introduit des bergers, des héros, des philosophes; il y retrace les mœurs, les usages, les costumes de tous les peuples et de tous les siècles; enfin il y met en scène les plus grands personnages de l'antiquité; et, par la peinture expressive de leurs actions qu'il fixe sur la toile, il perpétue d'âge en âge, pour l'instruction des générations futures, le souvenir d'une foule de traits de dévouement, de grandeur d'âme et d'humanité.

Ce résumé des principaux traits caractéristiques du talent des deux plus grands paysagistes de l'Ecole française ne peut que surabondamment à toutes les preuves antécédentes établir la supériorité de l'un et de l'autre, chacun dans son genre, sur tous les artistes qui ont cultivé la même branche de peinture dans les autres Ecoles. S'il est généralement reconnu que l'Italie et la Hollande n'ont produit aucun peintre qui ait répandu sur le paysage un intérêt aussi puissant, et qui ait donné à ce genre autant de grandeur et d'importance que l'a fait le Poussin, il n'est pas moins évident que ces deux contrées, pas même la dernière, si célèbre par le nombre et l'habileté de ses paysagistes, n'en peuvent opposer un seul à Claude le Lorrain, qui ait triomphé avec le même succès que lui des plus grandes difficultés de l'art, et dont le coloris se soit approché, à l'égal du sien, de l'inimitable éclat de la lumière du ciel.

Autant il serait déraisonnable de vouloir contester ces deux assertions, autant il y aurait d'inconséquence à prétendre en tirer des inductions défavorables au talent de tous les paysagistes que nous nous proposons de passer en revue. Vouloir s'autoriser de la prééminence justement acquise à deux artistes sur leurs concurrens, pour supposer que les talens de ceux qui leur cèdent le pas ne doivent inspirer qu'un intérêt médiocre, ce serait étrangement s'abuser. Quiconque est bien pénétré de la richesse des œuvres de la nature et de l'immense variété qui les distingue entre elles, ne doit pas être moins convaincu de la diversité des moyens et de l'étendue des ressources d'un art qui a pour objet de retracer tous les genres de beautés de cet admirable modèle. Ainsi, tout porte à croire que les paysagistes, à raison de leur organisation individuelle, ayant dû différer extrêmement entre eux, soit dans le choix des objets à imiter, soit dans l'emploi des moyens d'imitation, il résulte nécessairement de cette double diversité de détermination et de talens, qu'un grand nombre de ces artistes ont bien pu se distinguer dans la carrière qu'ils avaient à parcourir, sans s'être astreints à suivre les mêmes sentiers, et par conséquent sans que leur réputation justement méritée soit fondée sur le même genre de succès.

1600. Cette proposition dont la vérité ne tardera point à être démontrée par une infinité d'exemples, peut déjà recevoir un commencement de preuve bien sensible dans la personne de Jean Wynants. Ce peintre, né à Harlem, a traité le paysage avec une supériorité marquante sur une multitude d'artistes célèbres en ce genre ; et cependant sa manière d'envisager la nature et de la retracer n'offre aucune espèce de ressemblance avec celles du Poussin et de Claude le Lorrain. Dans tous ses tableaux, il s'est borné à l'imitation exacte des sites qu'il avait sous les yeux, sans chercher à les embellir, mais en s'attachant à en faire un bon choix, et en ne négligeant rien dans ses moyens d'exécution de ce qui pouvait contribuer à leur donner un aspect agréable. Sa touche est ferme et vigoureuse, son coloris a de la finesse et de la légèreté ; et ce qui distingue particulièrement sa manière, c'est que ses masses sont toujours larges, et qu'il unit à la vérité des formes une élégante simplicité et une grande précision dans les détails.

Cet artiste a excellé à peindre les chemins sablonneux et les monticules de cailloutage entre-mêlé de mousses et de touffes d'herbe. Il a également bien rendu les divers accidens qui se trouvent dans l'écorce raboteuse des troncs d'arbre, et on ne peut imaginer rien de plus fini et qui soit touché plus spirituellement que les plantes dont il a orné habituellement les devants de tableaux. Mais on ne saurait dissimuler qu'il ignora l'art de peindre les figures : Philippe Wouwermans, Adrien Van den Velde, Lingelback, Ostade et Van Thulden se sont partagé le soin d'enrichir ses compositions de figurines et d'animaux. Parmi ces artistes, les deux premiers ont été ses élèves ; et si leurs talens ont concouru à l'embellissement de ses ouvrages, la grande célébrité qu'ils ont acquise ajoute encore à celle de leur maître.

Descamps, qui a écrit la vie des peintres flamands et hollandais, n'a point omis dans celles de Philippe Wouwermans et d'Adrien Van den Velde d'annoncer qu'ils avaient étudié les principes de leur art sous les yeux de Wynants, dont il fait l'éloge en passant ; mais il n'a point consacré d'article particulier à la mémoire de ce paysagiste digne à tous égards d'une mention détaillée ;

qu'ont obtenue une multitude d'artistes qui lui sont bien inférieurs en mérite. Quels que puissent être les motifs d'un silence que rien ne semble devoir justifier, et qui malheureusement nous laisse ignorer les particularités de la vie et de la mort d'un peintre aussi recommandable, ses ouvrages déposent hautement en faveur de son talent; et la place honorable qu'ils occupent dans les cabinets des amateurs et dans les collections publiques des chefs-d'œuvre de l'art, suffit pour justifier nos éloges et pour dédommager l'artiste de l'indifférence ou de l'oubli de l'historien.

L'année même de la naissance de Wynants, l'Ecole allemande qui, depuis Adam Elsheymer, n'avait produit aucun paysagiste dont les œuvres aient échappé à l'oubli, en vit paraître un qui, sans avoir suivi le genre des compositions de son prédécesseur, ni même adopté sa manière d'opérer dans l'emploi des couleurs, se distingua cependant comme lui par des ouvrages exécutés dans une petite dimension.

1600. Jean-Guillaume Bauer ou Baur, originaire de Strasbourg, eut pour maître Frédéric Brendel, qui, en lui enseignant les principes de la peinture, lui apprit en même temps les procédés de la gouache que le jeune élève pratiqua constamment par la suite. Le désir de se perfectionner dans son art lui fit entreprendre le voyage de Rome où, dès son arrivée, il s'appliqua avec ardeur à retracer des ruines, des monumens, des places publiques, et des sites choisis dans cette ville ou dans ses environs. A Venise, où il se rendit ensuite, il s'occupa des mêmes études; mais bientôt après, ayant été appelé à Vienne, l'empereur Ferdinand III le nomma son peintre et le combla de bienfaits, dont il ne jouit pas long-temps; car, à peine entrait-il dans sa quarante-unième année lorsqu'il mourut.

Baur a poussé loin l'art de peindre en petit, à la gouache sur vélin. Il a traité indistinctement le paysage, les marines, les batailles et l'architecture; mais on voit, d'après ses divers ouvrages exposés dans la galerie d'Apollon, que le dernier de ces genres est celui dans lequel il s'est plus particulièrement distingué. Ce qu'il y a de plus remarquable dans ses vues de places publiques décorées de monumens, ce n'est pas seulement le double mérite d'avoir exprimé avec autant d'exactitude que de délicatesse les moindres détails de l'architecture, et d'avoir possédé la science de la perspective au point de créer des espaces immenses, et de les circonscrire dans les limites les plus étroites, sans leur rien faire perdre de leur étendue, mais d'avoir reproduit dans ces vastes points de vue des sujets historiques, et de les avoir embellis d'une multitude innombrable de figures touchées avec un esprit et une finesse dont le charme ne peut être bien senti qu'à l'aide de la loupe.

La peinture ne fut pas le seul objet des occupations de cet artiste laborieux. Il a gravé à l'eau-forte, d'après ses propres dessins, environ deux cent soixante estampes sur divers sujets, parmi lesquels on distingue les Métamorphoses d'Ovide. C'est encore d'après ses dessins que Melchior Kussel a gravé une suite nombreuse de sujets relatifs à la vie et à la passion de Jésus-Christ, ainsi que des paysages, des marines et des batailles.

~~~~~~~~~~~~~~~~~~~~~

Au moment où le seizième siècle termine son cours, si l'on jette les regards en arrière, on s'étonnera peut-être du nombre des paysagistes qu'il a produits; mais on devra remarquer que, bien qu'ils appartiennent tous à ce siècle par l'époque de leurs naissances, c'est réellement dans la première moitié du dix-septième que prendront date les ouvrages de la plupart d'entre eux, surtout de ceux qui se sont distingués le plus dans leur art.

En effet, parmi ces derniers dont les talens ne pouvaient encore briller dans le même siècle qui les avait vus naître, ne remarque-t-on point à Bologne le Dominiquin et plusieurs autres élèves de l'Ecole des Carrache; dans la Flandre, Poelenburg et Breughel de Velours; en France, l'immortel Poussin, suivi de Stella, et dans la même contrée, quatre ans plus tard, Claude le Lorrain, dont le pinceau étincelant de lumière ne sera jamais éclipsé; enfin le nom de Wynants ne fait-il point déjà pressentir une partie de l'éclat que le paysage répandra sur la Hollande? Mais ne considérons en ce moment l'art que dans ses productions antérieures à l'époque à laquelle nous touchons; et, en se bornant à comparer entre eux les ouvrages du Titien, de Paul Bril, d'Elsheymer et d'Annibal Carrache, on n'hésitera point à reconnaître, d'une part, que le genre du paysage était fixé d'une manière distincte dès avant la fin du seizième siècle, et de l'autre, que ses progrès étaient déjà assez sensibles pour indiquer dans les efforts des paysagistes de différentes contrées une tendance réelle en divers sens vers le perfectionnement de l'art.

FIN DE LA PREMIÈRE PARTIE.

HISTOIRE
DE L'ART
DU PAYSAGE,

DEPUIS LE RENOUVELLEMENT DES BEAUX ARTS
JUSQU'AU DIX-HUITIÈME SIÈCLE.

DEUXIÈME PARTIE.

On ne peut révoquer en doute que l'époque à laquelle nous sommes parvenus ne soit bien mémorable dans les fastes des arts. Le dix-septième siècle s'ouvre devant nous, et avec lui vont paraître les merveilles qu'il a enfantées. Il est vrai que si on avait à le considérer dans ses rapports avec la peinture du genre de l'histoire, il y auroit lieu de remarquer la distance qui le sépare de celui qui l'a précédé, quoique d'ailleurs on ne puisse méconnaître qu'il a produit, principalement dans l'Ecole française, divers artistes qui se sont distingués par de belles compositions historiques ; mais, en rattachant uniquement l'objet de cet écrit au laps de temps que nous allons parcourir, quelle brillante perspective le paysage vient offrir à nos regards! quel intervalle immense il va franchir pour atteindre à toute sa perfection! quelle multitude de chefs-d'œuvre il est sur le point de faire éclore, pour les signaler à nos éloges et à notre admiration!

Sans doute le beau siècle de Léon X, qu'ont illustré les productions immortelles des différentes Ecoles d'Italie, peut encore revendiquer la gloire d'avoir enrichi d'un nouveau genre le domaine de la peinture, d'avoir créé le paysage, et d'avoir vu naître les deux artistes qui devaient l'environner du plus grand éclat, principalement celui qui était appelé à en reculer les limites et à l'élever par la force de son génie, au point de l'associer en quelque façon aux brillantes destinées du genre de l'histoire; mais n'oublions point que le Poussin et Claude le Lorrain n'ont mis au jour leurs paysages que dans le cours du dix-septième siècle, ne perdons pas de vue que si cette branche de la peinture a pris, surtout sous la main du premier, une direction toute particulière, une tendance absolument marquée vers la grandeur et l'élévation, elle a dû infailliblement conserver sous les pinceaux d'une foule d'autres artistes son caractère primordial, et se borner communément à l'imitation fidèle des beaux sites de la nature et de ses phénomènes pittoresques.

Il suit de cette distinction que le genre du paysage doit être considéré comme pouvant être traité de deux manières différentes, et dès lors se diviser en quelque sorte en deux autres genres, l'un que l'on appelle *historique*, et l'autre qu'il semble convenable de dénommer *champêtre*. Ici l'on doit s'attendre à voir s'élever diverses objections contre ces dénominations qui ne paroîtront ni parfaitement justes, si elles sont envisagées dans l'acception rigoureuse des termes, ni suffisamment positives pour distinguer les différentes manières de traiter le paysage, si l'on veut que ces manières soient strictement spécifiées selon les nuances qui les divisent entre elles.

En effet, en s'arrêtant aux principales objections que l'on prévoit, n'observera-t-on point d'abord que si l'art du paysage considéré sous un point de vue général a pour objet de retracer l'image de la campagne, on ne peut supposer aucune production de ce genre, à laquelle la qualification de *champêtre* ne puisse convenir; et qu'en conséquence attribuer cette dénomination à une manière particulière de traiter le paysage, exclusivement à celle qu'il est reçu de nommer *historique*, c'est implicitement faire entendre qu'un paysage *historique* ne reproduit point l'image de la campagne, ce qui équivaudrait à prétendre qu'il n'est pas un paysage ?

En second lieu, en affectant à tout paysage qui n'est pas *historique* la qualification de *champêtre* ou telle autre qui seroit jugée plus convenable, ne peut-on pas se demander si elle est suffisante, non pas seulement pour établir une démarcation précise entre les paysages *historiques* et ceux qui n'en font point partie, mais encore pour spécifier les différences que l'on remarque parmi ces derniers ? N'est-on pas en droit de soutenir qu'une infinité de paysages, sans ressortir pleinement au *genre historique*, ne semblent point appartenir aussi essentiellement que beaucoup d'autres au *genre champêtre* tel que nous l'entendons et qu'on se le figure communément ? Ainsi, pour fixer les idées par des exemples sensibles puisés dans le caractère respectif du talent des plus célèbres paysagistes, les paysages du Poussin seroient incontestablement du *genre historique*, de même que ceux de Ruisdael appartiendraient au *genre champêtre*; et l'on demande quel serait le véritable genre des paysages d'Herman d'Italie, qui, bien que participant réellement plus ou moins à l'essence des ouvrages du Poussin et de ceux du Ruisdael, ne peuvent néanmoins être classés absolument ni dans l'une, ni dans l'autre de ces deux catégories ?

L'examen de ces diverses questions n'embrassera point des développemens bien étendus. Une discussion de cette espèce, si elle était par trop approfondie, ferait naître infailliblement d'autres objections qui exigeraient autant de solutions nouvelles. On se bornera donc à répondre à la première, que l'Académie royale des beaux arts ayant elle-même désigné sous la dénomination de *paysages historiques* les ouvrages traités dans un style élevé et remplissant d'ailleurs les conditions prescrites pour leur admission au concours des grands prix nouvellement institués, il est indispensable d'adopter une autre dénomination pour distinguer les œuvres des paysagistes qui sont étrangères à ce style ; que la qualification de *champêtre* attribuée à une classe particulière de paysages, offrant naturellement à la pensée une manière de retracer l'image de sites choisis dans la campagne, et animés par des sujets puisés dans les occupations ordinaires de la vie, cette dénomination emporte avec elle l'idée de paysages traités dans un genre simple, vulgaire, en un mot l'opposé du *genre historique* dans lequel l'élévation doit entrer comme élément constitutif; qu'en conséquence, bien que tout paysage soit champêtre, en ce sens qu'ils ont tous pour objet de reproduire aux yeux l'image de la campagne, il n'est cependant pas possible de se méprendre sur les propriétés et les attributs du genre auquel on affecte particulièrement la qualification de *champêtre*.

A l'égard de la deuxième objection, on se rappelle qu'elle porte sur deux points différens. On a demandé si la qualification de *champêtre*, attribuée à tout paysage qui n'est point *historique*, serait suffisante d'abord pour établir une démarcation précise entre les *paysages historiques* et ceux qui n'en font point partie, et en second lieu pour spécifier les différences que l'on remarque parmi ces derniers.

Il est certain que si l'on n'envisage que la première partie de l'objection, elle paraîtra bien fondée, pour peu que l'on se représente le nombre des paysages de l'espèce dont on a parlé plus haut, qui, ne pouvant être assimilés pour le genre ni aux productions du Poussin ni à celles du Ruisdael, ont cependant une certaine corrélation aux ouvrages de ces deux peintres.

D'un autre côté, quelles argumentations ne viendraient point à l'appui du second point de l'objection, si l'on passait en revue les œuvres d'une foule de paysagistes, dont les uns ont imité avec une exactitude scrupuleuse les divers points de vue qui s'offraient à eux, pendant que d'autres ont évidemment représenté des sites imaginaires composés d'après des études ou des réminiscences partielles d'une infinité de sites différens ; dont ceux-ci n'ont en quelque sorte envisagé dans la campagne que des sujets relatifs aux travaux champêtres, ou des groupes d'animaux dessinés dans de fortes proportions, tandis que ceux-là semblent s'être occupés secondairement du soin de retracer l'image de la campagne, et seulement pour offrir le spectacle des phénomènes majestueux de la nature, ou des accidens pittoresques occasionnés par l'imprévoyance ou la fureur des hommes aussi bien que par le choc des élémens ! Que serait-ce encore, si l'on rappelait à la pensée tant d'autres paysagistes, non pas ceux qui se sont exercés sur des sujets de chasses, de marines, de batailles ou de ruines de monumens antiques, puisque leurs productions, quoique comprises au rang des paysages, sont désignées sous des dénominations spéciales, mais ces peintres qui ont habituellement retracé des vues de places publiques dans les villes, ou des intérieurs de villages et de hameaux ? Mais la simple nomenclature des paysages de différentes espèces serait aussi étendue qu'embarrassante à présenter clairement à l'imagination ; et c'est précisément à raison des divisions et subdivisions sans nombre qui exigeraient chacune des qualifications spéciales, si l'on voulait arriver à une précision rigoureuse, qu'il est plus convenable de n'adopter qu'une seule et même dénomination qui s'applique indistinctement à tous les paysages que le goût et la raison doivent s'accorder à ne point élever au rang du *genre historique*.

Ainsi, en n'admettant que deux manières absolument distinctes de traiter le paysage, et qui pourraient se subdiviser à l'infini, mais que pour plus de clarté on croit devoir se borner à désigner simplement par les dénominations de *genre historique* et de *genre champêtre*, il a déjà été reconnu, d'après l'analyse des ouvrages du Poussin, que ce grand peintre avait porté le premier des deux genres à sa perfection. D'un autre côté, il n'est pas moins sensible que le paysage dénommé *champêtre* a dû donner aux progrès qu'il avait faits pendant le seizième siècle une extension plus considérable par la suite, et dès lors parvenir également à se perfectionner. C'est donc en ce sens aussi bien que sous le point de vue de l'époque à laquelle le Poussin et Claude le Lorrain ont pu commencer à s'occuper de la peinture, qu'il n'est pas permis de douter, d'après une foule de preuves irrécusables qui vont bientôt se succéder, que les succès les plus brillans de l'art du paysage ne datent que du courant du dix-septième siècle.

DE 1601 A 1610.

Ce n'est pas précisément dès l'ouverture de ce siècle que l'on doit s'attendre à voir éclore les talens qui ont fait fleurir le paysage avec le plus d'éclat. Cependant, si les peintres qui vont paraître d'abord, se sont plus particulièrement distingués dans un autre genre, ne fussent-ils connus que comme paysagistes, ils auraient encore des droits à une réputation bien méritée.

Le plus ancien parmi eux est Philippe de Champaigne, que sa naissance à Bruxelles classe dans l'Ecole flamande, et que celle de France pourrait en quelque sorte revendiquer, puisqu'il vint fort jeune à Paris, qu'il y passa toute sa vie, qu'il fut pensionné par la reine-mère, Marie de Médicis, en qualité de son premier peintre; enfin qu'il fut élevé successivement à différentes dignités dans l'Académie royale de peinture. Toutes ses productions dans les divers genres de l'histoire, du paysage et des portraits, portent l'empreinte d'une grande vérité : on y remarque en outre un dessin correct, un bon ton de couleur, une exécution facile, des compositions sages et bien méditées; et cependant,

1602.

il faut l'avouer, le plaisir qu'on éprouve à leur aspect ne cause point ces émotions que font naître des œuvres de l'art moins régulières, mais dont les imperfections sont rachetées par des beautés qui touchent l'âme ou qui l'intéressent vivement.

Imitateur exact de la nature, Champaigne ne sut point la choisir, ou plutôt son caractère froid le porta à la voir sans enthousiasme ; dès lors, en voulant reproduire ses traits, il les rendit fidèlement, mais privés de leurs charmes les plus attrayans. Il ne put exprimer ni le mouvement qui les anime, ni le feu qui les vivifie. Cependant, s'il ne posséda point ce secret qui ne fut connu que des plus grands maîtres, il eut du moins le mérite de suivre une bonne route, et ses détracteurs les plus sévères ne pourraient méconnaître dans son talent un assez grand nombre de qualités précieuses. Sans vouloir rappeler ici une infinité de compositions historiques et de beaux portraits que nous a laissés cet artiste, un des plus laborieux qui aient existé, son Moïse tenant les Tables de la Loi, les deux Religieuses, et l'Apparition des saints Gervais et Protais à saint Ambroise, archevêque de Milan, suffiraient seuls pour inscrire honorablement son nom dans les fastes des arts, et pour le faire survivre dans la mémoire des hommes à une foule de peintres plus célèbres que lui parmi leurs contemporains.

Ces éloges que l'impartialité se fait un devoir d'opposer à des critiques visiblement empreintes d'exagération, ne s'appliquent pas moins aux paysages de Champaigne qu'à ses portraits et à la majeure partie de ses sujets historiques. Deux grands tableaux exposés au Musée royal représentent des sites agrestes, vivifiés par la présence d'une jeune anachorète recevant ici la visite d'un ermite, et là attirant par le bruit de ses vertus des infirmes qui viennent implorer le secours de ses prières pour obtenir la guérison de leurs maux. Ces paysages ont un caractère d'âpreté convenable à des solitudes. Celui où l'on ne voit que deux personnages est singulièrement pittoresque par l'agencement de belles masses de rochers, entremêlées d'arbres et de plantes, et diversifiées par des chutes d'eau. Peut-être offre-t-il une transition trop brusque entre le ton des premiers plans et celui des lointains, et dans l'un comme dans l'autre on remarquera sans doute des détails peu soignés sur les devants; mais on ne manquera point de distinguer la facilité d'exécution, la correction de dessin, le beau ton de couleur, la richesse d'ordonnance, et surtout la franchise et la vérité qui règnent dans ces deux grandes compositions.

Pour rendre à Philippe de Champaigne toute la justice qui lui est due, il semble que ce serait trop peu de faire ressortir ce qu'il y a de remarquable dans son talent, si l'on n'envisageait en même temps les qualités personnelles qui rehaussaient en lui celles de l'artiste. Simple dans ses mœurs, désintéressé et aimant son art par-dessus tout, il répondit aux propositions qui lui furent faites de s'attacher, moyennant un traitement considérable, au cardinal de Richelieu dont il peignit plusieurs fois le portrait, que si Son Eminence pouvait le rendre plus grand peintre, il accepterait ses offres avec empressement ; mais que cela étant au-dessus du pouvoir de cette Eminence, il ne désirait que l'honneur de ses bonnes grâces. Modeste et exempt d'intrigues et d'ambition, il souffrit sans se plaindre que Vouet lui enlevât par ses manœuvres des ouvrages qu'il avait entrepris : il n'éprouva même aucun mouvement de jalousie, lorsque Charles Lebrun, à son arrivée de Rome, obtint la place de premier peintre du roi. Voulant se dérober au tumulte du monde, il se retira auprès de sa fille, à Port-Royal, où il vécut au milieu des illustres solitaires de cette maison, jusqu'à l'âge de soixante-douze ans, qu'il mourut généralement regretté. Il avait eu pour élève son neveu Jean-Baptiste de Champaigne, qui suivit sa manière, et fut également admis comme peintre d'histoire à l'Académie royale de peinture (1).

Peu de temps après la naissance de Philippe de Champaigne, l'Ecole française et celle de Hollande produisirent la même année trois artistes dont l'un, comme le précédent, peignit l'histoire, les portraits et le paysage, et partage encore avec lui le sort d'avoir été jugé dans ses ouvrages avec le même excès de sévérité.

Laurent de la Hire, né à Paris, et élève de son père, s'est distingué, comme peintre d'histoire et de portraits, par la sagesse de ses compositions, par une exécution très-soignée et un ton de couleur frais et harmonieux. Ses deux tableaux exposés au Musée royal, représentant l'un l'Apparition de Jésus-Christ aux trois Maries, et l'autre le Pape Nicolas V visitant avec son clergé le corps de saint François d'Assise, doivent donner une idée avantageuse de la beauté de son coloris et de sa science dans le clair-obscur. On peut même, dans la première de ces deux compositions, apprécier déjà le mérite du paysagiste, d'après la manière dont

1606.

---

(1) On voit au Musée royal le portrait de Philippe de Champaigne peint par lui-même. Celui de son neveu, qu'il a également dessiné, est exposé dans la galerie d'Apollon.

il a traité le ciel et les arbres qui servent de fond à son sujet, et qui offrent une vérité de formes et de teintes qu'il serait difficile de rencontrer aussi parfaites dans de semblables accessoires d'aucune autre production historique.

C'est en considérant le talent de la Hire uniquement dans ses paysages, qu'il est aisé de reconnaître la rigueur des critiques qui jugent sans doute ses ouvrages par comparaison avec ceux des plus habiles paysagistes, pour lui reprocher d'avoir négligé l'étude de la nature, ou de n'avoir pas réussi à l'imiter fidèlement; mais cette remarque qui peut être fondée, si elle a lieu dans un sens purement relatif, est-elle appliquée bien judicieusement à l'égard d'un artiste qu'on doit supposer n'avoir cultivé le paysage, pour ainsi dire, qu'accidentellement, puisqu'il est de fait que la majeure partie de ses productions consiste en des sujets historiques, et que dès lors il a dû consacrer ses études plus particulièrement au genre qui lui a mérité son admission parmi les membres choisis dans l'origine pour former l'Académie royale de peinture?

Si l'on veut juger la Hire avec impartialité, on ne disconviendra point qu'en général son style ne manque d'élévation, que sa touche ne soit molle et indécise, et que parfois il n'ait répandu sur les fonds de ses paysages une espèce de brouillard qui se fait bien remarquer jusqu'à un certain point dans la nature à différens instans du jour, et que cet artiste paraîtrait avoir affecté d'exagérer, afin sans doute de donner plus d'éclat et de relief aux objets qui occupent les premiers plans; mais, d'un autre côté, on ne doit pas dissimuler que ces imperfections ne se rencontrent point dans tous ses ouvrages, et que d'ailleurs elles sont rachetées par un grand nombre de beautés dont une indication sommaire pourra faire apprécier tout le mérite. Son coloris, ainsi qu'on l'a déjà fait observer, est délicat et d'une harmonie parfaite; ses teintes locales ont de la fraîcheur et de la vérité, et ses demi-teintes une grande finesse. La richesse de ses compositions, l'art et le goût qui président à leur ordonnance décèlent en lui de l'imagination et du sentiment. Savant dans la perspective linéaire et dans l'architecture, il enrichit ses paysages de ruines et de monumens d'une structure régulière, environnés de beaux arbres qui couvrent en partie de leur ombrage ces édifices majestueux (1). Non moins habile dans la perspective aérienne dont

---

(1) Voir au Musée royal le paysage orné d'architecture, dont le sujet historique représente Laban occupé de la recherche de ses idoles.

il possède le secret, s'il lui arrive d'en outre-passer les effets magiques, il réussit toujours à dégrader ses plans selon leur distance, et à donner de la profondeur à l'horizon. Enfin, il anime les lieux créés sous ses pinceaux par des figures dessinées avec esprit; quelquefois même il groupe ses personnages, il les dispose de manière à les mettre en action, à leur faire exprimer des traits empruntés de l'histoire; et, dans quelque situation qu'il imagine de les placer, il les rend intéressans aux yeux du spectateur, soit par eux-mêmes, soit par le mouvement qu'ils contribuent à répandre sur l'ensemble de la composition.

A cet exposé fidèle des qualités distinctives du talent de la Hire, si l'on ajoute que ce ne fut que vers la fin de sa vie qu'il paraîtrait s'être occupé plus particulièrement du paysage, et qu'il mourut âgé seulement de cinquante-un ans, il sera sans doute à regretter qu'une carrière plus longue ne lui ait point permis, non pas absolument de donner une plus grande perfection à ses ouvrages, mais d'en produire un plus grand nombre, et de multiplier les preuves de sa capacité dans un genre où ses succès lui méritent d'être compté parmi les peintres d'histoire qui se sont fait remarquer en même temps comme paysagistes.

En passant au second artiste qui, de même que les précédens, a joint au talent de peindre l'histoire et les portraits, celui de cultiver le paysage, on n'aura pas du moins à s'occuper, ainsi que l'équité le réclamait à l'égard de Champaigne et de la Hire, du soin de le défendre contre la rigueur des critiques, et de chercher à détruire des impressions qui pourraient lui être défavorables.

En effet, qui serait assez peu clairvoyant pour ne pas distinguer au milieu de leurs imperfections le rare mérite des ouvrages de Rembrandt? qui pourrait blâmer en lui la bizarrerie de l'imagination, l'incorrection du dessin, le défaut de noblesse dans le style, et refuser son admiration à l'originalité de ses compositions, à la magie piquante de ses effets, à l'éclat merveilleux de son coloris, à la vérité et à la justesse d'expression de ses sujets, enfin à l'extrême vérité empreinte dans toutes ses productions?

Fils d'un meunier dont le moulin était situé sur un bras du Rhin près de Leyden, Paul Rembrandt, Van Ryn, commença dans son enfance, par étudier le latin sans y faire de progrès. Son inclination le portant vers la peinture, son père le confia successivement à divers peintres, entre autres à Pierre Lastman, domicilié à Amsterdam. Au bout de trois ou quatre

1606.

années, employées à apprendre les principes du dessin, il revint se fixer dans le moulin où il avait reçu le jour. Ce fut là qu'il établit son atelier, et que, se consacrant entièrement à l'étude de la nature, il se forma une manière inimitable, et qu'il jeta les premiers fondemens de la grande réputation à laquelle il ne tarda point de parvenir.

L'application continuelle de Rembrandt à suivre la nature pas à pas, et ses tentatives réitérées pour réussir, dans ses imitations, à s'approcher de l'éclat de la lumière du ciel, lui firent faire, dans la partie du coloris et du clair-obscur, des progrès extraordinaires dont il était loin de se douter, lorsqu'une circonstance imprévue vint lui révéler le secret de ses forces et le déterminer à produire momentanément le résultat de ses travaux sur un théâtre plus vaste et plus digne de la beauté de son talent. Des amis, enchantés de l'effet d'un tableau qu'il venait de terminer, l'engagèrent à le porter à La Haye. Il fait le voyage à pied, et à peine a-t-il exposé son ouvrage aux yeux d'un amateur, que celui-ci l'achète et le lui paie cent florins. Une somme aussi considérable, pour un homme qui jusqu'alors n'avait attaché à ses productions qu'une valeur modique, faillit lui faire perdre la tête. Cependant, soit qu'il eût conservé plus de présence d'esprit que ne l'avait fait en pareille occasion l'infortuné Corrège (1); soit qu'il ne voulût différer que le moins possible de faire part à son père de ce qu'il regardait comme une fortune, il se fit ramener en poste jusqu'à Leyden, et de là il accourut avec empressement déposer à son moulin le trésor qu'il venait d'acquérir.

Ce premier succès lui ouvrit les yeux sur le mérite de ses ouvrages, et l'espoir du gain l'engagea à redoubler d'ardeur pour les rendre encore plus parfaits, mais sans qu'il crût devoir rien changer au système qu'il avait suivi jusqu'alors, et dont il ne se départit jamais par la suite. Peu curieux de s'instruire dans l'histoire et la mythologie, et de former son goût sur de bons modèles, il se contentait d'une collection de piques et d'armures extraordinaires, de pièces d'étoffe et d'habillemens anciens qu'il appelait ses antiques,

---

(1) Ce grand peintre, fondateur de l'Ecole lombarde, et l'un des meilleurs coloristes qui aient jamais paru, reçut à Parme le prix d'un tableau en monnaie de cuivre qu'il porta à pied pendant quatre lieues et dans la saison des grandes chaleurs. L'état de gêne de cet artiste, son empressement à rejoindre sa famille, et le désir de ne rien distraire d'une somme destinée au soulagement de ses besoins, furent sans doute les véritables motifs d'une imprudence qui lui coûta la vie. A son arrivée à Corrège, il fut atteint d'une violente fièvre qui le fit succomber à l'âge de quarante ans.

13.

et qu'il avait continuellement sous les yeux pour lui servir d'études. A l'égard du coloris, qui était le principal objet de ses recherches et de son application, il avait imaginé, pour parvenir à imiter la lumière du soleil, de n'éclairer son atelier que par une seule ouverture pratiquée dans le haut, de manière que le jour, se trouvant resserré dans un espace infiniment circonscrit, répandait sur le point qu'il venait frapper à plomb une clarté d'autant plus vive qu'elle était environnée de larges masses d'ombre.

Sans vouloir peser les avantages et les inconvéniens de ce procédé, auquel il faut peut-être attribuer l'uniformité de ton roussâtre qui domine dans les tableaux de cet artiste, on ne peut cependant disconvenir que, dans l'usage qu'il en a fait, il n'ait eu l'adresse d'en tirer un grand parti, en réussissant à donner à tous les objets qu'il a peints dans ce système une vigueur de coloris, une harmonie et un relief qu'aucun de ses imitateurs n'a pu égaler.

Peu de temps après son voyage à La Haye, Rembrandt fut mandé à Amsterdam pour y peindre plusieurs portraits dont la réussite le détermina à fixer dans cette ville sa résidence habituelle. Ce fut là que les élèves accoururent en foule se mettre sous sa direction, et que, par suite de son ardeur excessive pour le travail, il mit au jour une infinité de tableaux conçus et exécutés dans une manière à la fois si neuve et si piquante, que sa réputation s'étendit au loin, et qu'il acquit à juste titre le renom d'un des meilleurs coloristes et des peintres les plus féconds, les plus originaux et les plus vrais qui soient connus.

Il ne peut ici être question de Rembrandt que comme paysagiste; ainsi ce n'est ni dans ses sujets historiques, ni dans ses admirables portraits qu'il faut envisager son talent : d'ailleurs que pourrait-on dire à ce sujet qui n'eût été souvent répété? quelles louanges et quelles critiques ne seraient point superflues, lorsque déjà tant de remarques ont été faites avec impartialité? Cependant on doit observer que ce peintre a eu deux manières bien distinctes, la première moelleuse, fondue et d'un grand fini, mais que sa passion excessive pour le gain lui fit bientôt abandonner, comme étant beaucoup trop longue dans ses procédés; la seconde, ni moins étonnante, ni moins vraie dans ses résultats envisagés à une certaine distance, mais heurtée, expéditive, et par cela même plus convenable aux vues d'un homme qui ne considérait dans ses moyens d'exécution que la possibilité de multiplier ses ouvrages à l'infini et de les terminer rapidement, pour en percevoir plus promptement le prix.

C'est cette seconde manière que l'on reconnaît dans ses paysages, non moins remarquables par la facilité du faire que par une imitation vraie de la nature, et surtout par ces beaux effets de lumière et cette parfaite harmonie dont il possédait si bien le secret; mais on y retrouve aussi l'uniformité de ton de ses autres ouvrages, quoique d'ailleurs ses teintes soient brillantes et lumineuses, et qu'elles se dégradent dans une juste relation avec la distance des plans.

Malgré le nombre des tableaux de Rembrandt et leur mérite incontestable, on ne connaîtrait qu'imparfaitement toute l'étendue de son talent, si on ne le jugeait que d'après ses ouvrages de peinture. C'est dans son œuvre de gravure, composé de près de trois cents pièces, toutes de sa main, que l'on trouve des preuves peut-être encore plus sensibles de l'originalité de son génie, de la fécondité de son imagination, de la finesse et de l'énergie de ses pensées. Tout le monde sait qu'il s'était formé une manière toute particulière de graver que personne n'a jamais pu saisir, et qui consiste dans un assemblage de traits heurtés, irréguliers, égratignés et redoublés dans tous les sens, où l'emploi du clair-obscur produit un effet merveilleux; mais il faut voir ces estampes pour se faire une idée juste de leur extrême beauté; et, sans s'arrêter aux sujets historiques, ni aux portraits, dont les plus rares sont ceux de l'avocat Tolling, de Jean Lutma, du Peseur d'or, de Sylvius, du bourguemestre Six, du grand Coppenol, de Clément de Jonghen, on peut citer comme des chefs-d'œuvre, parmi une suite assez nombreuse de beaux paysages, celui qui est connu sous le nom du Paysage aux trois arbres, le Paysage au carrosse, et un autre qui offre dans le lointain la vue d'une ville, et sur le devant une chaumière rustique.

Pourquoi faut-il que ces nouveaux témoignages des talens de l'artiste soient précisément ceux qui rappellent plus directement les travers de l'homme, et qu'on ne puisse admirer les œuvres de son génie sans déplorer les égaremens d'un cœur maîtrisé par une insatiable avarice dont les effets, croissant avec l'âge, empoisonnèrent une existence que tant de succès auraient dû rendre si agréable ; mais tous ces traits qui obscurcissent l'éclat d'une grande renommée, ont été signalés trop fréquemment pour qu'il soit nécessaire de les reproduire dans cet écrit. Félicitons-nous plutôt de pouvoir jouir des productions d'un talent dont l'originalité varie nos plaisirs ; félicitons Rembrandt lui-même, non seulement d'avoir excellé dans son art, mais encore d'avoir préparé par ses leçons les succès d'un des plus grands peintres de l'Ecole hollandaise, le célèbre Gérard Dow. On compte encore parmi ses élèves les plus distingués, Van den Eckout, Gouvert Flinck, Nicolas Maas, Ferdinand Bol, et Léonard Bramer. Quelques uns d'eux ont suivi la manière de leur maître; mais on n'en connaît point qui se soient exercés dans le genre du paysage.

Cet habile peintre mourut à Amsterdam, à l'âge de soixante-huit ans, ne laissant qu'un fils, qui suivit la même carrière que son père sans s'y être distingué. Rembrandt avait épousé une villageoise hollandaise jolie et bien faite, qui lui servait souvent de modèle, ainsi que sa servante. On peut voir leurs portraits dans la collection de ses œuvres gravées; et le sien, qu'il a peint lui-même, se trouve au Musée royal, répété de quatre manières différentes.

Le troisième peintre dont il nous reste à parler diffère de ses deux contemporains en ce qu'il cultiva exclusivement le genre du paysage et des animaux; et c'est sans doute à cette circonstance qu'il est redevable de la supériorité qu'il paraît avoir sur eux, si l'on fait abstraction de leurs talens comme peintres d'histoire et de portraits.

1606.   En considérant les ouvrages d'Albert Cuyp, on ne peut que s'étonner de ce que, parmi les divers historiens qui ont écrit la vie des peintres hollandais, les uns n'aient pas même nommé un artiste aussi distingué, et que les autres se soient bornés, pour ainsi dire, à rapporter qu'il naquit à Dort, et qu'il fut élève de son père, Jacques Gerrits Cuyp, assez bon paysagiste, sans entrer dans les moindres détails de sa vie, et sans indiquer l'année et le lieu de sa mort.

Cette indifférence, que nous avons déjà eu occasion de signaler comme une injustice envers Wynants, n'est pas moins répréhensible à l'égard de Cuyp, dont les tableaux se vendent un grand prix, et tiennent dans les plus beaux cabinets une place honorable qu'ils méritent bien d'occuper : en effet, les sites que ce paysagiste a retracés ont tous un caractère de vérité qui offre l'image fidèle de la nature. Son coloris a de la chaleur et de l'éclat, sans le prestige d'aucune opposition. Peu de paysagistes ont réussi comme lui à faire participer à la lumière du soleil la totalité des objets qu'embrassent ses compositions, et à établir entre eux une harmonie parfaite, au moyen de reflets habilement combinés, et répartis avec un art infini (1). Sa touche est grasse et moelleuse; et si l'on est fondé à lui

---

(1) Il est aisé de reconnaître la justesse de ces remarques dans les trois compositions des plus capitales de cet artiste, qui enrichissent le Musée royal.

reprocher de l'incorrection dans le dessin, peut-être cette imperfection serait-elle insensible, s'il eût peint dans une moindre proportion les figures et les animaux qui enrichissent les points de vue qu'il a retracés; mais au moins on ne lui contestera point le mérite d'avoir su les accorder, pour le ton, avec les teintes du ciel, des terrasses, et généralement de tous les objets qui les environnent, et de s'être montré, dans l'ensemble de ses productions, le digne émule des plus grands coloristes.

Un autre paysagiste distingué sur lequel les historiens ne nous ont également transmis que des renseignemens fort incomplets, et même 1610. contradictoires, est Jean Asselyn, que les uns disent originaire d'Anvers, et élève d'Isaac Van Ostade, ou de Jean Miel, tandis que les autres ne peuvent préciser le lieu de sa naissance, et prétendent qu'Isaïe Van den Velde a été son maître; cependant tous paraissent assez d'accord sur ces diverses particularités que ce peintre surnommé par ses compatriotes Krabetje, parce qu'il avait une main torse et les doigts recourbés, passa dans sa jeunesse en Italie; que pendant le séjour assez long qu'il fit à Rome, il fut continuellement occupé à étudier dans les environs de cette ville; et qu'après y avoir fait un grand nombre de tableaux, il vint se fixer à Amsterdam où il mourut âgé seulement de cinquante ans, sans qu'on ait pu découvrir s'il avait eu des enfans, et s'il avait formé des élèves.

Entre autres tableaux de ce peintre qui sont au Musée royal, on distingue une Vue du Tibre et une autre du pont Lamentano, sur le Teverone près de Rome : la première est, selon toutes les apparences, bien moins le portrait d'un site imité dans son entier, qu'un composé de différens points de vue réunis par l'artiste; mais tous les objets qui concourent à former l'ensemble de la composition, ont une physionomie assez distincte pour démontrer qu'ils n'ont pu être choisis que dans les environs de Rome : ainsi, à ne considérer que le goût particulier qui règne dans ces deux productions, et généralement dans toutes celles d'Asselyn, au style élégant des fabriques et des ruines dont il s'est plu à les enrichir, on ne saurait pas plus douter de la réalité de son séjour en Italie, que du mérite des études qu'il a faites dans cette contrée, et il n'est pas moins aisé de reconnaître dans tous ses ouvrages une touche franche et précise, des figures dessinées spirituellement et un coloris brillant et harmonieux.

A l'exception des ouvrages d'Albert Cuyp, où l'on ne peut méconnaître les progrès de la culture du paysage en Hollande, les productions des paysagistes qui parurent au commencement du dix-septième siècle, sembleraient, malgré leur mérite, indiquer dans la marche de l'art, sinon un ralentissement bien sensible, du moins une apparence de déviation de la direction qu'il avait assez constamment suivie dès son origine.

En effet, en ne considérant que le style des compositions que la France et la Flandre virent éclore à cette époque, on reconnaîtra un système différent de celui qui avait contribué aux succès des Ecoles d'Italie, et sur lequel le Poussin allait jeter les fondemens de sa grande renommée; mais il est à remarquer que ce système, basé sur un mélange d'idéal et de vérité d'imitation de la nature, fut en général peu suivi, dès que la culture du paysage eut été introduite dans le Nord, et qu'elle fut acclimatée particulièrement en Hollande. Si, par la suite, on doit retrouver des vestiges de ce style noble, de cette manière large qui distingue la majeure partie des ouvrages des paysagistes italiens, surtout de ceux qui naquirent vers la fin du seizième siècle, ce ne sera guère que dans les différentes Ecoles d'Italie où les traditions soutenues par la vue des premiers modèles durent maintenir plus religieusement que partout ailleurs la doctrine primitive dans toute sa pureté : aussi, à mesure que ces traditions se propagent dans des contrées plus éloignées des modèles, voit-on les paysagistes négliger le *genre historique*, pour se livrer de préférence à la culture du *genre champêtre*.

Il se pourrait néanmoins que cette règle parût souffrir des exceptions aux yeux de ceux qui par la suite reconnaîtront l'empreinte de ce que nous appelons *manière italienne* dans les ouvrages de divers paysagistes français, hollandais et flamands ; mais, loin que ces exceptions tendent à détruire la règle, elles servent plutôt à la confirmer, s'il est vrai, comme il sera facile de s'en convaincre, que ces mêmes ouvrages aient été produits par des artistes qui, bien qu'étrangers par leur origine aux Ecoles d'Italie, s'y sont en quelque façon affiliés, en s'attachant à perfectionner leurs talens dans une contrée où les arts s'étaient régénérés, et en présence des chefs-d'œuvre en tout genre qu'une multitude de circonstances locales avaient concouru à y faire éclore.

Déjà même cette vérité n'est-elle pas évidemment démontrée par les exemples des deux plus célèbres paysagistes français ? N'est-ce point sous l'influence du beau climat de l'Italie, au sein d'une terre étrangère qu'ils avaient adoptée pour leur patrie, et où ils se fixèrent pour toujours, que le Poussin et Claude enfantèrent leurs immortels chefs-d'œuvre ? N'est-ce pas aussi dans la même contrée que Stella réussit à se former un style qui, sans s'élever à la hauteur de celui de ses deux compatriotes, lui servit à ennoblir des sujets vulgaires, et à surpasser, dans le genre des pastorales qu'il avait créé, tous ceux de ses émules qui voulurent traiter le même genre, sans avoir comme lui épuré leur goût sur le sol classique des arts ?

En vain voudrait-on opposer à ce raisonnement que divers paysagistes recommandables par l'élévation de leur style n'ont réellement jamais résidé en Italie : car, outre que les artistes dont on parle sont en petit nombre, il se présentera plus d'une occasion de faire remarquer que tous, sans aucune exception, se guidèrent visiblement dans leurs compositions sur ceux de leurs compatriotes qui, ayant été puiser aux sources des grands modèles, avaient acquis en quelque sorte le privilége d'en servir eux-mêmes à leur tour. Ainsi tout doit concourir à justifier cette proposition sur laquelle nous reviendrons par la suite, en l'étayant de nouveaux exemples, qu'en admettant deux principales divisions dans l'art du paysage, toutes ses productions en général appartiennent, soit au *genre historique*, soit au *genre champêtre*, selon qu'elles tirent une origine plus ou moins directe des contrées du Midi, ou de celles du Nord.

Toutefois, en insistant sur cette remarque, on est bien loin d'en conclure que tous les paysagistes qui ont été étudier en Italie, aient adopté le *genre historique* dans leurs compositions : une supposition de cette espèce serait aussi déraisonnable que peu conforme à la vérité ; mais on ne craint point d'avancer qu'en général les artistes dont les études se sont perfectionnées dans cette contrée, y sont parvenus à agrandir leur imagination et à contracter une manière plus large que celle qu'ils avaient apportée de leur pays ; et si les ouvrages d'Asselyn offrent déjà une première preuve de cette assertion, entre autres exemples nombreux qui serviront à la confirmer par la suite, celui qui va suivre immédiatement ne sera pas un des moins positifs.

DE 1610 A 1613.

Les mêmes motifs qui portaient la plupart des peintres des différentes Ecoles de l'Europe à aller dans leur jeunesse perfectionner leurs études en Italie, déterminèrent Jean Both, né 1610. à Utrecht, à visiter cette contrée si favorable à la culture des arts; le grand nombre d'années qu'il y séjourna, peut-être aussi l'excellent goût qu'il sut y puiser, et la haute réputation qu'il parvint à y acquérir, lui méritèrent cette honorable distinction de n'être jamais désigné que sous le nom de Both d'Italie.

L'habitude d'observer la nature au milieu de sites pittoresques et grandioses, et de l'imiter sous un ciel étincelant de lumière, est sans doute la principale cause à laquelle il faut attribuer la richesse des compositions de Jean Both, et la chaleur brûlante qu'il y a répandue; mais c'est aussi à ses heureuses dispositions et à son application à l'étude qu'il est redevable de la correction de son dessin, de la finesse de sa touche, de sa grande facilité d'exécution, et de son intelligence dans la perspective aérienne dont il a saisi les effets magiques avec une telle perfection, qu'en cette partie ses ouvrages peuvent en quelque sorte soutenir la comparaison avec ceux de Claude le Lorrain.

Quoique les tableaux de cet artiste soient assez rares en France, le Musée royal en possède deux qui doivent faire apprécier toute la beauté de son talent : le plus grand, principalement, réunit tous les genres de mérite qui constituent l'habileté du paysagiste. On y remarque une magnifique composition, un ciel pétillant de chaleur, des plans bien contrastés, des masses imposantes pour les formes, des détails rendus avec précision, un coloris vigoureux et une harmonie soutenue.

Il est généralement reconnu qu'une des plus grandes difficultés du genre du paysage consiste dans l'imitation vraie des arbres de chaque espèce, non pas précisément quand leur feuillage présente des massifs épais dont les extrémités seules se dessinent légèrement sur la voûte azurée, mais ceux dont les rameaux sont disposés de manière à laisser apercevoir le ciel entre les attaches des moindres branches, et même des plus petits bouquets de feuilles. C'est en considérant l'art avec lequel Both a rendu la partie supérieure de l'arbre qui occupe la droite de son tableau, qu'on peut juger avec quelle assurance il a multiplié des difficultés que bien peu de peintres osent aborder, et avec quel succès il a su les surmonter; enfin, soit qu'on examine séparément toutes les parties qui composent ce paysage, soit qu'on l'envisage dans son ensemble, on n'hésitera point à le mettre au rang des plus capitaux et des plus beaux qui soient connus, et il doit, sous tous les rapports, assigner à Both d'Italie une des premières places parmi les plus grands paysagistes.

Mais pourrait-on rappeler ici tous les titres de gloire de Jean Both, et ne point y associer le fidèle compagnon de ses travaux, son frère, son ami André qui, après avoir reçu comme lui les leçons d'Abraham Bloemaert, l'accompagna en Italie, partagea toutes ses études d'abord à Rome, ensuite à Vénise, et mit le comble à leur commune renommée, en ornant les tableaux de son frère de figures aussi moelleusement peintes que spirituellement dessinées? Jean Both, on ne doit pas le dissimuler, qui réunissait en lui toutes les qualités de l'habile paysagiste, ne réussissait point à peindre la figure; mais, plus heureux que ceux que leur incapacité dans cette partie réduit à la nécessité de recourir à des mains étrangères pour vivifier leurs paysages, il trouva dans son frère un talent digne de seconder le sien, ou plutôt leurs talens dignes l'un de l'autre se confondirent si bien, et s'identifièrent au point qu'en comparant attentivement et le site et les figures, il n'est pas possible d'apercevoir la plus légère différence entre ces objets ni dans la touche ni dans le coloris. Mais doit-on s'en étonner? Ces deux artistes tendrement unis par les liens du sang et de l'amitié, et en qui une conformité absolue de caractères et d'inclinations n'avait pu que resserrer plus étroitement le double nœud de leur attachement, avaient dû, par l'habitude contractée dès l'enfance de mettre en commun leurs plaisirs et leurs occupations, s'accoutumer à observer la nature des mêmes yeux, à jouir de ses beautés pittoresques avec le même enthousiasme, et à employer les mêmes efforts et les mêmes moyens pour l'imiter dans toute sa perfection. Aussi leurs tableaux, qui paraissent avoir été peints par une seule main, offrent-ils dans l'accord qui règne entre toutes leurs parties un emblème frappant de l'harmonie parfaite qui ne cessa jamais un seul instant d'embellir l'existence des deux frères.

Malheureusement un accident funeste vint rompre le cours de cette inaltérable union. Pendant leur séjour à Venise, André tomba un soir dans un canal où il se noya, et Jean Both, ne pouvant se résoudre à habiter plus longtemps des lieux qui lui rappelaient trop vivement la fin déplorable de son frère, et la privation des agrémens qu'il y avait goûtés dans sa société, se hâta de retourner dans sa patrie. Mais, quoique son talent fît rechercher ses ouvrages avec un empressement qui dut multiplier ses occupations, rien ne fut capable d'adoucir l'amertume de ses regrets, et la violence de son chagrin empoisonna ses jours au point de le conduire au bout de neuf mois au tombeau, dans la quarantième année de son âge.

En réfléchissant sur le sort de ces infortunés dont la mort ne put frapper l'un sans atteindre l'autre, pour ainsi dire du même coup, il semble que ce dernier trait de conformité rehausse le charme de leur union et la rend encore plus touchante. Un simple mouvement d'humanité peut porter à plaindre la destinée de deux êtres intéressans par la délicatesse de leurs sentimens ; mais combien les regrets ne doivent-ils point s'accroître par la pensée que sans le fatal accident qui causa la perte des deux frères Both dans la vigueur de l'âge, et au milieu d'une carrière qu'ils parcouraient avec tant de distinction, leurs talens si bien assortis auraient infailliblement ajouté aux chefs-d'œuvre qu'ils ont laissés une foule d'autres ouvrages également dignes d'admiration ?

Les seuls élèves de Both d'Italie qui soient connus, sont Henri Verschuuring et Guillaume de Heusch ou de Heus. Le premier, né à Gorcum en 1627, s'adonna moins au paysage qu'à des sujets d'animaux, de chasses et de batailles qu'il peignit avec succès. A son retour d'Italie, son esprit et ses bonnes qualités lui concilièrent l'estime de ses concitoyens qui l'élevèrent à la dignité de bourguemestre dont il remplit les fonctions sans cesser de s'occuper de la peinture. Le naufrage d'un bâtiment qu'il montait dans un voyage sur mer, le fit périr sur les côtes de la Hollande à l'âge de soixantetrois ans.

Guillaume de Heusch, né à Utrecht en 1638, passa jeune en Italie, et se mit sous la direction de Jean Both. Il resta fort long-temps dans cette contrée où ses tableaux jouissaient d'une grande vogue ; ensuite il revint dans son pays, et y finit ses jours dans un âge très-avancé. Grand coloriste et dessinateur correct, il enrichit ses compositions de figures et d'animaux touchés spirituellement. Sans cesse appliqué à l'étude de la nature, il retraça avec succès, dans la plupart de ses paysages, des vues prises sur les bords du Rhin. Dire que ses productions sont assez souvent confondues avec celles de son maître, c'est en faire un éloge aussi flatteur qu'il est bien mérité. On voit au Musée royal un petit paysage de cet artiste qui peut donner une idée de la beauté de son talent.

On ne retrouvera ni la richesse des compositions de Both d'Italie, ni la chaleur de son coloris, ni même, pour ainsi dire, aucune des qualités distinctives de son talent dans celui de David Teniers, qui mérite cependant d'être cité parmi les bons paysagistes, si l'on juge ses ouvrages plutôt d'après l'intérêt qu'il a su répandre au milieu des sites champêtres reproduits sous ses pinceaux, que par l'étendue et la variété de ces mêmes sites envisagés sans le concours des scènes qu'il y a représentées.

Des trois artistes du nom de Teniers connus pour avoir peint dans le même genre, le plus célèbre et le seul dont nous nous proposons de nous occuper, est David Teniers, né à Anvers, qui a eu pour frère Abraham. On l'appelle assez souvent le jeune, pour le distinguer de son père David Teniers, dit le vieux, dont il apprit les principes de son art, avant de se mettre sous la direction d'Adrien Brauwer (1).

1610.

Si l'on ne devait se borner ici à considérer Teniers le jeune uniquement comme paysagiste, on aurait à faire remarquer son intelligence non seulement à copier avec une rare perfection les divers ouvrages d'une foule de peintres des Ecoles de Flandre et d'Italie, mais même à composer une infinité de tableaux à l'imitation de leurs manières, et à saisir avec tant de précision dans ces pastiches le style et le faire de chacun de ces artistes en particulier, qu'il est bien difficile de comprendre comment il est parvenu à varier son pinceau de tant de façons différentes.

---

(1) Bon peintre hollandais, dont on voit au Musée royal un tableau représentant l'intérieur d'une tabagie.

Ce serait aussi le lieu d'appeler encore plus particulièrement l'attention sur une multitude de scènes familières spirituellement retracées dans l'intérieur d'estaminets, de corps-de-garde, de laboratoires de chimie. Ces remarques conduiraient naturellement à entrer dans quelques détails sur l'empressement d'illustres personnages à se procurer les ouvrages de cet artiste, et sur les témoignages d'estime qu'ils lui prodiguèrent en considération de la noblesse de ses sentimens et de l'aménité de ses mœurs. Pour se borner à un petit nombre de citations, on n'oublierait point de rapporter que l'archiduc Léopold le nomma gentilhomme de sa chambre; que Christine, reine de Suède, lui fit présent de son portrait; que don Juan d'Autriche et le roi d'Espagne firent bâtir une galerie destinée à réunir ses tableaux; que le prince d'Orange l'honora de son amitié, enfin que le célèbre Rubens, qui estimait son talent, et qui avait eu le père pour élève, aimait le fils et se plaisait à lui donner des conseils.

Mais, quelque flatteur que fût pour Teniers l'accueil qu'il recevait des grands, il aimait trop son art pour se résoudre à sacrifier à des devoirs de courtisan une partie du temps qu'il pouvait employer plus utilement à perfectionner ses talens. Ce motif, joint au désir d'avoir la nature présente à ses regards et de pouvoir la consulter à chaque instant, le détermina à se retirer dans le village de Perck, situé entre Anvers et Malines. Si cette retraite ne put le soustraire entièrement aux empressemens de toute la noblesse du canton qui venait habituellement le visiter dans sa maison appelée le château des Trois Tours, ce fut néanmoins dans cet asile qu'il composa la majeure partie de ses tableaux, et que, pour ainsi dire, sans se déplacer, il put aisément observer dans tous leurs détails les scènes qu'il voulait retracer.

On ne doit point s'attendre, ainsi qu'on l'a déjà fait entrevoir, à remarquer dans ses compositions une grande étendue de pays, ni des points de vue bien variés. Ce ne sont point de vastes campagnes diversifiées par des montagnes, des vallées, des forêts, des prairies et terminées par de riches lointains. Le plus souvent ses tableaux offrent sur le premier plan une maison rustique, une hôtellerie, qu'une pelouse, un chemin ou un ruisseau séparent d'un coteau dominé par un petit nombre d'habitations éparses et entremêlées de quelques arbres ; et si la vue peut s'étendre au-delà de ces deux plans, elle s'arrête sur un village ou même un hameau qui bornent l'horizon : en un mot tous ses paysages sont des portraits fidèles des environs de sa maison, et l'on ne peut douter qu'il n'ait concentré ses études dans le rayon du lieu de sa résidence, en reconnaissant dans tous les points de vue qu'il a retracés, le même caractère de site, les mêmes espèces d'objets, et jusqu'à la même forme de construction dans le clocher du village qui sert habituellement de fond à ses compositions.

Cette indifférence de Teniers sur le choix des sites ne le rendit peut-être que plus scrupuleux sur la vérité de ses imitations : non content de reproduire avec exactitude l'image des lieux qui frappoient sans cesse ses regards, il sut les animer par de beaux effets de clair-obscur; il réussit même à modifier en quelque façon leur aspect, sinon en variant la situation des objets et leurs formes, du moins en diversifiant leur coloris au moyen des teintes toujours nouvelles qu'il leur faisoit emprunter des différens accidens que le jeu de la lumière et des ombres multiplie à l'infini sur un ciel chargé de nuages.

Les paysages de cet artiste offrent, de même que ses autres ouvrages, une facilité d'exécution surprenante. Rien n'y sent la contrainte : tout semble y avoir été saisi avec promptitude dans la nature, et fixé sur la toile au même instant. S'ils laissent à désirer plus de richesse et de grandeur dans les masses, et plus de précision dans les détails, leur ensemble est cependant fort agréable à la vue, parce que la vérité s'y trouve jointe à la correction d'un dessin spirituel et à la finesse d'un coloris harmonieux et argentin; mais leur principal mérite consiste dans la variété des scènes qui les vivifient; les personnages qui y figurent sont tout simplement des villageois qui boivent dans la cour d'une hôtellérie, qui jouent à la boule sur le bord d'un chemin, ou qui dansent sur une pelouse de verdure au son de la cornemuse : mais avec quelle justesse le pinceau a imité la forme et la couleur des vêtemens, la variété des attitudes, des gestes, et jusqu'aux moindres nuances des divers sentimens qui animent les traits de ces joyeux villageois! et qui pouvoit mieux connaître leurs mœurs, leurs habitudes, leurs manières d'être, de vivre, de se divertir, même de se quereller, de se battre entre eux, que Teniers qui, se mêlant à tous les rassemblemens des habitans de la campagne, ne retraçait aucune scène dont il n'eût été le témoin, pour ainsi dire obligé, et qui, par sa promptitude à les fixer sur la toile, ne devait omettre aucun des traits dont l'originalité l'avait frappé? C'est dans ces tableaux dont la naïveté forme le plus grand charme, que l'on reconnaît toute la finesse d'esprit du peintre, son talent pour l'observation, son tact à saisir les objets sous le point de vue le plus pittoresque, enfin l'art qu'il posséda au plus haut degré de conserver dans ses imitations le caractère propre à chacun de ses modèles.

Assidu comme il l'était à fréquenter toutes les réunions champêtres, sans autre but que celui d'y trouver des sujets dignes d'exercer ses pinceaux, jamais Teniers ne cessa de conserver le ton et les manières d'un homme bien né : journellement distrait au milieu de ses travaux par une foule d'amateurs et de personnages distingués, qui se rendaient chez lui pour admirer ses ouvrages et pour jouir des agrémens de sa société, il semble qu'il dut avoir bien peu d'instans à consacrer à son art; cependant quel peintre a été plus fécond que lui? et dans le nombre prodigieux de ses tableaux, quelle infinité de détails n'offrent point la plupart de ses productions, surtout celles qui représentent des kermesses, ou fêtes de villages flamands? Mais cette espèce de prodige s'explique naturellement par l'extrême facilité que nous avons déjà fait remarquer dans le faire de cet artiste, et indubitablement aussi par la justesse et la promptitude des opérations de sa mémoire, qu'il exerçait trop fréquemment pour qu'en rappelant à sa pensée la totalité des objets qu'il avait attentivement considérés, elle ne les lui présentât au même instant revêtus de leurs formes et de leurs teintes locales, et disposés dans le même ordre suivant lequel ils s'étaient offerts à ses regards.

Indépendamment de l'esprit et de la vérité qui règnent dans les compositions de David Teniers, et qui lui assurent une grande supériorité sur tous ses émules dans le même genre, deux qualités bien distinctes dans la manière de ce maître servent principalement à la caractériser, et contribuent à la rendre très-difficile à imiter :

La rapidité d'une touche légère et spirituelle qui ne fait qu'indiquer les détails, et qui cependant porte partout la vie et l'expression, et produit un effet que des ouvrages plus terminés auraient de la peine à égaler ;

La franchise et la transparence d'un coloris tirant généralement sur le gris, mais délicat et harmonieux, et dont l'éclat se soutient sans le secours d'aucune opposition. Teniers avait appris de Rubens, et la nature qu'il ne négligea point de consulter lui avait également enseigné que, pour donner de l'effet à une œuvre de peinture, il n'est pas toujours nécessaire de recourir au prestige des contrastes : aussi, dans un grand nombre de ses tableaux, peut-on reconnaître que toutes les parties sont claires, et que les masses se détachent parfaitement les unes des autres, sans qu'on y remarque des tons rigoureux ou tranchans, mais seulement une légère altération dans les teintes, qui les rend presque imperceptiblement plus ou moins lumineuses.

Les tableaux de David Teniers sont répandus partout (1). Evalués à des prix différens, selon le plus ou moins d'importance des compositions, et aussi d'après le degré du mérite respectif de leur exécution, qui n'est pas toujours également parfaite, ils occupent une place distinguée dans les plus riches collections, et ils forment un des principaux ornemens du cabinet d'un simple amateur. Plus heureux dans leur destinée que la plupart des productions des autres artistes, ils ont le double privilége de mériter les suffrages des vrais connaisseurs, et d'intéresser même les personnes étrangères aux charmes de la peinture, ou hors d'état d'apprécier à leur juste valeur et les difficultés qu'elle présente, et l'adresse de l'artiste à les surmonter; mais c'est qu'alors l'intérêt qu'inspirent ces tableaux prend sa source dans le choix des sujets.

En effet, il n'est point de spectacle plus

---

(1) On en compte jusqu'à quatorze dans le Musée royal, et l'on voit dans la galerie d'Apollon deux de ses dessins au crayon noir, dont un provient de la collection Mariette.

attrayant pour la multitude, et même aux yeux du philosophe, que l'image du calme et de la félicité qui règnent dans les campagnes. A la vue des divertissemens qui servent à délasser de leurs fatigues ces laborieux villageois, à l'air de santé qui brille sur leur physionomie, aux mouvemens de la joie vive qui les anime, pourrait-on se défendre de partager leur allégresse? et quelle âme en proie à de tristes pensées, ou rassasiée de ces vains plaisirs achetés à grands frais et que l'ennui accompagne presque toujours, ne perdrait point le souvenir de ses peines et ne s'abandonnerait point au charme de la plus douce illusion, en contemplant ces scènes naïves qui lui retracent des mœurs simples, des fêtes sans apprêts, une cordialité franche, une gaieté expansive et un bonheur sans mélange?

Serait-il donc vrai qu'un grand roi, un ami des lettres et des arts, un digne protecteur des talens, que Louis XIV enfin n'eût point voulu admettre dans son palais les ouvrages de Teniers? De cette défaveur, peut-être imaginaire, que devrait-on conclure de désavantageux au mérite de l'artiste, sinon que le genre familier des sujets qu'il a traités, ne pouvait s'allier dans l'esprit du monarque avec la noblesse et la magnificence qui caractérisent la plupart des chefs-d'œuvre conçus et exécutés sous son règne et par son impulsion? D'ailleurs, en admettant comme certain ce que des historiens racontent de l'indifférence, ou même, si l'on veut, de l'aversion de Louis XIV pour les productions de Teniers, combien d'autres souverains et de personnages illustres les ont accueillies honorablement, et quelles marques d'estime et de considération n'ont-ils point données à ce peintre pendant tout le cours de sa vie! Aux différentes preuves que nous avons déjà rapportées, il suffira d'ajouter que Teniers, au commencement de sa carrière, était obligé de porter ses tableaux à Bruxelles pour pouvoir les vendre, et qu'il trouva dans l'archiduc Léopold un amateur éclairé qui, non content de rendre justice à son mérite et d'acquérir ses ouvrages, dont il fixa le prix, s'empressa d'en faire connaître la valeur, et, par ses soins, contribua puissamment à l'accroissement de la réputation et de la fortune de son protégé; que don Juan d'Autriche fut son élève et son ami, et qu'il vint souvent le visiter et même séjourner dans sa retraite, au château des Trois Tours; enfin que, dès la trente-quatrième année de son âge, ses talens étaient déjà si bien reconnus, qu'il fut élevé à la dignité de directeur de l'Académie d'Anvers, quoiqu'à raison de son éloignement, il ne pût que rarement en remplir les fonctions.

David Teniers mourut à l'âge de quatre-vingts ans. Il avait été marié deux fois; et, de sa première femme qui était fille de Breughel de Velours dont nous avons parlé, il eut un fils que l'on croit avoir embrassé la profession religieuse; en secondes noces, il épousa la fille d'un membre du conseil de Brabant. Parmi ses élèves les plus distingués, on cite Abshoven, de Hont, Ertebout, Van Helmon et Dominique Ricart. Le premier, qui mourut jeune, a suivi le genre de son maître, et imité sa manière avec assez d'adresse pour qu'au premier coup d'œil, on attribue à ce dernier quelques uns des ouvrages de son élève.

Un autre imitateur de David Teniers est son frère Abraham, qui, comme lui, a retracé des points de vue animés par des danses et des réunions villageoises. Mais, outre qu'il a déployé dans ses compositions infiniment moins d'esprit et d'imagination que David, le ton de sa couleur plus gris et plus opaque, et sa touche bien moins légère, ne permettent pas que ses ouvrages puissent être confondus avec ceux de son frère.

1612. Vers la même époque, deux autres frères, Adrien et Isaac Van Ostade, nés à Lubeck, se sont éminemment distingués dans la peinture. L'aîné, Adrien, ne paraissant point avoir cultivé le paysage, on remarquera seulement qu'il a représenté des scènes familières dans l'intérieur d'estaminets, de maisons et d'écoles de village, et que, loin d'avoir cherché à embellir la nature, ou même à la retracer telle qu'elle s'offrait à ses yeux, il semble avoir pris à tâche de donner à ses sujets un aspect grotesque, en outrant le caractère de rusticité de ses personnages, et dans la taille, et dans les poses, et surtout dans les traits de la physionomie. Mais aussi aucune autre production du même genre ne réunit au même degré que les siennes l'originalité de la verve, la vigueur et la finesse du coloris, et la magie du clair-obscur portée à la perfection (1).

Serait-ce la grande réputation dont Adrien Ostade jouit à juste titre, et peut-être aussi le nombre de ses tableaux bien supérieur à celui des ouvrages d'Isaac, qui auraient aveuglé les historiens au point de les rendre insensibles aux qualités de ce dernier? Pourra-t-on croire qu'ils aient porté l'indifférence à son sujet jusqu'à ne rapporter aucune autre particularité, sinon qu'il fut élève de son frère, qu'il lui est bien inférieur en mérite, et qu'il mourut fort jeune, sans

---

(1) Parmi sept tableaux d'A. Ostade, qui sont au Musée royal, on remarquera, comme un des plus capitaux, celui qui représente la famille du peintre, au nombre de dix personnages.

même indiquer à quel âge il termina ses jours? Quels que puissent être les motifs d'une prévention aussi évidemment injuste à l'égard de cet artiste, une seule observation suffira pour en démontrer l'inconséquence : les deux frères ayant suivi des genres différens, ce n'est point par des moyens de comparaison puisés dans leurs ouvrages, balancés entre eux, mais uniquement d'après le mérite intrinsèque de ces ouvrages considérés isolément, que l'on peut asseoir un jugement raisonnable sur le talent de chacun des deux artistes en particulier : ainsi, sans qu'il y ait lieu de régler entre eux une préséance qui supposerait à tort qu'ils ont suivi la même route, si l'on veut être impartial à leur égard, tout en reconnaissant Adrien Van Ostade pour un des meilleurs peintres de scènes familières, Isaac son frère doit être considéré comme un paysagiste des plus habiles.

Les tableaux d'Isaac Van Ostade ont été long-temps inconnus en France : mais à peine y sont-ils parvenus, qu'ils ont été portés à de grandes valeurs (1); bien qu'à raison de sa fin

---

(1) A la vente qui eut lieu en 1777 du cabinet de M. Randon de Boisset, un des particuliers les plus riches en ouvrages capitaux des peintres flamands et hollandais, un paysage d'Isaac Ostade a été adjugé à la somme de 15,000 livres.

prématurée, les productions de son pinceau soient en petit nombre, le Musée royal en renferme quatre très-remarquables par le double mérite de la composition et de l'exécution : elles consistent en deux sujets d'hiver, qui représentent l'image de rivières glacées couvertes de patineurs et de traîneaux, et deux vues de villages ou hameaux, prises dans la belle saison ; également recommandables par une grande vérité d'imitation, par la finesse du dessin et le moelleux de la touche, ces différens paysages offrent dans une rare perfection cette vigueur de coloris et ces beaux effets de clair-obscur qui font le charme de presque toutes les productions de l'École hollandaise. Rien surtout de plus étonnant pour la richesse de l'ordonnance et pour l'entente de l'harmonie, que celui des deux Intérieurs de village qui présente la plus grande dimension. On y admire l'agencement pittoresque des arbres et des chaumières rustiques, la variété des détails de la fabrique située sur le second plan vers la gauche, et principalement le nombre et la disposition des figures, des chevaux, des bœufs et des chariots qui concourent à répandre la vie et le mouvement au milieu de cette composition, une des plus importantes qu'Isaac Ostade ait laissées, et qui, fût-elle seule, suffirait pour attacher une grande célébrité à ses talens, trop long-temps méconnus.

Un autre paysagiste, moins habile que lui, et qui cependant, à certains égards, mérite une mention particulière, est Antoine Waterloo, Hollandais, dont le lieu de la naissance n'est pas connu d'une manière positive, les uns le disant originaire d'Amsterdam, et les autres de la ville d'Utrecht, dont il a retracé les environs dans tous ses tableaux. Les productions de son pinceau sont fort rares en France : elles sont pour la plupart ornées de figures et d'animaux de la main de Weenix (1). On estime davantage pour l'esprit et les beaux effets de clair-obscur ses dessins et une suite nombreuse de paysages qu'il a gravés à l'eau-forte. Presque tous représentent des extrémités de forêts, et ils doivent faire juger que si, pour avoir concentré ses études dans un espace trop resserré, il n'a pu diversifier l'aspect de ses sites, il n'a jamais cessé de prendre la nature pour modèle, et qu'il a su la retracer avec fidélité.

1613.

Une circonstance bien malheureuse pour cet artiste, et la seule particularité de sa vie qui

---

(1) Bon peintre de paysages, d'animaux et de sujets de nature morte, dont il sera fait plus tard une mention particulière.

soit connue, sans qu'on puisse en assigner la cause, c'est que, malgré le patrimoine dont il jouissait, et le prix qu'il recevait de ses ouvrages, sa détresse fut si grande qu'il finit ses jours dans un hôpital près d'Utrecht.

Compatriote de ce paysagiste, et né la même année que lui à Laaren en Hollande, Pierre de Laar, surnommé Bamboche (1), offre encore avec Waterloo cette conformité d'infortune qu'il tomba dans l'indigence sur la fin de sa carrière, et qu'il périt misérablement à Harlem, âgé d'environ soixante ans.

1613.

Privé des avantages extérieurs du corps, Pierre de Laar reçut de la nature en dédommagement un caractère gai et spirituel, la mémoire la plus heureuse, et des dispositions pour la peinture qui se manifestèrent dès sa plus tendre enfance. Il était fort jeune lorsqu'il fit le voyage d'Italie ; et, se fixant à Rome, il s'y exerça à représenter des chasses, des attaques sur les routes, des foires publiques et des vues prises sur les bords de la mer.

La fécondité de son imagination lui fut d'un grand secours pour diversifier ses sujets et pour

---

(1) Ce surnom lui fut donné, selon quelques historiens, à cause de la difformité de son corps, et selon d'autres, parce qu'il est inventeur d'un genre de peinture grotesque désigné communément sous la dénomination de bambochades.

donner un intérêt particulier à chacune de ses compositions. On y remarque un dessin correct et un bon coloris; mais elles offriraient plus de vérité si, moins confiant dans les avantages de sa mémoire, Bamboche eût été plus assidu à consulter la nature; si, au lieu de suivre la plupart du temps son caprice, et de peindre d'après de simples réminiscences, il se fût bien convaincu que des souvenirs, quelque fidèles qu'on les suppose, ne peuvent jamais, surtout dans le genre qu'il avait adopté, remplacer que d'une manière imparfaite les leçons du seul maître que les paysagistes doivent prendre pour leur guide.

Les talens de cet artiste, sa politesse et son enjouement lui concilièrent l'amitié de tous ceux qu'il fréquentait; et souvent admis dans la société du Poussin et de Claude le Lorrain, il partageait avec eux le plaisir de la promenade, et les réjouissait par l'originalité de ses saillies. Après seize années de séjour à Rome, cédant aux instances de sa famille, il revint dans son pays natal, et se fixa à Harlem où ses ouvrages ne furent pas moins recherchés qu'ils l'avaient été en Italie.

Cette heureuse situation ne fut pas de longue durée. La concurrence de Philippe Wouvermans, dont les talens supérieurs ne tardèrent point à porter atteinte à la valeur des ouvrages de Bamboche, et l'obstination de ce dernier à ne point diminuer le prix de ses tableaux, l'empêchèrent d'en trouver le débit. Cette circonstance, jointe à son peu d'économie, le réduisit bientôt à un état d'indigence qui fit disparaître toute sa gaieté. Enfin, accablé sous le poids des chagrins, de la misère et des incommodités attachées à sa mauvaise complexion, la vie lui devint insupportable, et l'on prétend que, dans un accès de noire mélancolie, il se précipita dans un puits (1), où il termina une existence d'autant plus pénible à ses yeux, qu'elle lui rappelait à chaque instant le souvenir de ses jouissances passées, dont il ne pouvait imputer la perte qu'à lui seul.

On a déjà fait remarquer que l'art du paysage se compose de deux manières absolument différentes de cultiver cette branche de la peinture, l'une qui constitue le *genre historique*, et l'autre le *genre champêtre*. On a fait encore observer qu'indépendamment de cette première division

---

(1) Cette assertion de divers historiens est formellement contredite par plusieurs autres qui assurent que Bamboche n'attenta point à ses jours, et qu'il mourut des suites d'une violente oppression de poitrine; mais tous les auteurs s'accordent sur ces divers points, que la réputation de ce

de l'art en deux genres distincts, le second de ces genres comprend un grand nombre de subdivisions partielles; mais ces deux propositions, pour être admises sans aucune difficulté, ont besoin d'une application spéciale à des exemples qui les démontrent l'une et l'autre clairement à l'esprit.

Pour atteindre ce double but, que l'on compare entre elles quelques productions de l'art qui soient déjà connues. En s'arrêtant d'abord aux seuls ouvrages du Poussin et de Wynants, il ne faudra que les opposer les uns aux autres, et sur-le-champ il sera facile de se former une idée claire et précise de ce qu'on entend par les deux principales manières de traiter le paysage.

Les paysages du Poussin passent à juste titre pour des modèles du *genre historique* porté à sa perfection, et ceux de Wynants peuvent également en servir dans le *genre champêtre*, en attendant qu'il s'en présente d'autres encore plus parfaits. Peut-être à la rigueur serait-on fondé à considérer parmi ces derniers les ouvrages de Both, qui sont incontestablement supérieurs en

---

peintre fut éclipsée par celle de Wouvermans que nous verrons cependant bientôt presque aussi malheureux que lui; qu'il tomba dans la misère sur la fin de ses jours, et qu'il fut en proie à une sombre mélancolie qui contribua à en abréger la durée.

mérite à ceux de son compatriote ; mais, en ne voulant établir le parallèle qu'entre des productions du style le plus élevé et du style le plus simple, il est plus convenable en ce moment d'opposer aux paysages du Poussin ceux de Wynants, puisqu'on ne peut disconvenir que, par suite de ses études en Italie, Jean Both, sans avoir atteint la noblesse du *genre historique*, n'ait porté sa manière au-dessus de la simplicité naïve du *genre champêtre*.

Il est donc hors de doute que les deux principales manières de traiter le paysage ont chacune, malgré diverses corrélations réciproques, une physionomie trop distincte, pour qu'on ne puisse aisément les saisir l'une et l'autre au premier aspect ; mais c'est surtout à l'égard des subdivisions que renferme la seconde manière, qu'il est indispensable de recourir à des exemples qui aident à les distinguer entre elles : car si le premier des deux genres, à raison de son élévation, n'est sujet qu'à un petit nombre de modifications légères qui ne peuvent en changer l'essence, il n'en est pas de même du second qui se partage en une infinité de branches diverses, souvent embarrassantes à reconnaître séparément, et quelquefois assez apparentes pour qu'on ne soit pas exposé à les confondre.

Parmi ces dernières, on ne balancera point à

classer les productions de David Teniers qu'il suffit de comparer à celles de Wynants pour se convaincre à l'instant même de la différence qui existe entre elles, quoiqu'elles appartiennent toutes deux au *genre champêtre.* L'artiste hollandais reproduit avec une vérité frappante l'image de sites où l'on découvre des bois, des plaines, des coteaux, des vallons disposés pittoresquement, bien que dans l'ordre suivant lequel ces divers objets se sont offerts à ses regards; et pour compléter la ressemblance, ces portraits fidèles de la nature sont animés par quelques êtres vivans, ainsi qu'on les voit habituellement se mouvoir au milieu des campagnes. De son côté, le peintre flamand n'envisage dans la nature que les scènes mobiles qui en renouvellent à chaque instant la physionomie : il choisit pour sujets de ses imitations bien moins des sites pittoresques que des lieux habités : soit qu'il retrace l'intérieur des villages aux jours de fêtes, soit qu'il se borne à représenter l'extrémité d'un hameau ou les alentours d'une maison rustique, il y rassemble les habitans des campagnes; il les réunit en groupes nombreux; il reproduit le simulacre de leurs joyeux ébats, et d'un œil observateur il saisit jusque dans leurs moindres nuances les traits, les attitudes, les gestes et les costumes, qu'à l'aide d'un pinceau à la fois spirituel et naïf il réussit à imiter avec une parfaite précision.

C'est ainsi que les compositions de Teniers, en charmant les yeux, offrent en même temps une des nombreuses variétés du paysage dans ses productions du *genre champêtre*. A mesure que l'art fera de nouveaux progrès en suivant cette direction, ce sera le lieu de remarquer successivement les différentes branches dans lesquelles il pourra se subdiviser. Mais tandis que le *paysage champêtre* fleurit en Flandre et dans la Hollande par les soins réunis de divers artistes au milieu desquels on doit distinguer Cuyp et Isaac Van Ostade, l'Italie et la France vont opposer à leurs rivales des peintres encore plus célèbres, dont les talens contribueront à faire prospérer la culture du *paysage historique*, surtout dans la première de ces deux contrées.

DE 1613 A 1616.

S'il est vrai que la gloire attachée à de brillans succès ne puisse être le partage des hommes qui se distinguent dans la carrière des arts, sans qu'une portion de cette gloire rejaillisse sur la contrée qui leur a donné le jour, on sait déjà combien la France doit s'enorgueillir de la haute renommée que le Poussin et Claude le Lorrain se sont acquise dans la culture du paysage. Peut-être aurait-elle encore quelques droits à revendiquer une partie de la célébrité d'un autre paysagiste né à la vérité dans les murs de Rome, mais qu'à la rigueur on pourrait considérer comme Français, puisque son père, originaire de Paris, était domicilié dans cette ville avant d'aller fixer son séjour en Italie.

1613. Gaspard Dughet, que l'on a coutume de désigner simplement par le nom du Gaspre, manifesta dès son enfance une inclination décidée pour la peinture. Ses heureuses dispositions ne pouvaient être mieux secondées que par le Poussin qui avait épousé sa sœur, et qui le dirigea avec tant de soins et d'habileté, que les peintres de Rome, témoins des succès de l'élève, ne crurent pouvoir mieux honorer ses talens qu'en lui donnant le nom de son maître ; de sorte que par la suite on l'appela indistinctement Gaspre Poussin, ou simplement le Gaspre.

L'amour passionné du Gaspre pour la chasse et le plaisir que lui faisait éprouver la vue de la campagne, le portèrent à cultiver le paysage de préférence aux autres genres de la peinture, et le Poussin, sans vouloir contrarier son goût, lui recommanda seulement de ne point négliger d'étudier la figure, en lui faisant sentir combien cette étude lui serait avantageuse par la suite pour l'ornement de ses compositions. Il est aisé de deviner que ce grand peintre, qui avait fondé ses succès sur une assiduité constante à consulter la nature, n'oublia point de conseiller à son élève la même méthode. Aussi le Gaspre, pour être plus à portée de la mettre en pratique, loua quatre maisons en même temps, deux dans les quartiers de Rome les plus élevés, une autre à Tivoli, et la quatrième à Frescati.

Ce fut non seulement dans ces diverses situations, mais encore dans les environs de Castiglione, de Florence et de Naples où il eut occasion de multiplier ses études, qu'il put observer sous différens aspects les sites les plus beaux et les effets les plus pittoresques, et que, par son application à les imiter, il acquit une telle facilité dans l'exécution, qu'il terminait en un seul jour un grand tableau orné de figures; et, quoiqu'il les dessinât fort bien, quelques unes de celles qui embellissent ses compositions sont de la main du Poussin.

Considéré pour ses talens, et entièrement dévoué à ses amis qui chérissaient en lui les qualités du cœur et l'enjouement du caractère, le Gaspre trouva dans un travail expéditif les moyens d'acquérir une fortune assez considérable que, sur la fin de ses jours, les plaisirs de la société et les frais d'une longue maladie concoururent à dissiper entièrement : aussi lorsqu'il mourut à l'âge de soixante-deux ans, sans avoir été marié, laissa-t-il une somme à peine suffisante pour subvenir à la dépense de ses obsèques.

Les ouvrages de cet artiste tiennent une place honorable dans les collections d'objets d'art de toutes les contrées (1); néanmoins c'est particulièrement en Italie qu'il est plus facile d'apprécier tout le mérite de son talent : c'est surtout à Rome, dans l'église de San-Martino et dans les palais Doria et Colonna, ornés de ses peintures à l'huile et à la fresque, que des tableaux de la plus grande dimension peuvent donner une idée juste de la capacité de son savoir et de la facilité de son exécution.

La touche du Gaspre brille plus par la franchise que par la légèreté. Son coloris frais et harmonieux est parfois un peu monotone, et,

---

(1) Un des trois tableaux de ce peintre, qui sont au Musée royal, est bien remarquable par la noblesse du style et la richesse de la composition. Il paraîtrait qu'il s'en trouve un grand nombre en Angleterre, si l'on en juge d'après une suite de paysages gravés à Londres par Chatelain, Vivares, Masson, Wood et autres. Cette suite, qui présente une réunion considérable de sites intéressans par leur variété, peut être consultée avec fruit par les jeunes paysagistes, qui y puiseront un style large et de belles conceptions.

en général d'un effet trop égal. Le style de ses compositions a de la noblesse et de la grandeur ; il offre même quelques traces de l'idéal qui forme le caractère distinctif de celui du Poussin, et qui établit la supériorité de ce paysagiste sur tous ses rivaux. En comparant entre elles les productions de ces deux peintres, il est aisé de reconnaître que l'élève n'a point su, au même degré que son maître, contempler la nature uniquement pour en recevoir d'heureuses inspirations, et pour ne la retracer qu'agrandie dans ses proportions, et embellie par tout ce que l'élévation du génie et la richesse de l'imagination peuvent ajouter à ses charmes sans en altérer la vérité : rarement même il a songé à animer ses sites par des personnages renommés dans les siècles héroïques, ou à inventer des sujets dont l'action, intéressante par elle-même, fût capable de vivifier encore mieux le paysage, et d'y répandre un attrait plus puissant. Mais si, sous ces différens points de vue, le Gaspre ne peut être assimilé à un modèle inimitable, combien son talent ne réunit-il point de qualités qui, le plaçant au-dessus d'une multitude de peintres du même genre, lui donnent plus d'un titre pour servir lui-même de modèle dans la manière de traiter le *paysage historique?*

Observateur exact de la nature, mais délicat dans le choix qu'il fait de ses beautés pittoresques, il en saisit alternativement les plus riantes et les plus majestueuses; il en reproduit l'image sous des aspects si diversifiés, et avec une telle liberté de pinceau, que ses imitations les plus fidèles portent une empreinte de grandeur et d'originalité dont le mélange leur prête en quelque sorte tout le charme de l'invention. Habile dans l'art de retracer sur la toile et le calme de la nature, et ses momens d'agitation, il ne réussit pas moins à grouper ses arbres en d'épais massifs de feuillage, et à donner à leurs cimes un port élevé, qu'à les faire ployer sous le double poids de la pluie et des vents. Tantôt il fait briller sur les campagnes la lumière étincelante du soleil, ou il la modifie par l'opposition de nuages suspendus dans l'atmosphère, et qui par intervalles laissent apercevoir la voûte azurée; tantôt il obscurcit le ciel et la terre par une nuée orageuse, du sein de laquelle s'échappent au même instant l'éclair qui sillonne les airs, et la foudre qui pulvérise les rochers et les habitations des hommes.

La variété qu'il emploie dans ses effets pour caractériser les phénomènes retracés par ses pinceaux, on la retrouve encore dans la physionomie particulière à chacun des sites qu'il représente tour à tour riches et gracieux, agrestes et solitaires ; ici un ruisseau limpide serpente dans une vallée ombragée d'arbres dont les rameaux balancés par le zéphir reproduisent leurs ondulations dans la nappe de cristal qui baigne leurs tiges ; au bord du sentier qui conduit à ce vallon, un voyageur a suspendu sa marche pour converser avec deux bergers qui, du tertre de gazon sur lequel ils sont couchés, surveillent leurs troupeaux confondus et errans pêle-mêle au milieu d'une vaste prairie ; plus loin, sur la pente d'une colline verdoyante, dont la fraîcheur est entretenue par une multitude de sources qui épanchent leur eau vive parmi les plantes et les arbrisseaux, s'élèvent en amphithéâtre des fabriques entremêlées de pins, de mélèzes et de peupliers, et dont le style élégant et les lignes droites prolongées rappellent la simplicité noble et le goût épuré de l'architecture antique (1).

Là, dans un renfoncement dominé par de hautes montagnes, s'étend un vaste bassin que la nature a creusé pour recevoir les eaux d'une rivière qui y promène paisiblement son cours,

---

(1) Pour peu qu'on connaisse les ouvrages du Gaspre, il sera facile de se rappeler ceux qui ont suggéré cette description, de même que les suivantes.

et qui, après avoir côtoyé des rives escarpées, vient, en rétrécissant son lit sur une pente inclinée, se diviser en plusieurs cascades, et se perdre ensuite vers la droite derrière une éminence garnie de broussailles. Sur la gauche un chemin sablonneux monte en tournoyant entre des rochers qui semblent lui interdire toute issue ; et, pour animer ce premier plan qui embrasse toute la largeur du cadre, il suffit d'un chariot de forme antique, attelé de deux bœufs dont les pas chancelans sont dirigés par un guide qui les aide de la voix et du geste à gravir les passages les plus pénibles.

Dans aucune de ses productions, le Gaspre ne brille par un génie transcendant : nulle part il ne subjugue, il n'entraîne, il ne parvient même pas à inspirer ces émotions vives qui naissent du concours fortuit de la surprise et de l'admiration. Ses sites ont de la grandeur et de la vérité ; il a su les choisir avec discernement, les retracer avec goût, mais il ne les a point créés ; ses effets sont justes et diversifiés, mais privés de l'énergie brûlante qui en double la puissance. Les personnages qu'il met en scène ne sont point dépourvus d'une certaine noblesse dans le costume, dans la pose et dans la démarche ; il n'y a point jusqu'aux bergers qu'il représente veillant à la garde de leurs troupeaux qui n'offrent quelques rapports avec l'idée qu'on se forme des anciens pasteurs de l'Arcadie : toutes ces figures animent ses paysages ; elles y répandent la vie et le mouvement : mais le plus souvent il ne les a point reproduites sous les traits des grands hommes de l'antiquité ; il ne les a point placées dans des situations qui pussent, ou rappeler au souvenir les belles actions d'aucun personnage illustre, ou commander cet intérêt dont on ne peut se défendre à la vue d'un trait de bravoure ou de grandeur d'âme qui honore l'humanité dans tous les siècles et chez toutes les nations.

Par quel prestige un peintre dont l'imagination ne prend jamais un essor bien élevé, et dont les conceptions ne comportent ni profondeur ni énergie, a-t-il donc pu obtenir une place distinguée parmi les paysagistes les plus célèbres, et mériter d'être proposé comme un des modèles si rares dont les exemples peuvent être utiles dans la culture du *paysage historique ?*

Pour résoudre cette question, il ne faut que considérer attentivement les ouvrages du Gaspre, et se rendre compte ensuite des sensations qu'ils font éprouver. Au premier aspect ils plaisent à la vue, parce que tout y décèle le goût exquis de l'artiste dans le choix d'une belle nature et la grande facilité de son exécution. Mais plus on examine ses compositions, mieux elles agissent sur le spectateur, mieux elles réussissent à séduire son imagination, au point qu'oubliant peu à peu l'artiste et l'œuvre de l'art, son âme finit par s'abandonner aux plus douces émotions.

Il se plaît à errer par la pensée dans ces campagnes riantes, enrichies de fabriques élégantes et pittoresques, où les beautés de l'art et celles de la nature ne semblent se réunir que pour se prêter mutuellement de nouveaux charmes.

Il pénètre sous l'ombrage mystérieux de ces arbres touffus dont le feuillage, en lui offrant un abri contre le souffle des vents et les ardeurs du soleil, lui permet de se livrer paisiblement au cours de ses rêveries.

Il s'assied sur les bords fleuris de cette rivière dont la surface limpide est couverte ici de jeunes gens qui s'exercent à nager, là de barques légères montées par des pêcheurs occupés à jeter leurs filets, ou à les tirer chargés de butin.

Sur la lisière de cette prairie émaillée de fleurs, il voit bondir de nombreux troupeaux qui paissent sous la garde de chiens fidèles, pendant que les bergers, rassemblés sous un hêtre, se reposent sur le gazon.

Près de cette cascade bruyante, il considère la course rapide de l'eau qui franchit en bouillonnant tous les obstacles qu'elle rencontre dans sa chute, et il la suit de l'œil jusqu'au fond du ravin où elle se précipite en écume blanchissante.

Ailleurs, à l'aide d'un sentier tortueux, il gravit le revers d'une montagne escarpée, et il s'arrête sur un plateau entouré de mélèzes, de sapins, et arrosé par des ruisseaux qui s'échappent du sein des ronces, et fuient à travers des cailloux. Si l'aspect de ce lieu sauvage fait succéder une teinte sombre et mélancolique à la fraîcheur du coloris d'autres tableaux animés et rians, ce contraste, qui modifie ses jouissances à l'improviste, n'est point à ses yeux sans une sorte d'attraits; et, dans cette solitude agreste où rien n'est capable de lui inspirer le moindre effroi, ses idées s'agrandissent, et il s'abandonne involontairement à de graves méditations.

Ces diverses sensations que l'on éprouve réellement à la vue des paysages de Gaspre Poussin sont généralement agréables, et ne manquent jamais de produire un intérêt, sinon bien profond, du moins varié et soutenu par la raison qu'elles sont fondées sur une foule de moyens qui tiennent au goût épuré de l'artiste, à un jugement sain, à l'habitude de consulter la nature, et de l'envisager sous ses divers aspects, et surtout à ce tact délicat qui préside au choix de ses beautés, et qui, dans la manière de les retracer, sait unir la simplicité à la grandeur, et la vérité des formes à la franchise de l'imitation.

Quelles sont d'une espèce bien différente les émotions que font naître les productions de cet autre peintre qui doit sa célébrité moins encore à l'étendue et à la variété d'un beau talent, qu'à l'énergie et à l'originalité de son génie, mais dont la renommée serait plus éclatante, si la fougue de l'imagination ne l'eût point entraîné quelquefois au-delà des limites tracées par le goût et la raison !

1615. Salvatore Rosa, dit Salvatoriel, né dans les environs de Naples, avait été destiné à la profession de jurisconsulte par son père qui le plaça fort jeune dans un collége où il étudia les belles lettres et la logique ; mais une vocation bien prononcée pour la culture des beaux arts décida du sort de sa vie, qui, partagée entre la peinture, la poésie et la musique, fut cependant consacrée plus particulièrement à la première de ces trois Muses.

Après avoir eu successivement pour maîtres Fracanzani, Ribera surnommé l'Espagnolet (1) qui le prit en amitié pour l'avoir entendu chan-

---

(1) Bon peintre d'histoire, grand coloriste, et originaire du royaume de Valence, quoi qu'en puissent dire les Napolitains qui le revendiquent pour un de leurs compatriotes. Ribera lui-même a pris la qualité d'Espagnol dans sa signa-

ter et jouer du luth; et en dernier lieu Falcone, peintre de batailles, le jeune Rosa que la mort de son père avait laissé sans ressources dès l'âge de dix-sept ans, commença, pour pouvoir subsister, par peindre des paysages et des marines qu'il exposait en vente ainsi que des copies qu'il faisait des ouvrages de Falcone. Quelques compositions historiques dans lesquelles il crut devoir s'essayer, ne tardèrent point à le faire connaître avantageusement, et lui procurèrent des travaux à Naples, à Rome et à Florence où le grand-duc le combla de bienfaits.

Les succès qu'il obtint dans la peinture ne l'empêchèrent point de s'adonner en même temps à la musique et à la poésie : il composa des comédies qu'il jouait avec d'autres artistes, et qui furent goûtées des connaisseurs, de même que plusieurs satires en vers, dont la réimpression eut lieu différentes fois. Enfin les saillies de son esprit naturellement caustique, ses bons mots et le talent qu'il fit briller dans ses écrits, lui méritèrent la considération des gens de lettres de Florence ; et sa maison, dans laquelle il don-

---

ture apposée au bas de son tableau de l'Adoration des Bergers, que l'on voit dans le Musée royal.

Cet artiste est celui dont on a signalé plus haut les excès d'une rivalité condamnable envers le Dominiquin.

nait des fêtes ingénieuses et variées, devint le rendez-vous de tous ceux qu'y attiraient les plaisirs de la société et les charmes d'une conversation aussi instructive qu'elle était amusante.

Au bout de neuf années de séjour en Toscane, Salvatore vint se fixer à Rome où, sans abandonner la poésie qui fut toujours pour lui le plus agréable objet de délassement, il s'occupa de la peinture avec plus d'ardeur et de suite que par le passé, traitant indistinctement l'histoire, le paysage, les marines et les batailles (1), gravant même à l'eau-forte avec assez d'assiduité pour mettre au jour une suite de plus de quatre-vingts sujets de caprice exécutés avec l'esprit et le feu qui caractérisent tous ses ouvrages. A peine était-il âgé de cinquante-huit ans, lorsqu'il fut atteint d'une hydropisie qui termina ses jours; et, dans ses derniers instans, il épousa sa maîtresse Lucrécia, dont il avait eu un fils qui fut son élève, sans qu'il paraisse avoir hérité des talens de son père.

Parmi plusieurs traits de bizarrerie qu'on rapporte de ce peintre, un seul trouvera sa place ici, non qu'il ait en soi rien de piquant,

---

(1) Divers tableaux de cet artiste, exposés au Musée royal, peuvent donner une idée de sa manière de traiter ces quatre genres.

mais seulement parce qu'il serait possible d'en induire que les artistes en particulier, et généralement tous ceux qui cultivent les différentes branches du domaine de l'imagination, ne sont pas toujours les plus capables d'apprécier judicieusement les principales qualités constitutives de leurs talens; dès lors, on ne devrait plus s'étonner si dans les arts, de même qu'en littérature, il arrive quelquefois que celle de ses productions qu'un auteur estime davantage ne soit réellement ni la plus parfaite, ni la plus agréable aux yeux du public. Déjà on a pu pressentir que, parmi les genres divers qu'embrassait le talent de Salvatore, c'était précisément sur celui de l'histoire qu'il fondait ses plus beaux titres à la célébrité. Ses prétentions à cet égard étaient portées au point qu'il suffisait de lui donner la qualification de peintre de paysage pour exciter sa mauvaise humeur. Sans doute qu'un examen de ses diverses productions comparées entre elles ferait aisément connaître à quelle distance du peintre d'histoire le paysagiste a su se placer, et plus l'auteur paraîtrait s'être trompé dans la manière de voir ses propres ouvrages et de les apprécier selon leur mérite respectif, mieux on serait fondé à attribuer son aveuglement à l'excès d'un amour-propre irréfléchi. Mais comme ce ne peut être ici le lieu d'analyser ses compositions historiques, c'est sous d'autres points de vue qu'il convient d'envisager son talent.

En considérant Salvatore Rosa comme paysagiste, on ne peut lui contester le mérite d'avoir adopté un système absolument nouveau, qui, par le choix des sujets et par la manière de les retracer aux yeux, imprime à ses compositions un caractère d'originalité piquante, et leur donne le pouvoir de produire les plus vives émotions. Ainsi, ce n'était pas assez qu'une imagination énergique le portât à rechercher de préférence les sites les plus extraordinaires, les plus agrestes, ceux qu'on ne peut envisager, sans éprouver un mouvement de surprise involontaire; c'est surtout dans la fougue d'une exécution heurtée, brûlante et rapide que le peintre a trouvé le moyen de renforcer l'âpreté des lieux qu'il avait choisis, et de faire ressortir dans leur physionomie sauvage des traits d'une rudesse prononcée jusqu'à saisir l'âme, et parfois même à la glacer d'épouvante.

Assez d'autres peintres savent plaire et séduire les yeux par l'image d'une nature riante : ceux-ci, pour intéresser davantage, ne s'attachent à reproduire que ses beautés les plus parfaites et ses phénomènes les plus merveilleux; ceux-là, en bien petit nombre, réussissent à faire éclore de nobles pensées, en la retraçant dans des proportions majestueuses et imposantes. Sous les pinceaux de Salvatore, elle se revêt des formes les plus bizarres, elle se colore des teintes les plus outrées, et souvent même elle ne frappe les regards à l'improviste, qu'en portant au même instant l'effroi jusqu'au fond des cœurs.

Contemplez ces paysages dans leur ensemble, au premier aspect ils vous remueront fortement, examinez-les dans leurs moindres détails, vous y remarquerez cependant tous les objets qui tant de fois vous ont charmé dans la nature, et vous vous étonnerez que la main d'un homme qui pouvait en quelque sorte les embellir encore dans ses imitations, se soit plu à les déformer au gré de son caprice, en ne les présentant que sous le point de vue le plus défavorable. La voûte qui les domine ne brille point d'un bleu d'azur diversifié par des nuages d'or et de pourpre ; un ciel âcre ou plombé répand de toutes parts une lumière tantôt incertaine et blafarde, tantôt vigoureuse et tranchante avec la noirceur d'ombres fortement prononcées ; les arbres plantés sur ce terrain n'y produisent point un ombrage favorable aux bergers et aux troupeaux ; d'énormes troncs noueux, dépouillés en partie de leur écorce et de leurs branchages, élèvent audacieusement jusqu'aux nues leurs cimes battues par les vents et les tempêtes. Les eaux qui arrosent ces campagnes, n'y serpentent point dans de riantes prairies ; elles ne s'y étendent point en nappes limpides entre des coteaux verdoyans ; on la voit s'échapper de l'enfoncement caverneux d'une montagne inculte, se frayer un passage entre des quartiers de roches éboulées, et se précipiter en mugissant dans la profondeur d'un abîme ténébreux.

Au milieu de ces déserts, nulle sécurité pour l'ami de la retraite, pour celui qui, fatigué du tumulte des villes, aimerait à s'y soustraire quelquefois, et à trouver un asile où il pût sans contrainte se livrer au cours de ses rêveries : il n'aperçoit aucune habitation, pas même au loin, qui le rassure par la perspective de lieux plus fréquentés. Si quelques êtres vivans animent de leur présence ces effrayantes solitudes, c'est un chasseur qui attendait sa proie au passage et qui vient de l'atteindre d'un plomb meurtrier, ou c'est un voyageur tremblant pour ses jours qui, précipitant sa marche, se flatte d'échapper à de sinistres présages ; mais vain espoir : au détour d'un rocher environné de précipices, il tombe dans une embuscade, il va succomber sous le fer de vils assassins.

De telles conceptions, il faut l'avouer, sortent de la classe ordinaire de celles qui se présentent habituellement à la pensée, et qui sont en possession de faire naître des sensations douces et agréables ; mais plus elles diffèrent de celles-ci dans leurs moyens et dans leurs effets, mieux on doit reconnaître en elles une originalité qui, bien que par les résultats, elle puisse affecter les sens d'une manière pénible, n'est point cependant dépourvue d'une sorte d'attrait pour le spectateur : car enfin dans les arts d'imitation, comme dans la nature que ces arts se proposent pour modèle, on ne peut nier que des jouissances causées par une continuité de sensations que l'on supposerait agréables toutes à peu près au même degré, ne produisent à la longue une monotonie qui dégénérerait bientôt en satiété, si de temps à autre elles ne faisaient place à des émotions d'une espèce toute différente. Or, sous ce point de vue, les compositions de Salvatore, à raison de la nouveauté des sujets et de leur bizarrerie, n'eussent-elles que le mérite de contraster avec la généralité des productions du genre du paysage, ces compositions seraient déjà intéressantes en elles-mêmes, quand elles ne se recommanderaient point en outre par une vigueur de coloris et une fermeté d'excution portées l'une et l'autre au plus haut degré d'énergie.

Il est cependant à remarquer que ces traits distinctifs du talent de l'artiste ne se retrouvent point aussi prononcés dans quelques unes de ses productions. On connaît de lui de belles marines (1) qui n'offrent ni dans leur ordonnance la fougue habituelle de son imagination, ni dans le coloris ces teintes dures et ressenties qui rembrunissent encore la physionomie austère de ses paysages; mais nulle part ce talent fier et sauvage ne se déploie dans toute sa plénitude avec plus d'éclat que dans ses sujets de batailles, si l'on en juge d'après cette grande composition qui n'est pas un des moindres ornemens du Musée royal. De quelque côté que la vue se porte sur ce vaste théâtre de carnage et de désolation, elle n'aperçoit qu'une horrible mêlée d'hommes avides de sang, luttant corps à corps, et dont la férocité se peint sur les traits du vaincu avec une expression de rage qui ne le cède en rien à celle du vainqueur. En avant, le terrain est jonché de cadavres et de débris d'armes mutilées: tout près s'élève une colonnade en ruine; et non loin du

---

(1) Son petit tableau de marine, qui est au Musée royal, est d'un ton clair et argentin, et il ne serait guère possible de se figurer une composition à la fois plus riche, plus gracieuse et plus sagement ordonnée que cette autre vue maritime, gravée d'après cet artiste en 1771 par Martini et Lebas, et qui porte pour titre *Les Augures*.

champ de bataille, à l'extrémité d'une plaine dominée par des montagnes incultes, des vaisseaux embrasés dans une anse exhalent une épaisse fumée dont les tourbillons épars dans l'atmosphère étendent sur le lieu de la scène un voile funèbre qui semble n'intercepter la lumière du ciel que pour redoubler l'horreur de l'action. Invention pittoresque et poétique, exécution fière et brûlante, expressions vives et terribles, tout est réuni dans ce tableau, véritable chef-d'œuvre du peintre, et qui lui assure des droits à une renommée encore plus grande et plus durable que celle dont il peut être redevable à ses étonnans paysages.

Tout ce qui précède indique assez que Salvatore Rosa, envisagé uniquement comme paysagiste, fut doué d'un génie abondant et nerveux; que ses conceptions naturellement vigoureuses et soutenues par une exécution ferme et hardie, réussissent presque toujours à maîtriser le spectateur et à l'émouvoir fortement : peut-être, pour ne laisser ignorer aucune des qualités qui peuvent servir à caractériser plus particulièrement le genre de son talent, faut-il ajouter qu'il excella surtout à peindre les rochers, à leur donner des formes imposantes par les masses, et diversifiées par une infinité de détails; enfin que l'habile peintre de batailles se fait aisément reconnaître dans le dessin correct et spirituel des personnages qui animent ces sites : ce sont pour la plupart des guerriers revêtus de costumes extraordinaires, mais ajustés d'une manière piquante, et dont les attitudes et les traits ont quelque chose de sombre et de farouche qui s'accorde parfaitement avec l'aspérité des paysages.

Mais la même impartialité qui se plaît à rendre justice à tout ce qui est digne d'éloges dans le talent de Salvatore, ne doit point dissimuler ce qu'il offre de défectueux : elle y remarque que la vérité dans le ton de couleur, dans les formes et dans la disposition des objets, est fréquemment sacrifiée à une exagération qui ne permet pas de douter que l'artiste, au lieu de consulter la nature et de la prendre constamment pour guide, n'ait mieux aimé suivre les caprices d'une imagination désordonnée : elle n'hésite point à le reconnaître pour un grand paysagiste ; mais elle se refuse à le proposer pour modèle : elle peut bien recommander ses ouvrages à l'attention des amateurs, même à leur admiration ; mais il est de son devoir de signaler ses écarts comme une conséquence inévitable de l'oubli des principes, afin de faire sentir que le génie sans les règles est sujet à s'égarer, et que les œuvres de l'art, de quelque prestige qu'elles soient environnées, n'obtiennent jamais des succès unanimes et durables, à moins qu'elles ne soient avouées par la raison et qu'elles ne portent l'empreinte de la nature dans ce qu'elle offre de plus agréable ou de plus majestueux.

L'originalité bizarre qui se fait remarquer dans les paysages de Salvatore Rosa se représente en partie, mais cependant sous un jour plus favorable, dans les productions d'un artiste français qui réunit au titre de paysagiste distingué celui d'un très-habile peintre d'histoire.

Sébastien Bourdon, né à Montpellier, apprit 1616. de son père qui peignait sur verre les premiers élémens du dessin. Il n'avait que sept ans lorsqu'un de ses oncles l'emmena à Paris, où il le plaça chez un peintre médiocre. Mais les heureuses dispositions de l'élève et son intelligence précoce suppléèrent si bien à l'insuffisance de la capacité du maître, que Bourdon à peine âgé de quatorze ans fut jugé en état de peindre à fresque le plafond d'un château, dans les environs de Bordeaux. Peu de temps après, se trouvant à Toulouse sans occupation, il prit le parti de s'enrôler dans un régiment; et, fort heureusement pour lui et pour l'Ecole française dont il devait être un des principaux soutiens, il rencontra un ami des arts dans son capitaine, qui, à la vue de ses dessins, jugeant qu'il deviendrait un grand peintre, s'empressa de lui accorder son congé. De retour en France après un assez long séjour en Italie, il composa à l'âge de vingt-sept ans, pour l'église de Notre-Dame de Paris, ce beau tableau du crucifiement de saint Pierre qui est maintenant au Musée royal.

Contraint par les guerres civiles de se réfugier en Suède, où la reine Christine, dont il fit le portrait, le nomma son premier peintre, Bourdon, qui était calviniste, ne se hasarda à revenir en France que lorsque le calme des esprits, ramenés à des sentimens de tolérance et de modération, permit aux lettres et aux arts d'y fleurir, comme par le passé, à l'ombre de la paix. Ce fut alors que ses peintures dans la galerie de l'hôtel de Bretonvilliers (1), île Saint-Louis, et diverses autres belles productions de son pinceau, lui procurèrent un grand nombre de travaux que la souplesse et l'étendue de son génie, secondées par une grande facilité d'exécution, lui donnèrent les moyens de terminer tous avec un égal succès : ainsi on le vit traiter alternativement le genre de l'histoire, les portraits, le paysage, les pastorales et les bambo-

---

(1) Ces peintures, qui ne subsistent plus depuis fort long-temps, ont joui d'une grande célébrité; elles consistaient en neuf grands tableaux représentant l'histoire de Phaéton.

chades (1). Il trouva même le temps de graver à l'eau-forte une suite d'environ quarante pièces fort estimées, parmi lesquelles on remarque douze grands paysages.

Cet artiste, l'un des douze anciens qui formèrent en 1648 l'établissement de l'Académie royale de peinture, et le premier d'entre eux qui fut élevé à la dignité de recteur, mourut à Paris, à l'âge de cinquante-cinq ans, laissant plusieurs filles qui ont cultivé la miniature.

Des divers genres de la peinture que Bourdon a traités avec distinction, le paysage est peut-être celui de tous qui offre les preuves les moins équivoques de l'abondance et de l'originalité de ses pensées. Trop véhément dans ses conceptions pour s'astreindre à une imitation exacte de la nature, dans aucun des sites qu'il a retracés il n'en reproduit l'image fidèle; et s'il est aisé de reconnaître qu'il n'a point absolument négligé de l'observer, et même qu'il en a conservé quelques légers souvenirs, il n'est pas besoin d'un examen bien approfondi pour se

---

(1) Sorte de peinture du genre familier, dont il a déjà été parlé à l'article de Pierre de Laar. On voit au Musée royal un des plus beaux tableaux que Bourdon ait faits en ce genre. Il représente une halte de Bohémiens : l'effet en est piquant, et le coloris y est porté à un degré de vigueur et d'harmonie dignes des productions de l'Ecole flamande.

convaincre que le plus souvent il n'a pris pour guide que les seuls caprices de son imagination.

Ce n'est donc point par une apparence de raison et de vérité que ses paysages peuvent réussir à plaire ; ce n'est pas même par le fini de l'exécution qu'ils doivent séduire les yeux; car ils sont généralement peu terminés, et cependant ils intéressent vivement, ils parlent à l'imagination bien mieux que beaucoup d'autres productions plus régulières, plus soignées, et même où l'imitation de la nature serait plus sensiblement indiquée. Mais combien de causes se réunissent pour leur assurer un succès auquel ne sauraient atteindre les ouvrages d'une foule de paysagistes !

En effet, parmi ces derniers, il n'est point rare d'en trouver dont tout le mérite consiste dans une imitation servile et dans une exécution précise et méthodique, qui ne savent que charmer les yeux sans rien dire au sentiment; mais les œuvres de Bourdon portent l'empreinte des inspirations du génie. Enfantées par une imagination riche et poétique, pour être un peu bizarres dans leur aspect, elles ne sont pas moins animées par le mouvement et vivifiées par une exécution rapide et brillante. Leur style, sans offrir le grandiose et l'idéal qui caractérisent éminemment celui du Poussin, comporte cependant les proportions convenables au *genre historique* : les objets y sont revêtus de formes et de teintes extraordinaires, mais toujours variées et pittoresques. Enfin, si l'image de la nature ne s'y présente point habituellement sous les traits qui lui sont plus familiers, des effets piquans et inattendus, en jetant à l'improviste la surprise dans les esprits, parviennent aisément à les charmer par un prestige qui supplée en quelque façon à tout ce que la vérité pourrait laisser à désirer.

S'il était besoin de caractériser plus spécialement un talent trop original pour qu'on puisse se méprendre sur ses productions, il conviendrait d'ajouter que son coloris se fait remarquer plutôt par la vigueur et la hardiesse des teintes locales que par la finesse de l'harmonie, et que le style de ses fabriques tient moins au goût épuré de l'antique qu'à une sorte de genre gothique, qui s'accorde beaucoup mieux avec la physionomie particulière des sites qu'elles enrichissent. Mais quels que soient les agrémens divers qui concourent à racheter en partie ce que les paysages de Bourdon offrent de répréhensible aux yeux de ceux qui n'estiment que le vrai dans les arts, ces compositions sont encore plus intéressantes par un choix de traits historiques empruntés pour la plupart du Nouveau Testament.

La seule parabole de l'amour du prochain

suggère au peintre quatre sujets de tableaux qui, réunis, complètent l'ensemble de l'action. D'abord sur la route de Jérusalem à Jéricho, dans un lieu solitaire environné de rochers, et près d'une chute d'eau qui se précipite au fond d'un abîme, trois brigands viennent de dépouiller de ses vêtemens un voyageur qu'ils ont blessé et qu'ils laissent pour mort: ensuite un sacrificateur passe auprès du corps gisant à terre, et poursuit son chemin sans se mettre en devoir de le secourir, et plus loin s'avance un lévite qui va montrer la même insensibilité ; puis survient un Samaritain qui, touché de compassion, est descendu de cheval et verse de l'huile et du vin sur les plaies du mourant pour le rappeler à la vie : enfin ce n'était pas assez de ce premier acte d'humanité, le Samaritain arrive à la porte d'une hôtellerie, conduisant le blessé sur son cheval; il le recommande vivement au maître de la maison, et pour qu'il reçoive tous les secours que son état exige, il paie d'avance les frais que son rétablissement devra occasionner.

Dans une autre composition, Jésus est assis sur le bord d'une fontaine nommée le Puits de Jacob, à peu de distance de la ville de Samarie, dont on aperçoit la porte d'entrée et quelques fortifications en partie masquées par un bois touffu. Une femme portant un vase est arrivée à la fontaine, et Jésus, après lui avoir demandé de l'eau pour se désaltérer, s'entretient avec elle en attendant le retour de ses disciples qui sont allés chercher des vivres à la ville.

On pourrait encore citer parmi les traits historiques qui enrichissent les sites créés par Bourdon, la Fuite en Egypte, Jacob avec sa famille et ses troupeaux en voyage pour la montagne de Galaab; mais on ne saurait douter qu'il n'ait fait choix habituellement de sujets intéressans par eux-mêmes, et qu'en les traitant avec le même degré de talent que ses compositions du genre de l'histoire, il n'ait réussi à vivifier ses paysages par tout ce qui peut leur prêter de nouveaux attraits et produire de vives impressions sur l'esprit des spectateurs. La puissance de son art se fait sentir même jusque dans ses productions qui ne rappellent aucun trait puisé dans l'histoire. Ici, il glace l'âme de terreur par la peinture d'un orage où l'on voit la foudre briser un arbre qu'elle embrase, renverser deux bœufs attelés à un chariot, et atteindre du même coup une infortunée bergère dont les moutons fuient épouvantés; là, il parvient à porter les esprits les plus légers vers de sublimes méditations et à ramener le calme et la paix dans les cœurs en proie au chagrin ou agités par le tumulte des passions, en leur présentant l'image de la félicité que goûtent de pieux solitaires au sein d'une retraite où la nature déploie ses beautés mâles et agrestes avec une majesté imposante.

Il serait superflu de pousser plus loin les citations pour prouver qu'indépendamment de plusieurs qualités essentielles de son art, de celles qui tiennent à la fécondité du génie et à la facilité de l'exécution, Sébastien Bourdon posséda le secret d'émouvoir l'imagination autant par l'originalité des sites reproduits dans ses ouvrages que par la noblesse des sujets qu'il y a mis en action. Dès lors on peut juger que, malgré des écarts qu'une imitation plus fidèle de la nature lui eût fait éviter facilement, il n'est pour ainsi dire pas moins redevable à ses paysages qu'à ses compositions historiques du rang distingué qu'il occupe parmi les artistes français les plus célèbres.

Dès l'instant qu'on cesse de s'occuper des progrès du paysage dans les Pays-Bas, pour suivre la marche de cet art en Italie, on peut aisément vérifier ce qui a été déjà remarqué au sujet des deux genres *historique* et *champêtre* dont les régions du Midi et du Nord semblent s'être respectivement partagé la culture.

Sans vouloir approfondir ici les principales causes de la différence des cultures adoptées dans ces diverses contrées, différence au surplus que nous avons précédemment attribuée à la distance plus ou moins grande où, dans tous les temps, les paysagistes se trouvèrent des premiers modèles, il n'est pas moins constant qu'à telle époque qu'on veuille considérer l'état de l'art dans l'une ou l'autre des Ecoles italienne et hollandaise ou flamande, on ne les verra jamais se départir du système que chacune d'elles s'était approprié dès l'origine.

En effet, après l'examen des productions des peintres flamands et hollandais auxquelles on s'est arrêté en dernier lieu, si l'on passe à celles du Gaspre et de Salvatore Rosa, l'élévation du style, la poésie de l'invention et la facilité du faire, indiquent assez que du sein des campagnes où Wynants, Cuyp, Teniers et Ostade ont trouvé des modèles de simplicité qu'ils ont imités avec une exacte précision, nous nous sommes transportés au milieu des sites grandioses qui inspirèrent successivement le Titien, les Carrache et leurs élèves, le Poussin et Claude le Lorrain.

On ne doit pas néanmoins ignorer que les qualités principales qui concourent à la perfection du *genre historique*, et que ces grands paysagistes possédèrent tous à différens degrés, ne sont pas tellement indépendantes de l'organisation individuelle des artistes, de leurs sensations particulières et de leur choix dans les moyens d'exécution, qu'elles ne doivent les conduire au but par des routes différentes. Ainsi, pour ne rappeler en ce moment que les deux plus parfaits modèles dans le *paysage historique*, nous n'avons point comparé les chefs-d'œuvre du Poussin à ceux de Claude, sans faire ressortir du parallèle la diversité de leurs talens; et sans qu'il soit nécessaire de balancer ces talens incomparables avec ceux qui les ont suivis dans la carrière, il ne serait pas moins facile, en opposant entre eux le Gaspre et Salvatore, de démontrer que la célébrité de ces deux autres paysagistes est également fondée sur des titres d'une espèce absolument différente.

Mais ne serait-il point superflu de mettre ces artistes en parallèle, lorsque l'analyse séparée de leurs talens n'a dû laisser aucun doute sur la diversité des sentiers qu'ils ont suivis? Ne sait-on pas que le premier, doué d'une imagination riche et gracieuse, n'a envisagé dans la nature que ses plus beaux aspects; qu'à l'aide d'un pinceau large et facile il charme les yeux par des tableaux agréables et variés; qu'il transporte le spectateur alternativement au sein de vallons arrosés par une eau limpide, sur le penchant de collines couronnées de fabriques élégantes, ou à l'ombre de bois touffus et silencieux ; enfin qu'il séduit les sens et les plonge dans une rêverie douce et mélancolique ? A-t-on pu oublier que le second, dominé par la fougue d'une imagination bizarre, a choisi les sites de la nature les plus agrestes et les plus sauvages ; que souvent il a renforcé l'âpreté des traits de son modèle par l'exagération des formes et du coloris ; que d'une main brûlante et nerveuse il a retracé aux regards, tantôt des hauteurs inaccessibles et des rocs menaçans, tantôt des plaines désertes et d'affreux précipices ; ici, des eaux bouillonnantes entre des quartiers de roches et s'élançant dans la profondeur d'un abîme, là, des arbres gigantesques dépouillés de feuillage et battus par les vents ; en un mot, qu'il a réussi complètement à susciter dans l'âme des mouvemens de surprise et d'épouvante ?

Le simple rapprochement de compositions aussi disparates indique, à la vérité, que le Gaspre l'emporte sur Salvatore par un choix mieux raisonné et une imitation plus fidèle de la nature ; mais il n'offre pas moins de part et d'autre la preuve d'une originalité et d'une grandeur de pensées et de moyens d'exécution qui placent ces deux artistes immédiatement après le Poussin et Claude Gelée. Si donc l'on se représente que ces quatre paysagistes, les plus célèbres qui aient jamais cultivé le *genre historique*, parurent à Rome vers le même temps, qu'ils moururent tous dans cette ville, et qu'aucun d'eux, pas même Claude qui survécut à ses trois rivaux, n'atteignit la fin du dix-septième siècle, il sera démontré que c'est réellement dans le cours de ce siècle et en Italie que le *paysage historique* est parvenu à toute sa perfection.

A la vérité, ce fut à Paris et vers le même temps que Bourdon se distingua comme paysagiste par des conceptions originales et grandioses bien que fantastiques; mais, d'une part, son talent ne s'éleva point à la hauteur de ceux dont nous venons de signaler la célébrité; et d'ailleurs, avant de traiter le paysage, il avait dû s'initier dans la science de cet art pendant son séjour à Rome et à une époque où le Poussin, Claude et le Gaspre s'y trouvaient réunis. Ainsi il est évident que si dans le nombre infiniment petit des paysagistes qui atteignirent en Italie la perfection du genre, la France compte deux de ses artistes et peut même en revendiquer un troisième, c'est encore à cette contrée qu'elle paraît redevable d'avoir vu Sébastien Bourdon introduire dans son sein la culture du *paysage historique*, et réussir à l'y faire momentanément prospérer.

DE 1616 A 1620.

A l'époque précise où la France donna le jour à Sébastien Bourdon, l'Ecole génoise qui depuis Borzoni n'avait produit aucun paysagiste remarquable, en vit naître un qui, de même que le peintre français dont nous venons de parler, cultiva divers genres de la peinture, mais plus habituellement celui des pastorales, et s'y distingua par la manière neuve et spirituelle avec laquelle il a traité ces sortes de sujets que l'on doit considérer comme une des principales branches du paysage.

Jean-Benoît Castiglione, appelé communément le Benedette, natif de Gênes, s'était dans sa jeunesse appliqué à l'étude des belles lettres qu'il discontinua pour s'adonner entièrement à la peinture. Il eut d'abord pour maîtres Paggi et Andrea de Ferrari, puis le célèbre Van Dyck dont les leçons lui firent contracter une grande délicatesse de touche et un ton de couleur fin et harmonieux ; ensuite il s'occupa à Rome, à Naples, à Florence et à Parme de divers ouvrages qui commencèrent à le faire connaître avantageusement ; mais ce fut particulièrement à Venise que des études multipliées d'après les productions du Titien, du Tintoret et de Paul Veronèse

1616.

le perfectionnèrent dans la science du clair-obscur et dans la vigueur du coloris.

La réputation de cet artiste s'accroissait de jour en jour, sans que la fortune répondît à ce qu'il devait attendre de sa persévérance à s'instruire et des succès qui avaient couronné ses efforts ; mais elle se lassa de lui être contraire : un sénateur vénitien, enchanté de ses talens, le récompensa généreusement d'avoir embelli son palais, et bientôt après le duc de Mantoue, sur le bruit de sa renommée, s'empressa de l'attirer à sa cour. Il n'eut point de peine à l'y fixer en le chargeant de travaux importans et en le comblant de faveurs et de ces marques de considération qui enflamment le génie des artistes, en même temps qu'elles honorent les princes amis des arts et assez éclairés pour ne les accorder qu'au véritable mérite. Malheureusement différentes infirmités auxquelles le Benedette était sujet, sans qu'elles fussent capables de l'arrêter dans l'exercice de son art, et la goutte dont il était souvent incommodé contribuèrent à abréger ses jours, et le firent succomber dans la ville de Mantoue, à l'âge de cinquante-quatre ans, laissant un fils, François Castiglione, et son frère Salvatore, tous deux ses élèves, mais dont les talens n'approchèrent point de celui de leur maître.

On ne connaît que par la gravure les paysages de Benedette qui retracent des sites d'un aspect pittoresque et enrichis de monumens d'architecture, de ruines et de figures de Satyres. Dans ses tableaux de pastorales, qui sont beaucoup moins rares, il n'a point traité ce genre dans le même système que Stella, qui l'a réellement envisagé sous le point de vue le plus convenable, en reproduisant avec un heureux mélange de naïveté et de noblesse l'image des occupations et des divertissemens des habitans de la campagne. Sous les pinceaux de Benedette, des réunions considérables d'animaux, le plus souvent chargés de bagages, s'acheminent environnés de groupes d'hommes, et forment de véritables caravanes : tantôt cet artiste retrace le moment où ils se rassemblent pour entrer dans l'arche de Noé ; tantôt il reproduit le simulacre des différentes marches des Israélites avec leurs bestiaux, et les voyages des patriarches entourés de leur famille et précédés de leurs nombreux troupeaux.

Ici Abraham, pour se soustraire à la famine, conduit sa femme en Egypte.

Là Rébecca quitte la Mésopotamie pour aller épouser Isaac dans le pays de Chanaan.

Ailleurs Esaü se sépare de son frère Jacob, et emmène sa famille avec lui.

Enfin Jacob, à son arrivée de la Mésopotamie, envoie des présens à son frère Esaü.

Ces divers sujets, que le peintre a retracés dans une manière qui n'appartient qu'à lui seul, offrent une vérité de formes et de détails qui ne permet pas de douter de son assiduité à étudier la nature; et si l'on considère le double mérite de l'ordonnance de ses tableaux et de leur exécution, on y reconnaîtra sans peine qu'il fut doué d'une imagination riche et féconde, et qu'il sut allier à la correction du dessin la vigueur de la touche et du coloris, et une entente parfaite de l'harmonie.

Parmi diverses productions de Benedette que renferme le Musée royal, celle qui représente Jacob quittant la Mésopotamie pour aller retrouver son père au pays de Chanaan, est une des plus capitales de cet artiste : elle peut indiquer d'une manière précise le véritable genre de ses compositions et l'étendue de ses talens.

Déjà il s'est présenté plus d'une occasion de faire remarquer l'insouciance des historiens à nous transmettre des renseignemens précis sur quelques paysagistes que leurs talens auraient dû mettre à l'abri d'une semblable indifférence. Cette légèreté inconcevable, surtout à l'égard de peintres aussi distingués que Wynants et Isaac Van Ostade, devait exciter de justes réclamations; et s'il a paru convenable de les consigner dans cet écrit, il ne sera pas moins à propos de les y renouveler au sujet d'un autre paysagiste dont les productions, pour n'être point appréciées à la valeur de celles des deux artistes dont on vient de parler, méritent cependant une mention qui les sauve de l'oubli auquel une partialité aveugle pourrait seule essayer de les condamner.

Tout ce qui a été publié sur Arnould ou Aart Vander Neer, paysagiste hollandais, paraît se réduire à ces deux seules particularités, qu'il eut pour fils Eglon Vander Neer (1), et qu'il peignit des clairs de lune très-estimés; encore est-il probable que des renseignemens aussi succincts n'auraient jamais été donnés si, pour n'omettre rien d'essentiel dans une notice détaillée sur la vie et les ouvrages d'Eglon, il n'eût paru indispensable d'indiquer le nom de son père et sa profession.

On présume qu'Arnould Vander Neer naquit à Amsterdam, vers 1619; mais l'époque et le lieu de sa mort sont absolument inconnus, de

1619.

---

(1) Eglon Vander Neer s'est exercé dans le genre du paysage; mais il est plus connu et infiniment plus célèbre par ses petits tableaux d'un fini précieux, qui représentent des sujets galans.

même que le nom de celui qui lui enseigna les principes de son art. Ses tableaux, répandus en assez grand nombre dans la Hollande, en Angleterre et en France, prouvent seulement qu'outre des clairs de lune, il a peint des effets de soleil, des incendies et des hivers; néanmoins c'est dans ses effets de nuit que se renfermera l'analyse de son talent, par la double raison que ce genre particulier est celui qu'il a cultivé habituellement, et qu'il s'y est acquis sur tous ses rivaux une supériorité dont il serait difficile d'assigner clairement les véritables causes, si l'on ne recourait à quelques explications préliminaires.

On ne peut nier que, dans la plupart des clairs de lune peints par les paysagistes, il ne règne une certaine uniformité de ton que l'on est toujours disposé à attribuer bien moins à l'insuffisance des moyens employés par l'imitateur qu'à la monotonie des traits de son modèle; et cette manière de raisonner prend évidemment sa source dans l'opinion généralement reçue, que les accidens pittoresques occasionnés par la présence de l'astre de la nuit sont beaucoup moins riches et moins diversifiés que ceux qui dérivent du concours de la lumière du soleil et des ombres. Sans vouloir contester cette proposition par une dénégation absolue, à laquelle on opposerait avec raison que la lune, empruntant sa clarté du soleil, doit briller d'un éclat nécessairement inférieur à celui de cet astre, on se contentera d'établir en principe, ou plutôt de rappeler ici comme principe incontestable, qu'un des attributs essentiels de la nature est d'être infiniment variée dans ses œuvres et dans ses phénomènes pittoresques: c'est même en partie sur ce principe qu'est fondée l'obligation pour tous les artistes de se modeler constamment sur elle; parce qu'outre qu'elle est l'unique source du vrai, d'elle seule émanent sans cesse des combinaisons nouvelles, tandis que le génie de l'homme, bien que souvent exagéré quand il est abandonné à lui-même, est toujours borné dans ses créations.

Or, s'il est constant que la nature ne se répète jamais dans aucune de ses productions, dans aucun de ses phénomènes envisagés seulement sous un aspect pittoresque, par quelle étrange contradiction voudrait-on qu'elle fût infiniment diversifiée dans ses effets de jour, et en même temps uniforme dans ses accidens nocturnes? Une semblable supposition, si elle était admise, anéantirait un de ses principaux attributs caractéristiques, elle ferait exception dans une loi qui n'en admet aucune. Il faut donc nécessairement arriver à cette conclusion, que si les clairs de lune sont en général monotones en peinture, ce n'est point à l'uniformité des traits du modèle que l'on doit attribuer une monotonie qui n'a d'autre cause que l'impéritie de l'imitateur; et cette impéritie, pour qu'on ne se méprenne point sur la véritable acception de ce terme dans la circonstance, consiste à ne savoir ni observer, ni reproduire les diverses modifications que la différence des instans, des saisons, des climats, des températures de l'atmosphère doit apporter dans la physionomie de la nature considérée dans tout le cours de la nuit, de même que cela se pratique, à la vérité plus aisément, pendant la durée du jour.

Ces réflexions, pour être appréciées, n'ont besoin que d'être indiquées sommairement. Si elles pouvaient laisser quelque incertitude dans les esprits, un moyen infaillible de se convaincre de leur justesse serait de recourir à la contemplation de la nature : en se bornant à considérer avec attention tous les effets occasionnés par la clarté de la lune, depuis l'instant de son apparition sur l'horizon jusqu'au plus haut degré de son ascension sous la voûte du ciel, on remarquera sans peine la variété des teintes lumineuses de son disque qui, s'éclaircissant successivement et se subdivisant en une infinité de nuances que modifient encore une atmosphère plus ou moins épaisse et une saison plus ou moins tempérée, jettent une lueur à chaque instant différente, et dès lors renouvellent sans cesse le ton de couleur des objets qu'elles frappent de leur clarté.

Il serait superflu de donner plus d'étendue à ces observations (1): en les appliquant au talent de Vander Neer, auquel nous nous trouvons naturellement ramenés, elles doivent donner la clef des moyens dont il s'est servi pour exceller dans un genre qu'aucun autre artiste n'a vraisemblablement pas jugé devoir comporter la variété d'effets qu'il y a entrevue: à la vérité, plusieurs paysagistes ont peint de très - beaux clairs de lune, peut-être même supérieurs à certains égards à quelques uns de ceux de Vander Neer, qu'on voudrait leur comparer; mais que l'on rassemble les tableaux de ces différens artistes, et d'un autre côté que l'on réunisse un certain nombre d'ouvrages de Vander Neer; les premiers offriront sans doute des différences sensibles, non pas seulement dans le choix des sites, mais dans la manière de composer et dans le faire particulier à chaque peintre, et en même temps on y remarquera une grande uniformité de coloris, tandis qu'en comparant les derniers uniquement entre eux, on ne pourra

---

(1) Elles sont plus amplement développées dans la *Théorie du Paysage*.

que se convaincre de leur variété dans les effets et dans le ton de couleur; variété qui semble dériver du soin que le peintre a dû mettre à contempler la nature aux différentes heures de la nuit, à chaque saison de l'année, et de son intelligence à saisir et à exprimer les diverses nuances qui caractérisent ces heures et ces saisons.

Et quel autre maître que cet incomparable modèle aurait pu lui enseigner le secret de reproduire avec autant de vérité ces accidens lumineux si diversifiés et si piquans dont la peinture ne saurait retracer une image fidèle et complète, si elle ne diversifiait elle-même ses moyens d'exécution, ou plutôt si les traits de son modèle, plus ou moins animés, selon le moment où elle les saisit, ne lui apprenaient à employer alternativement et dans une juste mesure, tantôt des teintes fraîches et argentées, tantôt des tons dorés et vigoureux?

Ce n'est donc pas précisément dans le moelleux de la touche, dans la finesse du coloris, ni même dans la parfaite planimétrie des eaux, qu'il faut rechercher la cause première des succès de Vander Neer, bien que ces divers genres de mérite y doivent certainement contribuer; c'est encore moins dans la richesse et la variété de ses compositions, puisque tous les sites qu'il paraît avoir imités fidèlement offrent en général un aspect aussi simple qu'uniforme. Ses succès, on l'a déjà fait entrevoir, et il convient d'en donner ici l'assurance, il les doit principalement à la diversité piquante des effets reproduits sous ses pinceaux; et cette diversité n'a pu dériver que de la constance de son zèle à étudier la nature aux différentes heures de la nuit, et dans le cours des quatre saisons.

Quelquefois il s'exerce avec une étonnante perfection à représenter l'astre nocturne poursuivant silencieusement sa marche dans l'espace des airs, planant avec majesté sur les bois, les prairies, les coteaux et les vallons, qu'il éclaire d'un demi-jour bleuâtre, et reproduisant son image dans le cristal d'une eau limpide qui répète dans toute leur pureté ses teintes argentines; plus souvent encore il excelle à exprimer l'instant où l'épaisseur des ténèbres commence à se dissiper à l'apparition de la lune, qui se lève derrière une colline boisée, ou à l'extrémité d'un canal bordé par des hameaux. En se dégageant du sein des vapeurs de la terre, elle se montre sous la forme d'un disque rougeâtre et sulfureux, tantôt éclipsé par des nuages, tantôt resplendissant d'une lumière qui, se réflétant dans tous les sens et se combinant de mille manières, colore ces nuages de teintes brillantes et subdivisées à l'infini. Tout l'effet magique se concentre à l'occident, et éclaircit l'azur de la voûte du ciel qui paraît avoisiner l'horizon, tandis qu'à l'opposite la terre, enveloppée des ombres de la nuit, contraste par ses masses rembrunies avec une clarté à laquelle elle ne peut encore participer; cependant de la portion supérieure du disque lumineux s'échappent de faibles rayons qui, se frayant un passage entre les tiges des arbres et les cabanes rustiques, et glissant obliquement sur la surface d'une eau courante, se brisent à chaque lame soulevée par les vents, et se divisent en une multitude de particules scintillantes.

Mais de simples descriptions ne parviendront jamais à fixer les idées sur les traits caractéristiques du talent de Vander Neer. Ce qu'il offre de plus saillant se refuse complètement à la précision de l'analyse. Quelles expressions assez positives pourraient indiquer à quel degré de justesse et de continuité d'observations tiennent la variété et le piquant des effets lumineux qui font le charme de ses productions, et de quelle infinité de teintes mélangées et fondues avec art dépendent la magie et l'éclat de son coloris! Pour bien juger du mérite de cet artiste, c'est dans la réunion de plusieurs de ses ouvrages comparés entre eux, qu'il est aisé de distinguer la finesse de son tact à saisir jusqu'aux moindres nuances qui diversifient les accidens pittoresques occasionnés par l'opposition de la clarté de la lune aux ombres de la nuit, la ponctualité de sa mémoire à lui rappeler aussi fidèlement les formes et la couleur d'une multitude d'objets que les ténèbres ne permettent jamais d'imiter que d'après de simples souvenirs; enfin le charme et l'intérêt qu'il a répandus sur un genre dont lui seul, par des études continuelles, est parvenu à connaître toutes les ramifications, à approfondir toutes les ressources qu'il pouvait offrir à l'art de la peinture, et dans lequel des succès justement mérités lui assurent le premier rang parmi tous les paysagistes qui se sont exercés sur les mêmes sujets (1).

Deux autres paysagistes nés la même année,

---

(1) Le seul tableau d'Arnould Vander Neer qui soit au Musée royal, représente un effet de soleil. On ne peut que regretter de n'y voir aucun de ses effets de nuit, de ceux qui établissent d'une manière incontestable la supériorité de ses talens. Ses clairs de lune, très-recherchés en Hollande et en Angleterre, ne sont point assez rares en France pour qu'on ne puisse aisément s'en procurer. Deux ou trois, choisis convenablement, en justifiant nos éloges, mettraient en évidence des productions dignes, à tous égards, de prendre place dans une collection aussi nombreuse et qui doit, autant que possible, offrir à l'admiration des amateurs et à l'étude des jeunes artistes les chefs-d'œuvre de l'art dans tous les genres.

et ayant dès leur jeunesse quitté la Hollande, leur pays natal, pour se fixer en Italie où ils sont morts, donnent encore lieu de remarquer cette nouvelle particularité commune entre eux, que dans leurs études, une même inclination les a portés à dessiner constamment les fabriques et les ruines de la ville de Rome et de ses environs, qu'ils ont fait servir à l'ornement de leurs tableaux; néanmoins leurs ouvrages peuvent offrir cette différence que le premier semble avoir envisagé habituellement les monumens d'architecture comme le principal objet de ses compositions, tandis que le second s'est toujours borné à ne les employer qu'accessoirement aux sites qu'il a retracés.

On ne sait point de quel maître Bartholomé Breemberg, né à Utrecht, apprit les élémens du dessin; mais il est constant qu'il passa jeune en Italie pour se perfectionner dans son art; qu'il s'y appliqua spécialement à l'étude de la figure et des édifices pittoresques qui embellissent Rome et ses campagnes; que ses ouvrages lui acquirent de son vivant une grande réputation, et qu'il mourut à l'âge de quarante ans.

1620.

Rien de plus inégal que le talent de cet artiste; la plupart de ses petits tableaux offrent une correction de dessin et une touche spirituelle qu'on ne retrouve point dans ceux qui sont d'une grande dimension. Tantôt ses compositions sont riches et diversifiées par une multitude de détails précieux; tantôt elles paraissent froides et inanimées. C'est surtout dans la partie du coloris que l'inégalité qu'on lui reproche se fait plus aisément sentir. Quelquefois ses teintes, variées à l'infini, ont une harmonie et une délicatesse admirables; souvent aussi elles sont crues et monotones, tirant généralement sur le rouge ou sur un ton verdâtre; mais au milieu de ces disparates inexplicables et qui tiennent peut-être aux tâtonnemens du peintre avant de se former une manière à laquelle il dût s'arrêter, on ne peut disconvenir que certaines productions de son pinceau ne décèlent en lui un artiste fort habile.

Bartholomé avait apporté de son pays une exécution soignée qu'il n'abandonna jamais, et à laquelle il sut allier une sorte d'élévation de style dont il fut redevable à son goût naturel, fortifié par un long séjour en Italie. Frappé de la grandeur des beaux monumens de cette contrée et des formes imposantes de leurs ruines, il en fit, comme on l'a déjà remarqué, une étude approfondie; mais en les reproduisant dans ses tableaux, au lieu de les retracer selon le même ordre où il les avait considérés, il aima mieux les décomposer et les arranger de manière à les présenter sous un aspect plus pittoresque. Son pinceau, gras et moelleux, approche quelquefois pour la finesse de celui de Poelenburg dont il paraît avoir suivi les traces, et qui a enrichi plusieurs de ses tableaux de figures d'une assez forte proportion (1). Souvent aussi Bartholomé, qui savait dessiner correctement les figures et les animaux, a orné lui-même ses compositions de figurines drapées avec goût et touchées spirituellement. En un mot, si l'on est fondé à blâmer dans une partie de ses ouvrages la froideur de la composition et un ton de couleur factice, il en est plusieurs où la richesse de l'ordonnance s'allie au moelleux de la touche, à la finesse du coloris ; et à ne considérer que ces dernières productions de Breemberg, elles ne peuvent que donner une idée favorable de ses talens et justifier à bien des titres la réputation dont il jouit.

Inégal dans ses compositions de même que Bartholomé, mais cependant bien supérieur à ce peintre, si on le considère uniquement comme paysagiste, Herman Swanevelt, né à Woerden, semblerait n'avoir pas plus que son compatriote

1620.

---

(1) Parmi ces tableaux, on se contentera de citer celui du Musée, qui représente le Repos de la Sainte Famille ; non pas que la composition ait rien de bien remarquable, mais parce qu'aucun des paysages de Bartholomé n'offre un coloris plus fin et plus harmonieux.

inspiré un intérêt bien vif aux historiens, puisqu'ils se sont bornés à recueillir sur lui un très-petit nombre de renseignemens dont l'exactitude n'est pas même garantie.

On prétend, et le fait est douteux, qu'Herman eut d'abord pour maître le célèbre Gérard Dow. Ce qui ne peut être contesté, c'est que dans sa jeunesse il partit pour l'Italie, et qu'à son arrivée à Rome, son unique occupation fut de rechercher dans la campagne les ruines et les points de vue les plus pittoresques dont il fit des études multipliées ; que cette vie solitaire qui l'éloignait de la société des jeunes artistes les porta à lui donner le surnom de l'Ermite, qu'il conserva jusqu'à ce qu'un plus long séjour dans la contrée où il se fixa, et plus encore la réputation qu'il y acquit par de beaux ouvrages lui méritèrent cet autre surnom d'Herman d'Italie, sous lequel il est universellement connu.

Cependant la réputation brillante dont jouissait alors Claude le Lorrain et la vue de ses chefs-d'œuvre déterminèrent le jeune Herman non seulement à prendre ce grand paysagiste pour modèle, mais encore à se mettre sous sa direction, et il profita si bien de ses leçons et de ses exemples que lui-même ne tarda point à se distinguer par des ouvrages qui furent recherchés jusque dans les pays étrangers. Si l'on s'en rapportait à la tradition, il paraîtrait que les succès de l'élève furent assez brillans pour inspirer de la jalousie au maître; mais sans s'arrêter à une assertion que démentirait au besoin la grande supériorité des talens de Claude, si la générosité bien connue de son caractère ne suffisait pour le mettre à l'abri d'un pareil soupçon, il est de fait qu'Herman et lui ne cessèrent jamais de se voir et de contempler ensemble les beaux effets de la nature. Herman termina, dit-on, sa carrière à Rome, à l'âge de soixante-dix ans; mais il n'y a rien de bien certain ni sur l'époque, ni sur le lieu de sa mort.

A l'imitation de son maître, Herman d'Italie s'est attaché principalement à représenter des effets de soleil. Son assiduité à contempler ces beaux phénomènes de la nature, les conseils et l'expérience du guide qu'il s'était choisi devaient contribuer à lui faire obtenir de grands succès; aussi passe-t-il pour un excellent paysagiste, et il n'est pas douteux que la réputation dont il jouit ne fût encore plus brillante, si son talent eût été moins inégal. Alternativement habile et médiocre dans ses productions, tantôt il parvient à s'approcher de Claude le Lorrain, tantôt il en est séparé par un immense intervalle. Ses tableaux les plus parfaits charment les yeux par une imitation vraie de la nature. Les sites en sont variés et pittoresques, la perspective y est exacte, les plans bien dégradés, la lumière s'y enchaîne avec art, le coloris est fin, l'effet général des plus séduisans ; mais si ces divers genres de mérite assurent le succès de ces productions, s'ils suffisent pour établir sur des titres incontestables la célébrité d'Herman, il n'est pas moins certain que dans aucuns de ses ouvrages, quelque parfaits qu'on les suppose, on ne voit briller au même degré de vivacité la lumière qui jaillit du pinceau de Claude ; que tous, sans nulle exception, n'offrent ni la transparence et la fluidité des vapeurs que ce grand paysagiste a su exprimer si heureusement, ni la finesse et la légèreté de ses demi-teintes, ni son harmonie délicate et enchanteresse.

Il n'est peut-être pas inutile de faire remarquer qu'en opposant ici les œuvres de Claude le Lorrain à celles d'Herman d'Italie, on ne s'est proposé de faire ressortir de ce parallèle les preuves de la supériorité des premières, que dans la vue de prémunir les esprits contre la pensée d'établir une parité en quelque sorte absolue entre deux talens qui se sont exercés sur les mêmes sujets, et qui, bien que très-recommandables l'un et l'autre, ne doivent point cependant être placés sur la même ligne.

En effet, si dans la comparaison de deux talens

dont l'inégalité ne peut être douteuse, on s'est borné à n'envisager que les meilleurs ouvrages de Swanevelt, en ne dissimulant aucun des avantages qui pouvaient les faire valoir, que n'aurait-on point à blâmer dans ses productions d'un mérite inférieur, dans celles où il n'est plus seulement contraint de céder la palme à son maître, mais où des imperfections graves le rabaissent infiniment au-dessous de lui-même! Sans être taxé de partialité à son égard, ne serait-on point fondé à lui reprocher la mollesse de sa touche, la crudité de ses teintes, et surtout un défaut absolu d'harmonie? Ne pourrait-on pas faire remarquer dans plusieurs de ses tableaux les disparates choquantes de divers tons entiers, contigus les uns aux autres, sans que nulle liaison de teintes intermédiaires prépare une transition qui adoucisse leur discordance? Mais pourquoi s'appesantir sur des défauts qui ne sont qu'accidentels, lorsque tant de qualités précieuses semblent réclamer plus que de l'indulgence?

N'a-t-on point déjà reconnu que les ouvrages dans lesquels Herman s'est le plus distingué sont très-recommandables à bien des titres? Et cependant il n'a pas encore été mention de divers autres genres de mérite qui doivent concourir avec ceux dont on a parlé à faire briller sous un nouveau jour ces mêmes productions. Si l'on se rappelle que cet artiste, dans sa jeunesse, s'était appliqué soigneusement à l'imitation des fabriques et des ruines pittoresques qui embellissent en si grand nombre les campagnes de Rome, il est aisé de concevoir quels avantages il a dû tirer de ces études pour l'ornement de ses paysages. Ne sait-on pas que, plus expérimenté que son maître dans l'art de dessiner les figures et les animaux, il ne fut point obligé de recourir à des mains étrangères pour vivifier les sites qu'il a retracés, et que même il réussit à leur donner un nouveau degré d'intérêt en les animant par des sujets historiques?

Que serait-ce encore, si l'on ajoutait qu'Herman joignit au talent de bien peindre celui d'exceller dans la gravure à l'eau-forte? Quelle finesse, quel esprit, quels admirables effets de clair-obscur dans cette suite nombreuse d'estampes qu'il a produites d'après ses dessins! quelle étonnante variété dans les sites, et quel heureux choix dans les sujets qui les enrichissent! Tantôt il emprunte des traits de l'Histoire sacrée, et il retrace la Fuite en Egypte, le Repos de la Sainte Famille, Agar et Ismaël dans le désert, l'Ange s'opposant au passage de Balaam; tantôt, s'appropriant les ingénieuses fictions de la mythologie, il met en action le sujet de Pan et Syrinx, celui de Mercure et Argus, la naissance d'Adonis, son enlèvement par Vénus, et la ruse dont elle se sert pour le soustraire aux réclamations de Diane, la passion de ce bel adolescent pour la chasse, sa mort funeste et le désespoir de la déesse de Cythère : concluons donc qu'Herman d'Italie a possédé le secret de parler à l'imagination en même temps qu'il plaît aux yeux ; qu'il a su compenser quelques imperfections par des qualités qui, sous une infinité de rapports, font apprécier en lui le digne élève de Claude le Lorrain ; qu'à l'aide de ses propres observations et des leçons d'un maître familiarisé avec les plus beaux phénomènes de la nature, il a réussi à reproduire sur la toile une partie des charmes de son modèle ; en un mot, que si, dans la carrière qu'il a parcourue, il n'a jamais pu atteindre celui qui dirigeait ses pas (et quel artiste se flatterait d'y être parvenu ?), il a suivi son guide quelquefois d'assez près pour mériter que son nom soit inscrit parmi ceux des paysagistes les plus renommés.

Il n'est pas difficile de concevoir que si la vue des ouvrages de Claude le Lorrain avait pu faire une impression assez vive sur Herman pour le déterminer à se diriger par ses conseils, la renommée de ce grand paysagiste s'étendait trop au loin, et ses productions étaient assez répandues pour que, dans le nombre des peintres français, quelques uns, à l'exemple de ceux des autres contrées, n'eussent point cherché à imiter la manière d'un artiste dont les chefs-d'œuvre pouvaient enflammer leur imagination, et même leur servir de guides, à défaut de ses leçons.

Parmi ces imitateurs sortis de son sein, l'Ecole française peut citer avec distinction Pierre Patel, dont la naissance paraît dater de l'époque de celle d'Herman. Il est à regretter que le silence des historiens sur un paysagiste aussi habile nous laisse ignorer le pays où il est né, le nom et la profession de son père, la date et le lieu de sa mort, enfin jusqu'aux moindres particularités de sa vie. On soupçonne seulement qu'il a eu Vouet pour maître, et l'on ne peut révoquer en doute qu'il n'ait été contemporain de le Sueur et de la Hire, tous deux élèves de ce peintre, puisqu'il a travaillé concurremment avec eux (1) à décorer l'hôtel du président Lambert, dans l'île Saint-Louis, de même qu'il a été employé au Louvre, avec Romanelli, à l'embellissement de l'appartement de la reine Anne d'Autriche.

Ces productions du pinceau de Patel ne subsistent plus maintenant. On ne sait pas même

---

(1) On prétend même que les fonds de paysage dans la plupart des tableaux de le Sueur sont de la main de Patel.

ce que sont devenues la plupart de celles que les possesseurs des plus riches cabinets (1) ne dédaignaient point jadis d'admettre dans leurs belles collections d'objets d'art; mais le petit nombre de celles qui ont échappé aux ravages du temps ou aux caprices de la mode est plus que suffisant pour nous donner une idée précise du faire de l'artiste et du genre de ses compositions. Sa touche est légère et très-terminée: peut-être même exprime-t-elle les détails un peu trop scrupuleusement pour ne point dégénérer en sécheresse; son coloris est fin et brillant: quelquefois on y remarque de la crudité, non pas qu'il pèche en certaines parties par trop de vigueur ou par des oppositions brusques et tranchantes, mais plutôt par l'emploi de teintes qui, bien que délicates en elles-mêmes, semblent appartenir bien moins aux procédés de la peinture à l'huile qu'à ceux de la gouache ou de la détrempe.

Le style de ses compositions a de la noblesse et de l'élégance; et c'est particulièrement sous le point de vue de l'ordonnance pittoresque et de la richesse des lointains, qu'il paraît s'être

---

(1) On se contentera de citer ceux du prince de Conti, de MM. de Lalive de Jully, Blondel de Gagny, de Julienne, et Randon de Boisset.

attaché à suivre les traces de Claude le Lorrain. A l'imitation de son modèle, il ne s'est point astreint à reproduire fidèlement l'image des sites qui pouvaient s'offrir indistinctement à ses regards. Non seulement il les a choisis avec discernement, mais il a su en quelque sorte les créer par l'intelligence et le goût qu'il a mis à en agencer les plans, à en balancer les lignes et à en coordonner toutes les parties entre elles, de manière à en former un aspect gracieux et imposant.

Tous les paysages de Patel sont enrichis de monumens d'une architecture majestueuse que la main du temps a dégradés, mais qui, dans leur état de vétusté, ont conservé l'empreinte du caractère de leur primitive grandeur (1). Jamais aucun peintre ne l'a surpassé dans l'art de dessiner des édifices antiques avec cette précision qui fait ressortir la légèreté des frises, des profils, des moindres moulures; aucun n'a su mieux que lui exprimer la finesse des tons de la pierre, ainsi que la variété de leurs nuances et de leurs semi-teintes; faire contraster aussi

---

(1) Le tableau de forme ovale de cet artiste, qui est au Musée royal, peut offrir la preuve de ses talens à peindre l'architecture, et du parti qu'il a su tirer de la richesse de cette espèce d'accessoire pour l'embellissement de ses paysages.

heureusement le jet élancé et perpendiculaire de leurs colonnades avec les mouvemens d'ondulation horizontale des arbres qui les avoisinent; enfin maintenir une harmonie parfaite entre le coloris briqueté des massifs de construction et la verdure des rameaux qui se balancent au-dessus des entablemens, ou qui se projettent à travers les cintres des arcades.

On doit sentir quel degré d'importance et de grandeur l'artiste a su donner aux sites qu'il a retracés, en les enrichissant de monumens dont la structure élégante et les hautes proportions ont une juste relation avec tous les objets environnans; mais il n'a pas moins réussi à rendre ses paysages intéressans et à leur prêter de nouveaux charmes par le choix des traits historiques qu'il y a mis en action. Dans l'un, il représente Narcisse se mirant dans le cristal d'une onde pure; dans l'autre, Moïse enfant exposé sur les eaux du Nil; ici, près d'un tombeau à demi ruiné, Tobie, assisté de son fils, donne la sépulture à un mort; là, le Centenier se présente devant le Seigneur. A la vérité, les figures, au nombre de cinquante-sept, qui forment le sujet de cette dernière composition, passent pour être de le Sueur. Peut-être même quelques uns des autres personnages historiques dont les faits sont reproduits dans les ouvrages de Patel, ne sont-ils pas de la main de ce peintre; mais en admettant cette supposition, il n'est pas moins évident que les figures qu'il a peintes lui-même ont dans leurs attitudes et leurs costumes la noblesse convenable au style de ses compositions, qui, à bien des égards, sembleraient appartenir au *genre historique*, et dont le mérite, malgré des imperfections qu'une critique impartiale ne devait point passer sous silence, assure à leur auteur une place distinguée parmi les paysagistes français.

On ne doit point confondre les ouvrages de cet artiste avec ceux de son fils Bernard Patel, dit le Tué, que l'on croit avoir reçu ce surnom parce qu'il se donna la mort. Les paysages de Bernard, quoique bien composés, sont inférieurs à ceux de son père : sa touche a moins de finesse et de légèreté, et son ton de couleur est souvent trop rembruni.

~~~~~~~~~~~~~~~~~~

A peine l'apparition du Gaspre et de Salvatore avait-elle enrichi l'Italie de deux nouveaux talens destinés, surtout le premier, à maintenir le *paysage historique* au degré d'élévation où le Poussin et Claude le Lorrain l'avaient porté, que la France et la Hollande produisirent d'autres artistes qui, sans égaler en mérite leurs célèbres prédécesseurs, devaient néanmoins contribuer à faire fleurir l'art dans ses deux branches principales. Parmi ces paysagistes, l'Ecole française, qui a déjà placé Sébastien Bourdon au rang des plus distingués, peut encore y comprendre Pierre Patel, dont les compositions, par le style et le ton de couleur, semblent offrir quelque relation avec celles de Claude. A défaut de renseignemens sur cet artiste, on ne peut affirmer que sur des probabilités morales qu'il fut redevable à des études recueillies en Italie de l'élégance de formes et de la fraîcheur de coloris qui embellissent les tableaux qu'il mit au jour dans la capitale de la France; mais si des probabilités sont insuffisantes pour démontrer la double influence que le climat et la vue des grands modèles peuvent exercer sur la perfection des ouvrages de l'art, cette preuve résultera incontestablement de la comparaison des talens des deux paysagistes le plus récemment sortis de l'Ecole hollandaise.

Vander Neer et Herman Swanwelt, nés tous deux en Hollande, à une année d'intervalle, s'adonnent à la peinture dès leur enfance, et adoptent l'un et l'autre le genre du paysage. Le second se rend à Rome pour y continuer ses études. Epris de la beauté des productions de

Claude le Lorrain, il s'empresse de se mettre sous sa direction ; mais il joint aux leçons de cet habile maître celles d'un maître encore plus habile : il contemple la nature, il la médite au milieu des belles campagnes de l'Italie ; il retrace ces sites d'une vaste étendue, éclairés par un ciel pur et enrichis de fabriques et de ruines majestueuses. Inspiré par ces modèles, son imagination s'enflamme, ses yeux et sa main s'accoutument à saisir la grandeur des masses, la noblesse des formes et l'éclat des teintes les plus brillantes et les plus variées ; bientôt, devenu étranger aux premières impressions qu'il avait reçues dans son pays natal, il identifie si bien ses conceptions et sa manière à celles de la contrée où il est venu fixer son séjour, qu'il reçoit le surnom d'Herman d'Italie, et que dans ses compositions il atteint, pour ainsi dire, la richesse et le grandiose de celles de l'inimitable Claude.

Vander Neer, de son côté, ne quitte point la Hollande ; il n'est pas moins assidu que son compatriote à l'étude de la nature ; et, par un hasard assez remarquable, tandis que celui-ci s'efforce de reproduire les effets brillans du jour, celui-là s'attache à retracer les accidens mystérieux de la nuit. Herman s'est guidé sur un artiste dont le pinceau magique rivalise avec l'éclat du soleil; c'est à l'aide des conseils et sous les yeux de Claude qu'il choisit ses modèles; et ces modèles, il en trouve aisément de parfaits dans une contrée si riche en aspects pittoresques. Vander Neer est abandonné à lui seul, il n'a d'autre guide que la nature, d'autres modèles qu'un ciel brumeux et les plaines uniformes de la Hollande; il excelle, à la vérité, à peindre les clairs de lune : dans cette partie, il n'a pas même d'égal; mais quelque variété de tons et d'effets qu'il ait mise dans ses tableaux, quelles ressources n'eût-il point trouvées dans une région où l'astre nocturne déploie une richesse de teintes et une chaleur inconnues dans la contrée qu'il habitait ! Quels accidens à la fois majestueux et piquans n'eût-il pas observés dans la projection d'une clarté tantôt dorée, tantôt argentine, sur les masses imposantes des monumens de l'antiquité, et sur les innombrables anfractuosités de leurs ruines grandioses ! Quelle infinité de combinaisons diversifiées dans le jeu de la lumière et des ombres n'eût point embelli les traits du modèle et rehaussé le talent de l'imitateur, en donnant plus d'activité à son imagination !

Aussi borné dans ses moyens d'imitation que dénué des ressources qui pourraient ou suppléer à leur insuffisance ou leur donner plus d'action,

Vander Neer n'est pas seulement loin de posséder comme Herman la faculté de contempler du même coup d'œil la magnificence de la nature dans la richesse de ses œuvres et la puissance des arts dans l'excellence de leurs productions; mais cette privation lui ôte même l'avantage de pouvoir profiter de ses études pour épurer son goût et pour étendre le cercle de ses idées. Dans la carrière où il s'engage, il ne rencontre point de rivaux dont l'élévation des pensées contribue à ennoblir ses conceptions, et dont l'essor rapide, enflammant son émulation, l'entraîne pour ainsi dire malgré lui dans des sentiers inconnus, et le transporte au-delà des limites qu'il n'est donné qu'au génie de franchir. En un mot, Herman, en Italie, se place, en quelque sorte, au rang des paysagistes célèbres qui eurent la noble ambition de se distinguer dans le *genre historique;* et Vander Neer, dans la Hollande, ne s'élève point au-dessus des habiles peintres dont tous les efforts eurent pour unique but d'exceller dans le paysage du *genre champêtre*.

FIN DE LA DEUXIÈME PARTIE.

HISTOIRE
DE L'ART
DU PAYSAGE,

DEPUIS LE RENOUVELLEMENT DES BEAUX ARTS
JUSQU'AU DIX-HUITIÈME SIÈCLE.

TROISIÈME PARTIE.

DIFFÉRENTES causes ont dû sans doute concourir à fixer en Italie la culture du *paysage historique* et à l'y faire fructifier; mais dans le nombre, il en est à l'évidence desquelles on ne pourra se refuser, pour peu qu'on s'attache à les découvrir; et ce sont les seules dont la recherche doive nous occuper en ce moment.

D'abord, en se reportant au-delà de l'époque où le paysage commença de former un genre à part dans la peinture, on reconnaîtra que Manteigne, Francia, le Pérugin, et une foule d'autres artistes italiens s'en occupaient déjà, quoique d'une manière incomplète, en le faisant servir d'accessoire ou de fond à leurs tableaux d'histoire. Or, la nécessité d'établir une relation convenable entre toutes les parties de la composition dut porter ces peintres à faire participer l'accessoire à la gravité du sujet principal, c'est-à-dire à coordonner par la grandeur des masses et la sévérité des formes tous les objets élémentaires d'un site, tels entre autres que les arbres et les terrasses, aux proportions des personnages historiques. Ainsi, au moment où le paysage prit l'essor et parvint à figurer lui-même comme sujet principal dans les productions de l'art, les traits de sa physionomie devinrent plus distincts et plus réguliers, sans cesser de conserver le type de leur caractère primitif; et l'on conçoit qu'il ne pouvait pas en être autrement dès l'instant que le genre du paysage était redevable de son origine aux soins d'un artiste qui était lui-même un des plus grands peintres d'histoire de l'Italie.

En second lieu, il est constant que, dans l'espace de plus d'un siècle qui s'écoula entre la naissance du Titien et celle de Pietre de Cortone, cette nouvelle branche fut généralement cultivée en Italie par des peintres de différentes Ecoles de cette contrée, qui traitaient en même temps le genre de l'histoire : il est donc facile de se figurer que des artistes aussi distingués que le Tintoret, Schiavone, Mutien, Annibal

Carrache et le Dominiquin, tout en perfectionnant successivement l'art du paysage, bien qu'il ne fût réellement pour eux qu'un objet de délassement, durent l'envisager en quelque sorte sous le même point de vue d'élévation que les sujets dont ils s'occupaient habituellement; et que dès lors, dans leurs conceptions, le paysage emprunta nécessairement une partie de la noblesse de leurs compositions historiques.

D'un autre côté, en se rendant compte du véritable état du paysage pendant le même intervalle de temps qu'il fut cultivé dans les Ecoles des Pays-Bas, on remarquera qu'en général les peintres qui s'adonnèrent à cette culture, étant absolument étrangers à celle du genre de l'histoire, se bornèrent à n'envisager la perfection de l'art que dans une imitation fidèle des sites qu'ils avaient sous les yeux, et dans la reproduction exacte des moindres détails de chaque objet en particulier; de sorte que le paysage dut prendre sous leurs pinceaux une physionomie différente de celle qui le distinguait en Italie, et que ses traits, à la vérité plus fins et plus délicats, n'offrirent plus dans leur ensemble le même caractère de noblesse et de grandeur.

Peut-être s'étonnera-t-on que, dans le partage des genres *historique* et *champêtre*, dont les contrées du Midi et du Nord se réservèrent exclusivement la culture, l'Ecole française ne paraisse pas être intervenue, et qu'elle n'ait point, de son côté, adopté un système particulier de traiter le paysage ; mais il faut considérer que cette Ecole fut la dernière de toutes où l'art s'introduisit ; que ceux de ses peintres qui s'y distinguèrent le plus, tels que le Poussin, Claude le Lorrain et Sébastien Bourdon, ne s'initièrent dans la pratique de ce genre qu'en Italie, et même que les deux premiers ayant constamment résidé à Rome jusqu'à leur mort, la France fut privée de la satisfaction de voir éclore dans son sein des chefs-d'œuvre dont l'éclat devait néanmoins rejaillir sur elle.

Mais quelque honorable qu'il puisse être pour une contrée d'avoir donné le jour à deux paysagistes qui surpassèrent tous leurs rivaux dans la partie de l'art la plus importante, on ne peut cependant se dissimuler que, même dans ses plus beaux jours, le paysage fut peu florissant dans l'intérieur de la France ; que les artistes qui le cultivèrent y furent en bien petit nombre, quoique des étrangers se fissent encore remarquer parmi eux ; enfin qu'à l'exception de Bourdon, qui se forma une manière franche et originale, les autres suivirent en général le système qui régnait en Italie, ou plutôt qu'ils se modelèrent soit sur Claude le Lorrain, soit sur le

Poussin, ainsi qu'on a déjà pu l'entrevoir dans les ouvrages de Patel, et que par la suite on aura occasion de le reconnaître dans ceux de Francisque Milé et d'Allegrain. C'est donc seulement en Italie et dans les Pays-Bas que les traits de la physionomie du paysage furent distincts et bien prononcés; et si l'on ne peut méconnaître les causes primitives de la différence des manières usitées dans ces deux contrées, on doit également attribuer à la continuité des mêmes causes la persévérance des Ecoles italienne et hollandaise à suivre chacune le système de culture que dès l'origine elle avait adopté.

C'est sans doute l'application du principe aux résultats qu'il eut plus particulièrement dans l'Ecole italienne, qui a donné lieu à une question souvent agitée, celle de savoir si la culture du *paysage historique* n'est pas du ressort exclusif du peintre d'histoire, et si celui-ci n'est pas spécialement appelé à la faire prospérer.

Au premier aperçu, la proposition semblerait ne devoir souffrir aucune difficulté, s'il est vrai qu'elle ne soit que la conséquence de faits positifs et non contestés. Le *paysage historique* doit son origine à des peintres d'histoire; et par la suite on voit, d'après une foule d'exemples, que ce sont encore des peintres du même genre qui l'ont traité habituellement, et qui pour la plupart y ont obtenu des succès : tels sont en abrégé les principaux raisonnemens sur lesquels la proposition est appuyée; et il faut convenir qu'on n'entrevoit pas trop ce qu'on aurait à leur opposer. Cependant une question qui peut intéresser la perfection de l'art est assez importante en elle-même pour mériter un examen attentif, et pour qu'on ne se détermine point à adopter une opinion fixe avant d'avoir pesé les raisons qui peuvent la motiver.

On ne peut nier que le genre de l'histoire, le plus noble de ceux qui composent le domaine de la peinture, n'embrasse dans ses moyens d'exécution et dans les résultats qu'il se propose, la totalité des objets que chacun des autres genres envisage en particulier : ainsi, sous ce point de vue général, le peintre d'histoire doit être initié dans la pratique du paysage; et les connaissances qu'il acquiert dans l'étude de cet art sont d'autant plus essentielles pour lui, que souvent il se trouve dans l'obligation de retracer des faits dont l'action se passe au milieu des campagnes. Il paraît donc évident que, ne pouvant posséder toutes les parties de son art sans s'être familiarisé avec les études convenables aux paysagistes, non seulement il a la capacité suffisante pour traiter le paysage, mais il doit encore mieux que tout autre le traiter *historiquement*, par la raison qu'il s'exerce habituellement sur des sujets qui appartiennent au genre de l'histoire.

Il n'est personne qui ne sente au premier abord la justesse de ce raisonnement, à l'appui duquel viennent encore un si grand nombre d'exemples, trop bien connus pour qu'il soit nécessaire de les reproduire de nouveau. Néanmoins, lorsqu'on se rappelle que le Gaspre ne s'essaya jamais sur aucun sujet historique, et que Claude le Lorrain ne savait pas même dessiner correctement les figures, il semble que ces deux autres exemples sont assez frappans pour opérer dans les esprits la conviction qu'il est possible d'exceller dans le *paysage historique*, sans que ces succès dérivent essentiellement de la culture du genre de l'histoire.

Ensuite, si l'on excepte le Poussin, qui joignit aux talens d'un savant peintre d'histoire celui du premier de tous les paysagistes, quel autre peintre citera-t-on pour avoir déployé dans le genre du paysage le même degré d'habileté que dans les sujets d'histoire? Il suffirait de passer en revue tous les artistes qui se sont exercés à la fois sur les deux genres, pour reconnaître que, parmi les bons peintres d'histoire, le nombre des paysagistes éminemment remarquables est infiniment petit; et il ne faut qu'un instant de réflexion pour en apprécier les raisons.

En effet, ne sait-on pas que cette impulsion irrésistible qui se manifeste chez l'homme, souvent dès son enfance, le porte non pas seulement à se vouer au culte des arts, mais encore à distinguer parmi une infinité de genres différens celui auquel il doit s'attacher de préférence, et qui peut le conduire à une grande célébrité, et qu'ainsi toutes ses études, tous ses efforts doivent se concentrer uniquement dans l'objet de sa prédilection? En supposant par impossible que sa vocation l'entraîne vers deux genres distincts, tels que ceux de l'histoire et du paysage, ne sent-on point que, quelque attrait qu'il éprouve à les cultiver ensemble, l'un des deux l'emportera toujours sur l'autre dans son esprit, et réclamera, même sans qu'il s'en doute, plus particulièrement ses soins? Mais admettons pour un instant que la balance soit parfaitement égale, et voyons si les difficultés s'aplaniront.

Sans doute il serait superflu d'insister ici sur la nécessité pour le peintre d'histoire de s'instruire en même temps dans la pratique matérielle de l'art, et dans tout ce qui peut l'aider à en saisir l'esprit et à en atteindre le véritable but. La science d'un art qui a tout à la fois pour objet de charmer les yeux, de parler à l'imagination, de toucher l'âme et d'éclairer la raison, ne se borne point à l'intelligence des règles du dessin et des secrets du coloris : elle embrasse aussi la connaissance approfondie de l'homme et de ses passions, et celle des temps, des lieux, des peuples, des usages et des costumes. A quelle immensité d'études diverses le peintre d'histoire n'est-il donc pas forcé de se livrer, s'il veut se distinguer dans son art! quelles graves méditations ne doivent pas occuper tous ses momens de loisir!

D'un autre côté cependant, quelle multitude innombrable d'objets divers n'entre point dans la composition des paysages! quelle variété d'études et de travaux pour apprendre à les connaître chacun séparément, à en exprimer avec précision les formes et les couleurs, et quelle infinité de combinaisons pour en retracer l'assemblage sous un aspect toujours nouveau et toujours vrai! Le paysagiste, dont la place est marquée immédiatement après celle du peintre d'histoire, ne peut qu'à l'aide d'efforts soutenus maintenir son art à la hauteur du rang qu'il occupe dans la hiérarchie des genres de la peinture : continuellement appliqué à la contemplation de la nature, il s'attache à pénétrer ses mystères, il épie ses phénomènes, il est témoin de ses merveilles, et tant de beautés, la plupart si fugitives, il les saisit à la hâte, il grave leur image dans sa mémoire, et il met tous ses soins à les reproduire fidèlement, lorsqu'il les fixe à perpétuité sur la toile : enfin sa vie entière est une suite non interrompue d'observations tout à la fois sérieuses et attrayantes, et de travaux qui multiplient ses jouissances, mais qui exigent toute son application.

Comment donc concevoir qu'un même homme, partagé entre deux arts aussi compliqués dans les moyens d'exécution et aussi importans dans leurs résultats, puisse aspirer à les porter tous deux à la perfection? Mais, dira-t-on, si l'on admet en principe que l'étude du paysage doive faire partie de l'instruction du peintre d'histoire, pourquoi cette étude ne pourrait-elle point le conduire à se distinguer comme paysagiste? A cette objection plus spécieuse que solide, on répondra que l'étude du paysage, bien que nécessaire au peintre d'histoire et au paysagiste, ne peut être la même pour tous les deux, par la raison qu'ils se proposent chacun un but différent. On vient de dire que le paysagiste doit nécessairement connaître à fond et dans leurs moindres détails tous les objets qui composent l'ensemble d'un site ; et l'on doit se convaincre qu'il ne peut exceller dans son art, à moins qu'il ne sache reproduire avec une extrême fidélité l'image de cette immensité d'objets, puisque leur réunion forme le sujet principal, ou plutôt l'unique sujet de ses compositions.

A la vérité, le peintre d'histoire se livre à l'étude des mêmes objets; mais d'une part, cette étude particulière n'est ni la seule, ni la plus importante de celles dont il a à s'occuper; et de l'autre, les objets dont on parle ne doivent figurer dans ses compositions historiques que comme de simples accessoires: ainsi, d'abord il lui serait difficile, à raison de ses autres travaux, de parvenir à une imitation aussi exacte que le paysagiste, et en second lieu cette exactitude n'est pas obligatoire pour lui au même degré; disons plus: la perfection en ce genre pourrait bien n'être qu'une imperfection, s'il arrivait que l'accessoire balançât le sujet principal, et qu'une extrême précision dans l'imitation des détails des arbres et des terrasses, partageât l'attention entre ces objets et les personnages historiques en action.

Or, de ce que l'étude du paysage ne peut guère et ne doit même pas, en quelque sorte, être approfondie par le peintre d'histoire au même degré que par le paysagiste, ne s'ensuit-il pas que le premier, malgré les avantages que lui donnent des connaissances acquises dans le genre de l'histoire, ne paraît pas, ainsi qu'on voudrait le faire entendre, le plus apte des deux artistes à exceller dans le *paysage historique?* car enfin le *paysage historique*, bien qu'il exige des études d'une tout autre importance que pour le *genre champêtre*, n'est pas moins un paysage dans toute l'acception du terme, c'est-à-dire qu'indépendamment des connaissances d'un ordre élevé qui sont indispensables pour traiter le paysage *historiquement*, il faut encore que le peintre qui s'adonne à ce genre possède les qualités essentielles à la culture du *paysage champêtre*, et qu'il sache non seulement retracer avec précision et vérité l'image de toutes les parties d'un site, mais même donner à leur ensemble les proportions convenables pour qu'elles ne soient point dominées par les personnages en action; ou, s'il en était autrement, ses productions sortiraient de la classe des paysages sans entrer dans celle de l'histoire; elles formeraient une espèce de genre mixte que l'usage, aussi bien que le goût et la raison, s'accordent à ne point admettre au nombre des divers genres de la peinture.

Mais, ne manquera-t-on point encore d'objecter, une preuve certaine qu'il est possible de traiter à la fois le genre de l'histoire et celui du paysage avec une égale distinction, c'est que le Poussin... Oui, par une exception unique, un seul artiste a réuni en sa personne au plus haut degré les talens du peintre d'histoire et ceux du paysagiste, et à ce double titre il s'est acquis une renommée immortelle. Toutefois considérons que cet artiste ne cessa dans aucun temps de sa vie de recueillir des études dans la campagne; que, même en traitant l'histoire, il choisit fréquemment pour sujets de ses compositions ceux qui se rattachaient par les accessoires au genre du paysage; enfin que, dans ses productions purement historiques, la stature des personnages qu'il a mis en scène se rapproche des proportions particulières aux figures qui vivifient les sites retracés par les paysagistes : toutes circonstances qui, jointes aux heureuses dispositions du Poussin, à son goût pour la solitude, à son esprit observateur et réfléchi, durent contribuer aux succès du peintre d'histoire dans la carrière du paysage.

Remarquons d'ailleurs que, parmi les quatre paysagistes les plus célèbres dans le *genre historique*, Claude le Lorrain et le Gaspre, qui prennent tous deux leurs rangs immédiatement après le Poussin, ne se hasardèrent jamais dans la carrière de l'histoire, et que le quatrième, Salvatore Rosa, n'y obtint que de médiocres succès.

A toutes ces considérations ajoutons encore

que, malgré les talens que les divers autres peintres d'histoire ont pu déployer dans le genre du paysage, il n'en est aucun, pas même Annibal Carrache, le Dominiquin et Sébastien Bourdon, dont les productions de cette espèce se soutiennent au niveau de leurs compositions historiques. Concluons donc de tous les faits qu'on voudrait invoquer, qu'à moins d'être doué d'une organisation aussi heureuse que celle du Poussin, et d'être favorisé par le même concours de circonstances, le peintre d'histoire qui attache quelque prix à se distinguer dans ce genre, ne doit pas se priver des moyens qui peuvent contribuer à sa célébrité, en se livrant sérieusement à des travaux en quelque sorte étrangers à ceux dont il doit constamment s'occuper; que des connaissances positives dans la pratique du paysage font nécessairement partie de celles qu'il est tenu d'acquérir dès sa jeunesse; mais que par la suite la culture de ce genre peut bien être pour lui un objet de délassement (1), et jamais le véritable but où doivent tendre ses

---

(1) Il ne serait sans doute pas difficile de citer dans l'Ecole française actuelle plusieurs peintres d'histoire célèbres, qui traitent le paysage avec succès. On ne peut même révoquer en doute qu'ils ne se fussent acquis une brillante réputation dans ce genre, si leur vocation et des études spéciales n'avaient pas eu principalement pour objet

efforts, puisqu'il ne parviendrait pas à exceller dans un art qui n'admet point de partage, s'il ne se déterminait à lui consacrer toute son existence ; mais tirons des mêmes faits cette autre conséquence que, pour traiter convenablement le *paysage historique*, et pour y obtenir de brillans succès, le peintre ne doit pas seulement se livrer tout entier à cet art, et ne négliger aucune des études qui peuvent lui en faciliter la pratique matérielle, mais qu'il ne s'élèvera jamais à la hauteur du genre qu'il ambitionne de cultiver, si, avant de s'élancer dans la carrière, il ne possède point l'instruction élémentaire et les premières connaissances familières aux peintres d'histoire.

De ces observations, qui peuvent faire envisager sous son véritable jour la question dont on vient de s'occuper, passons maintenant à l'examen des progrès de l'art, et déterminons le point où le paysage est parvenu dans l'une et l'autre de ses deux principales branches.

On a déjà fait remarquer qu'à raison de son

---

le genre de l'histoire. Félicitons-les au surplus de ce qu'entre deux routes qu'ils auraient su parcourir l'une ou l'autre honorablement, ils ont choisi celle qui devait les conduire au but le plus élevé que la carrière de la peinture puisse offrir à l'ambition des artistes.

élévation, le *paysage historique* ne se subdivise point en autant de genres distincts qu'on a pu déjà en remarquer dans le *genre champêtre*. Il n'y a donc point lieu de s'étonner que la marche de l'art soit bien différente dans les deux genres : d'une part, à l'époque où nous nous trouvons, les talens qui doivent exceller dans le *genre historique* sont à la veille de produire leurs chefs-d'œuvre ; et l'on aura par la suite la certitude qu'il ne s'en présentera point d'autres qui puissent les remplacer : ainsi l'on verra incessamment le *paysage historique* atteindre à la perfection, sans espoir qu'elle se maintienne au-delà de l'existence du petit nombre des artistes qui sont maintenant sortis des Ecoles de France et d'Italie.

D'un autre côté, le *paysage champêtre* est loin d'offrir le même degré d'avancement, et cependant on ne peut disconvenir que quelques artistes ne le cultivent avec de grands succès ; mais l'art dans cette partie se subdivise en un si grand nombre de branches particulières, qu'il ne parviendra à se perfectionner complètement que lorsqu'elles auront toutes reçu leur dernier accroissement. Ainsi, sous les deux points de vue, le moment actuel peut être envisagé comme une époque bien remarquable dans les fastes du paysage. Les destinées du *genre historique* sont, pour ainsi dire, entièrement fixées, et tout semble présager que les autres touchent à leur accomplissement. La Hollande va donner le jour à une foule d'artistes qui se succèderont sans interruption ; et c'est sur la réunion et la variété de leurs talens que cette contrée ne tardera point à fonder la grande célébrité de son Ecole dans la culture du *paysage champêtre*.

DE 1620 A 1624.

Si des exemples malheureusement trop fréquens ne démontraient qu'un grand talent ne conduit pas toujours à la fortune, et qu'un artiste habile dans sa profession, mais n'ayant pour recommandation que son seul mérite, n'obtient parfois qu'après sa mort une considération que la médiocrité, à l'aide de souplesse et d'intrigue, parvient si souvent à usurper, l'Ecole hollandaise pourrait offrir une preuve irrécusable de cette triste vérité dans la destinée de l'un de ses plus fameux paysagistes.

Philippe Wouwermans, né à Harlem, apprit de son père les premiers élémens de la peinture. Admis ensuite dans l'Ecole de Wynants, les savantes leçons de ce nouveau maître déve-

1620.

loppèrent aisément ses heureuses dispositions; et ses progrès furent si rapides, qu'ils ne tardèrent point à le mettre en état de continuer ses études sans autre guide que la nature.

Soit que l'inclination de cet artiste ne l'eût point porté, de même que la plupart de ses compatriotes, à se rendre en Italie pour s'y perfectionner, soit, ce qui est plus présumable, que l'insuffisance de ses moyens pécuniaires l'eût empêché d'entreprendre ce voyage, il est certain que non seulement il ne quitta point la Hollande dans sa jeunesse, mais même qu'à toute autre époque de sa vie, il s'éloigna peu du lieu de sa naissance : on ne peut donc que s'étonner que, sans être jamais sorti de son pays, il ait donné des preuves aussi éclatantes de la fécondité de son imagination et d'un goût aussi épuré dans le choix de ses sujets et dans la richesse de ses compositions.

Il n'est pas moins extraordinaire que Wouwermans, malgré son assiduité au travail, ait pu, dans le cours d'une existence trop abrégée, mettre au jour un nombre aussi considérable de tableaux remplis d'une infinité de détails, et qu'au milieu des embarras d'une vie perpétuellement agitée du soin de pourvoir à la subsistance de sa famille, il ait terminé tous ses ouvrages avec une aussi grande délicatesse de pinceau.

Wouwermans mourut à Harlem, à l'âge de quarante-huit ans. On rapporte que, dans ses derniers momens, il voulut qu'on lui apportât une cassette remplie de ses dessins, et qu'il les fît tous brûler en sa présence. Les historiens, qui s'accordent sur ce fait, en interprètent les causes de diverses manières; cependant l'opinion la plus probable et la plus généralement reçue est que le souvenir des peines que lui avait occasionnées l'exercice de son art, et que l'état de gêne où l'avait constamment réduit la modicité du prix de ses tableaux, le déterminèrent à empêcher que son fils, en suivant la même profession, ne fût exposé à subir les désagrémens qu'il avait éprouvés : dès lors le seul moyen qui lui parut convenable à l'accomplissement de son projet fut d'enlever à ce fils la ressource d'études et de dessins qui, en facilitant son instruction, auraient pu le porter à négliger des conseils dictés par un pur sentiment de tendresse paternelle (1).

On objectera peut-être contre cette assertion que, dans la concurrence qui s'établit, ainsi qu'on l'a déjà raconté, entre les productions de Pierre de Laar et celles de Wouwermans, la

---

(1) Il paraîtrait que ce fils se conforma aux intentions de son père, en ne cultivant point la peinture. On croit qu'il se fit chartreux.

supériorité des dernières ayant été reconnue, elles obtinrent infailliblement une vogue qui dut accroître leur valeur vénale; mais il est à considérer que cette vogue n'ayant eu lieu que dans les dernières années de la vie de Wouwermans, elle n'influa point assez promptement sur sa situation pour pouvoir l'améliorer en temps opportun; et il est constant que ce ne fut qu'après la mort de ce grand peintre que ses ouvrages furent appréciés à leur véritable valeur, ou que, s'ils le furent de son vivant, ce ne fut pas lui qui recueillit le fruit de ses labeurs, mais ceux dont la cupidité et l'égoïsme s'interposèrent entre le peintre et les acquéreurs réels de ses productions. Il ne doit donc rester aucune incertitude sur les véritables motifs de la détermination extrême que prit Wouwermans sur son lit de mort; et dès que ces motifs prenaient leur source dans le souvenir de ses infortunes passées, on n'a pas seulement à déplorer la perte d'études et de dessins sans doute bien précieux, mais on regrette encore plus vivement que l'œil pénétrant d'un prince ami des arts ou d'un Mécène opulent n'ait point découvert au fond de sa retraite un talent trop timide pour oser de lui-même se produire au grand jour, et que des récompenses dignes d'un si rare mérite n'aient point contribué à embellir l'existence, et peut-être même à prolonger la carrière d'un artiste recommandable à tant de titres.

Le genre de talent de Philippe Wouwermans ne présente aucune espèce de ressemblance avec celui de son maître. Inférieur à Wynants si on l'envisage uniquement comme paysagiste, il a sur ce peintre, sous une multitude de rapports, tous les avantages que peuvent donner la fécondité de l'imagination, la délicatesse du goût et l'élévation des pensées. Aucun des sites qu'il a retracés n'offre ni la vérité de formes et de teintes, ni la précision de détails qui constituent le principal mérite des productions d'une foule d'artistes; mais il l'emporte infiniment sur eux dans l'art d'enrichir le paysage et de le rendre intéressant par les sujets qu'il y met en action.

Parmi les différentes scènes qui peuvent vivifier les bois et les plaines, il choisit de préférence celles qui y répandent un mouvement plus animé: il peint des chasses au cerf, au sanglier, à l'oiseau; et comme il a étudié ces exercices dans tous leurs détails, et qu'il connaît à fond les moindres circonstances qui s'y rattachent, il réussit à présenter ses imitations sous l'aspect le plus agréable, et en même temps le plus conforme à la vérité. Les préparatifs des chasseurs, leur départ, les marches forcées, les haltes, les repas impromptus, l'empressement à découvrir une proie, l'ardeur à la relancer, la persévérance à la poursuivre et à la réduire aux abois, tout est saisi et rendu par le peintre avec ponctualité : chaque instant lui offre un sujet nouveau et lui donne les moyens de diversifier ses compositions à l'infini. Souvent même, pour rendre encore plus attrayante l'image de ces exercices joyeux, il y fait concourir des femmes qui se mêlant parmi les chasseurs, et partageant les fatigues de leurs divertissemens, les animent par leur présence, applaudissent à chaque trait d'adresse qu'elles encouragent d'un sourire, et contribuent par leurs charmes et par l'élégant négligé de leur parure à faire revivre le luxe et l'urbanité des villes au milieu de la naïve simplicité des campagnes.

Nulle part ce contraste ne se fait sentir avec plus d'attrait; jamais le goût spirituel de l'artiste et la délicatesse de ses idées ne se manifestent sous un plus beau jour que lorsqu'il veut exprimer les apprêts du départ pour la chasse, ou l'instant du retour, sujets si convenables au genre du paysage et que Wouwermans s'est plu à répéter fréquemment. Il retrace un site d'une vaste étendue, varié dans son aspect par des plaines, des bois, des collines, des hameaux, et peuplé de villageois qui se livrent à leurs travaux. Sur les premiers plans, se développe la façade d'un château orné de colonnes et de portiques dont le péristyle et les abords offrent une réunion de groupes de chasseurs, de chiens, de piqueurs et de domestiques occupés du soin de préparer les équipages. C'est alors que le concours et le mélange d'objets si divers, d'une part la somptuosité d'édifices élevés et embellis par le génie des arts, de l'autre la simplicité touchante des charmes de la nature; ici, des occupations utiles et paisibles, là, des divertissemens agréables et tumultueux, semblent réunir dans un même cadre les cités et les champs, et font naître une multitude d'oppositions dont l'effet original et piquant donne au paysage une physionomie plus pittoresque, et fait ressortir de la composition un intérêt plus vif et plus soutenu.

L'idée la plus riante qu'on pourrait se former de scènes aussi animées, serait incomplète si l'on ne se représentait quel nouveau degré de chaleur et de mouvement le peintre a su leur donner, en faisant concourir à l'action des personnages ces fiers coursiers amis de l'homme, les compagnons fidèles de ses ébats joyeux au sein de nobles délassemens, comme ils le sont de ses périls au milieu des combats. Se prêtant avec souplesse à tous les mouvemens de la main qui les dirige, et rivalisant d'agilité avec le cerf qui fuit devant eux, ils franchissent en un clin d'œil les ravins, les fossés, les halliers, les étangs, et au feu qui les anime, il semble qu'une sorte d'instinct leur fasse deviner le but de la rapidité de leur course, et qu'ils ne secondent avec tant d'ardeur les efforts de leur guide, que pour accélérer l'instant d'un triomphe qu'ils doivent partager.

Enclin comme il l'était à mettre en action dans ses sujets de chasses les chevaux qu'il dessinait avec une correction, une finesse et une élégance de formes qu'aucun autre artiste n'a jamais égalées, Wouwermans, dont le génie étendu et varié se prêtait aisément à traiter des sujets de diverse espèce, ne s'est point borné à faire servir ces nobles animaux uniquement à l'ornement de ses paysages : ils occupent constamment la place la plus apparente dans tous ses tableaux, et il semblerait même, au soin particulier avec lequel il a exprimé leurs attitudes et leurs mouvemens, qu'il les eût destinés à former, en quelque sorte, l'objet principal de ses compositions : ce sont des marchés aux chevaux, des manéges, des intérieurs d'écurie, des abreuvoirs, des chocs de cavalerie, et même des batailles (1); toutes productions qui, comme

---

(1) On n'a pas dû oublier la grande et belle composition

on en peut juger, bien que par le genre des conceptions elles diffèrent plus ou moins essentiellement des tableaux de chasses, indiquent de même que ces derniers l'intention dominante du peintre, sa détermination constante à ne choisir que des sujets propres à présenter des chevaux sous tous les points de vue et dans toutes les situations imaginables.

Les ouvrages de Wouwermans, répandus dans toutes les contrées, forment partout un des principaux ornemens des plus riches cabinets. Ils sont en général appréciés à de grandes valeurs (1), surtout ceux qui, indépendamment de l'importance des sujets, sont exécutés dans la meilleure manière de cet artiste : car on ne doit pas le disssimuler, quelque réel que soit le mérite de toutes ses productions, leur choix ne peut être indifférent : ce n'est pas cependant que ses pensées ne soient toujours gracieuses et délicates, son imagination riche et féconde et son exécution facile et terminée; mais il n'a pu échapper à la loi commune à la plupart des

---

de ce genre, que l'on admirait il y a quelques années au Musée royal.

(1) Sa grande Chasse au cerf, très-bien gravée par Daudet, a été adjugée à la somme de 16,700 livres, lors de la vente du cabinet de M. de Julienne, qui eut lieu en 1767. On croit que cette composition capitale a été acquise pour l'impératrice de Russie.

artistes : comme eux, il a été quelquefois inférieur à lui-même, et c'est dans la partie du coloris que cette inégalité se manifeste plus sensiblement. Le nombre prodigieux de ses tableaux et la variété des sujets qu'ils présentent, attestent à la fois l'étendue de son génie et son extrême application au travail : malgré la facilité du faire, rien dans ces productions ne sent la précipitation de la main, tout est fini, tout est suave et harmonieux ; et si le coloris, généralement fin et délicat, laisse parfois à désirer plus de vérité dans les teintes tantôt brunes et trop prononcées, tantôt grises ou bleuâtres et trop vaporeuses, on ne peut qu'admirer la légèreté de la touche, la correction du dessin, l'élégance des formes et surtout la grâce qui embellit des sujets conçus et disposés avec goût et exécutés avec esprit et sentiment.

Philippe Wouwermans a eu pour élèves ses deux frères Pierre et Jean qui ont peint dans son genre, mais sans l'avoir égalé en mérite. On ne connaît que les ouvrages de Pierre, dont les compositions pourraient être confondues avec celles de Philippe, si les figures offraient la même correction de dessin, et si en général l'exécution était aussi spirituelle et aussi terminée (1).

---

(1) Une seule production de Pierre Wouwermans,

Un autre imitateur de Philippe Wouwermans est Charles Van Falens, né à Anvers en 1682, qui n'a également suivi que de loin les traces de son modèle, dont il a cependant saisi avec assez de succès la manière de composer, ainsi qu'on peut en juger d'après ses deux tableaux que l'on voit au Musée royal.

Mieux favorisé de la fortune que Wouwermans, et plus considéré pour ses ouvrages de son vivant que cet habile peintre ne le fut avant sa mort, Jean-Baptiste Weenix, né à Amsterdam, 1621. et élève de Bloemaert, eut le bonheur de voir par lui-même ses talens reconnus et appréciés à leur valeur ; mais sa fin prématurée ne lui permit point de jouir des avantages de sa situation aussi long-temps qu'il aurait pu l'espérer.

Weenix commençait déjà à se distinguer dans son pays où il s'était marié dès l'âge de

---

exposée au Musée royal, peut servir d'objet de comparaison avec divers beaux ouvrages de Philippe, qui enrichissent cette précieuse collection. Malgré le désavantage du parallèle à l'égard de Pierre, son tableau a cependant un mérite réel, celui de retracer une vue de Paris tel qu'il était il y a près de deux cents ans. On aperçoit dans le fond la Cité et le Pont-Neuf ; en avant, sur la droite, l'ancienne porte de Nesle, et à gauche la Seine couverte de bateaux. Au bord est un abreuvoir, et sur la rive un grand nombre de figures, un attelage de six chevaux et un groupe de cavaliers, entre autres une femme dont les vêtemens indiquent les costumes du temps.

dix-huit ans, lorsque, se déterminant tout à coup à se rendre en Italie, il quitta sa femme et son fils avec la promesse que son absence ne serait que de quatre mois : mais les travaux dont il fut chargé dans le palais du Pape, à la recommandation du cardinal Pamphile qui l'avoit pris en affection, le retinrent l'espace de quatre années, après lesquelles, cédant aux instances réitérées de sa femme, il partit secrètement de Rome, en s'engageant par un écrit à y revenir incessamment. Quelque vives qu'aient été par la suite les sollicitations du cardinal Pamphile, pour le rappeler en Italie, Weenix ne put jamais répondre au désir de son protecteur, autrement qu'en lui envoyant plusieurs tableaux. Il avait quitté Amsterdam pour se fixer à Utrecht, où ses talens le firent surcharger d'occupations : mais à la fin, se voyant importuné par le concours des curieux qui venoient le visiter, il imita la conduite que David Teniers avoit tenue en pareille circonstance ; et se retirant à deux lieues d'Utrecht, au château de Termeyen, il eut dans cet asile la liberté de se livrer avec ardeur à l'exercice de son art. A peine trois années s'étaient écoulées dans ce paisible séjour, qu'il mourut à l'âge de trente-neuf ans, ayant eu pour élèves son fils qui hérita de ses talens, et le célèbre Berchem, son neveu.

Le talent de Weenix, comparé à celui de chacun des artistes qui se sont exercés à la fois dans plusieurs genres de la peinture, a sur eux tous ce double avantage, qu'il a embrassé lui seul, pour ainsi dire, l'universalité de ces genres, et qu'il a obtenu dans presque tous un égal succès. Si l'on s'étonne qu'un seul homme ait pu traiter indistinctement l'histoire, le paysage, les marines, le portrait, les animaux, l'architecture et les fleurs, et qu'il se soit fait remarquer avantageusement dans la plupart de ces diverses parties dont chacune exige des études particulières, quelle continuité de zèle et d'application, quelle rare intelligence ne doit-on pas supposer dans ce même homme suffisamment versé dans la théorie et la pratique de son art, pour oser entrer en lice avec les artistes les plus distingués dans une seule branche de la peinture! Quelle idée ne doit-on pas se former de celui qui, dans une lutte publiquement engagée, dispute la palme de la supériorité tantôt à Van Aalst dont le talent excelle à représenter des animaux morts, tantôt à Emmanuel de Wite, savant dans la perspective et habile peintre d'architecture!

Ces deux traits, consignés dans divers écrits, suffisent à l'éloge de Weenix : ils peuvent donner un aperçu de la variété de ses moyens et de la flexibilité de son talent. Ses paysages et ses ports de mer enrichis de figures, d'animaux et de monumens d'architecture, sont remarquables par la vigueur du coloris, la fermeté de la touche et la facilité de l'exécution. Quoiqu'il eût l'habitude de peindre en grand et en petit, ses tableaux d'une grande dimension sont les plus estimés; mais les ouvrages capitaux qu'il a laissés sont extrêmement rares.

Jean-Baptiste Weenix semble avoir légué en mourant l'universalité de ses talens à son fils Jean, né à Amsterdam en 1644, et mort dans la même ville, à l'âge de soixante-quinze ans. Les ouvrages du père et ceux du fils ont une telle conformité dans le choix des sujets, dans l'ordonnance et l'exécution, qu'on pourrait les attribuer indistinctement à chacun d'eux : cependant Jean Weenix passe pour avoir surpassé son père dans la vigueur du coloris et la correction du dessin. Pour apprécier son mérite, pour juger de sa science dans le clair-obscur et de la perfection de sa touche, il suffit de considérer un seul de ses tableaux, celui du Musée royal, qui représente un paon, un lièvre et différentes pièces de gibier groupées au pied d'un vase, avec un beau fond de paysage : l'art ne peut aller plus loin dans l'imitation de la nature morte.

Quelque fondés que soient les éloges qui

s'appliquent aux deux Weenix, ce n'est point cependant uniquement comme paysagistes, et peut-être encore moins en cette qualité qu'à une infinité d'autres titres, que le père et le fils ont obtenu la majeure partie de leur célébrité ; mais combien d'artistes vont les suivre qui, s'étant bornés à cultiver le paysage exclusivement, et dès lors ayant donné à leurs études une tendance uniforme et constante vers un même but, ont dû nécessairement s'avancer dans la carrière d'autant plus loin qu'ils ne la parcoururent que dans une seule direction !

Parmi ces paysagistes, on remarque d'abord Adam Pynaker, ainsi dénommé parce qu'il naquit dans le bourg de Pynaker, près de la ville de Delft. On ne connaît ni le nom de famille que portait son père, ni celui du maître qui lui enseigna le dessin. On sait seulement qu'il partit jeune pour l'Italie, et qu'il s'y appliqua sérieusement à étudier pendant trois années, au bout desquelles il revint dans son pays, où il mourut âgé de cinquante-deux ans, après s'y être acquis par ses ouvrages une grande réputation. 1621.

Les compositions de cet artiste offrent tous les caractères d'une imitation fidèle de la nature. Son coloris est chaud et harmonieux ; ses ciels pétillans de lumière et diversifiés par des nuages que les vents semblent faire mouvoir, présentent de larges oppositions de clarté et d'ombre qui produisent des effets hardis et piquans : une touche ferme et spirituelle décide les formes des objets et les détache les uns des autres, sans nuire à leur accord; enfin des figures et des animaux dessinés avec finesse et correction embellissent ses paysages, et leur prêtent tout le charme de la vie et du mouvement.

Parmi plusieurs tableaux de ce peintre qui sont au Musée royal, on doit distinguer, pour la finesse du coloris et la perfection du clair-obscur, celui où l'on remarque une grande fabrique pittoresque. La richesse et la variété des teintes, aussi bien que leur harmonie, ne laissent rien à désirer dans cette belle production. On voit dans la galerie d'Apollon un dessin du même artiste dont l'effet est original et piquant.

Un autre paysagiste contemporain de Pynaker, et qui l'emporte sur lui, sinon pour la touche et le coloris, du moins pour la variété et l'originalité des compositions, est Aldert Van Everdingen (1), né à Alcmaër, et élève de Roland

1621.

---

(1) César Van Everdingen, frère aîné d'Aldert, a peint aussi des paysages; mais il est moins connu par ses ouvrages en ce genre que par ses tableaux d'histoire et par ses talens comme architecte.

Savery et de Pierre Molyn. Il ne paraît point que cet artiste ait visité l'Italie ; mais dans un voyage qu'il eut occasion de faire sur la mer Baltique, il profita de son séjour dans le Nord pour dessiner des points de vue enrichis de chutes d'eau et de forêts de sapins ; et c'est en se servant des études qu'il avait recueillies dans une contrée où la nature se présente sous un aspect extraordinaire et agreste, qu'il trouva le moyen de donner à ses sites cette physionomie originale et pittoresque qui fait le charme de ses paysages.

Everdingen s'est également exercé dans le genre des marines et dans la peinture des tempêtes, dont il a retracé les horreurs avec une vérité frappante. Assidu au travail et doué d'une grande facilité, il a produit un grand nombre d'ouvrages remarquables par la vigueur du coloris, par la franchise de la touche, et enrichis de figures et d'animaux dessinés correctement. Ses tableaux sont fort rares en France ; mais ce qui peut contribuer à faire croire qu'on en trouve très-difficilement, c'est que la plupart de ceux qui sont réellement de sa main sont attribués à Ruisdaël. Pour les spéculateurs intéressés à ces sortes de suppositions, il est d'autant plus aisé de faire prendre le change, que d'une part les productions de ces artistes offrent une certaine conformité dans le ton de couleur, et de l'autre que tous deux se sont plu à animer presque tous leurs sites par des chutes d'eau écumante.

On ne voit au Musée royal qu'une seule composition d'Everdingen : bien qu'elle ne soit pas sans mérite, surtout à raison de l'extrême vérité d'imitation des eaux, il est à regretter que d'autres ouvrages de cet habile paysagiste ne puissent pas concourir à faire ressortir plus avantageusement les preuves qu'il a données d'une grande capacité dans son art.

Une conduite sage et régulière et une piété exemplaire avaient fait choisir Van Everdingen pour remplir les fonctions de diacre dans l'Eglise réformée. Il mourut dans son pays, à l'âge de cinquante-quatre ans, laissant plusieurs fils qui paraissent avoir suivi la profession de leur père.

On soupçonne qu'il eut aussi pour élève Jean Decker, bon paysagiste dont les historiens n'ont fait aucune espèce de mention. Le talent de cet artiste et le genre de ses compositions offrent des rapports frappans avec les productions d'Everdingen et celles de Ruisdaël. Imitateur exact de la nature, il s'est attaché à retracer des effets piquans. Sa touche a de la finesse, et son coloris une grande vigueur; mais il paraît qu'il ne savait pas dessiner les figures, du moins celles que l'on voit dans son tableau du Musée royal, un des plus importans et des plus beaux qui soient connus, sont de la main d'Adrien Van Ostade.

C'est moins par ses paysages que par un rare talent à peindre les animaux, que Jacques (1) Vander Doës s'est acquis une réputation méritée. Né à Amsterdam, d'une famille distinguée et jadis opulente, mais que des circonstances fâcheuses avaient réduite à l'indigence, ce peintre fut confié dans son enfance aux soins de Nicolas Moyaert, qui lui enseigna le dessin. A l'âge de vingt et un ans il vint à Paris, et de là il partit pour Rome, où, se trouvant sans ressources, il était sur le point de s'enrôler dans les troupes du Pape, lorsque de jeunes artistes s'intéressèrent à son sort, et lui procurèrent les moyens de subsister.

1623.

Vander Doës s'appliqua pendant plusieurs années à étudier à Rome et dans les environs de cette ville; mais son humeur sombre et mélancolique, et, faut-il le dire, des sentimens de jalousie et de haine envers ceux de ses émules dont les talens lui portaient ombrage, le ren-

---

(1) A l'égard du prénom de Vander Doës, on a adopté l'opinion généralement reçue. Cependant Le Brun, dans son Précis sur les peintres flamands et hollandais, affirme positivement que le véritable prénom de cet artiste est Simon, et que c'est à son père qu'il faut attribuer celui de Jacques.

dirent tellement insupportable et le firent même si généralement détester, qu'il fut contraint de retourner dans son pays, où il exerça son art jusqu'à ce qu'il termina sa carrière, à l'âge de cinquante ans, ayant eu plusieurs enfans de deux femmes riches qu'il avait épousées.

Quel exemple plus frappant que celui d'un artiste obligé de se soustraire au juste ressentiment de ses compagnons d'étude pourrait mieux prémunir les esprits contre un des plus déplorables égaremens du cœur humain ! Quelle leçon serait plus capable de démontrer les funestes conséquences d'une rivalité louable en elle-même, quand elle ne passe pas les bornes d'une noble émulation, mais souverainement répréhensible dès qu'elle dégénère en une jalousie haineuse, presque toujours le signe manifeste de la médiocrité, et qui, fût-elle le partage d'un grand talent, suffirait pour ternir son plus beau lustre ! Néanmoins si l'on n'a point dû dissimuler un défaut qui décèle en Vander Doës un amour-propre excessif, il est juste de convenir qu'au milieu de l'isolement où il se trouva réduit, il eut la consolation de conserver un ami qui lui fut constamment attaché : par une exception bien remarquable, il paraîtrait qu'il le paya lui-même de retour, puisqu'ils ne cessèrent jamais de se voir, et qu'avant de mourir, il le nomma son exécuteur testamentaire, en lui léguant un de ses tableaux; et pourtant cet ami, dont le talent n'apporta point d'obstacle à une union fondée sur la conformité des professions, ne fut pas un artiste médiocre : c'était Karel du Jardin.

Vander Doës ne s'est point borné à cultiver la peinture : il a gravé, d'après ses dessins, une suite d'estampes qui sont estimées. Ses tableaux de paysage sont généralement harmonieux, et l'effet en serait plus agréable, si le ton local était moins rembruni : ils sont ornés de figures bien dessinées et touchées spirituellement; mais rien ne contribue davantage à les faire valoir que les animaux qui les enrichissent, surtout les chèvres et les moutons, que Vander Doës peignit avec tant d'art, et dont il réussit à imiter le poil et la laine avec une telle perfection, que bien peu d'artistes sont parvenus à l'égaler dans cette partie.

Depuis que l'examen des ouvrages d'Herman et de Vander Neer a pu faire juger de l'état où l'art du paysage se trouvait à cette époque en Italie et dans la Hollande, on a dû remarquer que les paysagistes qui ont paru immédiatement après ces deux peintres se sont tous adonnés exclusivement à la culture du *genre champêtre*.

Parmi ceux-ci se placent au premier rang Philippe Wouwermans et Everdingen, qui, indépendamment d'une extrême habileté dans leur art, ont adopté l'un et l'autre, non pas absolument une manière neuve de traiter le paysage, mais l'emploi de moyens particuliers qui donnent à leurs ouvrages une physionomie distincte de celle des autres productions du même genre.

Il est vrai cependant qu'Everdingen ne dut qu'à un voyage entrepris à l'extrémité du Nord l'avantage de pouvoir considérer des sites d'un aspect extraordinaire; et, sans aucun effort d'imagination, il lui suffit de retracer avec précision des points de vue sauvages et pittoresques, pour que ces portraits, animés par le prestige d'une exécution spirituelle, réunissent au mérite de la fidélité d'imitation tout le charme d'une originalité des mieux caractérisées.

D'un autre côté, nous voyons que Wouwermans, qui ne quitta jamais la Hollande, est parvenu à diversifier ses compositions à l'infini; que, sans s'occuper du soin de chercher d'autres modèles que ceux qu'il avait sous les yeux, il a su, par le secours de son imagination seule, agrandir en quelque sorte le domaine de l'art, ou du moins s'y frayer un sentier inconnu jusqu'à lui. En effet, dans tous ses tableaux, quelle infinité de sujets différens vivifient les sites les plus simples, les animent et leur prêtent un nouveau surcroît d'attraits, chaque fois que l'artiste, sans songer, pour ainsi dire, à changer le lieu de la scène, semble le présenter sous un autre aspect, en y renouvelant à son gré les personnages et l'action !

Si l'on étend aux productions de l'art en général les réflexions que suggère le genre de mérite particulier de ces deux habiles paysagistes, on reconnaîtra d'abord que la manière la plus simple de traiter le paysage, celle qui se propose uniquement l'imitation exacte d'un point de vue, doit offrir au spectateur un degré d'intérêt beaucoup plus vif, lorsque, le transportant au milieu de sites étrangers à la contrée qu'il habite, elle lui retrace une foule d'objets inconnus dont l'ensemble original et pittoresque excite en lui la surprise, en même temps qu'il séduit ses yeux.

En second lieu, il n'est pas moins évident que les principales ressources du paysagiste résident souvent bien moins dans la disposition pittoresque des sites qu'il retrace, que dans l'activité de son imagination, qui l'aide à les embellir par des accessoires étrangers à l'art du paysage considéré en lui-même ; que, le choix de ces accessoires devant être d'espèces différentes, selon les conceptions propres à chaque artiste, il s'en-

22.

suit que c'est à l'imagination seule qu'il faut attribuer cette multitude de genres divers qui se partagent le domaine du paysagiste : ainsi, pour rendre cette proposition plus sensible par des exemples choisis uniquement dans le *genre champêtre*, Stella, Teniers, Vander Neer et Wouwermans ont suivi chacun un système de composition qui imprime à leurs ouvrages un caractère tout particulier : de sorte qu'en comparant les productions de ces artistes à celles de Wynants, appartenant comme elles au *genre champêtre*, ces dernières portent simplement le nom de paysage, tandis que les autres sont désignées par les dénominations de pastorales, de fêtes de village, de clairs de lune et de sujets de chasse.

Il est à remarquer que, bien que pour simplifier la dénomination du genre adopté par Wouwermans, on se borne à désigner l'artiste comme peintre de chasses, ce n'est pas sous ce seul point de vue qu'il faut considérer son talent qui embrasse réellement tous les sujets où l'on peut imaginer des chevaux en action; car il est indubitable que s'il n'eût peint que des tableaux de chasses, il ne devrait point être regardé comme ayant le premier ouvert une nouvelle route dans la carrière, puisque indépendamment de divers artistes qui ont pu avant lui s'exercer quelquefois sur ces sortes de sujets, on doit se rappeler que, dans le cours du seizième siècle, Van Orley s'était distingué à Bruxelles par des compositions de ce genre.

En appliquant les raisonnemens qui précèdent cette remarque à une foule d'autres ouvrages dont nous aurons incessamment à nous occuper, il sera facile de se rendre compte des véritables causes auxquelles on doit attribuer la multitude de subdivisions que renferme l'art du paysage envisagé uniquement dans ses relations avec le *genre champêtre*.

DE 1624 A 1631.

De tous les paysagistes qui se sont attachés à une étude spéciale des animaux, qui, par les proportions dans lesquelles ils les ont retracés et par la manière dont ils les ont disposés au milieu des sites reproduits sous leurs pinceaux, en ont formé les objets les plus distincts et les plus intéressans de leurs compositions, il n'en est point qui aient développé dans ce genre particulier une imagination plus riche et plus féconde, et une exécution plus facile et plus spirituelle que ne l'a fait Berchem. Mais qui n'a point eu maintes fois occasion d'admirer les ouvrages d'un peintre aussi laborieux et aussi expéditif dans son travail ? Quelle collection de chefs-d'œuvre de l'art n'est point enrichie des productions d'un talent si ingénieux et si varié ?

1624. Nicolas Berchem (1) naquit dans la ville de Harlem. Son père, nommé Pierre Van Haerlem, peintre médiocre, lui enseigna les premiers principes du dessin ; puis, reconnaissant l'insuffisance de ses leçons, il le confia successivement aux soins de Van Goyen, Mojaert, Wils et J. B. Weenix, qui tour à tour s'empressèrent de seconder les heureuses dispositions d'un élève dont ils entrevoyaient d'avance les brillans succès.

Berchem, lorsqu'il fut abandonné à lui-même, s'occupa de son avancement avec un zèle non moins soutenu, et ne tarda point à se former une manière qui n'appartint qu'à lui seul. Immédiatement après la mort de son père, il épousa la fille de Wils, son ancien maître ; mais loin que cette union lui procurât les agrémens que ses qualités personnelles et ses talens devaient lui faire espérer, il eut beaucoup à souffrir de l'excessive avarice de sa femme, qui, non contente de s'emparer de tout le produit de ses

---

(1) Ce peintre est généralement désigné sous le nom de Berghem ; mais on a dû se conformer à la dénomination qu'il a prise lui-même dans sa signature apposée au bas de la plupart de ses tableaux.

ouvrages, le harcelait sans relâche, pour qu'il ne discontinuât point de travailler; cependant jamais artiste ne fut plus appliqué à sa profession et ne l'exerça avec plus de plaisir et moins de fatigue que Berchem, qui chantait toujours en peignant, et qui, à la promptitude avec laquelle il opérait, semblait se jouer de toutes les difficultés.

Une seule particularité de sa vie que la tradition a conservée, pourra donner une idée de ses talens et de la réputation qu'ils lui avaient acquise. Un bourguemestre de la ville de Dort, admirateur des ouvrages de Berchem et de ceux de Both d'Italie, leur proposa un concours, et en sus du prix dont il convint pour chaque tableau, il promit un présent à celui des deux concurrens qui aurait remporté l'avantage. Si l'on n'a point oublié ce que nous avons rapporté de la perfection avec laquelle Both traitait le genre du paysage, on se figurera aisément combien il était honorable pour Berchem d'avoir été jugé digne d'entrer en lice avec un semblable émule, qui, étant plus âgé de quatorze années, devait avoir sur lui l'avantage de l'expérience et d'une pratique plus consommée, et qui, en possession d'une grande renommée, ne pouvait que redoubler ses efforts pour se surpasser dans une circonstance où son honneur était si essentiellement intéressé. Quand ils présentèrent leurs tableaux au bourguemestre, celui-ci, frappé de leur extrême beauté, et reconnaissant, après un mûr examen, qu'il ne pourrait prononcer en faveur de l'un sans injustice envers l'autre, ne trouva point de meilleur moyen de sortir d'embarras qu'en doublant le montant de la récompense, qu'il partagea entre les deux concurrens, faisant ainsi briller son impartialité et une générosité de sentimens dont il serait à désirer, dans l'intérêt de l'art, de voir se renouveler plus souvent des exemples qui pussent entretenir l'émulation parmi les artistes.

Régulier dans sa conduite et doué d'un caractère doux et aimable, Berchem, qui avait pour ses élèves l'affection d'un père, leur inspirait par son exemple l'amour du travail, et se plaisait à leur répéter que *les richesses sont inutiles à qui sait s'occuper;* maxime éminemment philosophique dont la justesse se fait sentir dans toutes les conditions de la vie, et qui reçoit une application encore plus spéciale et plus étendue dans l'exercice des arts, en ce sens que non seulement ils peuvent procurer une honnête aisance, mais même que, par le charme qui les accompagne, ils répandent la paix dans l'âme, ils la consolent de toutes les injustices, ils la débarrassent de toutes les inquiétudes, ils la soulagent dans toutes ses afflictions, ils suppléent en quelque façon à toutes les espèces de jouissance qu'elle pourrait désirer.

La douceur du caractère de Berchem devait le porter à préférer au tumulte des villes le calme des campagnes, où d'ailleurs il pouvait plus facilement se livrer à des études dont le genre de ses compositions lui faisait sentir à chaque instant la nécessité. Aussi s'empressa-t-il de fixer sa résidence au château de Benthein, dans les environs de La Haye. Ce fut dans ce séjour que, les yeux continuellement frappés des beautés simples de la nature, et qu'observateur assidu des formes et des allures particulières à chaque espèce de troupeaux, des costumes et des habitudes propres à leurs gardiens, il composa la majeure partie de ses innombrables tableaux, partageant ses occupations entre la peinture, le dessin et la gravure. Il mourut à Harlem, dans sa soixantième année, ayant formé, entre autres élèves, Karel du Jardin, Juste Van Huysum, Glauber, Pierre de Hooge et Abraham Begyn.

Ce dernier, né en 1650, sans qu'on sache dans quel pays, a suivi avec succès la manière facile et brillante de son maître. Ses talens lui méritèrent les bonnes grâces de l'électeur de Brandebourg, qui, en l'appelant à sa cour, le nomma son peintre et l'employa à décorer ses palais. Sa mort, arrivée subitement, excita les regrets de tous ceux qui appréciaient en lui l'habileté de l'artiste et la moralité de l'honnête homme.

On ne connaît en France que les petits tableaux de chevalet d'Abraham Begyn, qui passent pour être inférieurs en nombre et en mérite à ceux d'une grande dimension qu'il fit pour l'électeur et pour divers particuliers de La Haye.

Un autre imitateur de Berchem, sans avoir été son élève, est Guillaume Van Romeyn; on ne connaît ni son pays, ni le temps où il vécut. Ses ouvrages jouissent d'une certaine considération; mais la plupart sont d'un ton lourd et ont poussé au noir. Celui qu'on voit au Musée royal peut faire juger de la distance qui sépare cet artiste de son modèle.

Le talent de Berchem, envisagé uniquement dans ses paysages, semble réunir presque toutes les qualités qu'exige ce genre de peinture. Soit qu'il retrace des sites d'une vaste étendue, soit qu'il les renferme dans un espace resserré, il s'attache fidèlement à l'imitation de chaque objet, il ne néglige aucun détail, et cependant il conserve la grandeur dans les masses, et l'unité dans l'ensemble. Sa touche à la fois légère, ferme et facile, précise toutes les formes et porte partout le mouvement et la vie. Si son coloris n'est pas toujours exempt d'exagération, ni même de crudité dans certaines parties, il est chaud, brillant et vigoureux; et l'art qui préside à la distribution de la lumière et des ombres, et qui sait les enchaîner par des reflets adroitement combinés, réussit à subordonner chacune de ses compositions à un effet généralement large et soutenu.

C'est surtout dans le choix des sujets qui animent ses paysages que brillent le goût de Berchem et la richesse de son imagination, quoique d'ailleurs ces sujets, qui ne consistent pour la plupart que dans la réunion de quelques animaux et d'un ou deux pâtres, soient en apparence fort simples en eux-mêmes, et peu susceptibles d'une grande variété de tableaux : aussi est-ce plutôt par les accessoires que par le fond, et principalement à l'aide d'une infinité de moyens qui tiennent à la pensée et à l'exécution, que le peintre trouve le secret de vivifier ses sites et de les animer par des scènes qui, bien qu'elles offrent toujours la même espèce d'acteurs, modifient sans cesse l'action et la présentent sous un aspect toujours nouveau. Il ne se borne point à peindre des troupeaux épars dans les pâturages : le plus souvent il les représente en marche, cherchant le courant d'un ruisseau pour s'y désaltérer, s'acheminant paisiblement vers les hameaux, ou traversant à gué une rivière qui se trouve sur leur passage; et dans ces caravanes champêtres où l'on voit défiler confondus les bœufs, les chevaux, les mulets, les ânes, les chèvres et les moutons, le mélange des espèces produit un contraste de formes et de couleurs qui, se combinant de mille manières, peuvent diversifier à l'infini l'effet général de la composition.

Ici, un pâtre affourché sur un bœuf et jouant du flageolet, excite la gaîté de jeunes pastourelles qui le suivent en dansant; là, une femme montée sur un cheval, et craignant de franchir un passage qui lui semble dangereux, serre fortement contre son sein l'enfant qu'elle allaite, et réclame l'assistance d'un de ses compagnons, qui déjà a saisi la bride de sa monture et lui fait éviter l'endroit périlleux.

Ailleurs, un âne indocile à la voix et au geste qui le menacent, et se roidissant contre les efforts du bras qui le tire, s'obstine à ne faire aucun pas; plus loin, à la tête de la file et en arrière, des hommes armés de longs bâtons dirigent la marche du troupeau, et des chiens courant à droite et à gauche, et tournant sans cesse autour des groupes, maintiennent l'ordre dans les rangs, et s'acharnant contre l'animal en retard, forcent le plus paresseux à ne point se laisser devancer.

Mais ces tableaux, beaucoup plus diversifiés qu'on ne pourrait se le figurer, ne sont pas les seuls qui mettent en évidence la souplesse du talent de Berchem et l'étendue des ressources de son imagination. Quelquefois il donne plus d'importance à ses compositions, et il en fait ressortir un intérêt plus vif, soit par la nature des accessoires dont il enrichit ses paysages, soit par un choix plus relevé des sujets qu'il y met en action : il peint des chasses au vol, au cerf, au sanglier, et il fait concourir à ces exercices un certain nombre de cavaliers, de piqueurs et de chiens ; il retrace des points de vue ornés de ruines majestueuses des monumens antiques de Rome et de ses campagnes, tels que le Colisée et le temple de la Sibylle qui domine la cascade de Tivoli.

Il anime d'autres sites par des traits empruntés de la mythologie ou de l'Histoire sacrée : c'est la vache Io, et l'allaitement de Jupiter par la chèvre Amalthée ; ou bien la première entrevue de Booz et de Ruth, ou la Vocation de l'apôtre saint Mathieu, composition des plus remarquables par le nombre des animaux et la variété de leurs espèces.

Il représente des vues maritimes, des ports enrichis d'édifices d'une belle architecture où l'on distingue l'embarquement de troupeaux, le transport de marchandises et de bagages, et une réunion d'hommes de toutes les classes, parmi lesquels figurent des personnages dont le costume indique un rang élevé, ainsi qu'on peut s'en former une idée d'après le sujet si connu du Rachat de l'esclave; enfin la magie de son pinceau s'étend jusqu'à reproduire aux yeux l'image fidèle des plus beaux phénomènes de la nature, la fraîcheur de l'atmosphère et le doux éclat du soleil au moment de son lever, la splendeur éblouissante et les vapeurs sulfureuses qui accompagnent son coucher, de même que les teintes argentines et la clarté mystérieuse de l'astre de la nuit.

Un coup d'œil aussi rapide sur les divers genres de composition de Berchem ne peut indiquer que d'une manière bien incomplète la richesse de son imagination et la variété des moyens dont il dut faire usage pour réussir à traiter un aussi grand nombre de sujets différens. C'est dans ses œuvres multipliées à l'infini, et cependant recherchées dans toutes les contrées, et appréciées à une aussi grande valeur que si elles étaient beaucoup moins nombreuses, qu'il est facile de se convaincre jusqu'à quel point il sut allier l'abondance des idées et la finesse du goût, la correction du dessin et la légèreté de la touche, la chaleur du coloris et l'exécution la plus facile et la plus brillante.

C'est en s'arrêtant seulement à l'examen de ses deux paysages exposés au Musée royal, l'Aspect des côtes de Nice, si remarquable par la transparence des eaux et la richesse des lointains, et plus particulièrement encore la Vue d'une grande route bordée de massifs d'arbres et de rochers, que l'on reconnaîtra sans peine le paysagiste consommé dans son art.

C'est non seulement dans tous ses ouvrages qui contribuent à l'ornement des plus beaux cabinets, mais encore dans une multitude de productions d'autres peintres qu'il a enrichies de figures et d'animaux; c'est enfin dans une suite de gravures qu'il a exécutées d'après ses dessins et dont le mérite est généralement reconnu, que l'on saura apprécier dans Berchem l'artiste laborieux, le dessinateur correct, le peintre spirituel, et, faut-il le dire? peut-être trop spirituel, à qui il n'a manqué pour remporter la palme sur tous ses émules, que de se rapprocher davantage de la nature, c'est-à-dire d'être plus vrai dans l'imitation du plus parfait modèle de naïveté.

Telle est la puissance de la vérité dans les arts qui ont pour objet de reproduire l'image de la nature dans toute sa simplicité, que pour se distinguer dans cette carrière, disons plus, pour y exceller, tous les genres de mérite qu'un artiste pourrait d'ailleurs réunir lui seraient insuffisans, si avant tout il n'était pas éminemment vrai dans l'imitation des formes et de la couleur de chacun des objets qu'il reproduit aux yeux; et pour appuyer cette proposition sur un exemple des plus frappans, il suffira d'opposer à toutes les brillantes qualités de Berchem la simple naïveté qui forme, pour ainsi dire, l'unique charme du talent de Paul Potter.

1625. Cet artiste, né à Enkuissen, d'une famille distinguée, mais peu favorisée de la fortune, n'eut dans son enfance d'autre maître que son père, Pierre Potter, peintre médiocre qui, depuis la naissance de son fils, était allé s'établir à Amsterdam. Mais les études nombreuses que le jeune Potter fit d'après les beaux tableaux qui se trouvaient dans cette ville, et ensuite à La Haye, où il alla demeurer en quittant son père, activèrent ses progrès si rapidement, que dès l'âge de quinze ans il produisit des ouvrages qui égalaient en mérite ceux des plus grands maîtres.

Éperdument amoureux de la fille aînée d'un célèbre architecte près duquel il était logé à La Haye, Paul Potter la lui demanda en mariage, et, qui le croirait? malgré ses grands talens et la réputation qu'il avait déjà acquise, il éprouva un refus motivé sur ce qu'un peintre d'animaux ne pouvait être un parti sortable ; mais sur les représentations de plusieurs personnages de distinction qui estimaient beaucoup les ouvrages de Potter, le père de la jeune personne ne tarda point à ouvrir les yeux sur le mérite réel de cet artiste ; et, ramené à des sentimens plus convenables à son égard, il s'empressa de combler ses vœux en lui accordant la main de sa fille. Depuis ce temps, le beau-père et le gendre, admis chacun de son côté dans les meilleures sociétés, où ils pouvaient réciproquement se faire valoir, ne cessèrent de se rendre utiles l'un à l'autre en se procurant mutuellement des travaux analogues à leurs professions.

Aussi régulier que Berchem dans sa conduite, également doux et aimable, Paul Potter n'était pas plus que cet estimable peintre destiné à goûter dans son ménage les agrémens dont il méritait de jouir ; à la vérité, les déplaisirs qu'il essuya ne furent pas de l'espèce de ceux qui firent le tourment de Berchem. Suivant la tradition, ce ne fut point de l'avarice de sa femme que Potter eut à se plaindre ; mais puisqu'il fut assez indulgent pour oublier des torts qu'elle-même s'efforça de réparer par la suite, bornons-nous à faire remarquer, parmi les qualités de cet artiste, l'extrême bonté de son caractère et la générosité de ses sentimens.

La politesse, l'esprit et l'enjouement de Paul Potter firent rechercher avec empressement sa société par un grand nombre de personnes de distinction qui se plaisaient à jouir des agrémens de sa conversation, en même temps qu'elles admiraient la prodigieuse facilité de son pinceau. Mais ses talens étaient trop parfaits pour ne point lui susciter une foule d'envieux qui le persécutèrent avec un tel acharnement, qu'il fut contraint de quitter La Haye et de se réfugier à Amsterdam, où il fut presque continuellement occupé à enrichir de ses ouvrages le cabinet d'un bourguemestre de cette ville. Son assiduité au travail était poussée au point qu'après avoir consacré les journées entières à la peinture, il employait toutes les soirées à graver d'après ses dessins; et l'on sait que la finesse et la légèreté de ses eaux-fortes ont été dans tous les temps admirées des connaisseurs. La seule distraction qu'il se permît de temps à autre était le plaisir de la promenade, qu'il trouvait encore le moyen d'utiliser au profit de son art, en dessinant dans un livret qu'il portait sur lui tous les objets dignes de fixer son attention. Une application aussi continue à l'étude ne pouvait qu'altérer sa santé : aussi lui occasionna-t-elle une maladie de langueur qui le conduisit au tombeau, avant qu'il eût vingt-neuf ans révolus, et ne laissant point d'autre enfant qu'une fille en bas âge.

Paul Potter a eu pour élève Jean le Duc, qui, loin de suivre la manière de son maître et le genre de ses compositions, paraît ne s'être guère exercé qu'à peindre des corps-de-garde et des intérieurs enrichis de sujets familiers.

Le talent de Paul Potter n'est pas de ceux dont il est aisé de rendre un compte assez positif pour pouvoir en faire apprécier tout le mérite. Que peut-on dire d'un artiste qui ne brille ni par le feu de l'imagination, ni par la noblesse des pensées, ni même par la variété des sujets qu'il a choisis? Osera-t-on vanter l'étendue de son génie ou la finesse de son esprit? on n'en découvre aucunes traces dans ses compositions; et cependant les productions de son pinceau, qui au premier coup d'œil semblent dépourvues de tous les agrémens que l'on admire dans celles de la plupart des autres peintres, ont un charme secret dont il n'est plus possible de se défendre une fois que l'œil les a envisagées attentivement. Elles plaisent, elles intéressent, elles attachent; et la source de ces sensations réside uniquement dans une imitation de la nature portée au plus haut degré d'illusion.

Paul Potter a peint également en grand et en petit; mais ses meilleurs ouvrages sont communément ceux qui offrent une moindre dimension. Quoiqu'il se soit fort peu exercé dans le genre du paysage considéré dans un sens absolu, cependant les succès qu'il y a obtenus et la valeur vénale assignée dans le commerce à ses tableaux de cette espèce (1), ne permettent pas de douter qu'il n'y eût excellé, si sa carrière eût été plus longue, ou plutôt s'il n'eût point envisagé les animaux comme le principal objet de ses études et de ses compositions habituelles. Il ne les a point représentés réunis en troupeaux, ni même formant de simples groupes, encore moins dans l'action d'un mouvement continu, telle que serait celle d'une marche qui, donnant lieu à une infinité d'attitudes différentes, offre à l'imitation un champ plus vaste et plus diversifié. Sous tous ces points de vue, il semblerait inférieur à Berchem et aux autres peintres qui ont cultivé le même genre; mais, malgré la simplicité de ses compositions, et, faut-il en douter? précisément à raison de cette même simplicité, il l'emporte sur tous ses rivaux, et par la naïveté de ses sujets, et par l'extrême vérité qui règne dans ses tableaux.

Considérons d'abord dans leur ensemble la

---

(1) On se contentera de citer une Vue du bois de La Haye, portée, lors de la vente du cabinet de M. de Choiseul, à la somme de 27,400 livres.

majeure partie de ces compositions : quels objets frapperont nos regards ? Deux ou trois bœufs et quelques moutons, couchés sur l'herbe ou debout et immobiles, voilà le sujet principal ; une prairie d'une médiocre étendue, un tronc d'arbre en partie dépouillé de son écorce, un chardon, quelques fleurs des champs et un ciel d'un ton gris uniforme, voilà tous les accessoires. Quelle simplicité de conception, et pourtant quel charme inexprimable attire le spectateur vers cette naïve production de l'art, et l'y retient, pour ainsi dire, involontairement ! Il n'a encore aperçu que les masses ; maintenant qu'il envisage les détails, et qu'il les examine dans les objets les plus apparens du lieu de la scène, dans les animaux qui en forment l'action principale, il commencera par être frappé de la justesse des attitudes et des proportions, et de la vérité des formes et du ton de couleur ; puis il remarquera l'art avec lequel l'inflexion de la brosse, conduite dans tous les sens, a exprimé la courbure et la souplesse des innombrables anneaux de la laine, de même que la direction particulière à chaque touffe du poil, les moindres rides de la peau, et jusqu'à ses ondulations : dans les plus petits détails il reconnaîtra le dessinateur correct, le coloriste vrai, l'imitateur fidèle de la nature ; mais il perdra bientôt de vue le talent du peintre, le mérite de la peinture et la peinture elle-même, dès que, portant les yeux alternativement sur la tête de chacun des animaux, un sentiment de vie se manifestera dans leurs regards, dans les articulations de la mâchoire, dans toutes celles du corps; alors ils seront pour lui des êtres animés, il les verra paître et se mouvoir, il les entendra respirer, et plus il mettra de suite et d'attention à les considérer, plus l'illusion prendra d'empire sur ses sens, mieux elle les captivera par toutes les apparences de la réalité.

Ces bœufs et ces moutons dont Paul Potter, dans ses imitations, a su reproduire avec tant de vérité les formes, les attitudes, la pesanteur, l'indolence, et tous les signes caractéristiques de leurs espèces, sont loin d'offrir sous les pinceaux de cet artiste les proportions sveltes et la gentillesse que l'on remarque dans les mêmes animaux peints par Berchem : aussi est-ce d'après la comparaison des différentes manières de sentir et de s'exprimer de ces deux artistes, dont l'une s'écarte visiblement de la naïveté de la nature, tandis que l'autre s'en approche au point de la rivaliser, que Paul Potter est unanimement reconnu pour l'emporter sur son émule. Il n'est pas moins supérieur dans l'art de peindre des chevaux, non pas ces fiers coursiers que l'opulent citadin a coutume d'associer à ses exercices et à ses divertissemens, et dont Wouwermans a si heureusement retracé les formes légères, le port élégant et l'ardeur belliqueuse, mais ces animaux utiles autant que modestes qui, façonnés aux travaux rustiques et partageant les fatigues de l'habitant des campagnes et la simplicité de ses mœurs, inclinent humblement leurs têtes vers la terre, et dont les membres, sans cesse courbés sous le poids des fardeaux, se sont affaissés sur eux-mêmes et ont perdu, dans l'exercice de pénibles fonctions, une grande partie des avantages de la brillante conformation qu'ils avaient originairement reçue de la nature.

Les personnages qui contribuent à vivifier les compositions de Paul Potter se réduisent, dans la plupart de ses tableaux, à un seul ou deux au plus, qui souvent même n'occupent pas le premier plan : ce sont des pâtres dont les traits et les proportions n'ont rien que de lourd et de rustique : l'expression de leur physionomie et leur accoutrement offrent le caractère de vérité qui plaît dans le talent du peintre; et si l'attention du spectateur se porte plutôt sur les animaux que sur leurs gardiens, la seule raison de cette préférence est fondée sur ce que, les derniers ne paraissant point avoir été le principal objet des études de l'artiste, ils ne tiennent dans ses productions qu'un rang secondaire, sous le double point de vue du sujet de l'action et du mérite de l'imitation.

Envisagé uniquement comme peintre d'animaux, Paul Potter mérite la grande renommée dont il jouit. Supérieur à tous ceux qui se sont exercés dans le même genre, il n'est pas seulement le plus vrai et le plus expressif, il est encore le seul qui ait réuni la simplicité à l'énergie, et qui, avec le moins de moyens en apparence, ait obtenu les résultats les plus positifs et les plus brillans. Combien d'admirateurs de ses productions ne peuvent concevoir qu'il ait laissé autant de chefs-d'œuvre, sans supposer qu'il a dû se livrer à une suite d'études multipliées, et qu'il a employé un grand nombre d'années pour élever son talent à un aussi haut degré de perfection ! Leur admiration ne pourra que s'accroître lorsqu'ils sauront qu'à peine sorti de l'enfance, il était déjà en possession des suffrages des connaisseurs, et que depuis long-temps il avait devancé tous ses rivaux dans la carrière, lorsque la mort vint rompre le cours de ses prodigieux succès, en le frappant dans un âge où la plupart des autres artistes sont à peine à l'aurore de leurs talens.

Pendant qu'Amsterdam possédait encore

dans son sein un artiste des plus justement renommés, dont la fin prématurée devait bientôt lui causer de vifs regrets, un autre paysagiste recommandable, né la même année que Paul Potter, était venu se fixer dans cette ville et lui apporter le tribut des études nombreuses qu'il avoit recueillies dans ses voyages.

Jean Lingelback naquit à Francfort-sur-le-Mein. On ne connaît ni la profession de son père, ni le nom du maître qui lui apprit à dessiner. Il paraîtrait qu'il vint fort jeune à Paris où il resta deux années, au bout desquelles il partit pour l'Italie, et qu'il profita de son séjour à Rome pour imiter avec la plus grande assiduité tout ce que cette ville et les campagnes environnantes offrent de pittoresque et de favorable à l'étude des artistes. Après six années de résidence dans cette contrée, d'où il emporta une ample collection de dessins, il traversa l'Allemagne et se rendit à Amsterdam où il fixa définitivement sa demeure. A peine eut-il mit au jour quelques ouvrages, que la nouveauté des sujets et le mérite de leur exécution lui concilièrent les suffrages du public, et lui procurèrent une suite non interrompue de travaux jusqu'à sa mort, que l'on présume avoir eu lieu dans la soixante-deuxième année de son âge, sans que l'époque en soit connue d'une manière positive.

1625.

On ignore s'il a été marié, s'il a eu des enfans et s'il a formé des élèves.

Toutes les compositions de Lingelback portent l'empreinte du goût qu'il s'étoit formé en Italie : quelques unes consistent en des paysages; mais la majeure partie offre la vue de ports de mer, de places publiques, de foires et de marchés ornés de monumens d'une belle architecture, de fontaines, de statues, et vivifiés par un grand concours de personnages. Souvent il a mis en scène des charlatans, des joueurs de gobelets, ou des bateleurs qui réunissent la foule autour de leurs théâtres : quelquefois aussi il a retracé des points de vue de rivières et de villages animés par des groupes d'hommes, de chevaux et d'animaux de différentes espèces. Sa manière de concevoir ces divers sujets et de les disposer, décèle en lui une imagination vive et féconde, et la finesse de son esprit se fait sentir jusque dans les moindres détails de son exécution.

On vante, dans les paysages de cet artiste, la vigueur du coloris, la précision de la touche et la vapeur aérienne des ciels et des lointains : mais ses productions de ce genre sont trop rares en France, pour qu'il soit possible de bien apprécier leur mérite autrement que d'après celui des compositions dans lesquelles il semble s'être exercé plus fréquemment. Ainsi, pour concevoir une idée avantageuse de ses talens comme paysagiste, il suffit d'envisager, dans ses deux tableaux d'un Marché aux herbes et d'un Port de mer, qui sont au Musée royal, la richesse de l'ordonnance, le beau ton de couleur, le fini de l'exécution, le nombre et la variété des monumens antiques, l'expression des figures, la noblesse de leurs costumes, l'enchaînement des groupes et le goût qui a présidé à l'ensemble de la composition.

~~~~~~~~~~~~~~~~~~~~

A mesure que nous parcourons les divers sentiers fréquentés par les plus habiles paysagistes de toutes les contrées où la culture des arts a été en vigueur, combien le domaine du paysage ne doit-il pas s'agrandir aux yeux de ceux qui jusqu'alors, ne s'étant jamais occupés du soin de rechercher toutes ses ramifications, avaient dû le juger circonscrit dans des limites peu étendues ? Néanmoins, quel que soit le nombre des artistes qui ont paru jusqu'à présent, et malgré la variété des aspects sous lesquels ils ont retracé l'image de la nature, on ne peut encore se former qu'une idée bien incomplète de la multiplicité des ressources que doit leur offrir un modèle si fécond en merveilles et si diversifié dans les effets pittoresques de ses phénomènes périodiques et accidentels, et de ses sites les plus agréables ou les plus imposans.

Il est pourtant vrai que si l'on n'a point oublié que l'art du paysage, considéré sous un point de vue général, se divise en deux manières bien distinctes d'envisager les beautés de la nature et de reproduire leur image, il n'est plus permis, à l'époque à laquelle nous touchons, de révoquer en doute que la première des deux manières, connue sous la dénomination de *genre historique*, n'ait réellement atteint toute sa perfection : car il est constant qu'à l'époque dont nous parlons, c'est-à-dire dans le courant de la première partie du dix-septième siècle, le Poussin avait déjà marqué les limites de ce genre qu'il avait créé, et qu'après lui, Claude le Lorrain, le Gaspre, Salvatore Rosa, Bourdon et plusieurs autres paysagistes suivaient la même route à des distances plus ou moins rapprochées ; mais d'un autre côté, l'on ne voit pas que dans le même intervalle, les productions de l'art aient été en général également parfaites dans le *genre champêtre*, tel qu'on est convenu de désigner la seconde manière de traiter le paysage.

Depuis que nous avons commencé de distinguer les nombreuses subdivisions que renferme cette seconde manière, on a bien pu remarquer des noms justement célèbres dans la culture du paysage. Sans omettre celui de Stella qui a fixé le véritable caractère du genre des pastorales, les talens réunis de Paul Potter, Berchem, Ph. Wouwermans, Jean Both, Wynants, Cuyp, Everdingen, David Teniers, Isaac Ostade, même ceux d'Asselyn, Pynaker et Vander Neer, doivent offrir une garantie assurée des brillans succès que quelques uns d'entre eux avaient déjà obtenus et que les autres étaient sur le point de mériter : mais ce n'est pas uniquement sur les ouvrages de ces habiles artistes que le *paysage champêtre* peut fonder toute sa célébrité. Il est trop généralement reconnu que c'est pendant la révolution entière du dix-septième siècle, qu'il est parvenu à son plus haut point d'élévation dans toutes ses branches, pour que celles qui ne sont point encore apparentes puissent tarder à se développer et à prendre un accroissement rapide : ainsi l'on doit s'attendre à voir incessamment paraître une foule d'autres artistes dont les talens réunis à ceux qui sont connus maintenant, concourront à réaliser complètement les espérances que les succès actuels de l'art du paysage peuvent naturellement faire concevoir de son perfectionnement dans toutes ses parties.

DE 1631 A 1634.

Dans le nombre des peintres que nous avons déjà passés en revue, on a pu en distinguer plusieurs qui, en s'adonnant au genre du paysage, s'étaient en même temps exercés à retracer des vues maritimes, et, parmi ces derniers, on a dû conserver un souvenir particulier de Claude le Lorrain, dont le pinceau magique a su reproduire avec tant de charme et de vérité l'éclat resplendissant que l'astre du jour répand sur la surface des ondes. Mais tout en reconnaissant que ce grand paysagiste n'est pas le seul qui se soit essayé avec succès dans l'imitation des effets pittoresques de la mer, nous n'en avons vu jusqu'à présent aucun qui ait envisagé cet élément comme l'unique objet de ses études, qui ait consacré exclusivement ses talens à reproduire son image sous ses différens aspects, et qui se soit hasardé, au milieu des dangers les plus imminens, à contempler de près ses sublimes horreurs, pour pouvoir fixer sur la toile les mouvemens fugitifs de son plus violent courroux, de manière à en perpétuer dans tous les temps et à chaque instant l'action sur les sens du spectateur.

Il est donc vrai que la culture des arts a quelquefois ses périls, que la profession la plus paisible dans ses moyens et dans le but qu'elle se propose, celle qui réunit le double avantage d'offrir l'attrait le plus séduisant et à celui qui l'exerce, et à tous ceux qui jouissent de ses résultats, peut, dans certaines occasions, mettre un grand caractère à l'épreuve, en l'exposant à des dangers qu'il n'est donné qu'à un courage extrême d'affronter volontairement : mais c'est qu'alors l'amour de son art, porté jusqu'à l'exaltation, a plus de force sur l'esprit de l'artiste que le soin de sa conservation, ou plutôt lui fait oublier le risque que ses jours peuvent courir, pour l'occuper uniquement des moyens de perfectionner son talent et de le faire parvenir à une grande célébrité.

Cette assertion ne peut être douteuse pour quiconque sait apprécier le degré de chaleur et d'enthousiasme qu'une noble ambition doit susciter dans l'âme de ceux qui cherchent dans la culture des arts la gloire attachée à de grandes difficultés vaincues. Mais si une vérité dont l'évidence résulte d'une foule de preuves que les différentes Ecoles de peinture produiraient au besoin, pouvait encore être méconnue, jamais elle ne sera démontrée d'une manière plus frappante qu'en ce moment par l'exemple d'un des plus habiles artistes hollandais qui se soient distingués dans le genre des marines.

1631. Ludolf ou Louis Backhuysen, né à Embden, ville du cercle de Westphalie, appartenant alors aux Hollandais, était fils d'un secrétaire des Etats de Hollande, qui, après l'avoir fait étudier jusqu'à l'âge de seize à dix-huit ans, le plaça à Amsterdam chez un négociant pour y apprendre le commerce.

Malgré sa science dans la tenue des livres et son extrême habileté dans l'écriture, le jeune Backhuysen, qui pouvait compter sur un prompt avancement dans la carrière qu'il avait commencé de parcourir, se sentit entraîné par un penchant décidé vers l'art du dessin : il s'appliqua à copier à la plume les vaisseaux stationnés dans le port; et, sans autre guide que ces modèles qu'il mit tous ses soins à imiter fidèlement, ses premiers essais eurent une telle réussite, qu'il vit ses dessins recherchés par les curieux et portés bientôt jusqu'à des sommes considérables.

Des succès aussi extraordinaires et les conseils de ses amis, le déterminèrent à chercher à s'instruire dans les procédés de la peinture à l'huile, et ce fut aux leçons d'Everdingen qu'il dut la connaissance de la pratique de cet art dans lequel il ne tarda point à faire des progrès d'autant plus remarquables qu'il ne produisait rien sans prendre la nature pour guide.

Cette habitude de consulter la nature, à laquelle Backhuysen fut constamment fidèle et le genre particulier qu'il avait adopté, devaient l'attirer fréquemment sur les bords de la mer, pour l'observer, selon les variations de l'atmosphère, sous ses différens aspects, depuis l'état de calme jusqu'à celui de la plus grande agitation; mais le plus souvent il ne se bornait point à contempler cet élément du rivage : aux premiers avant-coureurs de la tempête, il accourait sur le port, et dans son empressement à saisir jusqu'aux moindres détails du phénomène le plus terrible, mais le plus imposant, il s'embarquait sur une frêle chaloupe, et se faisant conduire au milieu des vagues écumantes, il esquissait de sang froid les principaux traits de la scène qui se déployait à ses yeux : cependant la violence de l'orage s'accroissait quelquefois au point que les matelots les plus intrépides, ne pouvant plus supporter la tourmente, et glacés d'effroi à la vue des dangers qui les menaçaient de toutes parts, suppliaient Backhuysen de se soustraire à une mort inévitable; et quand ils désespéraient de vaincre ses refus, ils l'arrachaient malgré lui à ce spectacle d'épouvante, et le ramenaient à terre, malgré ses vives instances. A peine était-il débarqué, que, courant s'enfermer dans son atelier, il se hâtait de fixer ses souvenirs sur la toile, et de reproduire, autant qu'il était en son pouvoir, l'image exacte des objets qui avaient fait sur lui les plus vives impressions.

Ne doit-on pas maintenant s'attendre à quelque chose d'extraordinaire dans les succès d'un peintre qui, sans être mû par d'autres motifs que l'ambition d'exceller dans son art, s'expose volontairement aux plus grands dangers, et ne balance pas même à faire le sacrifice de sa vie ? Aussi ses ouvrages furent-ils recherchés par les personnages les plus éminens qui les acquirent au poids de l'or. Plusieurs souverains, le roi de Prusse, l'électeur de Saxe, le grand-duc de Toscane l'honorèrent de leurs visites ; et si l'on s'en rapporte à la tradition, le czar Pierre, ce monarque dont le génie créateur, en civilisant ses peuples, jeta les fondemens de la grandeur et de la prospérité du vaste empire de la Russie, eut recours au talent de Backhuysen pour lui faire dessiner les bâtimens les plus usités en mer, et pour s'aider de ses leçons dans la connaissance des procédés relatifs à la construction des vaisseaux.

Cet habile peintre n'était pas seulement passionné pour son art, l'amour qu'il avait pour la poésie le mit en relation d'intimité avec les poëtes et les savans les plus renommés, et l'aménité de son caractère, aussi bien que la régularité de ses mœurs, le firent accueillir avec distinction par tout ce qu'il y avait de recommandable parmi ses concitoyens. Une particularité assez remarquable dans sa vie, c'est qu'au milieu de la vogue de ses ouvrages, et malgré son application à la peinture, dont on peut juger d'après le nombre des tableaux et des dessins qu'il a laissés, il ne cessa jamais d'enseigner à écrire; mais aussi est-il convenable de ne pas laisser ignorer que son extrême habileté dans l'écriture (1) dut faire rechercher ses leçons avec empressement; et, sans doute, s'il consentit à en donner, il ne fit que céder à des importunités dont il ne put se défendre.

Dans un âge déjà avancé Backhuysen s'amusa à graver à l'eau-forte des vues maritimes; et, quoique depuis long-temps il fût incommodé de la pierre et de la gravelle qui lui faisaient éprouver des douleurs aiguës, il avait atteint soixante-dix-huit ans lorsqu'il mourut à Amsterdam, sans qu'on ait jamais su s'il avait été marié, et s'il avait eu des élèves.

La fécondité de l'imagination ne forme point

---

(1) On peut juger de la perfection de son écriture d'après une de ses exemples gravée au bas de son portrait déposé dans un portefeuille du cabinet des Estampes à la Bibliothèque du Roi.

la partie dominante du talent de cet artiste. Ses compositions offrent en général peu de variété : presque toujours elles présentent une vaste étendue de mer, sans rivage, sans autre borne à l'horizon que la voûte du ciel, et si quelquefois l'aspect d'une ville termine la perspective, à la distance où elle est située ses édifices ont peu d'élévation, et son étendue se déploie dans une ligne parallèle à la largeur de la plaine liquide.

De cette marche uniforme dans la composition, résulte la preuve manifeste que la coutume de Backhuysen était de se transporter au large en mer pour y choisir ses points de vue; et, en cela, sa méthode diffère absolument de la plupart des autres peintres de marines (1), qui, en se plaçant habituellement sur le rivage pour embrasser de ce point l'espace qu'ils voulaient retracer dans leurs tableaux, ont eu la facilité de les enrichir d'une infinité d'accessoires pittoresques, tels que forteresses, jetées, phares, rochers et autres objets qui se voient communément sur les ports et dans leur voisinage; mais si Backhuysen s'est privé de toutes ces ressources dont il aurait pu tirer un parti avanta-

---

(1) Nous nous bornerons à citer parmi eux notre célèbre Joseph Vernet.

geux par le contraste et la variété des lignes, des formes et des couleurs, combien d'autres moyens, qui ne tiennent qu'à son talent, concourent à embellir ses ouvrages aux yeux du spectateur, et à lui faire oublier ce qu'il pourrait y désirer de plus riche dans l'ordonnance de ses sujets, et de plus piquant dans la variété de leurs accessoires!

Les études de vaisseaux qu'il avait faites à la plume, et qu'il avait multipliées à l'infini long-temps avant qu'il songeât à s'occuper de la peinture, ne purent que lui rendre ces objets familiers dans tous leurs détails. Aussi a-t-il imité avec une rare précision la forme des bâtimens de mer, la juste position de leurs agrès et de leurs cordages, et généralement tout ce qui se rapporte à leur structure et à leurs différentes manœuvres. Egalement exact et judicieux dans la disposition de ses figures, il n'a point négligé de donner à chacune d'elles l'attitude et le mouvement convenables à la nature des fonctions qu'elle avait à remplir. Aucun peintre n'a exprimé avec plus de vérité que lui l'ondulation des vagues selon le degré plus ou moins sensible de leur agitation; aucun n'a réuni à une touche plus légère et plus moelleuse un coloris plus fin, plus délicat et une entente plus parfaite de l'harmonie et de la magie du clair-obscur.

Parmi plusieurs belles marines de Backhuysen, faisant partie de la collection du Musée royal, il en est une des plus capitales de ce peintre que l'importance de la composition et le mérite du faire recommandent à une attention toute particulière. Ce tableau, d'une assez grande dimension, offre la Vue de la ville d'Amsterdam prise à une certaine distance en mer, et formant à l'horizon, dans toute la largeur du cadre, une ligne de séparation entre le ciel et les eaux qui sont couvertes de vaisseaux de haut-bord, de frégates et de bâtimens de différentes espèces (1): magie d'effet occasionnée par l'interposition de nuages que le vent semble faire mouvoir; variété de formes et richesse de détails dans la réunion de navires de toutes les dimensions; transparence et légèreté des vagues, coloris fin et harmonieux, touche facile et terminée, tout est admirable dans cette production de l'art, tout y décèle dans l'artiste un talent du premier ordre qu'aucun de ses émules dans le même genre n'a jamais surpassé.

---

(1) On présume que ce tableau est celui dont, suivant d'Argenville et Descamps, les bourguemestres d'Amsterdam firent présent à Louis XIV, en 1665, et qu'ils payèrent à Backhuysen 1300 florins, en ajoutant une gratification considérable à ce prix dont ils étaient convenus avec le peintre.

De tous ces émules de Backhuysen, le seul qui puisse lui disputer le mérite de l'extrême finesse du coloris et de l'exacte précision dans l'imitation des manœuvres des navires, est sans contredit Guillaume Van den Velde, né à Amsterdam, et issu d'une famille dont le nom est célèbre dans les annales des arts. 1633.

Le père de cet artiste, Guillaume Van den Velde, surnommé le Vieux pour le distinguer de son fils, naquit à Leyden, en 1610, et eut pour frères Isaïe, bon peintre de batailles, et Jean, habile graveur de paysages et de portraits. Pour lui, il s'appliqua à dessiner à la plume des vues et des combats maritimes. Aussi passionné pour son art que Backhuysen, et non moins intrépide, on le vit souvent, soit en Hollande, soit en Angleterre, où sa réputation l'avait fait appeler à la cour de Charles Ier, se hasarder au milieu des flottes ennemies pendant qu'elles étaient aux prises, et placé sur une chaloupe, observer dans toutes leurs particularités les mouvemens respectifs des combattans. Déjà avancé en âge, il essaya de peindre à l'huile; mais ses tableaux sont bien inférieurs en mérite à ses dessins, où l'on remarque une grande intelligence et une délicatesse de plume surprenante. Il termina sa carrière à Londres, à l'âge de quatre-vingt-trois ans.

Guillaume Van den Velde le jeune était l'aîné des deux fils de cet habile dessinateur; le second fut Adrien, célèbre peintre de paysages et d'animaux, dont nous nous occuperons par la suite. A l'égard de Guillaume, son père lui enseigna le dessin, et à son départ pour l'Angleterre, il le confia aux soins de Simon Ulieger, peintre de marines. Sous la direction de ce nouveau maître, le jeune Guillaume fit des progrès si rapides, qu'il ne tarda point à envoyer à Londres quelques tableaux de sa main qui furent généralement admirés. Jacques II s'empressa de l'attirer à sa cour, et lui accorda une pension considérable, en le chargeant de retracer les événemens mémorables des combats qui se donnaient sur mer.

Ces ouvrages destinés à décorer les maisons royales n'empêchèrent point Van den Velde le fils de composer des tableaux de chevalet qui eurent une grande vogue parmi les amateurs, et qui furent portés à des prix si élevés, qu'ils lui procurèrent une brillante fortune. Ce peintre survécut quatorze années à son père, qu'il avait surpassé en talent. Il mourut à Londres, à l'âge de soixante-quatorze ans.

Les principaux ouvrages de Van den Velde le jeune, ses sujets de combats maritimes ne sont connus qu'en Angleterre, où ils doivent être religieusement conservés comme des monumens consacrés à perpétuer le souvenir d'actions glorieuses pour la nation. A l'égard de ses tableaux de chevalet qui sont répandus dans toutes les contrées, si l'on vante à juste titre la finesse du coloris, et surtout la vérité des détails dans la structure des navires, genres de mérite particuliers dans lesquels on sait que Backhuysen a excellé, cette remarque seule pourra faire naître dans quelques esprits la pensée que le talent des deux peintres doit offrir une ressemblance frappante : peut-être même, en songeant que tous deux ont résidé à Amsterdam, sera-t-on tenté de supposer que l'un a été imitateur de l'autre, et que dès lors le mérite de l'originalité appartient exclusivement à celui-ci, tandis que celui-là ne peut faire valoir en sa faveur que la fidélité de ses imitations. Mais il n'en est pas ainsi : d'abord on doit se rappeler que Backhuysen avait dessiné fort long-temps avant de pratiquer la peinture qu'il ne cultiva jamais que dans Amsterdam, et que, de son côté, Van den Velde quitta la Hollande dès sa jeunesse, pour aller fixer son séjour en Angleterre ; il est donc déjà évident que ces deux artistes, quoique contemporains et originaires du même pays, et bien qu'ayant adopté le même genre de compositions, n'exercèrent jamais la peinture simultanément que dans des contrées séparées par une trop grande distance pour qu'ils aient pu se modeler l'un sur l'autre.

A l'appui de ces raisonnemens, il ne sera point difficile d'ajouter quelque chose de plus positif. Backhuysen, ayant le plus fréquemment reproduit l'image de la mer dans un état d'agitation, n'a point dû se borner à indiquer ce mouvement extraordinaire en elle par le seul soulèvement de ses flots : il a rendu apparente aux yeux la commotion survenue dans l'atmosphère, en obscurcissant le ciel par l'épaisseur des nuages cédant à l'impulsion des vents et amoncelés les uns sur les autres. De son côté, Van den Velde, qui dans ses imitations de la mer a saisi de préférence ses momens de calme, s'est attaché non seulement à exprimer d'une manière à peine sensible le brisement des vagues, mais encore à faire briller au-dessus de la nappe limpide des eaux l'azur du ciel intercepté çà et là par de légers nuages qui semblent se balancer dans les airs au gré du zéphyr.

Mais qu'importent toutes les preuves de l'originalité du talent de chacun des deux peintres ? Ceux mêmes qui, ne connaissant point leurs ouvrages, seraient hors d'état de juger du premier coup d'œil à quel point ils diffèrent, et par la composition, et par la touche et le coloris, ne savent-ils pas que l'organisation particulière à chaque individu détermine en lui une manière de voir, de sentir et d'exprimer ses idées qui n'appartient qu'à lui seul, et que dès lors en appliquant ce principe à l'exercice des arts en général, les productions de chaque artiste doivent porter l'empreinte des conceptions et du faire qui lui sont exclusivement propres; de sorte qu'autant on peut compter de peintres, de statuaires et de musiciens, autant on doit remarquer dans leurs ouvrages de manières absolument distinctes, et pour l'ordonnance des sujets, et pour leur exécution ?

Original de même que Backhuysen dans ses compositions, dans sa touche et dans son coloris, Guillaume Van den Velde a dessiné ses figures avec le même esprit et la même correction. Si, par le choix des effets de la nature qu'il a habituellement retracés, la plupart de ses productions n'offrent point la chaleur et le mouvement que l'on remarque dans celles de son émule, elles présentent dans le genre qui les caractérise une perfection peut-être plus égale et plus soutenue : elles sont dignes à tous égards de la haute valeur qu'on leur assigne dans le commerce, et de la place distinguée qu'elles occupent dans les plus belles collections (1).

---

(1) M. Randon de Boisset, que nous avons déjà cité

1633.   Compatriote de Backhuysen, né comme lui à Embden, seulement deux années plus tard, Frédéric Moucheron choisit également pour sa résidence la ville d'Amsterdam, où il cultiva avec distinction le genre du paysage.

La famille de cet artiste, jalouse de seconder les dispositions qu'il annonçait dans son enfance pour la peinture, le plaça chez Asselyn, bon paysagiste dont nous avons parlé plus haut. Au bout de quelques années, le jeune élève, docile à des conseils dictés par l'intérêt et l'affection que lui portait son maître, se rendit à Paris, pour s'y perfectionner sous les yeux des hommes célèbres dont les talens réunis concouraient à cette époque à faire fleurir les arts dans la capitale de la France. Alors on y voyait des particuliers opulens, des amateurs éclairés, se modelant sur l'exemple du souverain, rivaliser en

---

comme ayant été jadis un des plus riches possesseurs de tableaux hollandais et flamands, avait acquis, moyennant la somme de 20,000 livres, une marine de Van den Velde. On pourrait encore indiquer d'autres amateurs qui, dans tous les temps, se sont empressés d'orner leurs cabinets des productions de cet excellent peintre. Par quelle fatalité ne s'en trouve-t-il aucune au Musée royal, à l'exception cependant de deux petits dessins que l'on voit dans la galerie d'Apollon, et qui proviennent de la collection de Mariette?

quelque sorte de générosité avec le monarque le plus magnanime, pour confier à des artistes nationaux et étrangers des travaux importans qui devaient illustrer à la fois et le talent de ceux qui les exécutaient, et la noblesse d'âme de ceux qui en facilitaient les moyens d'exécution : c'est ainsi que les le Sueur, les le Brun, les Romanelli, les Borzoni, les Patel, les Rousseau (1), et tant d'autres habiles artistes, étaient appelés simultanément à décorer des productions de leurs pinceaux les maisons royales et la galerie de l'hôtel du président Lambert, dans l'île Saint-Louis.

C'est encore ainsi que, vers le même temps, Bourdon, Mignard, le Brun et Jean-Baptiste Monoyer (2) concoururent à l'ornement du magnifique hôtel que le président le Ragois de Bretonvilliers venait de faire construire à grands

---

(1) Bon peintre d'architecture, né à Paris en 1630, et reçu académicien en 1662. Ses ouvrages qui décoraient divers hôtels sont détruits pour la plupart ; mais on voit de lui à Versailles, dans le salon de Vénus, deux grands tableaux d'architecture et de perspective, dont un surtout est très-beau et fort bien conservé.

(2) Habile peintre de fleurs, né à Lille en 1635, et reçu académicien en 1665. Il a décoré plusieurs maisons royales en France ; et, ayant été appelé à Londres où il travailla conjointement avec Rousseau, il mourut dans cette ville à l'âge de soixante-quatre ans.

frais à la pointe de l'île Saint-Louis. Hommages soient rendus à ces dignes protecteurs des arts, dont les noms, inscrits honorablement dans leurs fastes, seront encore un objet de reconnaissance et de vénération lorsque les chefs-d'œuvre créés sous leurs auspices auront été entièrement anéantis par la main du temps, et bien plus encore par l'incurie des hommes !

Oui, il est pénible de l'avouer, mais il n'est que trop vrai que, depuis près de deux siècles, l'insouciance, le caprice ou la mode ont concouru à faire disparaître successivement un grand nombre d'ouvrages de peinture qui avaient contribué à la première splendeur de l'Ecole française, et qui manifestaient aux yeux que le goût des arts, généralement répandu à cette époque chez un peuple aimable et spirituel, y était parvenu à la hauteur de sa civilisation. Si la ruine des peintures de l'hôtel de Bretonvilliers excite de justes regrets, n'a-t-on point également à déplorer la perte d'une infinité d'autres ouvrages capitaux de nos plus célèbres artistes? Et pour se borner à un petit nombre de ces productions qui ne subsistent plus, on se contentera de rappeler ici celles de Blanchard (1), qui avait peint une

---

(1) Jacques Blanchard, né à Paris en 1600 et mort en 1638, a mérité le surnom de Titien français pour avoir

galerie en treize tableaux à l'ancien hôtel de Bullion, et une autre en vingt-trois sujets, dans la maison du président Perrault, quai des Théatins;

De Mignard (1), qui avait décoré plusieurs plafonds dans la maison de Mansard, à l'hôtel de Longueville et à l'hôtel d'Hervart, où est maintenant établie l'administration des postes;

De le Sueur (2), dont on voyait jadis un plafond divisé en treize compartimens à l'ancien hôtel de Bullion, un second à la Cour des Aides, et divers autres, soit dans l'hôtel Turgot, rue Portefoin, soit dans une maison de la place Royale;

---

excellé dans le coloris. Si l'on veut se convaincre de ses talens en cette partie, il suffit de considérer son beau tableau de la Descente du Saint-Esprit, placé dans une chapelle de l'église de Notre-Dame à Paris.

(1) Pierre Mignard, né en 1610 à Troyes en Champagne, et mort en 1695, a exécuté, entre autres grandes machines, les peintures du dôme du Val-de-Grâce et celles de la galerie de Saint-Cloud.

(2) Eustache le Sueur, né à Paris en 1617 et mort en 1655, a été justement surnommé le Raphaël français. Qui pourrait ne pas sentir tout le charme de ses vingt-deux tableaux de la vie de saint Bruno, et ne pas reconnaître le rare mérite de sa belle composition de la Prédication de saint Paul à Ephèse, et celle des saints Gervais et Protais traînés devant les idoles?

Enfin d'Alphonse Dufresnoy (1), qui avait retracé, dans une pièce du château de Livry, l'embrasement de Troie, composition la plus capitale de cet artiste, dont on admirait encore quatre paysages dans un plafond de l'hôtel d'Hervart; et pour s'arrêter à ce peintre dont le talent nous ramène naturellement à notre sujet, ne peut-on pas demander ce que sont devenus ses tableaux de chevalet dans le genre du paysage, de l'architecture et des ruines, qui, bien qu'ils fussent en petit nombre, seraient d'autant plus intéressans à nos yeux que, dans son tableau du Musée royal où l'on voit des groupes de nymphes et de naïades, Dufresnoy a donné des preuves de son habileté comme paysagiste ?

On sait déjà que Moucheron arriva à Paris dans un temps où le génie des artistes était puis-

---

(1) Charles-Alphonse Dufresnoy, né à Paris en 1611 et mort en 1665, se consacra entièrement à la culture des lettres et des arts. Dessinateur correct et bon coloriste, il se fit remarquer dans la peinture par des compositions ingénieuses et par un goût pur et délicat. Les connaissances qu'il avait acquises dans son art, ses talens en poésie, les conseils de Mignard, avec qui il fut intimement lié, et ceux de l'Albane, du Guerchin et de divers littérateurs distingués, lui furent utiles dans la composition de son poëme latin *De Arte graphicâ*, qui a été traduit en plusieurs langues, et notamment en français, par de Piles, un des amis de l'auteur.

samment secondé par la générosité de divers Mécènes, tous dignes appréciateurs de leur mérite. Ce jeune peintre, enflammé par la vue des belles productions de l'art que chaque jour faisait éclore, s'appliqua avec la plus grande ardeur à fortifier ses connaissances déjà acquises dans le genre qu'il avait adopté. Guidé par la nature qu'il étudiait sans cesse, et éclairé par les avis des hommes habiles qu'il ne négligeait pas de consulter, il fit des progrès assez rapides pour que bientôt ses ouvrages fussent recherchés avec empressement. Mais les succès qu'il avait obtenus en France et la réputation dont il y jouissait ne purent balancer dans son esprit le désir de revoir son pays, et de lui porter le tribut d'un talent que l'étude avait perfectionné pendant une absence de plusieurs années. Il alla s'établir à Amsterdam où ses ouvrages eurent une grande vogue, et il mourut dans cette ville, à l'âge de cinquante-trois ans.

Sans pouvoir être considéré comme un paysagiste du premier ordre, surtout dans une contrée si fertile en peintres renommés dans le *genre champêtre*, Frédéric Moucheron mérite cependant une place honorable parmi ses compatriotes pour le choix des sites qu'il a retracés, pour la chaleur de son coloris et le moelleux d'une touche à la fois large, facile et légère.

Cette légèreté de pinceau est principalement remarquable dans les arbres, dont le feuiller est traité d'une manière toute particulière qui contribue plus que le reste à faire distinguer sur-le-champ les ouvrages de ce peintre au milieu de ceux des autres paysagistes. On pourrait lui reprocher de ne point s'être exercé à dessiner les figures, et de n'avoir pu vivifier ses compositions qu'en recourant à des mains étrangères; mais comment se résoudre à blâmer l'insuffisance de ses talens en cette partie, quand elle l'a mis dans la nécessité de réclamer fréquemment l'assistance d'Adrien Van den Velde, le peintre le plus ingénieux pour l'intelligence avec laquelle il a su enrichir de figures et d'animaux les ouvrages d'une infinité de paysagistes qui tous, de même que Moucheron, sont redevables à ses pinceaux d'un accroissement sensible dans le mérite de leurs productions et dans leur valeur vénale? N'est-il pas d'une évidence manifeste que la seule composition de Moucheron qui soit au Musée royal, quoique fort agréable en elle-même, emprunte un nouveau degré de charme et d'intérêt du concours des figures et des chevaux que Van den Velde y a placés sur divers plans, avec une harmonie de teintes, une correction de dessin et une perfection de faire admirables?

La même observation peut s'appliquer aux ouvrages de Jean Hakkert, habile paysagiste, qui a imité la manière de Moucheron au point que ses tableaux passent assez souvent pour être de la main de ce dernier. On le croit né à Amsterdam, deux ou trois ans plus tard. Le lieu de sa résidence habituelle et l'époque de sa mort sont inconnus. Tout ce que les historiens racontent à son sujet se borne à nous apprendre qu'il alla successivement en Allemagne et dans la Suisse, où il recueillit des études qui le mirent en état de se distinguer dans son art, ainsi qu'il est aisé d'en juger par ses productions, peu nombreuses en France, mais où l'on remarque une manière large et facile et un excellent ton de couleur.

Cet artiste paraît s'être exercé particulièrement à reproduire des effets piquans de lumière. Il aimait à faire briller les rayons du soleil entre les troncs d'arbres et à travers leur feuillage. Berchem a enrichi quelques uns de ses paysages de figures et d'animaux, et même de sujets de chasse; mais le plus souvent Hakkert a eu recours au pinceau d'Adrien Van den Velde, avec qui l'on prétend qu'il fut intimement lié; et l'on ne saurait douter que le talent de l'un ou de l'autre de ces deux habiles peintres n'ait puissamment contribué à embellir ses compositions et à ajouter un nouveau prix à leur valeur réelle.

Jean Van Hagen, autre bon paysagiste, que l'on présume être né à La Haye, vers le même temps que Moucheron et Hakkert, a eu sur ces deux peintres l'avantage de pouvoir animer lui-même ses sites par des figures et des animaux dessinés avec une telle perfection qu'on n'a pas craint de les comparer à ceux de Paul Potter et d'Adrien Van den Velde. Malheureusement cet artiste, au lieu d'avoir employé l'outremer dans ses teintes, a fait usage d'une couleur bleue qui, en poussant au noir, a dû altérer l'effet de ses tableaux et en diminuer singulièrement la valeur; aussi sont-ils maintenant peu recherchés, et même, pour ainsi dire, entièrement ignorés : mais on estime beaucoup ses dessins au crayon et lavés soit à l'encre de la Chine, soit à l'eau teintée de différentes couleurs. Ils retracent pour la plupart des vues prises dans les environs de Clèves et de Nimègue. Celui qui est dans la galerie d'Apollon, au Musée royal, traité dans la première des deux manières, et bien remarquable par de beaux groupes d'arbres et de riches lointains, ne brille pas moins par le choix du site que par une imitation vraie de la nature. L'effet général de la composition et la facilité du faire ne peuvent que donner une idée avantageuse des talens du peintre, et inspirer des regrets encore plus vifs sur la perte de ses tableaux.

~~~~~~~~~~~~~~~~~~~~~~~~

On ne doit point ignorer que le genre des batailles forme dans le domaine du paysage une de ses dépendances directes, quand l'artiste qui traite ces sortes de sujets ne les envisage point sans le concours des divers objets que l'on remarque habituellement dans les productions des paysagistes. Ainsi, dès que le peintre de batailles sait exprimer avec sentiment et vérité la forme et le ton de couleur des objets accessoires à son sujet principal, tels que les nuages, les arbres, les terrasses et les fabriques, bien que par le genre particulier de ses compositions il doive occuper une place distincte de celle des paysagistes, il n'est pas moins appelé à prendre rang parmi eux.

Déjà ces considérations ont dû nous porter à fixer notre attention sur certaines productions du pinceau de Salvatore Rosa et de Ph. Wouwermans, qui ont peint avec un égal succès des sujets de batailles et de paysage; mais peut-être n'aurons-nous jamais une occasion plus favorable que celle qui se présente en ce moment pour faire sentir à quel point la réunion des deux genres peut devenir intéressante, lorsque des études réfléchies et le goût particulier de l'artiste lui facilitent les moyens de fondre les deux genres en un seul, qui réunisse tous les agrémens que chacun d'eux semblerait devoir exclusivement comporter.

DE 1634 A 1637.

Appartient-il à l'Ecole flamande, ou peut-il être revendiqué par l'Ecole française, cet artiste qui, né dans la capitale du Brabant où il étudia la peinture et où il s'était déjà fait remarquer par de beaux ouvrages, fut dès sa jeunesse digne d'être appelé en France, y fixa définitivement son séjour, y fut élevé successivement à différentes dignités dans l'Académie royale de peinture, et consacra tout le reste de son existence à perpétuer, par les productions d'un talent supérieur, le souvenir des événemens les plus glorieux pour le pays qui l'avait adopté? Ah! si Vander Meulen est Flamand par son origine, si la contrée qui lui donna le jour doit être jalouse de le compter parmi les habiles peintres sortis de son sein, qui mieux que lui mérite d'associer son nom à ceux des grands artistes dont la France s'enorgueillit à juste titre, et de participer à une illustration fondée sur des succès également honorables et pour eux et pour leur patrie?

Issu d'une famille distinguée de Bruxelles, Antoine-François Vander Meulen, né dans cette ville, annonça, pendant le cours de ses études, une inclination décidée pour la peinture, et ses dispositions parurent si naturelles à ses parens que, dans la vue de les seconder, ils le placèrent chez Snayers, bon peintre de batailles. Son application à l'étude l'eut bientôt mis en état d'égaler son maître; de sorte que, s'abandonnant à ses propres forces, il s'essaya dans quelques compositions; et ces premières tentatives, qui lui réussirent, l'amenèrent à traiter indistinctement et avec un égal succès des sujets de batailles et de paysage. 1634.

La réputation naissante de Vander Meulen, et la vue de quelques uns de ses tableaux qui d'ailleurs avaient obtenu le suffrage de Charles le Brun, firent naître dans l'esprit de Colbert, alors surintendant des finances, la pensée d'attirer en France un artiste dont le talent lui semblait convenable à l'accomplissement de ses projets toujours dirigés vers le bien public et la gloire du roi. En conséquence, des propositions furent faites au jeune peintre qui s'empressa de les accepter, en quittant aussitôt Bruxelles pour se rendre à Paris. A son arrivée, il obtint de la munificence de Louis XIV un logement aux

Gobelins et une pension de 2000 livres, et ces premières marques de faveur n'étaient que le prélude de celles qu'il devait espérer de la générosité du monarque au service duquel il venait de s'attacher pour toujours.

Heureux les artistes, quand ils trouvent dans les dépositaires de l'autorité une protection éclairée qui ne veille pas seulement à récompenser les talens, mais qui s'occupe du soin de les chercher et de les découvrir, et dont le zèle, toujours actif à les encourager par des largesses départies avec discernement, devient le principal moteur de leur émulation, de leurs efforts, de leurs succès, et réussit sans peine à leur aplanir les voies pour parvenir à une grande célébrité!

Heureux aussi les rois, quand leur confiance repose sur des ministres qui, mus par le sentiment de leurs devoirs envers le souverain et leur pays, ne se servent du pouvoir dont ils sont revêtus que pour favoriser les talens et l'industrie, et qui, justes appréciateurs du vrai mérite, attirent sur lui les regards du prince, le recommandent à ses bienfaits, enflamment le génie, et lui font enfanter ces chefs-d'œuvre, sources de gloire pour la patrie, comme ils sont les signes manifestes de la civilisation des peuples et de la magnanimité des rois!

Ce fut sans doute un avantage inappréciable pour Vander Meulen, qu'un ministre dont le nom sera toujours cher aux Français, que Colbert, le père des arts, l'ait produit à la cour d'un grand monarque qui, par l'impulsion qu'il donna à tous les esprits, fit éclore simultanément une multitude de merveilles dans tous les genres, dont l'éclat resplendissant au loin, assura dès lors à la France sur les autres nations une suprématie qui ne lui sera jamais contestée. Mais aussi quel sujet plus imposant que la conquête de la Flandre et de la Franche-Comté? quel champ plus vaste et plus fertile en événemens glorieux pouvait offrir au talent l'occasion de déployer toutes ses ressources, et de justifier aux yeux d'un nouvel Auguste la recommandation du plus généreux des Mécènes?

Admis à l'honneur de suivre Louis XIV pendant le cours de ces campagnes aussi rapides que brillantes qui étendirent sa domination en signalant la valeur des armées françaises, recevant chaque jour les ordres du roi, et défrayé partout, Vander Meulen dessinait avec la plus grande exactitude les marches des troupes, les haltes, les campemens, les attaques des convois, les escarmouches, les combats, les préparatifs du siége des villes, leur prise et toute l'étendue des plaines environnantes. C'est d'après cette infinité d'études variées, recueillies avec assiduité et soignées dans toutes leurs parties, qu'il put entreprendre ces grandes compositions qui devaient illustrer son nom, en fixant à jamais sur la toile l'image fidèle d'une multitude de faits belliqueux.

En récompense de l'activité de son zèle et de l'importance de ses travaux, Vander Meulen vit sa pension portée à 6000 livres : l'Académie royale de peinture l'admit dans sein; bientôt après elle le nomma conseiller, puis elle finit par l'élever à une place supérieure à cette dignité. Devenu veuf, il épousa la nièce de le Brun, premier peintre, qui saisissait toutes les occasions de faire valoir ses talens. Comblé des faveurs du roi, possesseur d'une grande fortune, et environné de la considération publique, il semblait devoir jouir d'une félicité sans bornes; mais quel homme peut se flatter d'un bonheur durable et sans mélange? Des chagrins, causés par l'inconduite de sa femme, troublèrent la paix de sa maison; ils altérèrent sa santé et le conduisirent au tombeau à l'âge de cinquante-six ans, laissant deux filles et un fils, qui embrassa l'état ecclésiastique. Pierre Vander Meulen, son frère, se distingua dans la sculpture, et quitta de même que lui le lieu de sa naissance pour aller fixer son domicile en Angleterre.

Antoine-François Vander Meulen a eu pour élèves les deux Martin, Boudewins et Bonnart qui, sur ses dessins, ébauchaient ses grands tableaux qu'il terminait ensuite. Bonnart et Martin ont copié les ouvrages de leur maître, et se sont exercés à composer dans sa manière ; mais ils ne peuvent entrer en comparaison avec lui ni pour la correction du dessin, ni pour la légèreté du coloris.

A l'égard de Boudewins, qu'on présume originaire de Bruxelles où il résida fort long-temps, il a laissé des paysages bien composés, d'un coloris harmonieux et précieusement terminés. Bout ou Baut a enrichi tous les ouvrages de ce peintre de jolies figurines touchées spirituellement et dessinées dans la manière de Breughel de Velours. Les sujets qu'il traitait habituellement, et que la fécondité de son imagination lui a fait varier à l'infini, sont des fêtes de village, des chasses et des assemblées. On ne connaît aucune particularité de la vie de ces deux peintres, sinon qu'ils furent liés d'amitié, et l'on se plaît à retrouver l'emblème de leur union dans l'harmonie du ton de couleur des tableaux qu'ils ont exécutés en commun.

Le mérite des compositions de Vander Meulen n'est pas seulement de plaire aux amateurs de la peinture, aux connaisseurs en état d'apprécier les difficultés de l'art et le talent de l'artiste à les surmonter, mais de pouvoir instruire à la fois le peintre, l'historien, le guerrier, et surtout d'intéresser vivement tous les cœurs français attachés à la gloire de leur pays.

Imitateur fidèle de la nature, observateur exact des lieux, des événemens dont ils ont été le théâtre et des personnages qui y ont figuré comme acteurs, Vander Meulen n'a point retracé un combat, le siége d'une ville, la reddition d'une place forte, qu'il n'ait reproduit avec une précision scrupuleuse l'image du site tel qu'il l'a envisagé dans son ensemble et dans ses moindres détails ; il n'a pas été moins soigneux dans la manière de présenter aux yeux le sujet principal accompagné de tous ses accessoires, ni moins vrai dans l'expression des attitudes, des mouvemens et des costumes des divers personnages en action. En un mot, parmi ces différens simulacres de la prise de Luxembourg, de Mastricht, de Lille, de Valenciennes, de Cambray, d'Oudenarde, de Tournay, de Dôle, de Salins, de Besançon et de tant d'autres forteresses de la Flandre et de la Franche-Comté soumises à la domination de Louis XIV par la valeur des armées françaises, il n'est pas un seul tableau qui ne soit un portrait fidèle de ces villes et des campagnes qui les environnent, qui ne retrace au juste la position des différens corps de troupes qui les ont investies, leurs évolutions, leurs manœuvres, leurs uniformes, et dans les groupes du premier plan, jusqu'aux traits de la physionomie des généraux qui les commandaient.

On doit sentir combien des tableaux si frappans de vérité doivent avoir d'importance pour le guerrier et pour l'historien qui peuvent y puiser l'un et l'autre des connaissances positives : celui-ci, se rendre un compte exact des faits consignés dans les mémoires du temps, en faisant l'application des récits à la situation topographique des villes et des champs de bataille, en éclaircissant par l'inspection des lieux ce que le texte peut avoir d'obscur dans l'exposé des plans d'attaque et de défense; celui-là, juger des tactiques respectives des troupes belligérantes, rechercher dans la différence de chaque localité la raison de chaque manœuvre diverse, et assigner à telle ou telle autre combinaison de moyens la cause la plus probable des succès et des revers.

D'un autre côté, quelles utiles leçons les jeunes artistes qui se destinent à suivre la même carrière que Vander Meulen ne doivent-ils pas attendre de l'étude des ouvrages du peintre le plus parfait et le plus digne de servir de modèle dans son genre ! S'il ne possède point au même degré l'enthousiasme et la chaleur qui brillent dans les conceptions de Salvatore, du Bourguignon (1), de Parrocel et de quelques autres peintres de batailles : s'il n'a point la vigueur du coloris des uns et l'impétuosité du faire des autres, il est aussi original qu'eux tous dans la manière qu'il s'est choisie ; son ton de couleur est plus délicat et plus harmonieux, et en tout il est infiniment plus vrai, par cela seul qu'au lieu de s'abandonner aux caprices de l'imagination, il n'a jamais retracé que des faits dont il avait été le témoin, et qu'il les a reproduits sur la toile tels qu'ils s'étaient passés sous ses yeux.

On sait que lors des brillantes campagnes de Louis XIV, un grand nombre de places fortes tombèrent sous la domination du vainqueur, et

---

(1) Jacques Courtois, dit le Bourguignon, né en 1621 à Saint-Hippolyte en Franche-Comté, et mort à Rome en 1676, s'est distingué comme peintre de batailles par une exécution chaude et spirituelle. Son élève, Joseph Parrocel le père, né en 1648 à Brignoles en Provence, et mort académicien à Paris en 1704, a suivi le même genre, et s'est acquis une grande réputation par la vigueur de son coloris et le fracas de ses compositions. On voit au Musée royal divers ouvrages du maître et du disciple dont les talens auraient mérité une mention plus détaillée, si le point de vue particulier sous lequel ils ont envisagé leurs sujets ne les rendait pas trop étrangers à l'objet qu'on s'est proposé dans cet écrit.

qu'il se donna bien peu de batailles rangées qui ne purent même ralentir la rapidité de ses conquêtes ; aussi Vander Meulen, qui avait été chargé de retracer les hauts faits de ces temps mémorables, eut-il bien moins d'occasions de peindre des batailles que de représenter le siége et la prise des villes. Si ce genre particulier de compositions, dans lequel peu d'artistes se sont exercés, a pu contribuer à donner à ses ouvrages le charme de la nouveauté, leur importance et leur originalité tiennent encore plus à la noblesse des sujets qu'il avait à traiter et à l'élévation du point de vue sous lequel il a su les concevoir et les exécuter.

Savant compositeur, il ordonne son sujet de manière que, sans négliger aucune des circonstances qui s'y rattachent, il réussit à le présenter sans embarras ni confusion sous un jour favorable à l'effet pittoresque. Habile dans la perspective, par son intelligence à distribuer la lumière et les ombres, et à les modifier selon les distances, il excelle à donner de la profondeur à ses sites, à créer des espaces immenses, tels que les offrent communément à la vue les plaines de la Flandre. Vers le milieu de cette vaste étendue, se développe, sur une ligne prolongée, une ville défendue par ses redoutes et ses bastions ; en avant, de nombreux bataillons, protégés par le feu des batteries, s'ébranlent de toutes parts pour repousser une sortie ou pour tenter un assaut. La cavalerie occupe les premiers plans, et du haut d'une éminence les généraux dirigent tous les mouvemens, commandent des manœuvres et en surveillent l'exécution. Souvent c'est le roi lui-même entouré de ses principaux officiers et dominant tout ce qui l'environne : ici, il donne ses ordres; là, il reçoit un message; ailleurs, il dépêche ses aides-de-camp, ou il écoute leurs rapports, partout sa présence anime le zèle des troupes et redouble leur ardeur belliqueuse.

Tel est au premier aperçu le plan général des compositions de Vander Meulen : mais quelle variété n'y jette point une multitude d'épisodes intéressans et d'effets piquans produits par le mélange de la fumée, de la poussière et des nuages ! Quel mouvement animé et soutenu n'y répandent point ces colonnes d'infanterie s'avançant au pas de charge, ces escadrons voltigeant sur leurs ailes ou s'éparpillant dans la plaine; ces avant-postes surpris et culbutés, ces convois attaqués à l'improviste et une infinité d'autres accidens si communs dans les hasards de la guerre, et qui se renouvellent à chaque instant sur tous les points du théâtre où elle exerce ses ravages !

Ce n'est pas toujours le tumulte effrayant des armes qui règne dans les compositions de ce peintre, ou du moins des scènes plus calmes et plus gracieuses viennent parfois tempérer leur aspect menaçant : au sein d'une plaine fertile ombragée de beaux arbres, la pompe des cours se déploie dans toute sa magnificence, et reçoit encore un nouveau lustre du double contraste de l'appareil formidable d'une armée tout entière qui lui sert de cortége, et de la simplicité des attraits de la campagne : ainsi l'on voit Louis XIV, environné de l'élite de ses officiers, faisant son entrée dans une ville conquise, et la reine, partageant les honneurs du triomphe, reçoit l'hommage des magistrats. Devant Arras, cette auguste princesse, dans un magnifique carrosse attelé de six chevaux blancs, est près de pénétrer dans les murs de la ville, et le roi à cheval l'accompagne à la tête de ses généraux.

Dans une multitude d'autres sujets absolument étrangers à l'appareil des armes, si ce n'est pas toujours le roi qui anime le lieu de la scène, qui lui communique une partie de l'éclat dont il est environné, la vue de ses palais enrichit le paysage et lui donne un caractère majestueux, en y rappelant le souvenir du monarque. En face du Louvre, il traverse le Pont-Neuf; près de Fontainebleau, il court le cerf : les sites de Versailles, de Saint-Germain et de Vincennes offrent l'aspect de ses résidences embellies par le génie des arts. Doit-on maintenant s'étonner que tous les ouvrages d'un peintre accoutumé à retracer la magnificence des pompes royales, portent l'empreinte de la grandeur qui frappait sans cesse ses regards, et que, même dans ses plus simples paysages, on retrouve ces lignes prolongées à l'infini, cette immensité d'étendue et cette exécution large qui lui étaient devenues familières ?

La majeure partie de ces ouvrages, tous ceux qui retraçaient les événemens les plus remarquables des conquêtes de Louis XIV, décoraient les maisons royales. Quelques uns, par une idée bien digne du fondateur de l'hôtel des Invalides, furent placés dans les salles de ce magnifique établissement, sous les yeux des braves guerriers qui avaient scellé de leur sang tant de victoires obtenues par leur valeur : ils leur rappelaient sans cesse le souvenir de leurs exploits ; ils leur offraient la vue des plaines où ils avaient mis en déroute les phalanges ennemies, celle des villes et des forteresses qu'ils avaient soumises : ils y reconnaissaient les capitaines qui avaient combattu dans leurs rangs, les généraux qui si souvent avaient dirigé leurs marches triomphantes ;

et ces nobles images, sources éternelles de leurs récits, de leurs entretiens, nourrissaient dans leurs âmes, jusque sous la glace des ans, le feu de leur antique ardeur; et elles étaient encore l'unique objet de leurs pensées à l'instant où ils descendaient dans la nuit des tombeaux.

Il est bien à regretter que ces beaux tableaux qui tapissaient les réfectoires des Invalides aient été gâtés par la fumée des viandes, et encore plus désagréablement altérés par des repeints maladroits. Deux des plus remarquables, placés dans la salle du Conseil, le Siége de Mons et celui de Namur, avaient, à l'époque de leur entière conservation, le mérite d'offrir une ressemblance parfaite dans les portraits du roi, du grand dauphin, du duc d'Orléans, du ministre Louvois et de plusieurs généraux. On se demande ce que sont devenus la plupart des autres trophées érigés par le pinceau de Vander Meulen à la gloire des armées françaises, surtout celui dans lequel la peinture, rivalisant de talent et de zèle avec la poésie, avait décrit avec tant de vérité le passage du Rhin, que Boileau a su peindre avec tant de chaleur. L'artiste, présent à cette journée mémorable du 12 juin 1672, avait exprimé avec son exactitude accoutumée la vue du site et le mouvement de l'armée à l'instant où, s'ébranlant à la voix de Louis XIV, et sous les ordres de Turenne, Condé et Chamilly, la maison du roi et la cavalerie s'élançaient dans le fleuve devant Tholus, et allaient en un clin d'œil culbuter l'ennemi posté sur la rive opposée. Si quelque chose pouvait consoler de la perte absolue ou de la détérioration de ces divers monumens que les ravages du temps ou d'autres circonstances ont empêchés de parvenir intacts jusqu'à nous, ce serait sans doute le soin qu'on a pris de leur donner une nouvelle existence dans les merveilleux tissus de la manufacture des Gobelins; distinction honorable qu'ils méritoient à tous égards, et qui perpétuera en eux le double avantage de reproduire à jamais aux yeux des Français l'image des triomphes de leurs ancêtres, et de contribuer à la décoration des temples et à la splendeur des fêtes publiques et religieuses, comme ils concouroient jadis avec tous les objets d'arts à l'ornement le plus pompeux des maisons royales.

On voit au Musée royal quelques uns de ceux qui, au nombre de vingt-neuf, embellissaient autrefois les appartemens du château de Marly; entre autres, la Vue de l'entrée du roi et de la reine à Arras, que l'on peut considérer comme une des plus importantes de la collection. Dans toutes on admire la noblesse de l'ordonnance, la finesse et la transparence du coloris, la précision spirituelle de la touche, une harmonie soutenue au milieu d'une immensité d'objets différens ; enfin une grande correction de dessin qui, remarquable dans les figures, l'est peut-être encore plus dans les chevaux dont Vander Meulen avoit soigneusement étudié les formes et les mouvemens.

L'imitation exacte de la nature et le goût exquis de l'artiste ne se font pas moins reconnaître à la forme élégante des arbres, à la légèreté du feuillage, à l'effet lumineux du ciel, à l'agencement des plans et à l'accord général de tous les objets qui entrent spécialement dans la composition du paysage ; mais ce qui doit principalement assurer à Vander Meulen des droits à l'estime publique, disons plus, à la reconnoissance des amis de la gloire de leur pays, c'est le zèle et le soin particuliers qu'il paraît avoir mis à ne rien négliger pour retracer dans tout leur éclat les plus beaux triomphes de la France ; c'est son aptitude et son intelligence à si bien saisir et à exprimer avec tant de justesse l'air, le costume, les habitudes et l'esprit des personnages dont il a reproduit les traits, qu'au premier coup d'œil on les reconnaît, non pas seulement pour des Français, mais pour ces Français qui furent les instrumens honorables, ou les heureux témoins des merveilles qu'enfanta le beau siècle de Louis XIV.

Ce siècle si fertile en talens dans tous les genres qui brillèrent à la fois sur le sol de la France, et qui, en y faisant fructifier les diverses branches de la littérature et des arts, établirent à jamais sa suprématie dans le vaste domaine de l'imagination ; ce grand siècle, nous l'avons plusieurs fois annoncé, devoit voir pendant son cours le paysage parvenir au plus haut point de perfection : déjà ce genre de peinture semble, dans quelques unes de ses parties, avoir atteint le terme de son accroissement, et l'on a pu remarquer que ces heureux résultats étaient dus aux efforts plus ou moins soutenus des artistes de différentes contrées : néanmoins, pour peu que l'on porte ses regards sur l'Italie, on y verra, à la vérité, le *paysage historique* briller de l'éclat le plus vif ; mais, en reconnaissant que c'est aux talens de deux peintres français que cette contrée est redevable d'une splendeur à laquelle deux paysagistes sortis de son sein commencent déjà à coopérer, on pourra bien la féliciter d'avoir réuni des hommes tels que les Poussin, les Claude, les Gaspre et les Salvatore ; mais aussi devra-t-on la plaindre de n'avoir depuis long-temps produit aucun autre artiste qui promette un digne successeur à ces grands peintres.

Serait-il donc vrai que la terre classique des arts, celle qui fut le berceau de leur régénération, et qui, jadis témoin de la haute élévation de la peinture historique, l'est devenue de sa décadence, fût menacée de voir l'éclat du paysage s'éclipser à son tour ? N'aurait-elle lieu maintenant d'applaudir aux succès d'un genre qu'elle a fait éclore et prospérer, que pour avoir bientôt à gémir sur sa dégénération ? Ah ! si elle ne peut se flatter d'échapper à cette fatale destinée, du moins qu'elle jouisse en ce moment de son triomphe ! Tant qu'elle possédera les talens dont elle se glorifie aujourd'hui, elle n'aura rien à envier à aucune de ses rivales !

Mais loin que cette stagnation de l'art dans la direction de sa branche principale se fasse remarquer dans les autres, il semblerait que celles-ci prissent de jour en jour un nouvel accroissement, et que chaque instant, pour ainsi dire, concourût à accélérer l'époque de leur plus grande élévation : ainsi nul doute que le *genre champêtre* ne touche au moment de partager les brillans succès du *paysage historique*, et qu'il ne les obtienne dans la contrée qui le cultive avec une assiduité mieux soutenue : c'est donc à l'Ecole hollandaise que le perfectionnement de ce genre paraît évidemment réservé ; et bien que déjà, pour atteindre ce but, elle doive compter sur les efforts d'un grand nombre de paysagistes habiles, elle va leur associer divers autres talens qui, en se frayant de nouveaux sentiers dans la carrière, y poseront à l'instant même des bornes que vraisemblablement aucuns de leurs émules ne pourront jamais franchir.

DE 1637 A 1640.

1637. Parmi ces artistes qui agrandirent le champ du paysage, Jean Vander Heyden, né à Gorcum, est sans contredit un des plus remarquables, autant par la perfection de son talent, que par la nouveauté des sujets sur lesquels il s'est exercé. Ses parens l'avoient placé chez un peintre sur verre qu'il quitta bientôt, pour ne plus consulter d'autre maître que la nature : il s'occupa d'abord à dessiner avec une précision étonnante des édifices anciens et modernes, des églises, des châteaux, des places publiques, des vues de parcs, de villages et de hameaux ; puis il se servit de ces études pour composer des tableaux absolument conformes aux dessins, et que, pour plus d'exactitude dans le ton de couleur, il ne terminait jamais qu'en présence des objets qu'il voulait retracer.

Il est assez extraordinaire qu'un peintre aussi assidu à l'étude de la nature, et aussi scrupuleux dans sa manière de l'imiter, ait pu s'occuper de travaux étrangers à un art dont l'exercice devait réclamer exclusivement tous ses soins; cependant il paraît constant qu'il s'appliqua à rechercher les moyens de perfectionner les pompes à incendie, et qu'il réussit à augmenter leur produit et à les rendre plus faciles à transporter: en récompense de ces découvertes dont les avantages furent généralement reconnus, les magistrats d'Amsterdam lui accordèrent une pension, et le nommèrent directeur des pompes; mais les devoirs de cette place ne lui permettant plus de cultiver la peinture que dans ses momens de loisir, il ne produisit, à compter de cette époque, qu'un petit nombre de tableaux qu'il ne négligea point de finir aussi précieusement que par le passé. Il mourut à Amsterdam, âgé de soixante-quinze ans, non moins regretté pour la perfection de ses talens dans la peinture, que pour l'utilité des services qu'il avoit rendus à la société.

On présume que Guérard Berkeyden, né à Harlem en 1643, et mort dans cette ville à l'âge de cinquante ans, a été l'élève de Vander Heyden. Cette opinion peu accréditée pourrait bien n'avoir d'autre fondement qu'une certaine parité de genre dans les compositions de ces deux artistes : cependant, en les comparant entre elles, il est aisé de reconnaître que si elles offrent à la rigueur quelques points de ressemblance dans le choix des sujets, elles diffèrent entièrement par l'exécution qui, bien que soignée dans les productions de Berkeyden, est infiniment plus molle que celle de Vander Heyden, et n'a ni le précieux fini de sa touche, ni l'éclat brillant de son coloris.

Les ouvrages de Berkeyden sont très-rares en France : un de ses tableaux, exposé au Musée royal, représente une place de Rome ornée de la colonne Trajane, du portique de l'Eglise de Sainte-Marie-de-Lorette, et enrichie d'un grand nombre de figures distribuées avec intelligence et peintes spirituellement. On les croit de Job Berkeyden, frère aîné de Guérard, qui travailla toujours avec lui. L'union intime qui régna entre ces deux frères doit rappeler à la pensée celle dont Jean et André Both avaient déjà offert un exemple si touchant.

Tout ce que les récits les mieux circonstanciés pourraient faire imaginer de plus précis sur le genre de mérite particulier du talent de Vander

Heyden, seroit incomplet, à moins d'en juger soi-même par l'inspection de ses ouvrages; encore cette inspection, quelque scrupuleuse qu'on voulût la supposer, serait-elle insuffisante, si l'on ne s'en rapportait qu'au témoignage des yeux. Ils peuvent bien, nous parlons de ceux qui tiennent de la nature la conformation la plus parfaite, ils peuvent bien indiquer le moelleux du faire, la suavité du coloris en général, et même jusqu'à un certain point la finesse du ton local de chaque objet en particulier et celle des demi-teintes qui leur servent de transition; mais, pour se rendre un compte exact du travail de l'artiste, pour apprécier la délicatesse de sa touche et l'extrême fini de l'exécution dans les moindres parties, il faut nécessairement emprunter le secours de la loupe.

Ce n'est qu'à l'aide d'un verre qui grossisse les objets, qu'il est possible de distinguer la liaison de chaque pierre, de chaque brique et les linéamens de leur séparation, d'apercevoir les plus légères brindilles des plantes qui commencent à se frayer un passage dans leurs interstices, les plus petites taches de moisissure qui les corrodent, enfin la diminution que ces pierres éprouvent, et dans leurs dimensions et dans leurs nuances, à mesure qu'elles fuient vers l'horizon, et toujours dans une proportion conforme aux lois immuables de la perspective.

En appliquant ces remarques indistinctement à tout ce qui entre dans la composition des tableaux de Vander Heyden, à la toiture et aux murailles des édifices, au pavé des places publiques, aux terrasses du paysage, aux branches des arbres et à leur feuillage, on ne pourra sans doute que se convaincre de l'étonnante patience du peintre, de son extrême adresse à imiter les formes dans leurs moindres détails, et à exprimer les teintes jusque dans leurs nuances les plus légères; mais il ne faut pas se figurer qu'une imitation aussi minutieuse présente quelque apparence de sécheresse ou de froideur dans l'exécution, et que chaque objet considéré isolément ne soit rendu avec autant de précision qu'aux dépens de l'unité dans l'ensemble et de l'accord entre toutes ses parties. Rien au contraire de plus délicat que le ton de couleur, et rien de plus moelleux et de plus franc que la touche, ou plutôt nulle part le coloris du peintre et le travail de sa main ne se font sentir. Tout dans ses tableaux est si bien fondu, tout y est d'une harmonie si parfaite et d'une vérité si frappante, qu'on ne s'imagine point avoir une production de la peinture sous les yeux : on croit voir la nature rapetissée dans toutes ses dimensions, telle qu'elle paraît quand on se sert d'un verre pour la considérer.

Les ouvrages de cet artiste ne peuvent être comparés pour le fini qu'à ceux de Gérard Dow (1) dans un autre genre : ce ne sont, à la vérité, que des portraits ; mais ils sont si fidèles, si variés et composés d'une infinité d'objets de différente espèce, imités chacun avec une telle perfection, qu'il n'est pas permis de douter que Vander Heyden n'ait employé un temps considérable à les terminer ; et cette persuasion, jointe à ce qu'on sait de ses autres occupations étrangères à la peinture, doit naturellement porter à croire que ses tableaux sont en bien petit nombre ; cependant on ne peut pas dire qu'ils soient très-rares, et il ne serait pas difficile de s'en procurer, si les curieux ne se les disputaient avec un empressement qui les fait élever à de grands prix, surtout ceux où l'on remarque des cons-

---

(1) Ce peintre, élève de Rembrandt, né à Leyden en 1613, et mort dans la même ville en 1680, a traité le genre du portrait, et plus particulièrement les scènes familières en petit, avec une délicatesse de touche et une fonte de couleurs qui n'ont jamais été égalées par aucun artiste, quoique ses disciples Schalken, Mieris et Slingelandt se soient extrêmement distingués par le fini de l'exécution. On voit au Musée royal des tableaux du maître et de ses élèves.

tructions en briques, dont l'imitation, plus diversifiée et plus attrayante dans ses effets, met encore mieux en évidence toute l'habileté de l'artiste.

Les trois compositions de ce peintre qui sont au Musée royal, sont des plus remarquables : la première, la Vue d'un village situé sur le bord d'un canal, n'est pas précisément un de ses ouvrages capitaux ; mais ce qui doit en rehausser le prix, c'est qu'elle offre la réunion de trois talens divers et des plus célèbres, chacun dans son genre. Le site est de Vander Heyden ; Adrien Van den Velde a peint les figures, et les barques sont de la main de Guillaume, frère de ce dernier.

Dans la seconde, qui représente la Vue de l'église et de la place d'une ville de Hollande, on admire principalement l'éclat lumineux du ciel, l'élégance du groupe d'arbres plantés devant l'église, la vigueur et la variété de tons et la finesse des détails de la toiture, des cheminées et des murs en briques des bâtimens qui occupent la gauche du tableau, enfin le nombre et la disposition des figures dont l'esprit et la touche indiquent la main d'Adrien Van den Velde.

A l'égard de la Vue de la maison de Ville d'Amsterdam, tableau d'une assez grande dimension, tout est digne d'éloges dans cette composition que l'on regarde généralement comme le chef-d'œuvre de Vander Heyden, et qui emprunte encore un nouveau lustre des charmantes figures dont Van den Velde s'est plu à l'enrichir. On se contentera seulement d'indiquer le bâtiment orné de caryatides qui forme saillie sur l'édifice de l'Hôtel-de-Ville, comme un modèle de perfection dans la magie du clair-obscur et dans l'art si difficile de conserver l'unité dans les masses au milieu des détails multipliés à l'infini et imités avec une précision qui ne laisse absolument rien à désirer. Mais tous les ouvrages de ce peintre n'offrent-ils point à un degré éminent une richesse et une variété de tons alternativement dorés et argentins, une harmonie parfaite et une délicatesse d'exécution qui leur donnent une supériorité incontestable sur toutes les autres productions du même genre? Reconnaissons donc que Vander Heyden a dépassé tous ses rivaux dans la carrière qu'ils ont essayé de parcourir, et si, tout en rendant justice à tant de belles qualités qu'il a réunies, on pouvait regretter qu'ignorant l'art de peindre les figures, il n'eût point su vivifier lui-même ses compositions, que de motifs n'aurait-on point de le féliciter d'avoir trouvé dans Adrien Van den Velde un talent digne de s'associer au sien et qui s'y est si bien identifié, qu'on ne sait lequel des deux admirer le plus dans la perfection des chefs-d'œuvre qu'ils ont pour la plupart (1) exécutés en commun ?

Vander Heyden n'est pas le seul peintre célèbre dont les ouvrages aient été enrichis de figures et d'animaux par A. Van den Velde. Wynants, Moucheron et Hakkert, tous trois bons paysagistes, sont déjà connus pour avoir partagé le même avantage, et bientôt l'occasion se présentera de faire remarquer que c'est encore le même pinceau qui a embelli les productions de deux autres paysagistes supérieurs en mérite aux trois que l'on vient de rappeler. Mais jusqu'ici le talent d'A. Van den Velde n'a été envisagé que secondairement; il est temps de l'apprécier d'après les compositions qui n'appartiennent qu'à lui seul, et de s'assurer si le fils de Guillaume Van den Velde, dessinateur habile, si le frère de Guillaume Van den Velde le jeune, célèbre peintre de marines, a soutenu dignement la réputation que sa famille s'est acquise à juste titre dans l'exercice des arts.

1639. Dès son enfance, Adrien Van den Velde, né

---

(1) Eglon Vander Neer a orné de figures quelques tableaux de Vander Heyden; mais elles sont inférieures en mérite à celles de Van den Velde, surtout pour la correction du dessin.

à Amsterdam, six années plus tard que Guillaume son frère, avait annoncé une inclination décidée pour la peinture ; et les croquis dont il charbonnait sans cesse les murs, ne laissèrent aucune incertitude sur le genre auquel il donnait la préférence. Son père le plaça chez Wynants qui mit tous ses soins à cultiver ses dispositions pour le paysage, et ne négligea point de lui recommander l'étude de la nature : de son côté, le jeune élève, par son application à la consulter, ne tarda point à reconnaître, dans la rapidité de ses progrès, la sagesse des préceptes de son maître, et réussit à justifier les espérances que ses talens naissans avaient fait concevoir.

Dans aucun temps de sa vie, Van den Velde ne se départit de la méthode que Wynants lui avait indiquée : mais plus prévoyant que son maître, ou mieux organisé, il ne se borna point à l'imitation des sites champêtres ; il s'appliqua également à dessiner des figures et des animaux dont l'étude est essentiellement nécessaire pour compléter l'instruction d'un paysagiste. Descamps, dans sa *Vie des Peintres flamands*, rapporte à ce sujet une circonstance trop honorable au jeune artiste pour qu'elle puisse être passée sous silence. Il prétend que Van den Velde, par reconnaissance de l'affection que lui portait Wynants, et voyant avec peine que ce dernier était obligé de recourir à des mains étrangères pour vivifier ses paysages, prit la ferme résolution de lui rendre ce service par la suite, et que cette détermination fut le principal mobile de son assiduité à dessiner les figures et les animaux. Si le fait est vrai (et qui pourrait hésiter à croire à la générosité d'un sentiment bien naturel et qui ne fait pas moins l'éloge du maître que celui du disciple?), il était bien juste que celui-ci trouvât la récompense de sa délicatesse dans les succès qui rendirent son nom à jamais célèbre.

Ce qu'il y a sans contredit de plus étonnant dans le résultat de ces études, c'est qu'elles conduisirent Van den Velde à traiter le genre de l'histoire, et qu'au sortir de l'Ecole de Wynants il fut en état d'exécuter pour une église d'Amsterdam plusieurs tableaux d'autel estimés, dont une Descente de croix et quelques autres sujets de l'Histoire sainte. Mais ce genre n'était pas celui auquel la nature l'avait principalement destiné : aussi eut-il la sagesse de l'abandonner pour se consacrer uniquement à celui du paysage et des animaux dans lequel il devait exceller. Ses talens et la régularité de ses mœurs lui concilièrent l'estime publique; malheureusement il ne put en jouir long-temps. Il était à peine âgé de trente-trois ans, lorsqu'il mourut universellement regretté.

Thierri Van Bergen passe généralement pour avoir été l'élève d'A. Van den Velde, mais on ne connaît aucune particularité de la vie de ce peintre; on ne sait pas même d'une manière précise la date et le lieu de sa naissance et de sa mort. Ses tableaux, qui sont en assez grand nombre, et dont un fort beau se trouve au Musée royal, prouvent seulement qu'il a suivi le genre et la manière de Van den Velde; quelquefois même il a marché sur ses traces d'assez près pour que ses meilleurs ouvrages soient attribués à ce dernier et vendus comme s'ils étaient réellement de cet habile peintre; et cette circonstance seule doit suffire pour garantir leur mérite.

En effet, quel rare assemblage de qualités ne remarque-t-on point dans les productions de Van den Velde, où se trouvent réunies la correction du dessin, la vigueur du coloris, la magie du clair-obscur et l'harmonie la plus parfaite au milieu des effets les plus piquans! Pour ainsi dire égal à Paul Potter dans l'art de donner aux animaux une expression de sentiment et de vie portée au plus haut degré de vérité, il le surpasse dans la richesse des compositions; il anime davantage ses sujets par le concours des personnages qu'il met en mouvement; et, sans s'écarter dans ses imitations de la simplicité des scènes naïves que peuvent offrir le rassemblement des troupeaux et les occupations ou les jeux de leurs gardiens, il en forme des tableaux aussi variés qu'attrayans.

Sous ces divers points de vue, si Van den Velde a réellement l'avantage sur son rival, gardons-nous cependant de rien diminuer de l'estime qui est due au grand talent de Paul Potter : n'oublions pas qu'il est le plus vrai de tous les peintres d'animaux, et que la vérité est sans contredit le mérite le plus rare et le plus recommandable dans un art qui a spécialement pour objet l'imitation fidèle de la nature dans toute sa simplicité; mais aussi rendons à Van den Velde cette justice, qu'aucun artiste ne s'est plus approché que lui de la naïveté du talent de son émule; qu'aucun n'a donné plus de relief aux formes des animaux, et ne les a en même temps retracés avec un pinceau à la fois plus correct, plus moelleux, et plus brillant de coloris.

Dans ses paysages on retrouve les mêmes qualités qui caractérisent son talent comme peintre de figures et d'animaux, un ton chaud et vigoureux, une fonte de couleurs admirable, des effets lumineux et piquans, une harmonie complète; mais on ne peut se dissimuler que quelquefois il n'ait manqué de légèreté dans sa manière de feuiller les arbres, et qu'il n'ait sacri-

-fié la précision des détails à l'effet des figures.

Cette remarque nous conduit naturellement à l'examen d'une question qui a été souvent agitée, on ne sait trop pour quels motifs, et qui semble avoir eu pour résultat d'attribuer aux deux élèves de Wynants, Van den Velde et Wouwermans, une grande supériorité sur leur maître. On a déjà fait observer, à l'occasion des deux frères Ostade, qu'il ne pouvait y avoir lieu d'établir de comparaison, ni de décider de la prééminence entre deux artistes qui ont cultivé des genres différens; et, en faisant l'application de cette règle aux ouvrages de Wynants et à ceux de ses élèves, il est aisé de reconnaître qu'il n'y a point de parité absolue entre le genre des compositions du premier et celles de ses disciples, et que dès lors ce ne peut être le cas de balancer le degré de leur mérite respectif ; ensuite il est hors de doute que si, dans les productions des deux derniers, on s'attache uniquement à envisager l'art avec lequel ils ont peint les figures et les animaux, on ne peut qu'être convaincu de leur supériorité sur un peintre qui a été obligé d'emprunter leur secours pour vivifier ses compositions; mais il n'est pas moins évident qu'à ne considérer que le talent du paysagiste dans les ouvrages des trois peintres, Wynants, à son tour, l'emporte sur Wouwermans et Van den Velde par la vérité des sites qu'il a retracés, par la précision des détails de tous les objets qu'il avait à imiter, et particulièrement les arbres, cette partie si essentielle du paysage, et l'une des plus difficiles à traiter avec succès.

Toutefois, pour ne nous occuper ici que de Van den Velde, la célébrité de son maître comme paysagiste est trop brillante pour qu'en lui cédant la palme en cette seule qualité, le disciple ne puisse encore être cité honorablement parmi les peintres qui se sont adonnés principalement à la culture du paysage; et si quelques imperfections se font remarquer au milieu d'une foule de beautés répandues dans ses paysages, il est cependant juste de reconnaître que dans plusieurs de ses compositions en ce genre, loin de donner prise à la critique, son talent s'est élevé, pour ainsi dire, au niveau de celui qu'il a déployé dans l'imitation des figures et des animaux.

Le Musée royal possède six tableaux de cet artiste, tous variés par les sujets, et parmi lesquels on distinguera celui qui représente un troupeau sur le bord d'une rivière, effet de soleil levant, composition des plus capitales, admirable en tous points, et qui met en évidence, non pas seulement le talent par excellence du peintre d'animaux, mais celui de l'habile paysagiste. Il n'est point de collection particulière, pour peu que l'opulence et le discernement aient concouru à la former, où l'on ne trouve plusieurs productions du même pinceau (1); et quand on considère qu'outre une infinité de chefs-d'œuvre qu'il a fait éclore, il a embelli de charmantes figures les ouvrages d'une foule de peintres célèbres, on a peine à concevoir par quel prodige de facilité et d'application un aussi grand nombre de travaux ont pu être exécutés par un artiste dont la carrière a été d'une aussi courte durée : fatale destinée qu'Adrien Van den Velde a subie avec Paul Potter, et que nous allons voir partagée par un autre peintre le plus distingué de tous leurs émules !

Les historiens qui ne sont point d'accord sur l'époque précise de la naissance de Karel ou Carle du Jardin, en rapportant qu'elle eut lieu à Amsterdam (2), ont omis de recueillir des 1640.

---

(1) On pourra juger de la valeur que les curieux assignent aux moindres productions de cet artiste, lorsqu'on saura qu'à la vente qui eut lieu à Paris, en 1776, du beau cabinet de Neyman, amateur hollandais, trois petits dessins de paysage par Van den Velde furent portés, l'un à 1661 livres, le second à 1060, et le troisième à 895.

(2) Les uns la fixent en 1635, et les autres en 1640. On a dû adopter la dernière version comme étant plus généralement reçue.

renseignemens sur la famille de ce peintre; mais on sait qu'il fut un des élèves de Berchem, et le plus célèbre de tous; qu'il partit fort jeune pour l'Italie, et qu'à Rome où il fixa son séjour, il partagea tout son temps entre l'étude et les plaisirs.

Quoique les Italiens eussent conçu pour ses ouvrages une estime qui les porta à une grande valeur, il se détermina, au bout de plusieurs années, à retourner dans son pays. En passant à Lyon, quelques uns de ses amis qui se trouvaient dans cette ville parvinrent à l'y retenir: il y fut très-occupé; et, malgré le produit avantageux de la vente de ses tableaux, ses dépenses excessives lui firent contracter des dettes si considérables, que, pour les acquitter, il prit le parti d'épouser son hôtesse riche, mais déjà avancée en âge, qu'il emmena à Amsterdam où il fut accueilli avec distinction; mais peu de temps après, honteux d'une alliance aussi peu sortable, et fatigué de l'humeur désagréable de sa femme, il prétexta le désir d'accompagner jusqu'au Texel un de ses amis qui allait visiter l'Italie; et, en arrivant au port, il s'embarqua pour Livourne, après avoir mandé à sa femme qu'il ne tarderait pas à la rejoindre, promesse qu'il avait peut-être l'intention d'accomplir un jour, mais qui de fait ne fut jamais réalisée.

Carle du Jardin ne fut pas plus tôt rendu à Rome, qu'il se livra de nouveau à la dissipation et à l'exercice de son art, ne laissant pas, à raison de la facilité dont il était doué, de composer un grand nombre de tableaux qu'il vendait fort cher, et qui lui procurèrent les moyens de subvenir aux dépenses dans lesquelles il était sans cesse entraîné par son goût pour les plaisirs. Au lieu de céder par la suite aux instances de son compatriote qui le pressait de retourner avec lui à Amsterdam, il aima mieux rester à Rome dont le séjour lui plaisait davantage, sans doute autant à cause de la vie joyeuse qu'il y menait en toute liberté, que parce que dans les sites et les monumens qu'il avait sous les yeux, et dans les artistes qu'il fréquentait, il trouvait à la fois des modèles et des conseils qui pouvaient lui être utiles. Cependant, après un certain nombre d'années de résidence dans cette ville, il se décida à la quitter une seconde fois, pour se rendre à Venise où sa réputation qui l'avait précédé le fit recevoir avec beaucoup d'empressement. Presqu'à son arrivée, il avait été atteint d'une maladie grave à laquelle il venait d'échapper, lorsqu'une indigestion l'enleva à l'âge de trente-huit ans. On rapporte à ce sujet une circonstance assez remarquable qui peut prouver jusqu'à quel point ses ouvrages étaient goûtés dans cette contrée : quoiqu'il fût calviniste, en considération de ses talens et par honneur pour sa mémoire, on lui donna la sépulture dans une église catholique.

A l'imitation d'A. Van den Velde, Carle du Jardin a peint des tableaux d'histoire dont les personnages sont retracés dans des proportions naturelles ; mais quelque mérite que puissent avoir ces compositions, il n'était pas plus que son émule appelé à établir sa célébrité sur ce genre de peinture. La nature l'avait destiné à être un grand peintre de paysage et d'animaux, et il a su remplir dignement sa vocation.

D'après le genre qu'il a suivi, et qui, comme on voit, comprend deux parties distinctes, quoique toutes deux classées dans le domaine du paysagiste, on s'attendrait peut-être à trouver une grande analogie entre ses productions et celles de son maître Berchem, qui, comme lui, ne s'est pas moins distingué à peindre le paysage que les animaux ; mais si le genre adopté par chacun de ces artistes est le même, leurs manières sont absolument différentes : celle de Berchem étant déjà connue, il reste à examiner en quoi peut consister celle de son disciple.

La manière de Carle du Jardin ne tient pas

seulement, dans ce qu'elle a de plus parfait, à l'excellente organisation du peintre, à l'avantage qu'il eut dans son enfance de recevoir les leçons d'un maître habile, ni même à son aptitude et à son intelligence dans l'étude de la nature : elle dépend principalement du choix que dès sa jeunesse il fit de l'Italie pour y former son talent, et l'y laisser mûrir et se développer entièrement.

C'est dans cette contrée où les sites ont de la grandeur dans les masses, et les objets de l'élégance dans les formes, où la chaleur du climat, la pureté de l'atmosphère et l'éclat resplendissant du soleil contribuent à colorer vivement ces mêmes objets, et à répandre sur eux une multitude de teintes diversifiées par des reflets combinés à l'infini ; c'est dans ces campagnes où les beautés de la nature et de l'art sont si favorables aux études du paysagiste, que du Jardin apprit le secret de cette richesse de composition, de cette chaleur de coloris, et de cette perfection d'harmonie qui brillent au plus haut degré dans toutes ses productions ; c'est là que la vue des chefs-d'œuvre dans tous les genres, et que la fréquentation des peintres occupés à reproduire des sujets historiques, concoururent à agrandir son imagination, à épurer son goût, et à lui donner l'habitude d'une exécution large et facile, sans lui rien faire perdre des qualités particulières au talent de tous les artistes de son pays, l'entente parfaite du clair-obscur, le fini précieux de la touche, et l'extrême fidélité dans l'imitation de la nature : aussi ses paysages réunissent-ils tous les genres de mérite, variété et goût délicat dans le choix des sites, compositions ingénieuses et pittoresques, grandeur dans les masses et précision dans les détails, dessin correct et élégant, coloris chaud, vigoureux et harmonie soutenue, pinceau large, spirituel et facile, enfin vérité parfaite dans l'ensemble et dans chacune de ses parties considérées isolément.

Si Carle du Jardin a des titres bien acquis pour être compté au nombre des artistes qui ont excellé dans le paysage envisagé indépendamment des accessoires qui peuvent vivifier les productions de ce genre, il ne mérite pas moins de prendre un rang distingué parmi ceux dont le talent ne s'est point borné à reproduire fidèlement de beaux sites, mais qui ont su encore les enrichir eux-mêmes de figures et d'animaux étudiés avec soin et retracés dans des proportions assez fortes pour former en quelque façon les principaux objets de la composition.

Les artistes qui ont peint avec succès tout à

la fois le paysage et les animaux, ont paru jusqu'à présent en bien petit nombre; et l'on doit s'attendre que dans le laps de temps que nous avons encore à parcourir, il ne s'en présentera plus aucun qui, loin de les avoir égalés en mérite, ait seulement marché de près sur leurs traces. En se bornant aux plus célèbres de ceux que l'on a déjà cités, on ne cherchera point à comparer Carle du Jardin, ni à Philippe Wouwermans dont le pinceau n'a guère retracé que des chevaux, ni à Paul Potter qui s'est trop peu occupé du paysage, et qui d'ailleurs, comme peintre d'animaux, est hors de comparaison par sa grande supériorité dans la naïveté de l'expression : arrêtons-nous donc seulement à Berchem et à Van den Velde; et, en balançant les qualités distinctives de leurs talens avec celles qui caractérisent les productions de du Jardin, peut-être parviendra-t-on plus aisément à déterminer au juste le degré de mérite de ces dernières.

Supérieur à Van den Velde comme paysagiste, par la richesse des compositions, par le choix et la variété des sites, aussi bien que par la chaleur du coloris, et par une touche moins moelleuse, à la vérité, et moins fondue, et qui par cela même ne laisse rien d'indécis dans les formes, et fait mieux sentir les extrémités des objets et leurs moindres détails, Carle du Jardin peint aussi savamment que cet artiste, et dessine aussi correctement les figures et les animaux; mais avec quelque sentiment de vérité qu'il les ait retracés, il est moins naïf dans l'expression qu'il leur a donnée; et, dans cette partie, il n'approche pas autant de l'inimitable Paul Potter que l'a fait Van den Velde.

A l'égard de Berchem, du Jardin n'a plus le même degré de supériorité dans ses paysages : les conceptions de l'un et de l'autre sont grandes, et leurs sujets bien ordonnés ; ils ne paraissent point, comme Van den Velde, avoir sacrifié en partie l'effet du site pour faire valoir les figures. Leur touche de part et d'autre est ferme, large et facile, leur coloris chaud et vigoureux ; cependant celui de du Jardin, habituellement plus fin, offre une harmonie plus égale et mieux soutenue, et son pinceau plus délicat fait mieux ressortir tous les détails. Habile comme son maître dans l'art de vivifier ses paysages, il y retrace comme lui des troupeaux et leurs gardiens, il groupe avec la même intelligence des animaux de différentes espèces ; mais il exprime avec plus de justesse leurs formes, leurs poses, leurs mouvemens, leurs habitudes ; en un mot, aussi ingénieux que le spirituel Berchem, avec le même goût et la même adresse, il est plus vrai dans ses imitations, et ses ouvrages portent une empreinte plus fidèle de la simplicité des beautés de la nature.

N'eût-il produit que des paysages, Carle du Jardin n'aurait rien à envier aux plus habiles en ce genre, et la grande célébrité dont il jouit n'aurait pas besoin d'autres titres que ses tableaux du Bocage, du Pâturage et du Passage d'une rivière à gué, qui enrichissent le Musée royal; mais ce n'est pas uniquement comme paysagiste qu'il s'est acquis une brillante renommée : il a retracé avec la même perfection des sujets de bambochades, des marchés publics, des charlatans et des attaques sur les routes. Quelquefois même son génie s'est élevé à des conceptions plus nobles, dans lesquelles on remarque, sinon la grandeur du style convenable à l'importance du sujet, du moins toute la perfection des qualités qui caractérisent son talent. Tel est un Crucifiement, composition recommandable par la vigueur du coloris, la magie du clair-obscur, et surtout par un ciel éminemment poétique ; mais une autre production capitale qui, comme la précédente, fait l'ornement du Musée royal, est une scène de charlatans (1) que l'on s'accorde à regarder comme

---

(1) Ce tableau sur cuivre, que de Boissieu a gravé spirituellement à l'eau-forte, a été adjugé à la somme de 17,210 livres

le principal chef-d'œuvre de l'artiste, et qui est véritablement admirable dans toutes ses parties ; enfin, pour n'omettre aucune preuve de l'étendue et de la variété de ses talens, ajoutons qu'il a gravé avec infiniment d'esprit une cinquantaine de planches à l'eau-forte.

Quel sujet plus capable d'exciter à la fois l'étonnement, l'admiration et les regrets que l'exemple d'un peintre qui, mort dans la vigueur de l'âge, après avoir consumé une bonne partie de son existence dans les plaisirs et la dissipation, a cependant laissé un nombre assez considérable de chefs-d'œuvre ! De quelle heureuse organisation, et en même temps de quelle prodigieuse facilité n'a-t-il pas dû être doué celui qui, tour à tour occupé de l'exercice de son art, et livré à de frivoles divertissemens, semble n'avoir jamais un seul instant perdu de vue la nature, ou du moins en a reproduit les beautés avec autant de perfection que si elles eussent été exclusivement l'objet de ses méditations et de ses pensées les plus chères ! S'il doit paraître extraordinaire que le même esprit ait pu se montrer alternativement aussi superficiel et aussi profond, il n'est pas moins difficile de

---

à la vente qui eut lieu en 1776 du riche cabinet de M. Blondel de Gagny.

concevoir qu'un artiste du premier ordre puisse imaginer des passe-temps plus doux que l'exercice de sa profession, et qu'il n'attache point assez de prix à la gloire d'y exceller, et à la considération publique qui environne ses succès, pour que tout ce qui peut tendre à l'en distraire ne soit à ses yeux dénué de toute espèce d'intérêt et d'agrément.

Egalement habile à peindre le paysage, les figures et les animaux, Carle du Jardin a pu être surpassé dans l'un ou l'autre de ces genres considérés isolément; mais, dans l'art si difficile et si rare de les traiter avec le même degré de perfection, il n'a pour ainsi dire point rencontré de rival; et si les fréquentes aberrations de sa conduite ne peuvent que dissuader de l'offrir en exemple, son talent est recommandable à trop de titres, pour qu'on ne doive point s'empresser de le proposer pour un des plus parfaits modèles qu'il soit possible d'imiter.

~~~~~~~~~~~~~~~~~~~~~~~~

Si l'on s'arrête à l'époque de la naissance de Carle du Jardin, la première moitié du dix-septième siècle est encore loin d'être écoulée; et depuis qu'il a commencé son cours, quelle variété de branches différentes n'a-t-on point remarquée dans le *paysage champêtre?* Combien de talens du premier ordre ne se sont-ils pas distingués parmi les paysagistes hollandais et flamands?

En ne s'attachant qu'aux artistes les plus remarquables soit par leur mérite réel, soit par le caractère particulier de leurs compositions, qui, envisagées séparément, semblent former autant de genres différens dans le *genre champêtre*, Both, Teniers, Wouwermans, Vander Neer, Everdingen, Berchem, Paul Potter, Backhuysen, Vander Meulen, Guillaume et Adrien Van den Velde, Vander Heyden et Carle du Jardin, peuvent offrir un aperçu de la richesse et de la variété de l'art du paysage, jusque dans le plus simple des deux genres qui composent son domaine. Quel surcroît d'abondance et de diversité, si l'on joignait à ces noms justement célèbres un grand nombre d'autres qui ne sont peut-être guère moins recommandables par eux-mêmes, mais dont les productions n'ont point une physionomie assez distincte pour être considérées comme de nouvelles divisions du même genre!

Il doit suffire d'un seul coup d'œil sur l'espace de temps qu'il reste à parcourir jusqu'au commencement du dix-huitième siècle, pour que l'on s'attende à découvrir une foule de nouvelles branches du *genre champêtre*, et un nombre encore plus considérable de paysagistes distingués. Sans doute ce double espoir ne sera point entièrement déçu. Cependant il s'en faut de beaucoup que, sous les deux rapports, la seconde moitié du dix-septième siècle puisse entrer en comparaison avec la première, surtout lorsque celle-ci est sur le point de produire deux autres talens supérieurs en quelque sorte à la plupart de ceux qui sont déjà connus. D'ailleurs, toutes les traditions s'accordent non seulement à indiquer dans cette première partie la naissance des paysagistes les plus habiles, mais même à présenter la seconde comme ayant été généralement peu féconde en peintres de ce genre.

De cet exposé exact d'un simple fait on aurait néanmoins tort de conclure que la culture du paysage n'a pas dû être bien florissante dans la seconde moitié du dix-septième siècle : car si l'on n'a point oublié les observations qui ont déjà eu lieu au sujet de la fin du seizième, en appliquant les mêmes raisonnemens à l'idée qu'on doit se former de l'état de l'art à l'époque dont nous nous occupons en ce moment, il sera facile de se convaincre que c'est évidemment dans la seconde moitié du siècle courant que les paysagistes nés pendant la première ont dû mettre au jour les productions de leurs pinceaux.

Toutefois, la grande célébrité de ces peintres, qui se sont immédiatement succédé depuis un petit nombre d'années, repose sur des titres si positifs, qu'il n'est pas permis de douter que l'époque à laquelle ils ont paru ne soit réellement celle où le *paysage champêtre* a atteint sa plus grande perfection. S'il était possible que cette vérité, démontrée par le nombre et l'excellence des talens que nous venons d'analyser, ait besoin d'être confirmée par de nouvelles preuves, celles que nous allons produire en ce moment, pour être les dernières, ne seront peut-être pas les moins décisives.

DE 1640 A 1646.

1640. Jacques Ruisdael, né à Harlem, était le plus jeune des deux fils (1) d'un ébéniste qui ne né-

---

(1) L'aîné, nommé Salomon, dont la naissance était antérieure d'une vingtaine d'années à celle de son frère, a été un assez bon peintre de marines; mais ses paysages ont trop peu de mérite pour qu'on ait cru devoir lui consacrer une mention particulière. Ses compositions et sa manière tiennent beaucoup à celles de Van Goyen, que l'on pourrait présumer avoir été son maître, mais qu'il a visiblement cherché à imiter.

gligea rien pour leur procurer une bonne éducation : aussi était-il instruit dans la langue latine ; il avait même étudié la médecine et la chirurgie, lorsque son inclination pour la peinture le détermina à se livrer entièrement à la culture de cet art, dans lequel il ne devait pas tarder à exceller.

Il paraîtrait que Ruisdael n'eut point de maître, et qu'il se forma lui-même, en mettant tous ses soins à imiter les différens objets qui lui plaisaient dans la campagne ; mais, empressé de perfectionner son instruction, il se rendit fort jeune à Amsterdam, auprès de Berchem, son compatriote, avec qui il contracta une amitié dont le temps et une conformité de caractère et d'inclinations ne firent que resserrer plus étroitement les liens ; les conseils et les exemples de cet habile peintre lui furent d'autant plus utiles, qu'il le voyait et qu'il travaillait fréquemment avec lui.

Quelques écrivains prétendent que les deux amis firent ensemble le voyage d'Italie ; mais si tout porte à croire que Berchem visita réellement cette contrée, la physionomie particulière de divers sites qu'il a retracés, les monumens antiques qui les décorent, sa Vue des côtes de Nice, et en général la chaleur de son coloris, la largeur de ses plans, et la forme imposante de ses masses, aucun de ces indices ne se retrouvant dans les ouvrages de Ruisdael, il est pour ainsi dire démontré que ce dernier ne quitta jamais la Hollande, et que toutes ses études, du moins les principales, se concentrèrent dans les environs d'Amsterdam. Néanmoins, au bout de plusieurs années de séjour dans cette ville, Ruisdael se sépara de Berchem, et revint se fixer à Harlem, où il continua de cultiver la peinture, sans vouloir se marier, pour être plus libre de soulager son père dont la vieillesse réclamait tous ses soins, offrant ainsi aux yeux de ses concitoyens le touchant spectacle de la piété filiale réunie à un beau talent. Malheureusement la mort le surprit qu'il n'était âgé que de quarante et un ans : on ne lui connaît point d'élèves ; mais un grand nombre de peintres ont cherché à imiter sa manière.

Comment en effet la manière la plus originale et en même temps la plus vraie qu'il soit possible d'imaginer, ne serait-elle point infiniment attrayante aux yeux des artistes qui y retrouvent tous les charmes de la nature imités avec une rare perfection ? Quel guide pourrait mieux mériter leur confiance, et diriger plus sûrement leurs pas dans la carrière, que celui qui est parvenu à en atteindre les limites ? Quel modèle plus accompli leur donnerait des leçons plus claires et plus positives, que celui dont les ouvrages leur présentent à la fois le précepte et l'exemple? Mais aussi jamais paysagiste ne fut plus que Ruisdael entièrement dévoué à l'étude de la nature, ne sut mieux saisir ses beautés, et se les approprier. Sans doute, il n'est pas le seul qui se soit montré aussi constamment zélé dans cette étude, et qui en ait obtenu des résultats aussi satisfaisans. S'il fallait recourir à un autre exemple non moins frappant, le nom de Claude le Lorrain, et ses chefs-d'œuvre se présenteraient à l'instant même à la pensée ; mais ce grand peintre, uniquement sensible à la majesté des phénomènes de la nature, semble n'avoir voulu la reproduire jamais qu'environnée de toute sa magnificence ; et Ruisdael, touché seulement de ses grâces naïves, s'est borné à les retracer dans toute leur simplicité.

On ne doit donc point s'attendre à reconnaître dans les ouvrages de ce peintre l'empreinte d'un génie créateur ni la richesse d'imagination qui forment le principal mérite de la plupart des productions des plus célèbres paysagistes. Ses compositions, plutôt resserrées qu'étendues, ne comportent ni ces lointains vaporeux, parmi lesquels l'œil aime à s'égarer, ni ces plans enrichis de monumens d'architecture, de fabriques ou de ruines, qui répandent une agréable variété au milieu des paysages. Ce sont des portraits fidèles de sites généralement renfermés dans un espace médiocre, et dont l'objet principal est la lisière d'un bois, ou simplement une chaumière ombragée par des arbres : souvent même ce n'est qu'un moulin entouré d'une barrière, ou bien un chemin montueux, bordé de plantes et de broussailles. Quelquefois cependant le site offre un aspect plus diversifié ; c'est une plaine arrosée d'une rivière, et entrecoupée de collines et de hameaux, ou c'est l'intérieur d'une forêt dans laquelle une infinité de petits sentiers tortueux fuient à perte de vue : les arbres ne s'y font point remarquer par l'élévation de leurs cimes ; mais les formes en sont vigoureuses et les espèces variées ; le feuillage est touffu, et les troncs et les branches se croisent et s'agencent de mille façons, mais toujours d'une manière pittoresque. De tous ces divers points de vue, il n'en est pour ainsi dire pas un seul qui ne soit animé par un courant d'eau : ici, elle forme une nappe limpide dont le cristal réfléchit le ciel qui l'éclaire, et les rameaux de verdure inclinés vers sa surface : là, elle coule paisiblement entre des touffes d'herbe et des tiges de plantes dont elle entretient la fraîcheur ; mais on la voit plus souvent agitée que tranquille : alors elle tombe avec rapidité sur une roue qu'elle met en mouvement, ou elle se précipite en une écume bouillonnante au fond d'un ravin.

Imitateur exact de la nature, Ruisdael n'a imité aucun peintre dans la manière de la retracer : non seulement il l'a envisagée sous un autre aspect, et il l'a reproduite avec plus de fidélité que tous ceux qui ont parcouru la même carrière ; mais il a procédé dans cette imitation avec un sentiment et des moyens d'exécution qui n'appartiennent qu'à lui seul : aussi son talent, éminemment remarquable par la vérité, ne l'est pas moins par un caractère d'originalité très-prononcée.

Rien de plus piquant que les effets qui embellissent ses tableaux, quoiqu'il ne les ait point empruntés de ces accidens lumineux, si resplendissans au lever du soleil et à son déclin. L'instant qu'il choisit habituellement se rapproche du milieu du jour, et il groupe les nuages, ou il les divise avec tant d'art, qu'ils semblent se mouvoir et éclipser par intervalles l'azur du ciel ; tantôt il oppose à leurs teintes argentées le ton rembruni d'une large masse de terrain plongée dans l'obscurité ; tantôt une nuée orageuse répand sur les campagnes d'épaisses ténèbres qui font mieux ressortir l'éclat doré d'un monticule ou d'une route sablonneuse, que le soleil, par une échappée, frappe de ses rayons : partout les ombres les plus vigoureuses luttent avec la lumière la plus vive, sans que ces contrastes fortement prononcés occasionnent la moindre discordance dans aucune partie de la composition.

Les mêmes effets, et la même adresse à les reproduire, se font remarquer dans les tableaux de marines de Ruisdael; car il ne s'est point borné au paysage tel qu'on l'entend de points de vue choisis dans la campagne. Son extrême habileté à exprimer l'agitation des eaux, et une inclination particulière, dont on ne saurait douter, à les envisager comme un des principaux agrémens des sites qu'il retraçait, devaient le porter naturellement à s'exercer dans un genre où elles forment l'objet pour ainsi dire unique de la composition : aussi a-t-il peint des orages sur mer avec une perfection qui laisserait à regretter qu'il n'eût pas produit un plus grand nombre de tableaux de ce genre, et même qu'il ne s'en fût pas exclusivement occupé, si ses paysages n'étaient pas aussi frappans de vérité, et en général d'une originalité encore plus piquante. Néanmoins il serait difficile de se figurer rien de plus magique, pour l'effet, que cette Tempête qu'on voit au Musée royal, production capitale de l'artiste, où l'on admire avec quelle vérité il a retracé le soulèvement des vagues, et quel parti il a su tirer de la blancheur de leur écume, opposée aux teintes sombres d'une nuée orageuse, pour produire des accidens de lumière d'une justesse et d'un éclat inconcevables.

On peut déjà juger que Ruisdael possède à fond la science de l'harmonie, et que la hardiesse des effets qui brillent dans ses ouvrages, soutenue comme elle l'est par la franchise de la touche, aussi bien que par l'extrême vigueur du coloris, doit piquer vivement l'attention du spectateur, en séduisant ses yeux; mais si ces paysages ne produisaient point d'autre résultat que celui d'étonner et de charmer l'œil, ils partageraient cet avantage avec un trop grand nombre d'autres ouvrages du même genre, pour que cette seule espèce de mérite dût motiver la grande célébrité dont ils jouissent. Il faut donc assigner d'autres causes à leur succès, et ces causes, on ne peut s'y méprendre, sont de la même nature que celles qu'on a déjà fait remarquer dans l'analyse du talent de Paul Potter. Si ce dernier réussit sans efforts à intéresser vivement par la vérité et la simplicité de l'expression qu'il a donnée aux animaux, Ruisdael qui n'est ni moins vrai ni moins naïf dans l'imitation des sites qu'il a retracés, parvient comme lui, sans paraître y avoir songé, à attacher le spectateur par un charme indéfinissable, et à captiver toutes ses facultés, au point de lui faire éprouver une multitude de sensations agréables.

Parmi ces sensations, que partagent indistinctement tous ceux qui savent apprécier le mérite des ouvrages de ce peintre, il en est quelques unes d'une espèce particulière, dont l'effet, moins généralement répandu, mais plus actif et plus intime, semblerait procéder de causes en quelque sorte indépendantes de l'art et du talent de l'artiste ; mais qui pourrait ressentir ces dernières émotions et s'y abandonner avec délices, s'il ne sait point s'identifier à la pensée du peintre, s'il ne partage point ses inspirations douces et mélancoliques, si son âme n'est pas douée de cette sensibilité vivifiante qui donne le mouvement à des objets inanimés, et qui découvre en eux mille attraits inconnus au reste des hommes? Celui dont le cœur est épris des beautés naïves de la nature, et qui se plaît surtout à la contempler dans la simplicité de sa parure, celui-là seul peut connaître tout le prix des paysages de Ruisdael : lui seul éprouve à leur aspect le charme de l'illusion, et ne tarde point à céder à l'influence de leur pouvoir magique.

Au fond de ce bois solitaire, entrecoupé de

divers sentiers, dont il entrevoit les détours sinueux, il hésite vers lequel il dirigera ses pas ; il cherche un lieu favorable à ses rêveries, et il s'arrête à celui qui lui offre l'ombrage le plus touffu et le gazon le plus frais.

Assis au pied de cette cascade, il croit distinguer, au milieu du murmure des eaux, le bruit de la meule qu'elles font mouvoir ; et les bouillons d'écume de l'onde fugitive qu'il voit se succéder sans interruption, sont l'emblème des pensées qui naissent et s'évanouissent dans un même instant au fond de son cœur.

Dans cet asile consacré au repos éternel, son âme s'abandonne à la mélancolie : errant parmi ces tombeaux silencieux (1), il médite sur le néant des choses d'ici-bas ; il apprend, au milieu des morts, à connaître la folie des vivans ; et, en voyant le terme où aboutissent tant de vains projets de bonheur et de gloire, il sait apprécier à sa valeur tout ce qui excite l'ambition ou la cupidité des hommes.

En face de cette cabane rustique, abritée sous le feuillage de vieux ormes, et entourée d'un

---

(1) Ruisdael a peint différentes fois les cimetières des Juifs dans les environs d'Amsterdam. Les gravures de ces points de vue se trouvent au cabinet des estampes de la Bibliothèque royale.

modique champ, qui suffit à la nourriture d'une famille entière, loin de plaindre le sort de ces pauvres villageois, il les félicite de ne connaître d'autres besoins que ceux qu'ils peuvent satisfaire aisément; il envie la paix dont ils jouissent, et il juge qu'ils sont heureux, puisque leurs jours s'écoulent tranquillement dans le sein de la nature.

Quelle est donc la puissance d'un art qui borne tous ses efforts, toute sa science à l'imitation des forêts et des campagnes! Pour parler au cœur de l'homme sensible, pour l'intéresser vivement, pour lui inspirer de graves réflexions, il n'a pas besoin de le mettre en présence d'aucun être vivant, ni de l'émouvoir par le spectacle des plaisirs ou des misères de ses semblables; il se contente d'offrir à sa vue l'intérieur d'un bois mystérieux, une chute d'eau qui fait tourner un moulin, quelques tombes sans faste, et une simple chaumière. A ces objets inanimés l'âme d'un peintre a su donner la vie et le sentiment, et les impressions qu'il en a reçues, il les transmet dans toute leur plénitude à celui qui, comme lui, sait voir la nature et se plaît à entendre ses leçons.

O vous, amis des arts, qui, pénétrés d'estime pour les talens qui y excellent, admirez sincèrement leurs productions dans tous les genres;

mais vous surtout qu'une prédilection particulière attache à celles qui retracent le séjour des campagnes, dites-nous, de tous les paysagistes dont les ouvrages vous sont familiers, quel est celui que vous affectionnez le plus?

Vous n'hésiterez point à répondre, vous qui joignez à la sensibilité des organes un caractère mélancolique, des mœurs simples et l'amour de la solitude; vous qui, retenus au sein des villes, et fatigués de leurs embarras et de leurs plaisirs bruyans, soupirez sans cesse après le silence des bois et le gazon des prairies: le nom de Ruisdael est dans votre bouche, comme ses ouvrages sont présens à votre pensée; et l'hommage que vous vous empressez de lui rendre n'est qu'un juste retour du plaisir que vous éprouvez à la vue des productions de son pinceau. Mille autres paysagistes ont pu séduire vos yeux, exciter en vous la surprise et l'admiration; quelques uns ont su agrandir votre imagination, éclairer votre esprit, élever votre âme, susciter en elle des pensées nobles et généreuses, Ruisdael lui seul a trouvé le chemin de votre cœur; il vous retrace dans toute leur simplicité les beautés naïves des campagnes : par le prestige de son art, par la vérité de ses imitations, il séduit vos sens; mais il ne les charme que par l'image de la nature, et en vous rapprochant d'elle, il calme vos ennuis, il vous rappelle pour quelques instans au bonheur.

Peintre sublime dans un genre simple, sensible et naïf, Ruisdael, tu partageas sans doute avec Claude le Lorrain le regret de ne point exceller à peindre les figures (1); mais tu partages aussi avec cet illustre émule la gloire d'être le premier dans ton genre, comme il est sans modèle et sans rival dans le sien. Si, comme lui, tu as pu désirer qu'il ne manquât rien à la perfection du plus beau des talens, comme lui, tu sais prouver que les tableaux de la nature ne sont jamais inanimés quand ils sont inspirés par le sentiment, et que, lorsqu'ils parlent à l'âme, c'est à l'imagination qu'il appartient de les vivifier elle-même, et d'y renouveler à son gré les

---

(1) On lui attribue celle d'un homme suivi de trois chiens, au milieu d'un chemin sablonneux, dans un de ses paysages exposé au Musée royal; mais, en général, toutes les figures qui ornent ses compositions sont dues aux pinceaux de Lingelback, de Philippe Wourwermans, d'Adrien Van den Velde, et de Berchem. Ce dernier a enrichi de figures et d'animaux la grande forêt qu'on voit également au Musée royal, et qui est un des ouvrages capitaux de Ruisdael. On remarque encore dans cette collection un très-beau paysage du même artiste, représentant une vaste campagne dans laquelle Wouwermans a peint quelques figurines.

La galerie d'Apollon renferme aussi trois charmans dessins de cet excellent paysagiste.

personnages et les scènes qu'elle se plaît à y créer.

A-t-il été l'élève de Ruisdael, ou simplement son imitateur, Hobbema, qui a si bien suivi la manière de ce grand paysagiste? Quel est son pays? en quel temps a-t-il vécu? dans quelle contrée ses ouvrages sont-ils répandus? étaient-ils recherchés jadis avec autant d'empressement qu'ils le sont maintenant? Telles sont les principales questions qui doivent occuper tous ceux que la vue d'un seul tableau de ce peintre intéresse sans doute assez vivement pour leur inspirer le désir de connaître quelques particularités de sa vie : malheureusement cette circonstance est une de celles où l'on a le plus à se plaindre du silence des historiens (1).

Les tableaux de Minder Hobbema sont extrêmement rares en France : peut-être cependant le sont-ils réellement moins qu'on ne le croit communément, et se vendent-ils quelquefois sous le nom de Ruisdael dont ils rappellent le genre de composition, le faire et le ton de couleur d'une manière assez frappante pour qu'au premier aperçu ils puissent être confondus avec ceux de ce dernier. De part et d'autre

---

(1) Suivant le *Dictionnaire historique de Watkins*, Hobbema paraîtrait né vers 1611, à Anvers; mais nulle part cette assertion ne se trouve confirmée.

on remarque un même goût dans le choix des sujets : ce sont des intérieurs de forêts, des chaumières rustiques, des moulins et des eaux courantes ; dans les uns comme dans les autres, on voit des effets piquans de lumière, un coloris également vigoureux, partout même vérité, même simplicité et même perfection d'harmonie dans l'imitation de la nature.

Toutefois il s'en faut bien qu'une similitude aussi apparente, sous tant de rapports, doive faire envisager Hobbema comme un simple copiste, ou tout au plus comme un imitateur exact. Si une conformité d'inclination l'a porté à s'attacher de préférence à retracer la même espèce d'objets que ceux dont Ruisdael a fait choix, il les a reproduits avec une franchise d'exécution et une expression toute particulière, qui caractérisent d'une manière incontestable l'originalité de son talent.

Parmi une multitude de nuances infiniment plus faciles à saisir qu'à indiquer avec une certaine précision, il en est une surtout qui ne peut échapper à l'œil de l'observateur attentif. La touche d'Hobbema, étonnante pour la franchise et la fermeté, est moins fine et moins terminée que celle de Ruisdael ; l'art ou plutôt la main de l'artiste s'y fait plus sentir, et c'est principalement cette marque distinctive du faire des deux paysagistes qui devrait empêcher toute méprise sur leurs productions respectives.

Assez souvent on agite la question de prééminence entre ces deux peintres, et il faut avouer que si, dans maintes occasions, des discussions de cette espèce paraissent déplacées, il semble qu'il ne peut en être de même de celle-ci où il y a parité absolue de genre : néanmoins, dans cette circonstance, la primauté serait bien difficile à assigner, par la raison que les tableaux de l'un étant aussi rares que les autres sont nombreux, les données sont trop inégales entre elles, pour qu'il soit possible d'asseoir un jugement valablement motivé. A la vérité, il est un point incontestable qui, s'il n'est rien moins que décisif aux yeux de tout être raisonnable, doit suffire à la gloire d'Hobbema, et complète son éloge bien mieux qu'il ne serait possible de le faire, à moins de tomber dans des répétitions inévitables : ses ouvrages sont recherchés avec plus d'empressement, et atteignent des prix plus élevés que ceux de Ruisdael, qui sont eux-mêmes très-courus, et évalués à des sommes considérables ; mais ne serait-il pas superflu de faire remarquer que cette différence de valeur entre les productions des deux artistes peut bien n'avoir point d'autre cause que la différence du nombre, et que si les unes sont recherchées avec plus d'empressement que les autres, le seul motif de cette préférence est probablement une nouvelle preuve de cette triste vérité, que le cœur de l'homme est porté de sa nature à moins priser ce qu'il possède ou ce qu'il lui serait aisé d'obtenir que ce qu'il ne peut acquérir que difficilement ?

Quelles que puissent être enfin les raisons plus ou moins fondées d'une prédilection dont il serait fort embarrassant pour la plupart de se rendre un compte exact, les opinions s'accorderont toujours sur ce point, que Ruisdael et Hobbema ont tous deux des droits d'autant mieux acquis à une grande célébrité, que leurs diverses manières sont à la fois vraies et originales. Quant aux amateurs du genre qu'ils ont traité, ils ne paieront jamais à leurs ouvrages le tribut de leur admiration, sans se féliciter de voir doubler les jouissances dont ils sont redevables à deux beaux talens.

Tandis que, par une assiduité constante à l'étude de la nature, plusieurs artistes des Ecoles hollandaise et flamande étaient parvenus à porter le *paysage champêtre* à sa perfection, quelques autres paysagistes des mêmes contrées, informés par la renommée de l'éclat que les arts jetaient en France, s'empressaient de se rendre à Paris, dans la vue d'y achever leur instruction : ils commençaient par s'y former sous les yeux d'habiles peintres dont les conseils et les talens animaient leur émulation en dirigeant leurs progrès ; et bientôt, par une continuité de zèle et d'efforts, ils ne tardaient point à obtenir des succès qui leur méritaient des distinctions honorifiques.

Parmi ces artistes étrangers que leur admission à l'Académie royale de peinture affilie en quelque sorte à l'Ecole française, on remarque à la même époque deux compatriotes qui se sont distingués dans le paysage, et dont la manière de le traiter diffère entièrement de celle des peintres de leur pays.

Le premier de ces deux paysagistes est Abraham Genoels, né à Anvers, qui, après avoir dessiné jusqu'à l'âge de quinze ans sous les yeux de Bakeréel, se rendit à Bois-le-Duc auprès de Firelens, et apprit de ce dernier la perspective et les mathématiques : une fois initié dans ces sciences, il crut que le séjour de la France serait utile au projet qu'il avait de se livrer à la culture du paysage, et il vint à Paris où il trouva Francisque Milé, qui, dès son enfance, était parti comme lui de la ville d'Anvers, sous la conduite de Franck dont il recevait les leçons.

1640.

Ces jeunes artistes furent bientôt liés d'une étroite amitié, et se firent un plaisir de se communiquer mutuellement toutes les réflexions qui pouvaient activer leurs progrès : mais Genoels, plus âgé que son compatriote, et plus avancé dans son instruction, parvint plus tôt que lui à se faire connaître avantageusement. Logé au palais du Temple, où le grand-prieur lui avait permis d'établir son atelier, il y composa plusieurs tableaux pour différentes personnes de distinction, entre autres pour la princesse de Condé et l'ambassadeur d'Angleterre. Bientôt sa réputation s'accrut au point que les jurés de l'Académie de Saint-Luc voulurent l'obliger à se faire inscrire parmi eux : leurs instances, et ensuite leurs menaces, furent portées si loin, que Genoels eut recours au crédit du premier peintre du roi, Charles le Brun, qui, enchanté de ses ouvrages, le présenta lui-même, et le fit recevoir à l'Académie royale de peinture (1).

Malgré les avantages dont Genoels jouissait

---

(1) Il n'est peut-être pas inutile de faire remarquer, à la louange de le Brun dont la mémoire a été souvent attaquée, que c'est principalement à sa recommandation qu'entre autres exemples, Vander Meulen et Genoels furent redevables des travaux qu'ils exécutèrent en France, des moyens qui facilitèrent leurs grands succès, et des récompenses honorifiques qu'ils obtinrent de la munificence royale.

en France, et bien qu'il eût été chargé, pour le compte du gouvernement, de divers travaux dont il s'était acquitté à la satisfaction générale, l'amour de la patrie l'emporta dans son esprit sur toute autre considération, et il retourna à Anvers où il fut également employé à des ouvrages importans pour la cour des Pays-Bas. Aussitôt qu'ils furent terminés, le désir qu'il avait toujours eu de visiter l'Italie, le détermina à partir pour Rome ; et, dès son arrivée dans cette ville, il s'occupa sérieusement des moyens de perfectionner ses talens, en s'appliquant moins à composer des tableaux qu'à méditer les œuvres des grands maîtres et à recueillir dans la campagne une ample moisson d'études.

Après huit années de séjour en Italie, Genoels rapporta en France des plâtres moulés sur l'antique, et quelques figures en marbre. Il fit présent d'un paysage au ministre Colbert, et d'un autre à le Brun ; et, malgré les plus vives instances qu'on fit pour le retenir, il retourna se fixer à Anvers où il mourut dans un âge fort avancé, ayant consacré les dernières années de sa vie à enseigner gratuitement la perspective et l'architecture.

Genoels a peint quelques portraits dont le mérite passe pour être bien inférieur à celui de ses paysages : ceux-ci sont peu connus maintenant. La majeure partie de ses ouvrages en ce genre consistaient en des fonds qu'il peignit dans les tableaux de divers peintres d'histoire ; et soit que ces grandes machines aient été anéanties, soit que la tradition de l'origine des accessoires qui accompagnent le sujet principal ne se soit point conservée, ces preuves ostensibles des talens du paysagiste ne subsistent plus ; cependant il est encore permis de juger de la noblesse de son style, de la vigueur de son coloris, et de la facilité de son exécution, d'après les fonds qui sont de sa main dans les grandes batailles d'Alexandre, dont l'Ecole française est redevable au pinceau de Charles le Brun. On y reconnaît à la fois une imitation fidèle de la nature, l'élévation du coup d'œil qui sait la choisir, et l'art si difficile de la retracer dans de grandes proportions, sans altérer la simplicité de ses formes.

Pour bien apprécier l'étendue de son imagination et les avantages dont il fut redevable à des études recueillies avec assiduité et discernement, il serait bon de recourir à une suite d'estampes gravées par lui-même et par divers artistes d'après ses dessins. C'est dans cet œuvre précieux à consulter, que l'on remarquera, non pas seulement des vues de jardins ornés de statues, de vases, et sur les devants des arbres d'un port élégant, et des plantes groupées avec art et d'une forte dimension ; mais on y admirera des compositions ingénieuses et conçues dans un style noble, des paysages enrichis de ruines et de fabriques pittoresques et animés par des figures bien dessinées et drapées largement. Ces vestiges du talent d'Abraham Genoels inspireront sans doute des regrets sur la perte de ses principaux ouvrages ; mais il n'est pas moins constant qu'ils serviront toujours à déposer en faveur de la noblesse de ses compositions et de la délicatesse du goût qui le dirigea habituellement dans le choix de la nature et dans la manière de la retracer.

Jean-François Milé, plus connu sous le nom de Francisque, quoique compatriote de Genoels, n'était cependant pas issu d'une famille originaire de Flandre. Son père, habile tourneur en ivoire, demeurait à Dijon, lorsque le prince de Condé, gouverneur des Pays-Bas, le fit venir à Anvers où il résidait ; et ce fut depuis son établissement dans cette ville qu'il donna le jour à Francisque ; aussitôt qu'il eut reconnu 1643. l'inclination de son fils pour la peinture, il le plaça auprès de Franck, peintre d'histoire, et sa mort, survenue peu de temps après, laissa Francisque encore enfant sans autre appui que son maître qui ne tarda point à l'emmener à Paris.

On sait qu'il s'établit entre Genoels et lui des relations d'intimité qui tournèrent au profit de leur commune instruction. Les deux amis avoient même résolu de visiter ensemble l'Italie : mais Genoels fut le seul qui par la suite réalisa ce projet. Milé, à peine âgé de dix-huit ans, ayant épousé la fille de Franck, ne songea plus à faire le voyage de Rome : il s'appliqua à cultiver les genres de l'histoire et du paysage, et il paraîtrait que ce fut en copiant des tableaux du Poussin, que possédait à Paris un amateur bien connu à cette époque sous le nom de Jaback, qu'il s'instruisit dans l'art du paysagiste, et qu'il se forma une manière qui fut infiniment goûtée du public.

Dès que sa réputation se fut étendue au loin, il voulut aller voir quelques amis en Flandre, et ce voyage lui procura l'occasion de passer en Angleterre et dans la Hollande. Partout il fut accueilli avec distinction ; mais, malgré le désir qu'on lui témoigna de le retenir dans ces différentes contrées, il s'empressa de revenir à Paris où son mérite le fit recevoir à l'Académie royale de peinture, et depuis il fut nommé professeur.

Chargé d'ouvrages pour la France et les pays

étrangers, Francisque ne jouit pas long-temps des avantages de sa position et de la considération publique qu'il méritait par ses talens et par la générosité de son cœur. Soit que des envieux, s'il faut s'en rapporter à la tradition, eussent attenté à ses jours par un poison qui altéra sa santé et sa raison, soit que tout autre cause qu'il est moins pénible de supposer, eût contribué à abréger le terme de sa vie, il mourut à l'âge de trente-sept ans, laissant un grand nombre d'enfans, parmi lesquels deux avaient été ses élèves, et suivirent la profession de leur père avec des succès assez marquans pour obtenir comme lui le titre d'académiciens.

Dès le premier aperçu, on reconnaît dans les paysages de cet artiste une imagination poétique, des conceptions nobles, un style large, un dessin correct, une exécution facile; et cependant, en ne consultant que la valeur vénale attachée à la plupart de ces productions, il est aisé de se convaincre qu'elles ne jouissent point de la considération qu'elles sembleraient devoir mériter. Il est vrai que dans le nombre il en est dont le coloris trop égal n'offre point ces effets inattendus, ces coups de lumière dont l'éclat, en attirant l'attention du spectateur, séduit agréablement ses yeux: peut-être aussi laissent-elles à désirer une imitation plus fidèle de la nature, et en cela elles serviraient à confirmer ce que l'on rapporte de l'usage où était Francisque de ne se fier qu'à ses réminiscences pour retracer les sites qui avaient frappé ses regards : alors même, en admettant ce que l'on raconte de la prodigieuse facilité de sa mémoire à laquelle il était redevable de ne jamais oublier les objets qu'il avait considérés attentivement, il n'y aurait pas lieu de s'étonner qu'en se rappelant parfaitement les masses, la majeure partie des détails eût échappé à ses souvenirs ; et que, par une suite inévitable, les caprices de l'imagination eussent quelquefois substitué dans ses tableaux des beautés de convention aux beautés positives de la nature.

Il est une autre observation à laquelle on doit encore s'arrêter. L'habitude que Francisque avait prise dans sa jeunesse de copier les paysages du Poussin et de se modeler sur eux, pour ainsi dire exclusivement, les lui avait rendus vraisemblablement assez familiers pour qu'au moment où il s'occupait d'une composition, ils vinssent se retracer à sa pensée ; dès lors ces réminiscences agissant sur son esprit, pour ainsi dire à son insu, ont dû nécessairement contribuer à établir entre la manière de son modèle et la sienne des rapports trop frappans pour que l'une offrant l'imitation de la nature, et l'autre une espèce de copie de cette imitation, le talent de Francisque, comparativement à celui du Poussin, ne semble pas dépourvu de franchise et d'originalité.

Si c'est à ces différentes causes qu'il est raisonnablement permis d'attribuer le peu d'empressement des amateurs à rechercher les productions de Francisque, il y aurait néanmoins de l'injustice à ne pas convenir qu'il en est plusieurs auxquelles on doit attacher un grand prix ; qu'en général les sites qu'il a retracés sont poétiques et imposans ; qu'il a su les enrichir de beaux monumens antiques, et les animer ingénieusement par des sujets empruntés de l'histoire et de la mythologie ; que parfois son coloris est fin et harmonieux ; que ses compositions réunissent la grandeur à la simplicité ; enfin que dans quelques unes il s'est approché du Poussin de manière à laisser au premier coup d'œil les esprits dans l'indécision, et à les exposer à des méprises qu'ils ne sauraient éviter à moins d'un tact sûr et d'une expérience consommée.

En balançant ces éloges dictés par l'impartialité avec des critiques également fondées en raison, il ne sera point difficile de se former une opinion juste sur le talent de Milé. Un examen attentif de ses ouvrages fera connaître qu'il joignit à un esprit cultivé des conceptions sages et de l'élévation dans les pensées, mais que s'il eût moins négligé l'étude de la nature, sa manière eût été infiniment plus franche et plus originale : cependant, en ne s'attachant qu'à ses œuvres choisies (1), on n'hésitera point à le placer au rang des paysagistes qui ont cultivé le *genre historique* avec distinction, et l'on ne se rappelera point la fin prématurée d'un peintre qui fut peut-être, de même que le Dominiquin, une nouvelle victime des fureurs de l'envie, sans le plaindre d'avoir partagé la triste destinée d'une foule d'artistes célèbres moissonnés comme lui au milieu de leurs plus brillans succès (2), et à un âge où les chefs-d'œuvre qu'ils

---

(1) Francisque est du nombre des peintres dont on regrette de ne remarquer aucun tableau dans le Musée royal. Diverses productions de son pinceau seraient cependant bien dignes de faire partie de cette belle collection.

(2) On sait que le grand Raphaël et le Parmesan ne dépassèrent point le terme de trente-sept années; que Dominique Feti n'atteignit point cet âge, que le Corrége et André del Sarte ne vécurent que trois et cinq ans au-delà. Dans l'Ecole française, trois peintres d'histoire des plus renommés, Valentin, le Sueur et Blanchart moururent, le premier à trente-deux ans, et les deux autres à trente-huit; et, de nos jours, Drouais et Cochereau, ces intéressantes victimes d'une fatale et commune destinée, n'ont-ils pas été ravis à l'espoir de leur patrie, celui-ci à vingt-quatre ans, et celui-là à vingt-cinq, laissant dans deux genres différens

avaient déja mis au jour étaient les gages assurés de ceux qu'ils auraient produits par la suite.

Peut-être serait-ce au temps de la naissance de Francisque qu'il conviendrait de placer celle d'Allegrain qui fut, à n'en point douter, son contemporain, et dont les paysages semblent indiquer un autre imitateur du Poussin. Tout en rendant justice à l'élévation de ses pensées, à l'élégance des fabriques qui ornent ses sites et

---

des productions qui ont été jugées dignes de prendre place parmi les chefs-d'œuvre réunis au Musée royal ? Mais, pour se restreindre aux seuls paysagistes des diverses contrées, on croit devoir donner ici une liste abrégée de ceux dont la carrière fut d'une trop courte durée :

Noms.	Morts à
Paul Potter	29 ans.
Giorgion	33
Pietro Testa	33
Ad. Van den Velde	33
Francisque Milé	37
Karel du Jardin	38
J. B. Weenix	39
Breemberg	40
Jean Both	40
Jacques Ruisdael	41
Callot	43
Elsheymer	46
Ph. Wouwermans	48

Isaac Van Ostade mourut fort jeune, sans qu'on sache en quelle année.

à la noblesse des personnages qui les vivifient, on ne peut se dissimuler que son coloris ne soit monotone et privé de lumière, et que la multiplicité des objets ne contribue à rabaisser le style et à rétrécir la composition, au lieu de lui donner une apparence de grandeur.

Inférieur en mérite à Milé, bien que paraissant doué d'une imagination plus abondante, Allegrain devait plus que ce dernier éprouver l'inconstance du public, et s'attendre que tôt ou tard une défaveur trop rigoureuse pour ne pas être injuste succéderait à l'estime dont il avait joui, et qu'il n'est donné qu'à des œuvres parfaites de conserver et même par la suite de provoquer à un plus haut degré, à mesure que leur origine devient plus ancienne : néanmoins le nombre des paysagistes français qui ont paru dans le dix-septième siècle est assez peu considérable, et d'ailleurs Allegrain, sous divers rapports, mérite assez de figurer parmi eux, pour qu'il y ait lieu de s'étonner du silence des historiens à son égard. On présume, mais sans aucune garantie, qu'il portait le prénom d'Etienne, qu'il naquit à Paris où il mourut fort âgé en 1736, et qu'il eut un fils nommé Gabriel qui cultiva le même genre de peinture, de sorte que si cette dernière assertion était prouvée, il serait difficile de savoir quel est le véritable auteur des tableaux qui sont tous attribués à Allegrain sans aucune autre désignation.

Quelque réelle que soit en général cette impulsion secrète qui porte les hommes à embrasser une profession à laquelle leur éducation primitive ne semble pas toujours les destiner, c'est surtout dans l'exercice des arts que l'on peut remarquer plus fréquemment la puissance d'une sorte d'instinct irrésistible, signe manifeste d'une véritable vocation et ordinairement le présage d'une grande célébrité.

Parmi une foule d'exemples que les annales des arts pourraient produire à l'appui de cette vérité, un des plus remarquables dans son principe et ses conséquences, est celui que nous offre Ruisdael dont les premières études étaient de leur nature trop étrangères à l'art de la peinture, pour qu'elles dussent faire pressentir que par la suite il se consacrerait exclusivement à la culture du paysage.

Cependant quels éclatans succès ne devaient point couronner une détermination aussi inattendue! Quelle célébrité n'était pas réservée à celui qui, sans guide et sans appui, s'engageait dans une carrière si nouvelle pour lui, et où il ne pouvait faire un pas sans craindre de s'égarer! Mais le même instinct qui lui en avait ouvert l'accès, devait encore diriger sa marche incertaine, et lui indiquer la route qui le conduirait au but. Si d'autres avant lui avaient porté leurs pas assez loin dans le même sentier, il sut en atteindre la limite, et il dut à cet avantage la gloire de déterminer l'essence du véritable *genre champêtre* dans l'art du paysage et d'élever ce genre à sa perfection.

Ce n'est pas absolument sous le point de vue d'une célébrité comparable à celle de Ruisdael qu'un autre paysagiste de la même contrée va nous offrir un nouvel exemple de la force de cet instinct qui entraîne pour ainsi dire involontairement dans la carrière des arts ceux que des difficultés sérieuses sembleraient devoir en écarter. Mais si les preuves que nous allons invoquer en ce moment ne sont point appuyées sur des succès aussi extraordinaires que ceux dont on vient de parler, l'exemple en lui-même sera peut-être encore plus frappant, en ce sens que rien dans le précédent n'indique que Ruisdael, dans son inclination pour la peinture, ait éprouvé la moindre opposition de sa famille, et que d'ailleurs l'étude qu'il avait faite de la médecine et de la chirurgie suppose un âge assez avancé pour qu'il ait pu de lui-même prendre une détermination et n'y persister qu'après avoir consulté sa raison : ici, c'est un enfant que nous allons voir, non pas seulement triompher de tous les obstacles pour se livrer à la culture du paysage, mais encore dédaigner en quelque sorte les leçons d'un paysagiste renommé pour choisir une autre route que celle où il pourrait aisément se diriger sur les pas d'un maître habile, et aimer mieux s'abandonner à la seule impulsion de sa volonté, et ne se guider que d'après ses propres réflexions.

DE 1646 A 1656.

Jean Glauber, né à Utrecht, n'avait pas été 1646. destiné par ses parens à suivre la carrière des arts : mais un penchant secret l'attirant dès son enfance vers la peinture, il eut bien des contrariétés à essuyer et de grandes oppositions à vaincre, avant que par ses instances il obtînt la permission de dessiner pour son amusement. Divers peintres, dont il s'empressait de rechercher la connaissance, se plaisaient à lui donner des conseils qu'il ne négligeait point de mettre à profit, jusqu'à ce qu'enfin il lui fut permis d'entrer dans l'atelier de Berchem, sous les yeux duquel il fit les progrès les plus rapides.

On ne devrait point s'attendre que le jeune Glauber, libre enfin de suivre son inclination, et recevant les leçons d'un maître aussi capable de le diriger dans ses études, pût ambitionner d'autre avantage que celui de profiter des préceptes et des exemples d'un peintre consommé dans son art; mais la nature en avait ordonné autrement : elle destinait l'élève à suivre un autre sentier que celui que son maître avait parcouru avec tant de distinction; dès l'instant que des paysages du *genre historique* eurent frappé ses regards, ceux de Berchem, malgré leur mérite réel, n'eurent plus les mêmes charmes à ses yeux, et il passa quelques années à copier des paysages de l'Ecole italienne dans la maison d'un commerçant de tableaux; ensuite, comme il voulait perfectionner ses études à Rome, il quitta la Hollande avec son frère, âgé de quinze ans; et après s'être arrêté une année à Paris et deux à Lyon, auprès de Vander Kabel, il partit pour l'Italie, toujours accompagné de son jeune frère.

Au bout de cinq années employées à étudier sans relâche successivement à Rome, à Padoue et à Venise, Glauber alla demeurer assez longtemps à Hambourg, puis se rendit à Amsterdam où il fixa définitivement son domicile dans la maison de Lairesse (1) dont il devint l'intime

---

(1) Gérard de Lairesse, né à Liége en 1640, et sur-

ami : par suite de cette union, fondée sur une conformité de profession et d'amour du travail, ces deux artistes associèrent leurs talens ; de manière que depuis cette époque Lairesse enrichit de figures les tableaux de Glauber, de même que celui-ci orna de fonds de paysage les compositions historiques de Lairesse. Glauber mourut à Amsterdam à l'âge de quatre-vingts ans, sans qu'on sache s'il a laissé des enfans de son mariage avec la sœur d'un architecte hollandais : on ne lui connaît pas d'autre élève que son frère dont il a été parlé, et qui a suivi sa manière, mais ne l'a point égalé en mérite.

Il serait difficile de ne pas reconnaître dans les paysages de Glauber une imitation vraie des sites de l'Italie, et le résultat de nombreuses études recueillies avec soin dans cette contrée. Il est pourtant hors de doute qu'avant de se livrer à ces mêmes études, et dès l'instant qu'il s'était séparé de Berchem, Glauber avait employé plusieurs années en Hollande à copier des tableaux de paysage, et il semblerait que cette méthode, pratiquée pendant un certain laps de

---

nommé le Raphaël hollandais, a peint le genre de l'histoire avec un grand succès. Devenu aveugle vingt et un ans avant sa mort qui eut lieu en 1711, il composa un Traité sur le dessin et la peinture. On voit au Musée royal plusieurs tableaux de cet artiste.

temps, aurait dû nuire au développement de son imagination, et l'empêcher de se former une manière franche et originale; mais on doit considérer que, par un système différent de celui de Francisque, que l'on sait n'avoir jamais suivi d'autres modèles que les ouvrages du Poussin, Glauber fut assez judicieux pour ne point s'attacher exclusivement aux productions d'un seul artiste. La facilité de varier son choix parmi les œuvres de divers paysagistes, et l'habitude de comparer entre elles les différentes manières de ces peintres, n'avaient dû laisser à la longue dans son esprit qu'une impression vague de tous les tableaux qu'il avait imités, de sorte que sa mémoire les lui rappelait trop confusément, lorsqu'il se trouva dans les campagnes de l'Italie, pour qu'il n'eût point conservé la faculté de voir la nature par ses propres yeux, et de la retracer d'après ses sensations particulières, et par des moyens qui n'appartinssent qu'à lui seul.

Ces observations, fondées sur un principe d'une application générale dans tous les arts d'imitation, se réduisent à un point qu'il importe aux jeunes paysagistes de ne jamais perdre de vue. La nature est le modèle le plus parfait qu'ils puissent se proposer; elle est même l'unique guide qui doive les diriger; mais si, pour se faciliter les moyens de la voir clairement, et de parvenir à comprendre ses leçons, ils ont besoin de s'aider de l'étude des ouvrages de l'art où elle est retracée, qu'ils se gardent bien de ne méditer que les productions d'un seul maître, fût-il le premier dans son genre; quelques efforts qu'ils fissent par la suite, ils seraient toujours dominés par les premières impressions qu'ils auraient reçues; et comme, dans leurs imitations de la nature, ils ne la verraient qu'avec des yeux déjà prévenus et accoutumés à une façon particulière de la reproduire, ils ne parviendraient jamais qu'à être des copistes plus ou moins exacts d'un premier imitateur.

C'est bien évidemment par une conséquence du principe qu'on vient d'établir, que les compositions de Glauber, bien qu'elles offrent des intentions qui se rapprochent de celles du Poussin et du Gaspre, se distinguent cependant par une originalité que la facilité de l'exécution sert à caractériser d'une manière encore plus sensible. Partout on y reconnaît, et dans la vérité des formes, et dans la précision des détails, que le peintre n'a point eu d'autre modèle que la nature, et l'on ne peut douter, à la chaleur du coloris et à l'aspect imposant des sites, qu'il ne l'ait étudiée sous le beau ciel de l'Italie, de même qu'il est constant que, non content de choisir les points de vue les plus pittoresques, il a su ajouter encore à leurs agrémens, en les ornant de fabriques et de monumens d'architecture antique.

Si d'autres accessoires devaient concourir à l'embellissement de ces paysages, et les élever sous un nouveau rapport au rang des productions de ce genre que l'on considère comme *historiques*, ce seraient sans contredit les figures dont elles sont enrichies. On les attribue à Gérard de Lairesse (1), et il faut avouer qu'elles sont dignes du pinceau d'un artiste accoutumé à s'exercer sur des sujets qui appartiennent au genre de l'histoire : lors même

---

(1) Il est généralement reçu de considérer les figures de tous les paysages de Glauber comme étant de la main de Lairesse; mais cette opinion, accréditée par la tradition des historiens, est évidemment erronée à l'égard de la majeure partie des productions de Glauber, et il ne sera point difficile de s'en convaincre, pour peu qu'on veuille peser les observations suivantes : Selon ces mêmes historiens, Glauber qui était né en 1646, quitta Hambourg pour aller en 1684 s'établir à Amsterdam, où il fit la connaissance de Lairesse; ainsi déjà il n'est pas présumable que le premier eût atteint sa trente-huitième année sans avoir mis au jour quelques tableaux dont les figures n'étaient assurément point de Lairesse. Mais allons plus loin : celui-ci perdit la vue en 1690; et, comme Glauber, mort en 1726, a vécu trente-six années postérieurement à la cécité de son ami, il n'a pu dans ce laps de temps qu'orner lui-même ses tableaux de figures, ou recourir à d'autres peintres que Lairesse pour

qu'elles ne représentent que des pasteurs et leurs troupeaux, la correction du dessin, l'ensemble des proportions, la justesse des attitudes et l'agencement des draperies, tout décèle un talent qui sait ennoblir les moindres objets, et les rendre intéressans par la manière de les mettre en action.

Au milieu de tant de motifs qui devraient contribuer à donner aux productions de Glauber une grande valeur, il est à remarquer qu'elles sont loin d'atteindre un prix aussi élevé qu'on serait disposé à le croire, surtout eu égard à leur extrême rareté en France (1). Peut-être

---

obtenir d'eux un service que ce dernier était devenu hors d'état de lui rendre. Il est donc démontré que les figures qui enrichissent les ouvrages de Glauber dont la date est antérieure à 1684, ou postérieure à 1690, n'ont pas été peintes par Lairesse.

Ces différens points éclaircis, il demeure constant que l'association des talens des deux amis n'ayant eu lieu que pendant six années, Glauber, qui est connu pour avoir été très-laborieux et pour avoir poussé fort loin sa carrière, a dû produire le plus grand nombre de ses ouvrages, sans la participation de Lairesse. Quel est le peintre qui a orné de figures ces mêmes ouvrages? C'est une question que nous laissons à résoudre à ceux qui ont eu la facilité de voir dans la Hollande un certain nombre de paysages de Glauber.

(1) On voit de cet artiste, au Musée royal, un beau paysage enrichi de figures dont les principales représentent des bergers gardant leurs troupeaux. Ce tableau, d'une

une certaine mollesse dans la touche, et trop d'uniformité dans les teintes locales, sont-elles les principales causes du peu d'empressement que les amateurs mettent à les enchérir; mais malgré ces légères imperfections qu'on ne peut dissimuler, elles sont en possession des suffrages des artistes, qui se plaisent à rendre justice à la richesse d'imagination du peintre, à l'élévation de son style, et à son discernement dans le choix de la nature et dans l'art de l'embellir, lors même que ses imitations paraissent n'en reproduire que l'image fidèle.

On se souvient qu'une circonstance particulière, le voyage de Franck à Paris, avait procuré à son élève Francisque Milé l'occasion de continuer ses études dans cette ville, et que la considération dont ce dernier y jouit par la suite le détermina sans peine à ne jamais quitter la France qu'il pouvait d'ailleurs, à plus d'un titre, considérer comme sa véritable patrie, puisque, d'une part, elle était celle de son père, et que, d'un autre côté, elle l'avait adopté lui-même, en l'inscrivant d'une manière honorable au nombre de ses meilleurs artistes; mais nous

---

grande dimension, est surtout remarquable par la noblesse de l'ordonnance, par la poésie du style, et par un accord merveilleux entre le caractère du site et les figures, que l'on regarde comme étant de Lairesse.

allons voir un de ses compatriotes rester insensible à la perspective d'une semblable distinction, et en s'obstinant à ne point sortir de la Flandre, se priver volontairement des avantages qu'il pouvait espérer en France, et que devaient lui garantir les promesses les plus flatteuses et les plus positives.

Cornille Huysmans, surnommé de Malines, parce qu'il fixa sa résidence dans cette ville, naquit à Anvers. Il avait été destiné par son père, habile architecte, à le remplacer dans sa profession; mais devenu orphelin qu'il était encore enfant, un de ses oncles le plaça dans l'Ecole de Gaspard de Witte (1), où il étudia le paysage; quelques tableaux de Van Artois, qu'il eut occasion de voir, lui inspirèrent un si vif désir de se mettre sous la direction de cet habile paysagiste, qu'il alla se présenter à lui à Bruxelles. Van Artois l'accueillit avec bienveillance; et ne tarda point à l'employer à dessiner pour lui des points de vue; et ces études, utiles au maître, furent encore plus profitables

1648.

---

(1) De Witte voyagea en France et en Italie avant de retourner s'établir à Anvers, où il était né en 1621. On connaît peu ses paysages qui passent pour être d'un beau ton de couleur, et qu'il orna de débris d'architecture. Son frère aîné, Pierre de Witte, paraît s'être également distingué comme paysagiste.

à l'élève, qu'elles accoutumèrent à imiter fidèlement la nature, et qui eut l'avantage de s'en servir par la suite pour la composition de ses paysages.

Huysmans, livré lui-même, suivit d'abord la manière de son maître. On rapporte que vers ce temps Vander Meulen, dans un voyage qu'il fit en Flandre, fut si satisfait de ses ouvrages, qu'il le pressa vivement de l'accompagner à Paris, en lui donnant l'assurance qu'il y serait reçu favorablement, et qu'il jouirait d'une pension considérable ; mais ces instances, qu'il renouvela par lettres depuis son retour en France, n'eurent pas plus de pouvoir sur Huysmans, qui refusa de quitter son pays, en prétextant qu'il ne savait pas la langue française. Peu de temps après, il se rendit à Malines, où il fixa définitivement son séjour, et ce fut dans cette ville qu'il abandonna la manière de Van Artois, pour en adopter une bien supérieure, dont il ne fut redevable qu'à lui-même : sa grande application au travail se soutint pour ainsi dire jusqu'à ses derniers momens, et il mourut à l'âge de soixante-dix-neuf ans.

Il serait bien difficile maintenant de juger du véritable degré de mérite de cet artiste, d'après la plupart de ses tableaux, qui ont poussé au noir, sans doute par l'effet d'une préparation vicieuse dans l'impression de la toile ; car on en trouve encore quelques uns qui ne sont point atteints de cette défectuosité. Ce n'est que dans ces derniers que l'on peut admirer la chaleur de son coloris et la vigueur de ses effets; mais il n'en est aucun où l'on ne distingue la facilité de son faire et une grande intelligence dans l'ordonnance de ses compositions. Il est vrai cependant que, n'étant jamais sorti de son pays, les sites qu'il a retracés ne sont qu'une image exacte des points de vue qu'il avait recueillis dans la Flandre; mais outre que, par la disposition de ses plans, il a su leur donner une certaine apparence de grandeur, on ne saurait nier qu'il ne les ait reproduits avec une liberté de pinceau généralement peu familière aux artistes de son pays.

C'est non seulement à la franchise de l'exécution et au ton doré de la couleur que l'on peut reconnaître les compositions qui appartiennent à Huysmans, mais encore à l'habitude où il était d'y représenter sur les premiers plans des éminences dont la mousse et les cailloux sont exprimés avec une grande vérité; et il est peu de ses tableaux où l'on ne trouve ces signes particuliers, qui servent à faire aisément reconnaître ses ouvrages : lui-même il enrichit les sites qu'il a retracés de figures et d'animaux dessinés avec une correction remarquable dans un talent entièrement consacré au paysage : aussi partage-t-il avec un petit nombre de peintres l'avantage d'avoir pu alternativement orner de beaux fonds diverses compositions historiques, et vivifier les œuvres de quelques paysagistes, par des personnages qu'il y a mis en action. Il sut même retoucher avec tant d'adresse les tableaux de ces derniers, entre autres ceux de Van Artois, qu'en leur donnant une physionomie toute nouvelle, il réussit à les rendre plus agréables et plus intéressans.

Une particularité assez remarquable semble mériter, sous plus d'un rapport, qu'il en soit fait ici une mention expresse. Vander Meulen, malgré son habileté à traiter le paysage dans les sujets militaires qu'il a si heureusement retracés, crut devoir confier à Huysmans le soin de peindre les vues topographiques des villes et des environs de Luxembourg et de Dinant, qu'il se réserva d'embellir lui-même de figures et de chevaux. C'est donc à cette circonstance que nous sommes redevables de jouir au Musée royal de la vue de deux grandes compositions de Cornille Huysmans, les seules peut-être, parmi toutes ses productions, qui soient assez bien conservées, pour donner une idée juste de l'étonnante franchise de son pinceau, et de l'harmonie vigoureuse de son coloris ; mais en même temps il n'est personne qui ne juge que la participation de ce peintre à l'exécution de deux tableaux destinés à l'ornement des maisons royales, ne soit la preuve la plus complète de l'estime que lui portait Vander Meulen. Ajoutons encore que la manière dont il répondit à la confiance de son ami justifie pleinement les efforts que fit ce dernier pour l'attirer à Paris ; elle doit également faire regretter qu'Huysmans de Malines n'ait point cédé à des instances dont le résultat eût été d'enrichir la France d'un talent de plus, et de lui procurer de nouvelles jouissances dans la possession d'un plus grand nombre de productions de cet habile paysagiste.

La première moitié du dix-septième siècle est entièrement révolue ; et combien d'années ne se sont point écoulées sans que l'Italie et la France aient produit un seul paysagiste qui se soit distingué dans son art? Cependant divers artistes étrangers s'étaient empressés d'aller perfectionner leurs talens dans ces deux contrées, et quelques uns même y avoient fixé pour toujours leur domicile. Vander Meulen, Genoels et Francisque Milé, étaient venus successivement dans la capitale de la France, maintenir la culture du paysage, tandis que Breemberg, Herman et Carle du Jardin avoient quitté la Hollande pour le séjour de Rome, qu'ils embellissaient de leurs productions du même genre.

La plupart de ces artistes, en adoptant le goût qui régnait dans les deux contrées dont ils s'attachaient à suivre les doctrines, avaient conservé en partie celui qu'ils avaient originairement puisé dans leur pays; et de ce mélange de manières différentes ils s'en étoient formé une agréable, à la vérité, mais qui, par des nuances imperceptibles, devait tendre peu à peu à altérer le caractère primordial des deux genres du paysage, et par suite amener la décadence de l'art: néanmoins le *genre historique* se soutenait en Italie au plus haut degré d'élévation, par les soins d'un très-petit nombre d'artistes célèbres; et jamais, dans la Hollande, une réunion aussi considérable de peintres distingués n'avait fait fleurir le *genre champêtre* avec autant de succès.

Parmi ces paysagistes hollandais habiles dans l'art de retracer fidèlement l'image de sites champêtres, on sait, à n'en point douter, que Wynants occupe un des premiers rangs : aussi, jusqu'à l'apparition de Ruisdael, n'a-t-on pas hésité à le choisir de préférence pour mettre son talent en parallèle avec celui des paysagistes les plus renommés dans le *genre historique*. Mais comme, dans cette dernière manière de traiter le paysage, celle du Poussin a été reconnue pour la plus parfaite, et par la noblesse du style, et par l'emploi le plus judicieux des moyens propres à instruire les hommes et à élever leurs âmes en éclairant leur raison ; de même, maintenant que les productions de Ruisdael ont dû être appréciées à leur valeur, on ne peut leur contester le mérite de la supériorité sur toutes celles du même genre qui joignent à la simplicité d'un style naïf le secret de toucher le cœur et de l'émouvoir agréablement, sans le secours d'aucun accessoire étranger au paysage considéré isolément.

On doit se rappeler qu'un peu antérieurement à la naissance de ce paysagiste, de même que pendant le cours de son existence, un grand nombre de talens divers, par leurs succès dans la culture d'une infinité de branches distinctes du *paysage champêtre*, avaient concouru avec cet habile artiste au perfectionnement de ce genre de peinture dans toutes ses parties. C'est donc au temps où Ruisdael a vécu que le *paysage champêtre* semble de son côté être parvenu à sa perfection ; et lorsqu'on saura qu'à l'époque de sa mort, les paysagistes les plus renommés dans le *genre historique* avaient terminé leur carrière, à l'exception seulement de Claude le Lorrain, qui ne lui survécut que d'une année (1), on pressentira aisément que dès avant la fin du dix-septième siècle, le paysage, envisagé dans ses deux principales branches, aura déjà perdu son plus beau lustre.

Mais pourquoi songer maintenant à des temps qui sont encore si loin de nous? quelle apparence de dégénération dans l'art pourrait faire craindre sa décadence au moment même où il brille du plus vif éclat? Applaudissons plutôt à cette foule de talens dont les uns sont en pleine vigueur, tandis que les autres ne sont encore qu'à leur aurore; et, dans la variété de leurs chefs-d'œuvre qui multiplient nos jouissances, reconnaissons à la fois que la culture d'un art qui se divise en un si grand nombre de branches distinctes doit offrir dans l'infinité de ses ressources un attrait soutenu et diversifié, et que ses productions ne peuvent que plaire et intéresser vivement, dès lors qu'il a atteint la perfection dans toutes ses parties.

---

(1) Le Poussin, ... mort en 1665.
Salvatore, ... ———— 1673.
Le Gaspre, ... ———— 1675.
Ruisdael, ... ———— 1681.
Claude le Lorrain, ... ———— 1682.

DE 1656 A 1682.

Compatriote de Cornille Huysmans, ayant reçu le jour dans la même ville, portant d'ailleurs un nom qui indique sans nulle équivoque une origine flamande, comment se peut-il que Jean-François Van Bloemen, né à Anvers, soit 1656. regardé comme appartenant indistinctement à l'Ecole de Flandre et à celle d'Italie (1)? Divers motifs très-plausibles ont pu déterminer quelques écrivains à le classer parmi les peintres italiens, sans qu'ils aient à encourir le reproche de s'être mépris à cet égard. D'abord il paraît que Van Bloemen alla fort jeune à Rome, et il est constant qu'il passa toute sa vie dans cette ville ou dans les environs. En second lieu, son habileté à dégrader le ton de couleur des plans de ses sites et à les faire fuir vers l'horizon lui fit donner le surnom d'Orizzonte, sous lequel il est plus généralement connu, et dont la terminaison est absolument italienne. Troisièmement enfin, le style et le faire de ses compositions leur

---

(1) Cet artiste, dont on remarque trois tableaux au Musée royal, se trouve doublement désigné dans le catalogue des objets que renferme cette collection; inscrit dans le nombre des peintres flamands sous le nom de Van Bloemen, il l'est encore parmi les Italiens sous celui d'Orizzonte.

impriment le véritable caractère des productions de l'Ecole d'Italie : ainsi l'on doit juger qu'à plus d'un titre il peut être considéré comme faisant partie de cette Ecole ; et d'ailleurs ce qui semble décider la question d'une manière honorable pour lui, c'est que les Italiens eux-mêmes ne font point difficulté de le comprendre parmi leurs meilleurs paysagistes.

Les traditions nous apprennent fort peu de particularités sur ce peintre, sinon la date et le lieu de sa naissance, de même que la continuité de son séjour à Rome, où il mourut âgé de quatre-vingt-treize ans, universellement estimé et regretté.

On sait encore qu'il eut un frère nommé Pierre qui s'exerça également à Rome à peindre des batailles, des caravanes, des vues de marchés publics, et qui, après s'être distingué en Italie pendant un certain nombre d'années, revint se fixer à Anvers, où ses talens le firent nommer directeur de l'Académie de peinture établie dans cette ville. Mais à quelle famille appartenaient ces artistes ? quelle était la profession de leur père ? à quel âge et à quelle occasion quittèrent-ils leur pays ? avaient-ils appris à dessiner et à peindre avant d'en sortir ? de quel maître avaient-ils pu recevoir les leçons ? Aucuns de ces faits n'ont jamais été éclaircis.

On a dit que Jean François Van Bloemen avait résidé en Italie dans le même temps que le Poussin, Salvatore Rosa et le Gaspre ; cette assertion semblera bien hasardée si l'on considère qu'à l'époque du décès du Poussin, Bloemen avait à peine atteint sa neuvième année, et que rien ne prouve que dans un âge aussi tendre il eût déjà effectué le voyage de Rome. Si le fait paraît plus vraisemblable à l'égard de Salvatore et du Gaspre, on ne serait guère plus fondé à en conclure que Bloemen eût pu être assez avancé dans ses études pour profiter de leurs conseils, puisqu'il n'était âgé que de dix-sept ans à la mort du premier, et de dix-neuf à celle du second. Mais, quoi qu'il en soit de l'assertion et de la remarque, il a pu, à défaut des leçons de ces trois grands peintres, méditer les ouvrages qu'ils ont laissés ; et à l'inspection de ses tableaux, on reconnaît sans peine que c'est principalement sur ceux du Gaspre qu'il s'est modelé, mais, on ne doit point le dissimuler, en s'asservissant à la manière de ce savant paysagiste, plutôt qu'en l'étudiant uniquement pour y puiser d'heureuses inspirations.

En effet, Bloemen, que nous ne désignerons plus que sous le nom d'Orizzonte, paraît avoir emprunté du Gaspre l'ordonnance pittoresque de la composition, la disposition des plans, et jusqu'à la forme et le style des fabriques dont il a embelli ses paysages : de même que son modèle, il s'est plu à reproduire ces phénomènes piquans qui se manifestent quelquefois dans l'atmosphère, et qui jettent du mouvement et de la variété dans les aspects de la nature. Tantôt un léger brouillard enveloppe de vapeurs mystérieuses les fonds de vastes campagnes; tantôt une pluie fine s'échappe du sein d'une nuée, et se projette obliquement sur les montagnes qui bordent l'horizon, tandis que la plaine est éclairée des rayons du soleil.

Ces compositions sont généralement grandes et agréables à la vue ; et, bien que la touche du peintre soit molle et trop peu terminée, l'exécution ne manque point de facilité ni même d'une certaine hardiesse. Son coloris léger, brillant et varié exprime avec justesse les teintes infinies répandues sur la diversité des objets que renferment ses paysages. Les figures qui les enrichissent y sont groupées avec intelligence, et même piquantes d'effets, si l'on ne s'arrête qu'au ton de la couleur : d'ailleurs le dessin en est souvent incorrect, l'exécution très-négligée, et l'on regrette que l'insignifiance d'intention dans les traits et les attitudes de tous les personnages, et plus encore leur défaut de noblesse, excluent l'intérêt qu'ils auraient pu répandre au milieu des sites où ils se trouvent placés.

De semblables imperfections, qu'un talent original ne parviendrait que difficilement à pallier, doivent influer d'une manière défavorable sur le mérite de ces paysages et sur leur valeur vénale. Ce n'est pas néanmoins qu'en les envisageant sous les divers rapports de l'élévation du style, de la facilité du faire et de l'éclat du coloris, les artistes qui se livrent au même genre de compositions pourraient y apprendre à donner de la largeur à leurs plans, de la grandeur aux masses, de la profondeur à l'horizon, enfin à reproduire l'image de la nature sous des formes agréables, et même imposantes. Mais ils n'y puiseront point ces nobles inspirations que font naître les sites poétiques créés par le génie du Poussin, ni même ces pensées tour à tour gracieuses et mélancoliques qui se succèdent dans l'âme, à la vue des vallées fraîches et riantes ou des solitudes agrestes que le pinceau du Gaspre a si ingénieusement retracées : tant il est vrai que le sentiment seul peut vivifier les œuvres de l'art, et leur communiquer cette chaleur expansive sans laquelle ils parviennent quelquefois à séduire les yeux, mais jamais à émouvoir le cœur et à l'intéresser vivement.

Si le talent d'Orizzonte paraît dépourvu d'originalité et de verve, on ne doit pas cependant méconnaître dans ses paysages cette noblesse de style qui caractérise spécialement les productions de l'Ecole à laquelle il s'était affilié dès sa jeunesse, bien que divers exemples déjà connus, et même celui qui va se présenter immédiatement, offrent la preuve que ce style n'a pas été ignoré de quelques peintres des autres contrées.

On ne s'attend point que cette nouvelle preuve doive sortir du sein de l'Ecole hollandaise dont les productions en général semblent exclusives de toute idée de grandeur et d'élévation; mais il paraîtra sans doute encore plus extraordinaire de voir figurer honorablement dans un écrit uniquement consacré à la mémoire des paysagistes, un peintre généralement connu pour avoir remporté, dans le genre des fleurs et des fruits, la palme sur les plus habiles en cette partie, sur les Seghers, les Monnoyer, les de Heem, les Mignon, et même sur la célèbre Rachel Ruisch, qui surpasse en mérite ces différens rivaux (1). Il est cependant hors de doute que Van Huy-

---

(1) On voit au Musée royal diverses belles productions de David de Heem et d'Abraham Mignon, son élève; mais il ne s'en trouve aucune de Daniel Seghers, appelé le Jésuite d'Anvers, disciple de Breughel de Velours, ni de Jean-Baptiste Monnoyer, peintre français, qui fut reçu en 1665 à l'Académie royale de peinture; ni surtout de Rachel

sum, le premier parmi tous les peintres de fleurs des diverses Ecoles, a cultivé en même temps le paysage avec un talent qui suffirait pour lui assurer une grande réputation, quand même elle ne serait point fondée sur d'autres titres.

Jean Van Huysum, né à Amsterdam, apprit 1682. à dessiner de son père Juste Van Huysum, ancien élève de Berchem, qui avait formé dans sa maison une espèce de manufacture d'ouvrages de peinture, et dont les fils étaient employés sous sa direction à peindre des figures, des paysages, des fleurs, des fruits, des perspectives, et en général tout ce qui peut contribuer à décorer des appartemens.

Le jeune Van Huysum, qui était l'aîné de ses frères, eut assez de discernement pour juger que ce genre d'occupations ne pouvait seconder le désir qu'il avait d'atteindre à une grande perfection : il se détermina donc à quitter la maison

---

Ruisch, femme Van Pool, dont les tableaux rares en France y sont cependant connus et appréciés à de grandes valeurs.

On croit ne pas devoir parler des richesses en ce genre que possède le Musée royal, et de celles dont il est privé, sans appeler l'attention des amateurs sur un des plus beaux tableaux de fleurs et de fruits qu'ait laissés feu M. G. Van Spaendonck, et qui, depuis le décès de cet habile peintre, est exposé aux regards du public, parmi les productions capitales de l'Ecole française.

paternelle; et, quoique déjà marié à l'âge de vingt-trois ans, il se livra à l'étude avec une application et une intelligence si soutenues, qu'en peu de temps ses tableaux obtinrent le suffrage des connaisseurs, et que dans les ventes ils furent portés à des sommes considérables. Ces succès l'encouragèrent à redoubler de zèle et de soins, et il eut le bonheur de trouver la récompense due à ses efforts et à la supériorité de ses talens, dans l'empressement que mirent les souverains et de riches particuliers à se procurer, à quelque prix que ce fût, les productions de son pinceau.

Qui ne croiroit qu'un artiste, comblé des faveurs de la fortune et environné de la considération la plus flatteuse qu'il pût ambitionner, dût être parfaitement heureux? Qui pourrait même élever le moindre doute sur la félicité dont il devait jouir intérieurement en voyant ses ouvrages, où rien n'indique la gêne et la contrariété, où les moindres parties semblent plutôt conçues et exécutées au milieu du contentement et de la paix du cœur? Il n'est cependant que trop avéré que Van Huysum, d'un caractère naturellement sombre, et jaloux jusqu'à interdire à ses propres frères l'accès de son atelier, fut en proie à des chagrins domestiques occasionnés entre autres par l'inconduite de son fils, et qu'il éprouva de fréquentes aberrations d'esprit qui empoisonnèrent son existence, sans néanmoins l'empêcher de cultiver son art, et, ce qui est bien plus étonnant, sans apporter la plus légère altération dans la perfection de ses ouvrages. Ce ne fut que vers la fin de sa carrière, lorsque les forces commencèrent à l'abandonner, qu'il recouvra toute sa raison. Il mourut à Amsterdam, à l'âge de soixante-sept ans, laissant une veuve et trois enfans.

Jean Van Huysum n'a eu pour élèves que la fille d'un de ses amis nommé Haverman, et Michel, un de ses trois frères, dont les ouvrages sont inconnus. Justus, l'un des deux autres, s'était adonné au genre des batailles, où il réussissait; mais il mourut à l'âge de vingt-deux ans. Le troisième, connu sous le nom de Jacques, passa en Angleterre, où il s'exerça avec succès à peindre les fleurs; mais sa principale occupation fut de copier les tableaux de Jean Van Huysum; et il les imita avec une si grande perfection que ces copies, qui se vendent fort cher, passent souvent pour être les originaux, même aux yeux d'habiles connaisseurs.

S'il s'agissait ici de considérer le talent de Van Huysum dans ses tableaux de fleurs et de fruits, que pourrait-on ajouter aux éloges qu'il était en possession de recueillir de son vivant, et qui n'ont jamais cessé de lui être prodigués par tous ceux qui savent apprécier son rare mérite? Mais oublions en ce moment, s'il se peut, ces admirables chefs-d'œuvre où l'art rivalise avec la nature de fraîcheur et d'éclat, et, n'envisageant que ses paysages, nous y reconnaîtrons encore la preuve manifeste d'un beau talent.

Deux sortes de mérite sont à considérer dans les productions de ce genre, de même que dans toutes les œuvres de l'art, la richesse des compositions, qui tient au génie de l'artiste, et la perfection du faire, qui dépend de son intelligence à exprimer avec justesse le ton de couleur et la forme des objets. Sous ce dernier point de vue, il n'y aurait pas lieu de s'étonner de l'harmonie qui règne dans les paysages de Van Huysum, de la finesse du coloris, et de l'extrême délicatesse de la touche. Ces qualités éminemment remarquables dans ses tableaux de fleurs et de fruits, ne devaient pas moins se trouver réunies dans tous ses autres ouvrages, quel que fût le genre auquel il eût voulu s'adonner. Peut-être même le grand fini de la touche qui fait le charme de ses tableaux de fleurs, donnerait-il prise à la critique dans quelques uns de ses paysages, où la profusion des détails semble nuire à l'effet général, en détruisant l'unité des masses; et cette observation pourrait même à la rigueur s'appliquer à certains bouquets de fleurs où l'on désirerait que le peintre eût sacrifié une partie des détails, ou plutôt qu'il les eût moins éparpillés, pour que la lumière concentrée dans un seul foyer produisît un effet plus large et mieux soutenu.

Ces remarques, on se plaît à le répéter, ne sont applicables qu'à un bien petit nombre des productions de ce peintre; et, pour ne parler ici que de ses paysages, on pourrait en citer plusieurs dont l'harmonie est parfaite en tous points : mais ce qu'on ne doit point balancer à reconnaître, c'est que tous, sans nulle exception, se recommandent par une ordonnance grande et pittoresque, et par un choix de points de vue dont l'étendue, la richesse et la variété, jusqu'à la chaleur du ciel qui les colore, offrent dans leur ensemble une image fidèle des sites majestueux de la Grèce ou de l'Italie; et pour compléter l'illusion du spectateur qui se croit transporté au sein de ces belles contrées, ces différens sites sont embellis par des monumens d'architecture ou des ruines, et animés par des figures drapées avec goût, dessinées avec correction, et touchées spirituellement.

Aux yeux de ceux qui considèrent attentivement ces paysages, et qui leur paient un tribut d'éloges mérités, il n'est rien qui ne soit un juste sujet d'étonnement. D'abord il doit leur paraître extraordinaire qu'un peintre qui n'a pu exceller dans l'imitation des fleurs et des fruits, sans s'être livré à des études nombreuses, et qui a dû employer un temps considérable à terminer aussi soigneusement ses tableaux, ait eu à sa disposition le loisir nécessaire pour parvenir dans un genre bien différent, tel que celui du paysage, à un degré de talent qui suppose d'autres études aussi multipliées : si l'on pouvait douter qu'il se fût sérieusement occupé de ces dernières, il suffirait, pour s'en convaincre, de considérer l'art avec lequel il a retracé les arbres, et la vérité qu'il a mise à exprimer la différence de leurs espèces.

En second lieu, il n'est pas moins surprenant que Van Huysum, qu'on sait n'être jamais sorti de son pays, se soit attaché dans ses compositions à reproduire, aussi fidèlement qu'il a pu se le figurer, l'image des sites de contrées lointaines, de préférence à ceux qu'il avait sous les yeux : il serait même bien difficile d'expliquer les raisons déterminantes de cette prédilection, si l'on ne présumait qu'elle a pu lui être inspirée par la vue des ouvrages de quelques uns de ses compatriotes qui avaient rapporté dans la Hollande le goût qu'ils avaient puisé en Italie, ne fût-ce que Glauber, un de ses contemporains, ayant résidé comme lui à Amsterdam, et dont le style des compositions a trop d'analogie avec le sien, pour que ce peintre ne lui ait point évidemment servi de modèle.

Loin d'ici cependant l'intention de vouloir insinuer que Van Huysum ait été le copiste ou l'imitateur exact de Glauber. Il a pu se modeler sur lui pour se former une manière que l'on peut définir sous la dénomination de style, *héroïco-pastoral*. Mais comme dans ses paysages tout décèle l'imitation de la nature, on ne doit point révoquer en doute l'originalité de son talent : aussi le mérite intrinsèque de ces paysages, joint aux charmes qu'y répandent de jolies figures dignes du pinceau d'un peintre d'histoire pour l'élégance et la correction du dessin, assigne à ces productions une grande valeur à laquelle leur rareté ajoute encore un nouveau prix.

Il est à remarquer que, malgré cette rareté, le Musée royal, qui renferme six tableaux de fleurs et de fruits de Van Huysum, et deux beaux dessins au crayon, coloriés à l'aquarelle, est encore enrichi de quatre paysages de cet artiste, parmi lesquels deux surtout méritent une attention toute particulière (1). Le premier,

---

(1) On pourra se former une idée de la valeur que les

dont le sujet offre une réunion de jeunes nymphes occupées à cueillir des fleurs pour orner un tombeau, se distingue par la richesse et la variété du site, par de beaux massifs d'arbres, et principalement par la disposition des groupes de personnages ingénieusement mis en action. Dans le second, d'une plus petite dimension, où l'on voit des baigneuses, en admirant la limpidité des eaux, le balancement des plans et leur dégradation selon les lois de la perspective, on ne peut trop rendre justice à l'art avec lequel le peintre a su, dans un cadre aussi resserré, revêtir les masses de formes imposantes, et imprimer un double caractère de richesse et de grandeur sur l'ensemble de la composition.

~~~~~~~~~~~~~~~~~~~~~~

Il n'est pas absolument nécessaire de se rappeler combien la Hollande et la Flandre avaient été fécondes en paysagistes habiles durant la première moitié du dix-septième siècle, pour

---

amateurs attachent aux paysages de cet artiste, même à de simples dessins en ce genre, quand on saura que parmi les seize qui se trouvaient dans le beau cabinet de Neyman, dont nous avons déjà parlé, un seul fut adjugé à la somme de 1201 livres.

juger comparativemeut à quel point par la suite ces mêmes contrées furent stériles en peintres du même genre, Bloemen et Van Huysum, tous deux Hollandais, sont les seuls dont la naissance ait eu lieu dans tout le cours de la seconde moitié du siècle.

Si cette remarque est de nature à inspirer des craintes sur les destinées futures du *paysage champêtre*, elle n'est pas la seule qui doive frapper l'esprit, à la vue des productions des deux paysagistes dont on vient de parler: étrangers l'un et l'autre par le style et le faire à ceux qui étaient usités dans leurs Ecoles, ils semblent ne s'être modelés que sur ceux de leurs compatriotes qui les avaient immédiatement précédés : car, en remontant jusqu'à Ruisdael et Hobbema inclusivement, on voit que Glauber, Francisque et Genoels avaient déjà commencé à abandonner la manière flamande et hollandaise, pour lui substituer celles qui dominaient dans les contrées où ils avaient été perfectionner leurs talens.

Peut-être sera-t-on plutôt disposé à féliciter ces paysagistes d'une innovation de cette espèce qu'à les en blâmer, surtout par cette considération qu'en général le goût de l'Ecole italienne est plus noble et plus délicat que celui des Ecoles flamande et hollandaise. S'il est vrai que le premier satisfasse l'esprit et la raison, tandis que le second semble se borner uniquement à charmer les yeux, il est certain que dans la comparaison des deux manières, pour se convaincre de la prééminence de l'une sur l'autre, il suffirait d'envisager la première dans les ouvrages du Poussin, de Claude le Lorrain, du Gaspre, et même de Salvatore Rosa; mais à l'exception de ces grands peintres que l'élévation de leur génie et l'originalité de leurs conceptions placent au-dessus de tous leurs rivaux, quels artistes des contrées où le *paysage historique* était cultivé avec tant de succès, pourraient balancer ceux de la Hollande par leur nombre, et par la richesse et la variété de leurs productions? Sans doute les premiers offriront plus d'élévation dans les idées et plus de grandiose dans le style; mais aussi ne pourra-t-on nier que les seconds ne l'emportent à leur tour par une imitation plus fidèle de la nature, par le sentiment de vie dont ils ont animé leurs sujets, et surtout par la précision de la touche et la magie enchanteresse du coloris. Enfin, sans prétendre que les plus célèbres artistes hollandais doivent être placés sur la ligne du petit nombre des peintres qui environnèrent le *paysage historique* du plus grand éclat, les premiers auront du moins l'avantage d'avoir porté le *paysage champêtre*, dans toutes ses branches, au plus haut point d'accroissement que ce genre de peinture ait jamais atteint dans aucune autre contrée.

Quel que soit donc le mérite du style des paysagistes hollandais et flamands qui sont nés postérieurement à Ruisdael, comme pour la plupart ils ne sont en quelque façon que des imitateurs des meilleurs artistes français et italiens, qu'ils sont loin d'avoir égalés, on ne pourrait les féliciter d'avoir adopté une manière différente de celle usitée dans leurs Ecoles, sans reconnaître implicitement dans ce changement de manière une dégénération du système sur lequel ces mêmes Ecoles avaient fondé leur célébrité.

Mais cette dégénération de l'art du paysage n'est pas sensible uniquement en Flandre et en Hollande, et dans le *genre champêtre*, dont la culture avait été plus florissante dans ces contrées que partout ailleurs : car on ne voit pas que depuis un temps même antérieur à la décadence de cette branche particulière, les Ecoles française et italienne, qui étaient en possession de traiter le *paysage historique*, aient produit des peintres qui aient excellé dans ce genre ; néanmoins il paraîtrait qu'à l'époque à laquelle nous sommes arrivés, l'Italie venait de donner le jour à un paysagiste qui devait se rendre doublement célèbre par ses talens et par ceux de son disciple, et de son côté la France touchait à l'instant de voir naître dans son sein un autre artiste dont les succès, dans le cours du dix-huitième siècle, prépareraient ceux d'un élève encore plus distingué que lui comme peintre de marines : c'est donc sur ces seuls rejetons de deux souches jadis si fertiles que se fonde l'espérance de voir le paysage se maintenir avec quelque éclat au-delà du siècle où ce genre de peinture avait réellement atteint toute sa perfection.

Ce peintre dont nous venons d'annoncer que les talens naissans devaient par la suite faire éclore ceux d'un autre artiste destiné à concourir avec lui à propager la culture du paysage en Italie, est André Lucatelli, bien plus connu par son mérite que par le récit des historiens qui se sont contentés de le classer dans l'Ecole romaine, sans indiquer l'époque et le lieu de sa naissance, Il est cependant à peu près certain qu'il a résidé à Rome vers le même temps qu'Orizzonte, puisque d'une part on sait que ce dernier a passé pour ainsi dire toute sa vie dans cette ville où il termina ses jours en 1740, et que d'un autre côté on assure que Lucatelli fut reçu en 1690 à l'Académie de Saint-Luc, et qu'il mourut à Rome vers l'an 1741.

Les renseignemens qui ont été recueillis en

petit nombre sur cet artiste, s'accordent à le dépeindre comme un homme d'un caractère bizarre, capricieux, mais également habile dans le paysage et dans le genre de l'histoire : on prétend même qu'il s'est surpassé dans une suite de vingt-deux tableaux représentant les principaux événemens de l'histoire de Diane. On ne connaît en France que ses tableaux de paysage qui n'y sont pas même très-communs, quoique jadis le prince de Conti en eût rassemblé jusqu'à sept dans sa précieuse collection. Celle du Musée royal n'en possède qu'un seul où l'on admire la richesse de la composition, la fermeté de la touche et la perfection d'harmonie d'un coloris frais et argentin.

Cette belle production du pinceau de Lucatelli ne se recommande pas seulement par l'éclat lumineux du ciel, la vapeur aérienne des lointains, la grande limpidité des eaux, et l'effet pittoresque de grandes masses de roches surmontées de broussailles, de même que par le balancement des lignes et l'agroupement pyramidal de différentes espèces d'arbres; les figures qui vivifient le site ne forment pas un de ses moindres attraits : ce sont simplement des pasteurs veillant à la garde de leurs troupeaux ; mais ces personnages ont une expression de vérité et de sentiment qui semble en quelque sorte les élever au-dessus de la nature de leurs fonctions : le charme qu'ils répandent au milieu du paysage ne peut laisser aucun doute sur l'intérêt qu'une foule d'autres compositions doivent emprunter des sujets historiques dont le peintre les a embellies, tels que celui d'Agar et Ismaël, de Tobie avec l'Ange et même des bains de femmes qu'il excellait à peindre nues, et dont il s'est plu à reproduire l'image dans un assez grand nombre de tableaux.

Un mélange d'idéal et de vrai heureusement combiné, forme le caractère distinctif du talent de Lucatelli, et attache par un charme secret le spectateur à toutes ses productions. La partie dominante de son style semble consister dans une imitation fidèle des beautés de la nature, mais de ces beautés choisies avec discernement, et rehaussées encore par le concours des monumens d'architecture antique, telles qu'on peut les contempler dans les campagnes de Rome, qui paraissent avoir été constamment le centre des études de l'artiste : cependant, au premier coup d'œil, l'ensemble des sites qu'il a retracés frappe par un aspect de grandeur que l'on cherche en vain dans les ouvrages de la plupart des paysagistes qui ont étudié la nature dans la même contrée ; on doit donc reconnaître en lui une richesse d'imagination et une élévation de pensées qui, secondées par une exécution large et spirituelle, contribuent essentiellement à ennoblir son style, et à faire comprendre ses œuvres parmi celles qui sont en possession d'être réputées classiques dans leur genre : aussi l'Ecole italienne, qui voit dans ce peintre un des derniers paysagistes sortis de son sein, le place au rang des plus habiles dont elle se glorifie, et elle ne cite jamais ses Titien, ses Dominiquin, ses Gaspre et ses Salvatore, sans adjoindre Lucatelli à la renommée qui environne ces noms célèbres dans les annales du *paysage historique*.

André Lucatelli a servi de modèle à divers paysagistes, et, à bien des égards, ils ne pouvaient choisir un guide plus capable d'agrandir leur imagination, et de les diriger dans l'imitation d'une nature choisie. Le seul élève qu'il a formé est Jean-Paul Pannini, né à Plaisance, 1691. qui, à l'exemple de son maître, s'est quelquefois exercé sur des sujets historiques ; mais, en ne considérant ici que le genre dans lequel il s'est rendu célèbre, on peut déjà faire remarquer qu'il a suivi un système différent de celui de Lucatelli : tandis que ce dernier, dans la composition de ses paysages, s'est occupé particulièrement de retracer des sites, sans négliger de les enrichir de fabriques et de ruines,

Pannini n'a traité le paysage que comme accessoire aux plus beaux monumens d'architecture dont il a formé le principal objet de ses compositions.

Aucun artiste avant lui n'avait envisagé les édifices anciens et modernes sous un point de vue aussi élevé et aussi pittoresque, et n'avait imaginé de reproduire leur image dans des proportions assez grandes pour que l'imitation de ces monumens ouvrît en quelque façon un nouveau champ à la peinture, et préparât de nouvelles jouissances aux amateurs du paysage. En effet rien n'est à la fois plus imposant et plus agréable à la vue que l'aspect des tableaux de Pannini, où l'on peut contempler alternativement dans les ruines du Colisée et des arcs de Tite et de Septime Sévère, la puissance du génie de l'architecture, au temps des Romains, et dans la majesté de la basilique du Vatican, et des colonnades qui lui servent de péristyle, les signes manifestes de la restauration des arts chez les modernes.

Par la magie de son pinceau, l'artiste a su exprimer avec une vérité parfaite la variété des teintes que l'intempérie de l'air et des saisons a empreintes sur des monumens dont les vestiges survivent à tant de siècles. Par le concours de sa science dans la perspective, de la justesse de l'œil et de la dextérité de la main, il a reproduit avec une exacte précision l'immensité des lignes et la diversité des détails qu'étalent à l'envi les dehors de l'église de Saint-Pierre, et l'intérieur de cet édifice aussi somptueux par ses ornemens que colossal dans ses proportions. Il faut avoir joui de la vue de ces chefs-d'œuvre d'imitation pour se former une idée juste de la vérité et du goût qui ont présidé à leur exécution; et, tout en y admirant le mérite de grandes difficultés vaincues, on n'y reconnaît pas moins aisément une manière large et facile, jointe à la fidélité des traits du modèle.

Pannini ne s'est point borné à retracer l'image des édifices qui devaient frapper ses yeux, soit dans l'intérieur de Rome, soit aux environs de cette cité si riche en monumens de l'antiquité; il s'est habilement servi des nombreuses études qu'il avait recueillies avec soin pour composer des tableaux d'architecture, où l'on reconnaît à la variété des sujets et à leur belle ordonnance une imagination féconde et un goût spirituel et élevé. Ses productions en ce genre ne jouissent peut-être pas du même degré d'estime et de valeur vénale que celles où il s'est renfermé dans les limites d'une exacte ressemblance; mais tous ses ouvrages, de quelque espèce qu'ils soient, empruntent visiblement leur principal lustre de figures dessinées correctement, groupées avec art, et dont les costumes, la pose et les expressions ont un caractère de noblesse et de grandeur digne de la majesté des monumens qu'elles embellissent. Souvent même il a enrichi ses compositions de traits historiques ou de sujets puisés dans la vie privée, et dont l'action circonscrite dans l'enceinte d'édifices somptueux, pouvait prêter au développement de sa science dans l'architecture. C'est ainsi qu'il a représenté la Piscine miraculeuse et les Vendeurs chassés du temple, et que, parmi six tableaux de ce peintre qui décorent le Musée royal, on remarque un Festin sous un portique d'ordre ionique, et un Concert dans l'intérieur d'une galerie circulaire de l'ordre dorique.

Jean-Paul Pannini, que ses talens avaient fait recevoir à l'Académie de Rome et agréer à celle des beaux arts à Paris, mourut à Florence en 1764. On prétend qu'il n'a formé aucun élève ; mais cette assertion ne pourrait induire en erreur que ceux qui ne connaîtraient point les ouvrages de son fils François Pannini, architecte et dessinateur. Une suite de seize dessins à la plume et à l'aquarelle, réunis dans la galerie d'Apollon, prouve d'une manière incontestable, et par le choix des sujets qui tous se rapportent aux plus beaux édifices modernes de Rome, et par le goût qui règne dans l'exécution que François Pannini n'a pu se former un talent aussi précieux que par les conseils et sous la direction du peintre célèbre qui lui avait donné le jour.

En admettant que Pannini n'ait point eu d'autre disciple que son fils, ce qui va immédiatement être mis en question, on ne pourrait supposer qu'un talent aussi original n'eût pas fait naître plus d'un imitateur. A l'appui de cette hypothèse ne retrouve-t-on pas le même goût dans le choix des sujets, et la même richesse d'ordonnance dans les tableaux de Servandoni, que l'on nomme indistinctement Jean-Jérôme ou Nicolas, ou bien Jean-Nicolas, et qui suivant les uns naquit à Florence, et selon d'autres à Lyon ou dans le pays d'Aunis, et ajouta *Doni* à son véritable nom de *Servan*, pour lui donner une terminaison italienne?

Au milieu de ces incertitudes, il est cependant des probabilités plus déterminantes qui résultent, soit d'actes publics, soit d'une réunion plus nombreuse d'opinions concordantes, et c'est aux probabilités de cette espèce qu'il semble raisonnable de donner la préférence.

Jean-Nicolas Servandoni, né à Florence, 1695. s'adonna dès sa jeunesse à l'étude de la peinture.

On prétend qu'il alla se présenter à Pannini, vêtu richement, et qu'il se fit passer pour un gentilhomme qui voulait apprendre à peindre. Quelque degré de croyance que mérite cette assertion à laquelle le caractère d'ostentation de cet artiste et son goût pour le faste peuvent donner quelque poids, il est certain que par le genre de ses compositions et par son style, ses ouvrages offrent une ressemblance assez frappante avec ceux de Pannini, pour que ce dernier ait dû lui servir de modèle et peut-être bien de guide; mais la peinture ne fut point l'unique objet des études de Servandoni : partagé entre cet art, celui de l'architecture et le genre des décorations, il ne tarda point à obtenir dans ces différentes carrières des succès dont le bruit était déjà parvenu en France lorsqu'il y arriva en 1724.

L'Académie royale de peinture l'admit en 1731 parmi ses membres. Son tableau de réception, exposé au Musée royal, représente des ruines avec un fond de paysage. Au premier coup d'œil on le jugerait de la main de Pannini; le coloris a de la finesse et de l'éclat, le ciel est lumineux et diversifié par des nuages d'une forme pittoresque, et la dégradation des objets dans les formes et dans les teintes décèle une connoissance parfaite des lois de la perspective.

On pourrait désirer des masses plus larges sur les premiers plans, et un effet de lumière mieux soutenu ; peut-être aussi le peintre aurait-il dû enrichir sa composition d'un plus grand nombre de personnages, et leur donner une stature plus élevée ; mais on sait qu'il s'était trop peu appliqué à l'étude de la figure pour pouvoir, dans cette partie, entrer en concurrence avec celui dont il fut l'élève ou l'imitateur.

Bien que ce soit uniquement comme peintre de ruines et de paysages que Servandoni doive être cité dans cet écrit, néanmoins la grande célébrité dont il a joui dans toute l'Europe, et les preuves nombreuses qu'il a données en France de sa capacité en plus d'un genre, semblent autoriser une mention succincte de ses principaux ouvrages en architecture et en décorations.

Dans un concours ouvert en 1731, pour la construction du portail de Saint-Sulpice à Paris, le modèle que présenta Servandoni obtint la préférence, et la principale façade (1), ainsi qu'une partie de l'église, celle des orgues qui est soutenue par des colonnes corinthiennes,

---

(1) On ne doit point attribuer à Servandoni les deux tours telles qu'on les voit aujourd'hui ; elles ont été construites depuis, sur les dessins de Chalgrin.

furent élevées sur ses dessins. Son projet comprenait une vaste place au-devant du portail, et ne fut point exécuté. Il fit seulement construire la petite place latérale vers le nord, de même que la maison qui en forme un des côtés, et dans laquelle on vante la hardiesse de l'escalier.

Sans vouloir parler du théâtre qu'il construisit dans le château de Chambord pour le maréchal de Saxe, des plans, modèles et dessins du théâtre royal de Dresde, de ceux qu'il présenta au roi de Portugal et au prince de Galles, on ne doit pas laisser ignorer qu'il fit les plans et dessins d'une place projetée entre les Tuileries et les Champs-Elysées. Cette place spacieuse, destinée à contenir plus de vingt-cinq mille personnes à couvert sous des portiques, devait être décorée d'un grand nombre d'arcades, de colonnes et de pilastres.

Mais jamais le génie de Servandoni, la richesse et les ressources de son imagination, ne brillèrent avec plus d'éclat que dans les fêtes publiques qu'il dirigea en France et chez l'étranger, et dans les décorations qu'il fit pour le théâtre de l'Opéra de Paris, et dont l'exécution et la surveillance lui furent confiées pendant un grand nombre d'années. La supériorité des talens qu'il eut occasion de déployer, et les applaudissemens unanimes du public lui firent obtenir la jouissance de la salle des Machines aux Tuileries, où il eut la permission de donner à son bénéfice des spectacles de simples décorations, qui avaient encore pour objet de former des élèves en ce genre; ce fut alors qu'il offrit successivement à l'admiration des spectateurs: l'Intérieur de l'église de Saint-Pierre à Rome, la Descente d'Énée aux Enfers, la Forêt enchantée, sujet tiré de la Jérusalem délivrée, etc.

Le chevalier Servandoni avait été décoré des deux ordres de Christ, institués l'un en Portugal, et l'autre dans les Etats romains; le Pape lui conféra depuis le titre de comte de Saint-Jean-de-Latran. Il s'était marié en Angleterre; quelques auteurs prétendent qu'il eut un fils, et reprochent même à ce dernier de n'avoir pas pris le soin de recueillir les œuvres de son père, pour les faire revivre par la gravure. S'il faut en croire ces mêmes historiens, le chevalier Servandoni, que ses travaux auraient dû enrichir prodigieusement, aimait trop le faste et les plaisirs pour pouvoir vivre dans une honorable aisance. Souvent poursuivi par ses créanciers, il se vit quelquefois forcé de chercher un asile jusque dans les pays étrangers. Il mourut à Paris en 1766, à l'âge de soixante-dix ans, emportant les regrets de tous ceux qui avaient admiré la variété et l'étendue de ses talens.

L'admission de Servandoni et de Pannini à l'Académie royale de peinture, instituée à Paris, de même que celle de Francisque Milé, de Genoels et de Vander Meulen, qui avaient eu lieu bien antérieurement, peuvent être considérées de la part de la France comme une véritable adoption de talens étrangers, qui devaient la consoler de n'avoir vu naître depuis Patel aucun paysagiste qu'elle eût pu hautement avouer. Cependant le dix-septième siècle était sur le point d'expirer, et des divers peintres du genre du paysage, soit nationaux, soit affiliés à l'École française, il ne restait plus, pour perpétuer dans son sein la culture de cette branche de peinture, que Pannini et Servandoni, dont les talens n'étaient pas même près d'éclore : encore ne paraît-il point que le premier des deux ait jamais résidé dans la contrée qui l'avait jugé digne de prendre place parmi ses artistes les plus célèbres ; mais l'année même de la naissance de Servandoni, la ville de Lyon donna le jour à un peintre dont les conseils et les talens dans le genre des marines, devaient, par la suite, contribuer aux succès d'un autre artiste destiné à répandre un grand éclat sur la France, pendant la majeure partie du dix-huitième siècle.

On ne connaît point d'autres particularités

de la vie d'Adrien Manglard, sinon qu'il naquit 1696. à Lyon, qu'il alla se fixer en Italie, où il s'appliqua à peindre des marines, et à graver à l'eau-forte, et qu'il mourut à Rome à l'âge de soixante-quatre ans.

Les tableaux de cet artiste, quoique rares en France, y sont cependant assez connus, particulièrement ceux de chevalet, pour qu'on puisse juger que son coloris est vrai et son pinceau terminé ; mais c'est à Rome, dans divers palais décorés de ses ouvrages exécutés dans de grandes proportions, qu'il est bien plus facile d'apprécier tout son mérite, et principalement l'originalité d'un talent qui semblerait avoir le premier envisagé le genre auquel il s'est adonné sous un point de vue aussi étendu que varié dans ses effets pittoresques.

On doit effectivement se rappeler que Backhuysen et Guillaume Van den Velde le jeune, ces deux habiles peintres de marines hollandais dont nous avons analysé les talens, se sont attachés en général à choisir leurs perspectives en pleine mer, et à exprimer avec une grande précision, chacun selon sa manière, l'image des objets qui se présentaient à eux de ces points donnés. Ainsi l'on peut juger combien ces portraits, à raison même de leur fidélité, doivent différer des compositions de Manglard, qui, sans s'écarter de l'exactitude dans l'imitation des traits de son modèle, imagina de les recomposer à son gré, et d'y ajouter tout ce qui pouvait y jeter de la variété pour en former des tableaux plus riches et plus animés.

Ce n'est pas néanmoins que cet artiste ne se soit quelquefois astreint à une exacte précision, lorsqu'il a voulu représenter des ports ou des sites maritimes particuliers; mais le plus souvent il a donné l'essor à son imagination : alors, comme il parle bien mieux à celle du spectateur que les peintres qui jusque-là s'étaient bornés à de simples imitations, il est sans doute permis de le considérer en quelque sorte comme créateur d'un genre nouveau dans la peinture, ou du moins comme inventeur d'une nouvelle division dans un genre qui forme lui-même une première division de l'art du paysage; et ce qui doit justifier cette opinion en sa faveur, c'est que les compositions de cette espèce qu'il a laissées, offrent un mélange de grandeur et de mouvement dont on ne retrouve le caractère plus ou moins distinct que dans les ouvrages des peintres de marines qui ont paru après lui.

On prétend que notre célèbre Vernet a été l'élève de Manglard, et rien dans la comparaison de leurs ouvrages ne semble devoir contredire une assertion à l'appui de laquelle viennent d'ailleurs l'antériorité de la naissance de celui-ci, et la simultanéité des époques où ils ont vécu, et du séjour qu'ils ont fait à Rome ; mais du rapprochement de leurs productions, peut-être y aurait-il lieu de conclure que si celles du maître ont dû suggérer au disciple l'idée de s'abandonner à l'essor de son imagination, et de s'élancer avec plus de confiance dans une carrière qui lui était entr'ouverte, celui-ci a su renchérir sur son modèle, sinon par un goût plus sage, un coloris plus fin et une harmonie mieux soutenue, du moins par une verve plus animée et plus abondante, par une exécution plus rapide et par des effets plus hardis et plus piquans.

On voit dans la galerie d'Apollon trois dessins de Mauglard à la plume, et lavés, provenant de la collection de Mariette ; mais on regrette que le Musée royal ne possède aucun de ses tableaux, qu'il serait cependant agréable d'y remarquer, pour leur mérite réel, qui les rend dignes de figurer parmi les belles productions de l'Ecole française, et aussi à raison du double intérêt que produiraient la réunion des œuvres du maître et de celles du disciple, et la facilité d'établir entre elles une comparaison plus détaillée et plus approfondie.

A un léger intervalle de la naissance de Pannini et de Servandoni, on vit paraître à Venise un autre paysagiste qui, pour s'être livré à peu près au même genre d'études que ces deux peintres, et avoir aussi bien qu'eux envisagé l'architecture comme un des principaux objets de ses compositions, diffère néanmoins d'eux entièrement, et par le choix des points de vue auxquels il s'est attaché de préférence, et par la manière dont il les a retracés sur la toile. Ce talent, qui est le dernier que nous nous proposons d'analyser, donne encore lieu de remarquer que si l'Ecole vénitienne a produit les deux artistes qui partagent en quelque façon la gloire d'avoir créé le genre du paysage au commencement du seizième siècle, c'était encore du sein de cette Ecole que devaient jaillir les dernières étincelles de la lumière brillante qui avait environné ce genre de peinture pendant tout le cours du dix-septième siècle, et dont l'éclat devait s'étendre sur la première partie du dix-huitième.

Antoine Canal, surnommé Canaletto, né à
1697. Venise, suivit d'abord la profession de son père, qui peignait des décorations ; mais ennuyé de ce genre d'occupations, il se rendit à Rome à l'âge de trente-trois ans, et s'y appliqua à l'étude des ruines et des monumens. De retour dans son pays, il s'exerça à retracer des points de vue choisis dans l'intérieur de Venise, et ce fut

uniquement dans ces sortes d'imitations qu'il circonscrivit tous ses travaux.

Tout le monde sait que cette belle cité, qui semble s'élever comme par enchantement du sein des ondes, offre un aspect particulier qui la distingue absolument des autres grandes villes. Ses divers quartiers, divisés en autant d'îles, ses places publiques, entre lesquelles celle de Saint-Marc tient le premier rang, l'intérieur et les dehors du palais Ducal, ses édifices publics, sa douane, son arsenal, ses prisons; parmi ses ponts, celui de Rialto, d'une seule arche, construit en marbre sur les dessins du fameux Michel-Ange, ses innombrables canaux couverts de gondoles élégantes, ses magnifiques fêtes sur la mer Adriatique, rien ne fut oublié par Canaletto, qui reproduisit tous ces objets dans leurs moindres détails, sous des aspects tellement diversifiés, et avec une si grande perfection de vérité, qu'on peut dire avec assurance que Venise tout entière se retrouve dans ses tableaux (1). La perspective y est observée d'une

---

(1) Peut-on citer ces portraits fidèles d'une ville intéressante sous tant de rapports, sans se rappeler à l'instant d'autres portraits encore plus frappans de vérité, que l'invention la plus ingénieuse et l'exécution la plus spirituelle nous offrent dans ces Panoramas qui se succèdent à nos

manière étonnante, et s'il est vrai que ce peintre soit le premier qui ait imaginé de se servir de la chambre noire, expédient dont on ne prétend nullement lui faire un mérite, et qui depuis a été adopté par quelques artistes, on ne saurait cependant nier qu'il n'ait employé ce moyen avec beaucoup d'intelligence et de dextérité. Son coloris, parfois brillanté, est fin et séduisant, sa touche légère et facile, et ses petites figures,

---

yeux sans interruption depuis un si grand nombre d'années? Grâce aux prestiges d'un pinceau magique, n'avons-nous point contemplé, dans l'immensité de leur étendue, Paris, Londres, Rome, Naples, Amsterdam, Anvers, Jérusalem, Athènes et une infinité d'autres lieux célèbres dans différentes contrées? Applaudissons au talent de l'artiste qui nous transporte en un instant au sein de régions lointaines, qui, par une savante combinaison de traits et de couleurs, et sans faire usage d'aucun moyen étranger à l'art de la peinture, réussit complètement à séduire nos sens et à les subjuguer par le charme d'une illusion dont tous les efforts de la raison ne peuvent les défendre. Admirons ces chefs-d'œuvre de perspective, mais surtout félicitons M. Prevost de sa constance à poursuivre une entreprise aussi difficultueuse, sans être arrêté ni par les fatigues de voyages de long cours, ni par celles peut-être encore plus pénibles qu'entraîne l'exécution d'aussi vastes machines, ni même par des avances de fonds dont la valeur semble devoir excéder les facultés d'un simple particulier.

Pourquoi faut-il que le défaut d'emplacement dont il puisse disposer à sa volonté réduise le peintre à la nécessité de ne pouvoir entreprendre un Panorama nouveau,

dont le costume retrace la mode du temps, pétillent d'esprit, et paraissent être en mouvement.

Canaletto, dont on voit trois tableaux au Musée royal, et un dessin à la plume dans la galerie d'Apollon, a gravé un assez grand nombre de vues de Venise. Il mourut dans cette ville à l'âge de soixante et onze ans, ayant eu pour élèves Bellotto et Francisco Guardi. On confond quelquefois les ouvrages de ce dernier

---

sans intercepter la vue du Panorama qu'il a précédemment terminé, et que ces tableaux, bien dignes de piquer vivement la curiosité et d'attirer fréquemment l'homme instruit et l'ami des arts, n'aient été produits pendant quelque temps à leurs regards que pour mieux leur faire sentir le regret d'en être privés?

Ah! s'il était permis de former un vœu qui pût se réaliser, toutes ces merveilles seraient simultanément en permanence. Bientôt s'éleveraient sous nos yeux, dans une ou plusieurs enceintes, de vastes rotondes qui réuniraient les capitales des empires au milieu de la capitale de la France. Alors, l'étranger que les chefs-d'œuvre de l'art et de l'industrie française appellent à Paris, s'empresserait d'aller contempler l'image de sa ville natale; il se croirait transporté dans sa patrie, son cœur palpiterait à la vue des murs qui renferment les objets de ses plus chères affections, et l'habitant de Paris, sans sortir de ses foyers, apprendrait à connaître d'une manière positive la situation topographique, l'étendue et le degré respectif de beauté des grandes cités dont les récits des voyageurs les plus exacts ne peuvent jamais lui donner qu'une idée vague et incomplète.

avec ceux de son maître, quoiqu'ils soient bien éloignés d'en avoir l'esprit et la finesse. Ce qu'il y a de commun entre ces deux peintres, c'est de porter également le surnom de Canaletto, et d'avoir choisi les mêmes points de vue pour sujets de leurs tableaux.

Il ne peut y avoir, comme il est aisé de s'en convaincre, aucune espèce de parité entre le talent de Pannini et celui de Canaletto : celui-ci est un peintre de portraits fort habile à saisir la ressemblance des objets qu'il imite, tels qu'ils se présentent à lui dans tous leurs détails, sans s'y permettre le plus léger changement, tandis que celui-là s'applique à choisir ses modèles, s'attache de préférence à ceux dont l'antiquité a en quelque sorte consacré la perfection, et souvent même décompose leurs traits, les rassemble et les assortit de manière à en former des portraits de fantaisie dont l'ensemble se fait remarquer par un double caractère de grandeur et d'originalité.

C'est à ce double titre que le talent de Pannini était digne de faire naître d'heureuses inspirations dans l'esprit de ses contemporains, et même parmi ceux qui devaient parcourir après lui la carrière de la peinture : aussi avons-nous déjà remarqué Servandoni comme ayant adopté le genre de ses compositions. En recherchant dans les belles productions du siècle suivant s'il ne s'en trouverait point qu'on pût leur assimiler, les regards ne se porteraient-ils pas à l'instant sur les ouvrages de ce peintre (1) doué de l'imagination la plus féconde et la plus vive, et dont le pinceau brûlant et rapide, en retraçant l'image des chefs-d'œuvre de l'architecture antique, sur lesquels le talent de Pannini s'était déjà exercé, a su les reproduire sous un aspect nouveau, les revêtir de teintes plus brillantes, et a même surpassé dans ses inventions son célèbre devancier, par la variété de ses sujets, et surtout par la chaleur et l'enthousiasme de son exécution?

Mais pousser aussi loin ces recherches, ce

---

(1) Hubert Robert, né à Paris en 1733, et mort dans la même ville en 1808, s'était, dans sa jeunesse, adonné au genre de l'histoire; depuis il se restreignit uniquement à peindre l'architecture et les ruines, et l'Académie royale de peinture, qui l'admit dans son sein en 1765, ne tarda point à l'élever au rang de conseiller. Dans le nombre trop considérable des ouvrages qu'il a produits, on en distingue plusieurs d'un rare mérite pour la perfection de la touche et la finesse du coloris; mais tous sont remarquables par la richesse de l'ordonnance, par une extrême facilité et par les sujets ingénieux qui embellissent ses compositions. On n'a point oublié celui d'un aveugle demandant l'aumône à deux perroquets, ni le Temple circulaire jadis dédié à Vénus, et que l'on a restauré pour servir d'asile aux pigeons qui désertent les colombiers.

serait évidemment franchir les limites dans lesquelles nous devons nous renfermer. Ce n'est pas cependant qu'en les dépassant il ne dût se présenter une autre mine à exploiter, qui pour être moins abondante que celle dont les trésors viennent d'être mis à découvert, ne laisserait pas d'offrir de nouvelles richesses bien précieuses, dont l'Ecole française serait fondée à revendiquer la majeure partie.

En ne s'arrêtant qu'à cette Ecole, ne s'empresserait-on point de payer un juste tribut d'éloges à l'un des plus beaux talens qui aient brillé en France dans le cours du dix-huitième siècle, aux innombrables chefs-d'œuvre de ce peintre (1), qui l'emporte sur tous ses émules

---

(1) Claude-Joseph Vernet, né à Avignon en 1714, et mort à Paris en 1789, avait appris de son père les premiers élémens du dessin; ensuite il vint à Paris étudier la figure, puis il partit pour Rome. Pendant ce voyage qu'il fit par mer, se trouvant retenu par le calme et les vents contraires, il essaya de retracer la vue des flots, des vaisseaux et des côtes de la Méditerranée; et les heureux résultats de cette tentative, en lui révélant le secret de sa véritable vocation, le fixèrent entièrement au genre de la marine et du paysage. Après vingt années de séjour en Italie, où il vécut dans la société de Lucatelli et de Pannini, (on prétend même, et tout porte à croire qu'il reçut des leçons du premier et de son compatriote Mauglard), Vernet fut rappelé en France, et Louis XV lui confia le soin de reproduire sur la toile

dans le genre des marines, par la richesse de ses compositions, par la justesse et la variété piquante des effets qu'il a su saisir à chacun des instans du jour et de la nuit, par la souplesse d'un talent également habile à reproduire l'image de la nature dans ses momens de calme et dans ses plus terribles agitations, enfin par la correction du dessin et le sentiment spirituel et expressif des figures qui embellissent et vivifient toutes ses productions ?

Ne serait-ce point une bien vive satisfaction pour nous personnellement de pouvoir payer une portion de la dette de la reconnaissance à la mémoire de celui qui jadis nous enseigna les élémens de l'art qu'il cultivait, et qui ne cessa

---

l'image de tous les ports maritimes du royaume; entreprise des plus importantes, et non moins honorable pour le monarque qui en conçut le projet, que pour l'artiste qu'il jugea digne de l'exécuter. Ces beaux portraits, source éternelle d'orgueil pour les Français et d'admiration pour les étrangers, et qui forment un des plus beaux ornemens du Musée royal, mirent le comble à la réputation de Vernet. Seuls, ils suffiraient pour l'immortaliser, quand même une multitude infinie de ses tableaux répandus dans toutes les contrées et partout appréciés à de grandes valeurs, ne seraient point autant de titres à la plus haute renommée. Il n'est pas besoin de dire que l'Académie royale de peinture s'empressa d'admettre parmi ses membres un artiste aussi distingué, et qu'elle l'éleva au rang de conseiller.

jamais de nous témoigner une amitié et une estime toutes particulières? Ce ne serait pas moins une dette de justice à acquitter envers ce savant paysagiste (1) qui, s'il laisse quelque chose à désirer pour la légèreté de la touche et la finesse du coloris, s'est constamment montré poëte dans ses inventions, noble dans son style, profond dans l'art d'ordonner ses compositions, et qui, à la gloire d'avoir fait revivre en France une branche de culture trop long-temps négligée, joignit le mérite d'avoir fondé une Ecole nombreuse et non moins recommandable par divers beaux talens qu'elle a fait éclore, que par

---

(1) Pierre-Henri Valenciennes, né à Toulouse en 1750, et mort à Paris en 1819, avait commencé dans son pays par se livrer à l'étude de la musique. Des dispositions naturelles pour la peinture le déterminèrent à venir à Paris se mettre sous la direction de Doyen, peintre d'histoire et membre de l'Académie; puis il partit pour l'Italie, et recueillit un grand nombre d'études dans les environs de Rome et en Sicile. Après quelques années de séjour dans ces contrées, il revint en France, et l'Académie royale de peinture, qui l'avait agréé aussitôt son retour, le reçut en 1807 en qualité d'académicien.

Il n'est pas un seul paysage de ce peintre qui ne se recommande par la grandeur du site et par le choix des sujets qu'il y a mis en action. La plupart de ces tableaux ayant disparu, nous ne négligerons point cette occasion de consigner ici la mention de ceux dont nous avons conservé un souvenir plus frappant :

Cicéron découvrant à Syracuse le tombeau d'Archimède;

la constance de son zèle à propager la doctrine de son chef et à maintenir la nouvelle direction qu'il avait su donner au genre du paysage.

Mais combien d'autres productions du dix-huitième siècle, et surtout de nos jours, ne réclameraient point une mention particulière dans cet écrit, s'il n'était déjà parvenu au terme de la révolution des temps qu'il devait embrasser! Sans doute, quelque jour d'autres mains plus habiles s'empresseront d'ajouter de nouvelles assises à l'édifice qu'un zèle peut-être téméraire, mais louable dans l'intention, a essayé d'ériger en l'honneur d'un genre de peinture digne,

---

ce tableau, qui valut à l'artiste le titre d'académicien, est exposé au Musée royal.

Œdipe enfant, trouvé sur le mont Cythéron par le berger Phocas.

Philoctète dans l'île de Lemnos.

Ulysse implorant l'assistance de Nausicaa, fille d'Alcinoüs.

Enée et Didon se réfugiant dans une grotte.

Œdipe et Antigone près du temple des Euménides.

Partie de la vallée de Tempé, et la Danse de Thésée.

Députations des villes de la Grèce au temple de Delphes.

Narcisse se mirant dans l'eau.

Biblis métamorphosée en fontaine.

Mercure et Argus.

Daphnis et Chloé au bain.

Pyrame et Thisbé... Clair de lune.

Sacrifice à Diane... Clair de lune.

Eruption du Vésuve, l'an 79 de l'ère chrétienne.

sous tant de rapports, d'occuper une place distinguée dans les annales des beaux arts. Toutefois, avant de terminer cet ouvrage, il semble qu'un dernier coup d'œil rapide sur l'ensemble des objets qu'il embrasse, aura pour le lecteur le double avantage de les retracer en masse clairement à son esprit, et de l'aider à fixer dans sa mémoire les principaux traits du tableau qui vient d'être exposé à ses regards.

Selon toutes les probabilités, il ne paraît point que les anciens aient connu le paysage, ou du moins qu'ils l'aient envisagé comme un genre à part dans la peinture : on ne voit même d'après aucun monument authentique que, depuis le renouvellement des arts chez les modernes, jusqu'au temps du Giorgion et du Titien, c'est-à-dire dans l'espace des quatorzième et quinzième siècles, il ait été traité par les peintres autrement que comme accessoire d'un sujet principal, ou simplement pour servir de fond à leurs compositions historiques.

Giorgion et le Titien, contemporains et fondateurs de l'Ecole de Venise, commencent les premiers à cultiver le paysage isolément, surtout le second, dont la carrière infiniment plus longue que celle de son émule lui permet de donner des soins plus suivis à la culture de cette branche, et de la faire prospérer à l'aide d'un coloris admirable et d'une connaissance approfondie des secrets de la perspective aérienne.

C'est donc vers le commencement du seizième siècle et dans l'Ecole vénitienne que le paysage prend l'essor, et que, sous les pinceaux du Tintoret, de Schiavone, et principalement de Campagnola, qui secondent les efforts du Titien, leur maître ou leur modèle, il parvient à s'affranchir entièrement de l'état de subordination où il s'était trouvé jusqu'alors, et à s'élever au rang des autres genres qui composent le domaine de la peinture.

Sur ces entrefaites, Mutien, peintre d'histoire et originaire du Bressan, vient à Venise puiser à la source du coloris : il s'instruit en même temps dans la pratique du paysage; et, en allant se fixer à Rome, il y introduit cette branche de peinture, que Baroche, et après lui, Frédéric Zucchero, continuent de cultiver.

Cependant le même genre était déjà pratiqué en Flandre, où Van Orley et Martin de Vos, ce dernier élève du Tintoret, l'avaient fait connaître dès avant que l'Ecole romaine l'eût adopté. Plus tard les frères Bril, qui, dans leur jeunesse, avaient dû l'étudier d'après les ouvrages de ces deux peintres dont ils étaient les compatriotes, quittent successivement Anvers pour aller à Rome exercer leurs talens. Mathieu, l'aîné des deux, dans ses ouvrages au Vatican, semble donner à l'art plus d'importance que ses devanciers, en lui consacrant exclusivement tous ses soins; mais Paul, son frère et son disciple, l'améliore d'une manière bien plus sensible dans la facilité de l'exécution, dans la fraîcheur du coloris, et surtout en imaginant un procédé qui ouvre aux compositions de ce genre un champ beaucoup plus étendu.

C'est encore à Venise que les Carrache, originaires de Bologne, vont s'initier dans la science du paysage. Annibal, l'un d'eux, se trouve à Rome en même temps que Paul Bril : tout en indiquant à celui-ci une manière plus large, il réforme la sienne propre : il apprend à saisir sous un jour plus vrai le caractère du genre; il déploie en le traitant l'esprit et la franchise qui brillent dans ses compositions historiques; enfin, par son exemple et ses leçons, il réussit à fixer pour long-temps dans le sein de l'Ecole bolonaise la culture du paysage, que l'Ecole vénitienne abandonne immédiatement aussitôt la mort du Titien.

Parmi les nombreux disciples d'Annibal Carrache, plusieurs se distinguent comme paysagistes, entre autres, le Dominiquin, Viola, le Gobbo, Grimaldi, l'Albane, ou plutôt Mola, élève de ce dernier. Mais de ces divers peintres dont les talens réunis concourent à l'amélioration de l'art, le Dominiquin est celui qui contribue plus efficacement à accélérer ses progrès, soit en embellissant ses sites de sujets historiques, soit encore mieux en joignant l'élégante simplicité de la composition à la fidélité d'imitation de la nature.

L'Ecole de Bologne, si florissante au commencement du dix-septième siècle dans le genre de l'histoire, l'emportait encore sur toutes les autres par le nombre de ses paysagistes et par le style de leurs ouvrages, où l'on remarque en général la noblesse de conception naturellement familière à la plupart d'entre eux, qui cultivaient en même temps la peinture historique. De son côté, l'Ecole flamande suivait la route que Paul Bril lui avait tracée. Wildens, Van Uden, Van Artois, Poelenburg et Breughel de Velours, uniquement attachés à l'imitation exacte de la nature, contribuaient néanmoins au perfectionnement de l'art dans la précision de la touche et l'harmonie du coloris. Enfin paraît le Poussin, qui par la force de son génie agrandit le champ du paysage, en atteint la limite, et, en l'associant en quelque sorte aux nobles prérogatives du genre de l'histoire, le place au second rang dans l'ordre hiérarchique de tous les genres qu'embrasse le vaste domaine de la peinture.

Ce grand paysagiste n'est pas le seul que la France se glorifie d'avoir vu naître : immédiatement à sa suite, elle donne le jour à Stella, dont les pastorales offrent un heureux mélange d'élégance et de naïveté ; bientôt après survient Claude Gelée, élève chéri de la nature qui lui enseigne le secret de reproduire sur la toile la profondeur de l'espace, l'humidité de la rosée, les vapeurs de l'atmosphère, et jusqu'à l'éclat resplendissant de l'astre du jour.

Tandis que la France partage la célébrité de ses artistes, bien qu'elle ne jouisse de leurs succès que par la renommée, le paysage avait pénétré à Florence, à Gênes et en Allemagne, et ne peut s'y maintenir, quelques efforts que fassent Pietre de Cortone, Pietre Teste, Labelle, Borzoni, Elsheymer et Guillaume Baur. C'était en Italie, en France, dans la Hollande et la Flandre qu'il devait fructifier ; et si, dans les deux premières contrées, on distinguait déjà Annibal Carrache, le Dominiquin, le Poussin, Claude Gelée et Stella, les deux autres pouvaient offrir Paul Bril, Poelenburg, Breughel de Velours, et surtout Wynants, dont le talent semblait présager les succès que l'Ecole hollandaise devait obtenir par la suite dans la carrière du paysage.

A mesure que l'art s'affermit dans sa marche, on saisit mieux la différence des deux principales directions qu'il avait commencé de prendre au temps des Carrache et de Paul Bril. Dans la première, le Poussin a atteint le but; et comme, par l'élévation des pensées et la noblesse du style, ses productions approchent de celles des peintres d'histoire, elles forment dans l'art du paysage un *genre* distinct qu'on appelle *historique*. Dans la seconde, l'unique objet des artistes étant de retracer fidèlement des points de vue recueillis dans la campagne, ou des sujets analogues aux occupations villageoises, ces paysages composent une classe à part qui est connue sous la dénomination de *genre champêtre;* mais ce second genre, dans lequel jusqu'à présent Wynants tient le premier rang, se subdivise lui-même en diverses autres branches qui se font déjà remarquer dans les pastorales de Stella et dans les fêtes de village que le pinceau spirituel et naïf de Teniers retrace en ce moment.

Persévérant dans sa marche et toujours fidèle à suivre deux directions différentes, le paysage continue de prospérer dans les régions du Midi, tandis qu'il prend de jour en jour plus de consistance dans les régions du Nord. D'un côté, la Hollande et la Flandre voient fleurir exclusivement la culture du *genre champêtre;* Wynants et Teniers ne sont pas les seuls qui s'y distinguent en parcourant des sentiers divers : Cuyp, Van Ostade, Both et Asselyn maintiennent les progrès de l'art, et les deux derniers, sans s'écarter de la simplicité du genre, profitent de leurs études à Rome et de la vue des grands modèles pour ennoblir le style de leurs compositions.

D'autre part, le *paysage historique*, déjà porté à la perfection par deux artistes de l'Ecole de France, se soutient pour ainsi dire à la même hauteur dans les productions de deux autres peintres appartenant à l'Ecole italienne. Le Gaspre, né à Rome, mais Français d'origine, et dirigé par les conseils du Poussin son beau-frère, se forme une manière qui plaît aux yeux, en même temps qu'elle satisfait le goût et la raison. Joignant la facilité du faire à la grandeur de l'imagination, il retrace des sites dont l'aspect, tour à tour riant ou solitaire, touche le cœur et l'émeut agréablement.

Le Napolitain Salvatore Rosa se propose un but tout différent. Dédaignant les beautés gracieuses de la nature, il choisit pour sujets de ses tableaux les déserts les plus sauvages; et, d'un pinceau brûlant, il rembrunit encore les traits de son modèle. Génie audacieux et bizarre, il n'ambitionne point le mérite de plaire, il aspire à remuer fortement les esprits; il les étonne, il les subjugue, il les glace d'épouvante.

Ce n'est plus seulement dans le sein de l'Italie que l'on voit fleurir le *paysage historique*. Sébastien Bourdon, à son retour de Rome, le cultive en France avec succès. Original dans ses conceptions, mais trop peu assidu à l'étude de la nature, il ne porte point ses pas dans la carrière aussi loin que les plus grands modèles : néanmoins il peut en servir lui-même pour la poésie de ses inventions qui parlent à l'imagination bien mieux que les ouvrages de la Hire, son compatriote, dont le mérite se borne à charmer les yeux par la finesse de la touche et l'harmonie du coloris, sans atteindre à la noblesse du *genre historique*.

A peu près vers la même époque, un autre paysagiste français, Pierre Patel, se fait remarquer dans son pays par l'élégance et la richesse de ses compositions, par une profondeur de lointains et une fraîcheur de coloris qui semblent déceler en lui un imitateur de Claude le Lorrain : mais c'est sans contredit aux conseils de cet incomparable Claude et aux leçons de la nature que le Hollandais Swanevelt est redevable d'un talent qui, bien qu'inégal et inférieur à celui de son guide, lui mérite cependant l'honorable surnom d'Herman d'Italie.

La France et l'Italie semblent en ce moment se reposer uniquement sur les talens des artistes qu'elles ont produits jusqu'à ce jour pour maintenir la culture du paysage. Un grand nombre d'années vont s'écouler sans que ces deux contrées voient naître un seul autre paysagiste : ainsi, pour la première fois depuis que l'art s'est divisé en deux parties bien distinctes, le *genre historique* se ralentira dans sa marche, tandis que le *paysage champêtre* va déployer une infinité de branches différentes que l'Ecole hollandaise fera toutes fructifier. Déjà elle voit briller les clairs de lune de Vander Neer, et elle peut successivement distinguer les chasses de Wouwermans, les troupeaux de Berchem, les animaux de Paul Potter, les marines de Backhuysen et de Guillaume Van den Velde, les places publiques de Vander Heyden, les pâturages d'Adrien Van den Velde et de Karel du Jardin, enfin les forêts et les chutes d'eau d'Everdingen, de Ruisdael et d'Hobbema : mais combien d'autres artistes, sans avoir comme ces derniers créé chacun en quelque façon un genre différent dans le *paysage champêtre*, contribuent néanmoins à la célébrité de la même Ecole ! Weenix, Pynaker, Decker, Moucheron, Begyn, Van Hagen, Hakkert, Van Bergen et beaucoup d'autres, tous compatriotes et contemporains, offrent dans leurs productions de nouvelles preuves de la variété de l'art du paysage dans le genre le plus simple, et du degré de perfection qu'il a atteint dans le cours du dix-septième siècle.

Immédiatement à la suite de ces habiles paysagistes, on en remarque plusieurs autres d'un mérite incontestable, mais dont les ouvrages, n'offrant plus le même caractère d'originalité ou la même perfection de talent, indiquent déjà dans l'art un commencement de dégénération. Francisque Milé, et Van Bloemen, tous deux Flamands, se fixent, le premier en France, le second en Italie, et ils se modèlent si exactement l'un sur le Poussin, et l'autre sur le Gaspre, qu'ils font revivre en quelque sorte dans leurs ouvrages, mais à un degré bien inférieur, la manière de ces grands paysagistes et jusqu'à l'ordonnance de leurs compositions. D'un autre côté, Glauber va étudier à Rome, et rapporte dans la Hollande des conceptions plus nobles et une exécution plus large que celles de ses compatriotes, mais il est loin de posséder comme eux l'éclat du coloris, la magie du clair-obscur, et la précision dans l'imitation de la nature.

Après un intervalle considérable, Van Huysum, qui suit le même système que son prédécesseur, sans avoir comme lui visité l'Italie, est le dernier paysagiste hollandais dont la naissance date encore du dix-septième siècle. Au moment où il reçoit le jour, Wynants, Both, Wouwermans, Paul Potter, Adrien Van den Velde, du Jardin et Ruisdael, le plus parfait de tous ses émules dans le *paysage champêtre*, avaient déjà terminé leur carrière. La France et l'Italie, qui avaient également à cette époque à déplorer la perte du Poussin, du Gaspre et de Salvatore Rosa, ne tardent point à voir s'accroître encore la vivacité de leurs regrets. Claude le Lorrain succombe, et le *paysage historique* perd en lui son dernier soutien.

Au milieu de cette disparition générale des divers talens qui portèrent simultanément les deux genres du paysage à leur perfection, il serait impossible de méconnaître la dégénération de l'art dans toutes ses branches : cependant on n'a point à craindre qu'en perdant son plus beau lustre, il puisse déchoir du rang qu'il a su conquérir dans le domaine de la peinture. S'il va subir une loi à laquelle tout est subordonné dans la nature ; si dans ce moment il partage la fatale destinée de la peinture historique qui, dès avant l'époque la plus florissante du paysage, avait vu s'affaiblir la vive lumière qu'elle avait répandue sur le seizième siècle, comme elle il doit compter sur des temps plus prospères.

Déjà l'aurore du talent des Lucatelli, des Pannini et des Manglard n'est-elle pas, aux yeux de l'Italie et de la France, l'avant-coureur de jours plus sereins qui doivent briller au dix-huitième siècle sur ces deux contrées ? La France surtout ne semble-t-elle point plus particulièrement appelée à arrêter la décadence de l'art, et même à lui faire recouvrer son primitif éclat ?

Oui, c'est à la patrie du Poussin et de Claude le Lorrain qu'il appartient de rendre au paysage le sentiment de vie et de puissance dont ces grands peintres avaient su l'animer : c'est dans l'École française où le dix-huitième siècle fut témoin de la régénération de la peinture historique, que l'art du paysagiste peut être rendu à sa plus noble destination. Mais c'est en vain que les artistes rivaliseraient de zèle et d'efforts pour atteindre à l'élévation du *genre historique*, si, outre l'obligation indispensable pour eux de se livrer avant tout aux études préliminaires du peintre d'histoire, ils ne s'empressaient d'aller ensuite puiser aux sources qui ont inspiré la plupart des paysagistes des diverses contrées. Tous ceux dont les ouvrages portent une empreinte de grandeur ou d'élévation ont été mûrir leurs talens sous le beau ciel de l'Italie. La terre classique des arts n'a point enfanté le Titien, les Carrache et leurs nombreux disciples, le Gaspre et Salvatore, sans retenir dans son sein le Poussin et Claude Gelée, sans y attirer des artistes de toutes les Ecoles, et enflammer leur imagination par la vue de ses sites grandioses, de ses monumens antiques et de ses fabriques élégantes et pittoresques. En France, Stella, Bourdon et Patel; dans la Hollande, Jean Both, Herman Swanevelt, Karel du Jardin et Glauber; en Flandre, Asselyn et Genoëls, attestent tous, par le style de leurs compositions, qu'ils sont redevables à des études recueillies en Italie de cette richesse de conceptions, de ce goût épuré et de cette exécution large qui les distinguent de leurs compatriotes.

Plus récemment encore, Joseph Vernet, Robert, Valenciennes, et même aujourd'hui divers talens qui brillent à nos yeux, démontrent également l'influence que le séjour de Rome et la vue des grands modèles ont exercée dans tous les temps sur l'imagination de l'artiste et sur les succès de l'art.

Puissent les heureux résultats de cet art enchanteur dont il nous est donné de jouir maintenant, s'améliorer encore par la suite! puissent-ils répondre dignement à l'insigne faveur émanée de la munificence royale! Admis à participer à la noble institution des grands prix, le jeune artiste qui se voue à la carrière du paysage n'aura point attiré sur lui les regards d'une généreuse protection, sans s'efforcer de remplir les vues de l'auguste protecteur, sans réaliser complètement les espérances de la patrie ; mais pourrait-il ignorer le véritable but, le seul auquel il lui est permis d'aspirer, et pour y atteindre ne doit-il pas prendre l'essor le plus élevé ? Le *paysage historique* est désormais appelé à coopérer avec toutes les hautes branches des arts au maintien de la suprématie de l'Ecole française, et à l'accomplissement de ses brillantes destinées.

FIN DE LA TROISIÈME ET DERNIÈRE PARTIE.

TABLE ALPHABÉTIQUE

DES NOMS DES PAYSAGISTES.

A.

Albane, François Albani (dit l') . . . . *Page* 63
Allegrain, Etienne 463
Artois, Jacques (Van) 56
Asselyn, Jean 202

B.

Backhuysen, Ludolf ou Louis 368
Bamboche, Pierre de Laar (dit) 229
Baroche, Frédéric 31
Bassan, Jacques da Ponte (dit le) 17
Baur ou Bauer, Jean-Guillaume 172
Begyn, Abraham 345
Benedette, Jean-Benoît Castiglione (dit le) . . . 269
Berchem, Nicolas 342
Bergen, Thierri (Van) 419
Berkeyden, Guérard et Job 409
Bloemen, Jean-François (Van), ou Orizzonte . . . 483
Bolognèse, Jean-François Grimaldi (dit le) 77
Bonnart 395
Borzoni, François-Marie 123
Both, Jean et André 228
Boudewins, et Baut ou Bout 395
Bourdon, Sébastien 257
Breemberg, Bartholomé 282
Breughel, Jean, dit de Velours 84

Bril, Mathieu. . . . . *Page* 34
Bril, Paul. 36

C.

Callot, Jacques. 130
Campagnola, Domenico 23
Canaletto, Antoine Canal (dit). 516
Canaletto, Francesco Guardi (dit). 519
Carrache, Louis et Augustin. 41
Carrache, Annibal 42
Carrache, Antoine-Martial. 44
Champaigne, Philippe (de) 185
Claude le Lorrain, Gelée (dit) 151
Clerc, Sébastien (le). 138
Collantes, Francesco. 147
Courtois (le). 157
Cuyp, Albert 200

D.

Decker, Jean 334
Does, Jacques (Vander). 335
Dominiquin, Domenico Zampieri (dit le) . . . 69
Dufresnoy, Charles-Alphonse 384

E.

Elsheymer, Adam. 47
Everdingen, Aldert (Van). 332

F.

Falens, Charles (Van) 327
Fouquières, Jacques. 87

G.

Gaspre Poussin, Gaspard Dughet (dit). 236
Genoels, Abraham. 453
Giorgion, Giorgio Barbarelli (dit le). 9
Glauber, Jean. 467

Gobbo des Carrache, Pierre-Paul Bonzi (dit le). *Page* 75
Goyen, Jean (Van) 141
Guerchin, Jean-François Barbieri (dit le) 76
Gyzen, Pierre 89

H.

Hagen, Jean (Van) 388
Hakkert, Jean 387
Heusch, Guillaume (de) 213
Heyden, Jean (Vander) 408
Hire, Laurent (de la) 189
Hobbema, Minder 449
Huysmans de Malines, Cornille 475
Huysum, Jean (Van) 489

J.

Jardin, Karel ou Carle (du) 423

K.

Kabel, Adrien (Vander) 142
Kierings, Alexandre 83

L.

Labelle, Etienne (de) 133
Lanfranc, Jean 74
Lingelback, Jean 361
Lucatelli, André 500

M.

Manglard, Adrien 513
Martin 395
Meulen, Antoine-François (Vander) 390
Miel, Jean 143
Milé ou Milet, dit Francisque 457
Mola, Pierre-François 65
Moucheron, Frédéric 380
Mutien, Jérôme 28

N.

Neer, Arnould ou Aart (Vander) . . . . *Page* 273

O.

Orizzonte ou Van Bloemen, Jean-François 483
Obley, Bernard (Van) 22
Ostade, Isaac (Van) 224

P.

Pannini, Jean-Paul 503
Pannini fils, François 506
Patel, Pierre 291
Patel fils, Bernard (dit le Tué) 295
Pérelle, Gabriel 137
Pérelle fils, Adam et Nicolas . . . . *Ib.*
Pietre de Cortone, Pietro Berettini (dit) 122
Poelenburg, Corneille 81
Potter, Paul 352
Poussin, Nicolas 92
Puget, Pierre-Paul 124
Pynaker, Adam 331

R.

Rembrandt Van Ryn, Paul 193
Romeyn, Guillaume (Van) 346
Rubens, Pierre-Paul 50
Ruisdael, Salomon 436
Ruisdael, Jacques 436

S.

Salvatore Rosa 246
Schiavone, André Medula (dit) 26
Servandoni, Jean-Nicolas 507
Silvestre, Israël 136
Stella, Jacques 118
Swanevelt, Herman (dit d'Italie) 284

T.

Tempeste, Antoine. . . . . *Page* 35
Teniers le jeune, David 214
Teniers, Abraham. 224
Testa, Pietro 122
Tintoret, Jacques Robusti (dit le). 20
Titien, Tiziano Vecelli (dit le). 13

U.

Uden, Lucas (Van) 56

V.

Velde, Guillaume (Van den) 375
Velde jeune, Guillaume (Van den) . . . . *Ib.*
Velde, Adrien (Van den) 416
Verschuuring, Henri. 212
Vertanghen, Daniel 83
Viola, Jean-Baptiste. 75
Vos, Martin (de) 21

W.

Waterloo, Antoine 228
Weenix, Jean-Baptiste. 327
Weenix fils, Jean 330
Wildens, Jean. 56
Wouwermans, Philippe. 317
Wouwermans, Pierre et Jean. 326
Wynants, Jean. 170

Z.

Zaft Leven, Herman 142
Zucchero, Frédéric 31

FIN DE LA TABLE.

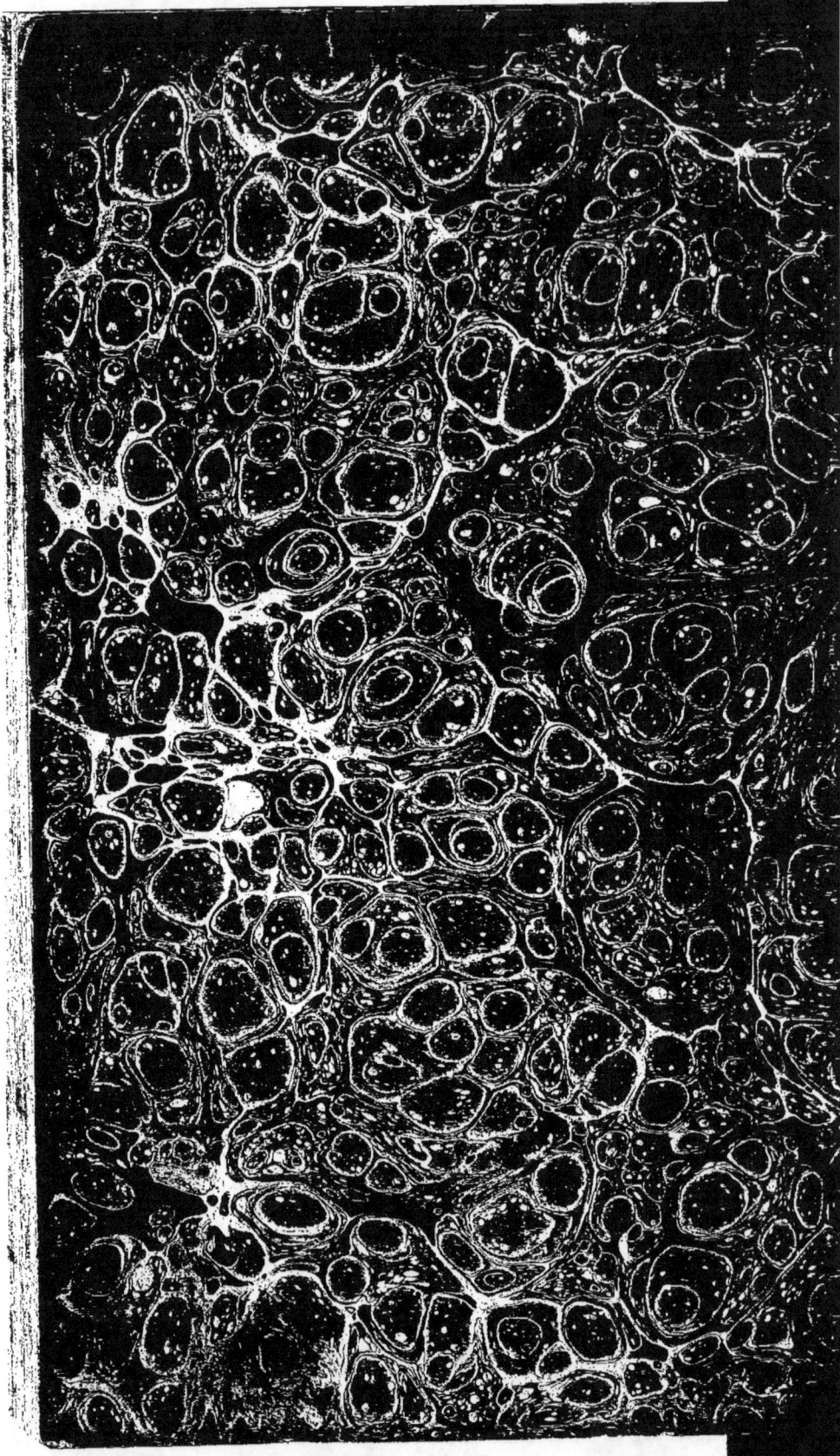

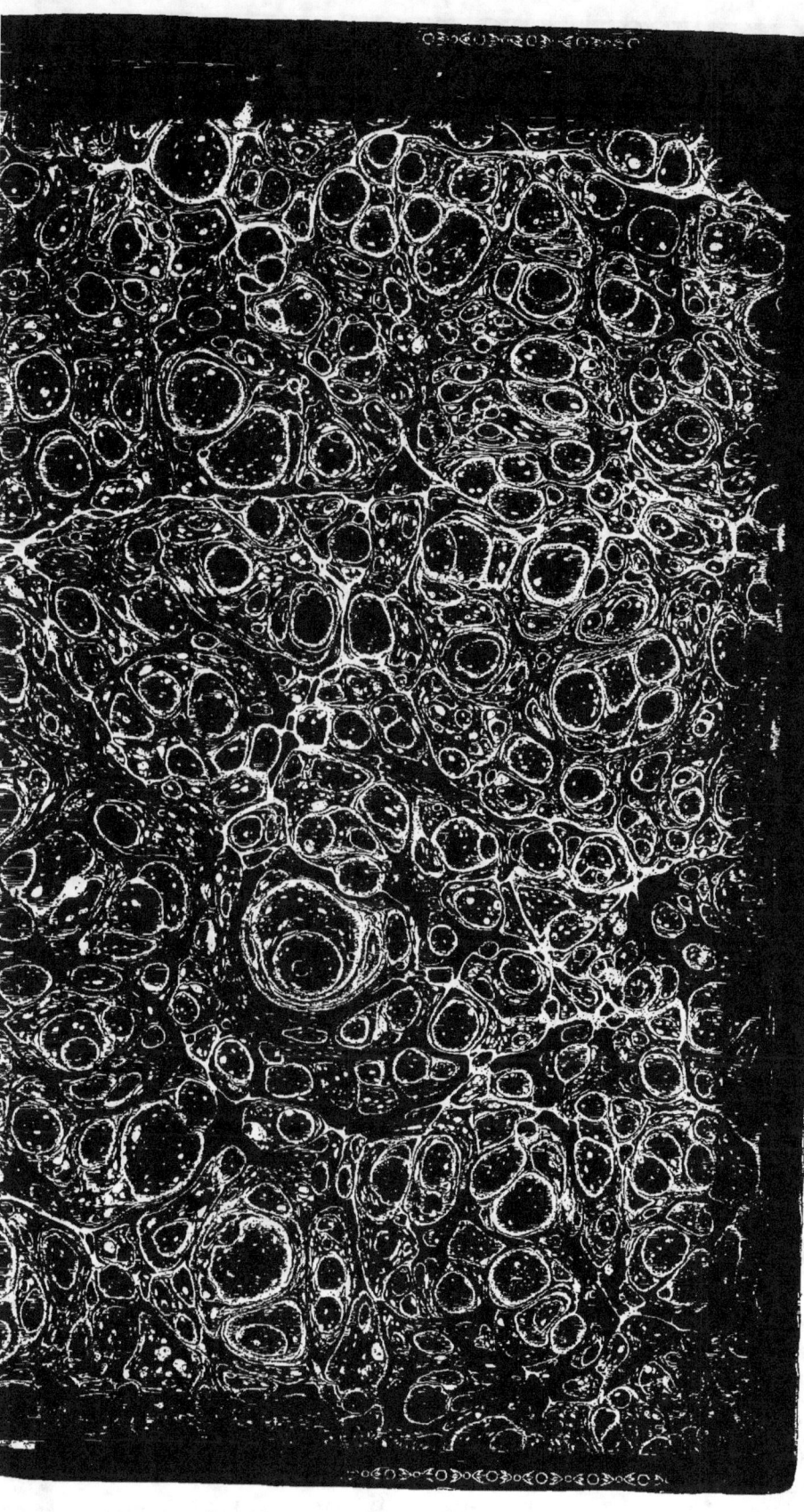

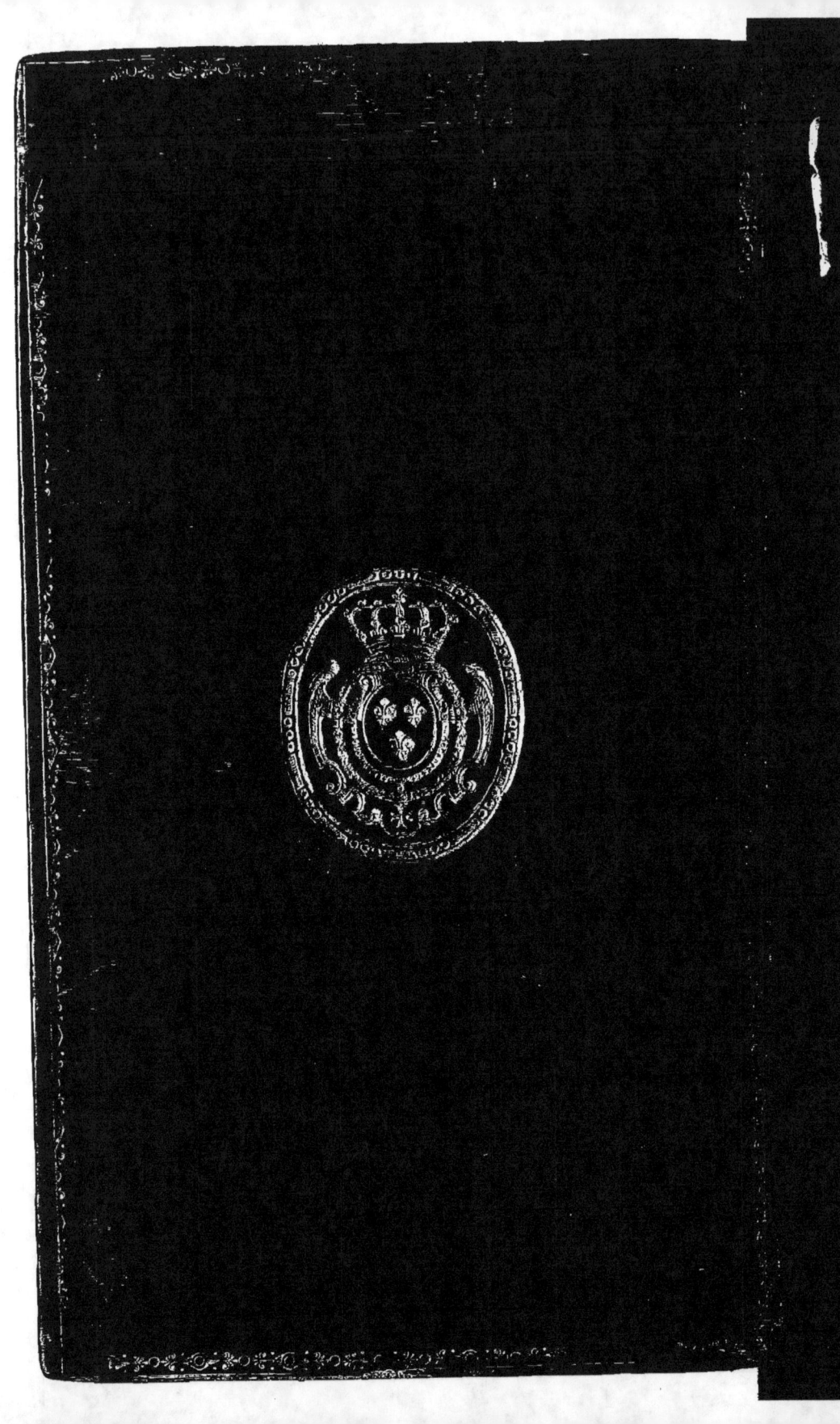

www.ingramcontent.com/pod-product-compliance
Lightning Source LLC
Chambersburg PA
CBHW050148230526
45470CB00001B/7